자살 위험에 놓인 사람들을 위한

마음챙김에 기반한 인지치료

마크 윌리엄스 • 멜라니 펜넬 • 토어스텐 반호퍼 • 레베카 크레인 • 사라 실버튼

김도연 옮김

圖書出版 하나醫學社

MINDFULNESS-BASED COGNITIVE THERAPY WITH PEOPLE AT RISK OF SUICIDE

by Mark Williams, Melanie Fennell, Thorsten Barnhofer,
Rebecca Crane, & Sarah Silverton

역자 서문

우울증은 인간 존재가 직면하는 가장 파괴적이면서도 흔한 심리적 고통 중 하나입니다. 우울은 단지 느낌만으로 그치는 것이 아닌 그 사람의 삶 그 자체를 가져가 버리기도 합니다. 특히 우울과 함께하는 절망과 무망감은 삶과 관련된 무수한 과정들의 의미를 잃게 하고 삶의 고통스러운 측면을 더 큰 괴로움으로 받아들이게 합니다. 이러한 '우울의 덫'은 작고 제한된 삶의 공간으로 개인을 몰고 가며 삶의 대처 노력을 잃게 만듭니다. 삶의 고통이 반드시 자살로 이어지는 것은 아니지만, 지속적인 삶의 스트레스는 삶의 고통에 대한 개인의 인지 · 정서적 취약성을 높이고 문제해결 능력의 결여 및 삶의 문제에 대한 심리적 유연성을 약화시켜 때로는 자살 충동과 자살 행동에 영향을 줍니다.

삶에서 우울이 나타나는 것은 무언가 상당히 잘못되었다고 느끼게 하며, 이는 어떠한 조치를 취해야만 하고, 문제를 시급히 다루어야 한다는 위기감을 불러일으킵니다. 삶의 문제를 통제하기 위한 개인의 노력은 많은 시간과 에너지를 이러한 문제들과 다투게 하며, 매 순간 고통을 억제하고 변화시키고자 하는 내적 추구는 오히려 고통을 소유하게 함으로서 심리적 문제를 가중시키는 역설을 초래합니다. 이러한 삶의 문제에 대한 강한 통제 의제로 인해 개인은 우울의 역설인 회피의 악순환에 갇히게 되고, 더 이상 관련된 쟁점들을 다루기가 어렵다고 느끼게 됩니다. 이에 우리는 삶의 과정에서 마주하게 되는 고통에 대한 통제욕구(억압 혹은 회피)를 내려놓고 사적 경험에 대한 느낌, 생각 및 기억을 다루기 위한 보다 유연하고 의미 있는 삶의 양식이 필요합니다.

이 책은 우울의 덫으로부터 빠져나와 심리적 건강과 웰빙을 돕기 위한 구체적인 방식과 지침을 제공하고 있습니다. 삶의 어느 순간에 다가온 우울과 절망의 정신적 과정과 마음에 작동하는 근본적 기제에 대한 앎을 돕고, 자살충동에 수반된 내외적 문제를 효율적으로 다룰 수 있도록 마음챙김에 기반한 인지치료(Mindfulness Based Cognitive Therapy; MBCT)를 소개하며 누구라도 쉽게 이해하고 실천적으로 함께 해볼 수 있도록 단계별 방법을 제시하고 있습니다. 책의 전반부에는 절망의 진화론적 기원과 우울과 자살충동의 예방과 재발방지에 있어 마음챙김에 기반한 치료적 중재가 왜 필요하고 어떻게 도움이 되는지에 대한 이해를 돕고, MBCT의 실제적 적용을 위해 회기별 주요 의제와 핵심전략이 제시되고 있습니다. 또한 과정별 주제에 맞는 치료 사례와 마음챙김 체화를 위한 실습과 지침이 마련되어 있으며, 실무자를 위한 교육지침과 과정평가에 대한 안내는 전문적 역량을 증진하는데 필요한 매우 가치 있는 제언이 될 것입니다. 이 책이 주는 가장 큰 탁월함은 고통에 직면한 많은 사람들에게 자기 스스로 몸과 마음의 회복을 직접 돕고 내재된 회복탄력성을 끌어내어 절망에서 벗어나 풍요로운 삶을 되찾도록 하며, 삶이 주는 수많은 문제에 대한 새로운 통찰과 해답을 제공한다는데 있습니다. 마음챙김에 기반한 치유의 과정은 서양의 심리치료자들이 발견하기 이전에 수많은 사람들을 고무했고 삶을 전환시켰습니다. 모쪼록 함께 하는 독자들이 자기성장과 변화의 지침서이자 지혜의 실용서인 이 책을 통해 자신에게 용기를 북돋아 주고, 새로운 기회를 발견하고, 자신 안에 내재되어 있는 치유의 힘을 이끌어 더 나은 삶을 향해 나아갈 수 있기를 기원합니다.

책을 번역하고 다듬는 동안 언제나 든든한 지지와 격려를 보내주시는 하나의학사 오무근 사장님과 출간이 지연됨에도 배려를 아끼지 않으며 기다려 주신 편집진께 깊은 감사를 전합니다.

‘인생은 폭풍우가 지나가기를 기다리는 것이 아니라, 그 속에서 비와 함께 춤을 추는 법을 배우는 것입니다’

2017년 6월

역자 **김 도 연**

저자 소개

마크 윌리엄스 박사(Mark Williams, Dphil)는 옥스퍼드 대학의 임상 심리학 명예 교수이며, 이곳에서 그는 2003년부터 2012년까지 웰컴 책임 연구원(Wellcome Principal Research Fellow)를 역임했다. 그는 주요 우울장애의 재발과 반복을 방지하기 위한 마음챙김 기반 인지 치료(Mindfulness-Based Cognitive Therapy; MBCT)를 개발하기 위해 존 티즈데일(John Teasdale), 진델 세갈(Zindel Segal)과 함께 협력했다. 이들은 우울증을 위한 마음챙김 기반의 인지 치료(Mindfulness-Based Cognitive Therapy for Depression, 현재 2판), 마음챙김 기술 워크북(The Mindful Way Workbook), 그리고 (존 카밧진과 함께) 우울증을 위한 마음챙김 기술(The Mindful Way through Depression)을 공동 저술했다. 윌리엄스 박사는 과학 아카데미(Academy of Science)와 영국 아카데미(Brithsh Academy)의 회원이다. 은퇴한 후 현재까지 계속해서 전 세계 마음챙김 지도자들을 양성하고 있다.

멜라니 펜넬 박사(Melanie Fennell, PhD)는 옥스퍼드 인지 치료 센터(Oxford Cognitive Therapy Center)의 창립 멤버이며, 이곳에서 현재 어소시에이트 트레이너(Associate Trainer)를 맡고 있다. 옥스퍼드 대학 심리학과 연구 임상의로서, MBCT를 포함하여 우울 장애 및 불안 장애를 위한 증거 기반 치료들의 개발에 기여했다. 그녀는 인지 치료에 대한 옥스퍼드 과정(Oxford Diploma in Cognitive Therapy), 고급 인지 치료 연구들에 대한 옥스포드 과정/이학 석사 과정(Oxford Diploma/MSc in Advanced Cognitive Therapy Studies), 그리고 (마크 윌리엄스와 함께) 마음챙김 기반 인지 치료에 대한 옥스포드 석사 연구 프로그램(Oxford Master of Studies Program in Mindfulness-Based Cognitive Therapy)을 개발하고 이끌었다. 펜넬 박사는 영국 행동 인지 심리치료 협회(British Association of Behavioural and Cognitive Psychotherapies; BABCP)의 명예 회원으로, 2002년 BABCP를 통해 "영국에서 가장 영향력 있는 여성 인지 치료사"로 선정되었다.

토르스텐 반호퍼 박사(Thorsten Barnhofer, PhD)는 베를린 자유 대학교(Free Univeristy of Berlin)과 홈볼트 대학교(Humboldt University)의 공동 의과대학인 샤리테(Charité)의 하이젠베르크 펠로우(Heisenberg Fellow)로 우울증 치료 및 예방에 대한 마음챙김 훈련의 신경 메커니즘을 연구하고 있다. 과거에는 옥스퍼드 정신과의 윌리엄스 교수 단체(Professor Williams's group at the Oxford Department of Psychiatry)에서 일했으며, 이곳에서 자살 충동과 만성 우울장애를 위한 MBCT 연구에 참여했다. 인지 행동 치료자이자, 요가 지도자로서, 반호퍼 박사는 정기적으로 정신 건강 전문가들을 위한 MBCT 교육 워크숍과 피정들을 가르치고 있다.

레베카 크레인 박사(Rebecca Crane, PhD, MA, DipCot)는 웨일스 뱅고어 대학(Bangor University)의 마음챙김 연구 수행 센터(Mindfulness Research and Practice) 소장이다. 이전에는 직업 치료사이자 통합 카운셀러로서 정신 건강 분야에서 일했다. 크레인 박사는 MBCT와 마음챙김 기반 스트레스 감소 치료(Mindfulness-Based Stress Reduction; MBSR) 분야에서 교육과 훈련을 통해 국제적으로 인재를 양성하고 있으며, 메사추세츠 의과대학 내 의학보건사회 마음챙김 센터(The Center for Mindfulness in Medicine, Health Care, and Society)에서 공인된 MBSR 지도자로 일하고 있다.

사라 실버스톤(Sarah Silverstone, DipCot, MEd)은 웨일스 뱅고어 대학의 마음챙김 연구 수행 센터에서 교육자이다. 그녀는 직업 치료사, 카운슬러, 마음챙김 지도자 및 트레이너로 광범위한 경험을 쌓았으며, 마음챙김 도약(The Mindfulness Breakthrough)의 저자이다.

진델 세갈 박사(Zindel Segal, PhD)는 토론토-스카버러 대학(University of Toronto-Scarborough)의 기분 장애 심리학 석좌 교수이다. 그의 연구는 기분 장애에 대한 취약성과 예방에 초점을 맞추고 있고, 10권 이상의 저서와 150개의 과학 논문을 발표했다. 세갈 박사는 인지 치료 아카데미(Academy of Cognitive Therapy)의 창립 회원으로, 정신 건강 분야에서 마음챙김 기반 임상 치료의 타당성을 연구하고 있다.

존 티즈데일 박사(John Teasdale, PhD)는 케임브리지 영국 의학 연구 위원회(United Kingdom Medical Research Council)의 인지 및 뇌 과학부(Cognition and Brain

Sciences Unit)에 특별 과학 임용(Special Scientific Appointment) 부분을 맡고 있다. 티즈데일 박사는 인지 치료 아카데미의 창립 회원이자, 영국 아카데미와 의학 아카데미(Academy of Medical Science)의 회원이며, 미국 심리학회(American Psychological Association)의 12분과(임상심리학회)로부터 뛰어난 과학자 상을 수상했다. 은퇴한 이후, 티즈데일 박사는 국제적으로 통찰 명상을 가르치고 있다.

감사의 글

이 책을 만드는데 기여한 수많은 분들이 있다.

우리는 존 티즈데일(John Teasdale), 진델 세갈(Zindel Segal)과의 오랜 협력과 우정에 깊은 감사를 드린다. 마음챙김 수행의 기저를 이루는 이들의 심리학 연구는 태초의 지혜와 현대 과학 사이를 잇는 가교를 제공했으며, 우리가 이 책에서 보고하게 될 연구의 토대가 되어준 마음챙김 기반 인지 치료(MBCT)로 이끄는 이해를 제공했다.

우리는 계속해서 마음챙김 기반 스트레스 감소 치료(MBSR)의 기원이 된 존 카밧진(Jon Kabat-Zinn)에 의해 수행된 중요한 연구에 감사를 드린다. 그리고 상냥하고, 온화하게 MBCT의 개발을 뒷받침한 메사추세츠 의과 대학의 의학보건사회 마음챙김 센터 교육 팀에도 감사를 드리며, 페리스 우르바노브스키(Ferris Urbanowski), 파멜라 어드만(Pamela Erdmann), 멜리사 블랙커(Melissa Blacker), 사키 산토렐리(Saki Santorelli), 엘라나 로젠바움(Elana Rosenbaum), 그리고 플로렌스 멜레오-메이어(Florence Meleo-Meyer)에게 특별히 감사를 전한다.

우리의 동료들인 케서린 크레인(Catherine Crane)과 케이스 하우톤(Keith Hawton)은 책에서 보고되는 연구 내내 특히 중요한 연구자들이었다. 우리는 연구 팀의 다른 사람들에게도 감사를 전한다. - 케이트 브레난(Kate Brennan), 캐롤라인 크리시(Caroline Creasey), 다니엘 더간(Danielle Duggan), 카트린 임스(Catrin Eames), 마리엘 존스(Mariel Jones), 케이트 뮤즈(Kate Muse), 앤 해크만(Ann Hackmann), 아델 크루쉐(Adele Krusche), 숄토 레드포드(Sholto Radford), 이사벨 루돌프 폰 로어(Isabelle Rudolf Von Rohr), 이안과 다프네 레셀(Ian and Daphne Russell), 드루비 샤(Dhruvi Shah), 웬디 스위프트(Wendy Swift), 용종 선(Yongzhong Sun), 셜리 토마스(Shirley Thomas), 일레인 웨덜리-존스(Elaine Weatherley-Jones), 그리고 크리스토퍼 위테커(Christopher Whitaker).

웨일스 뱅고어의 마음챙김 연구 수행 센터 내 동료들은 실험 동안 우리에게 중요한 지원을 제공했다. 조디 마듈라(Jody Mardula)는 이 시기에 센터를 지휘하며 연구를 가능하게 했다. 주디스 소울스비(Judith Soulsby), 엘룬드 골드(Eluned Gold), 샤론 헤들리(Sharon Hadley), 데이비드 셰넌(David Shannon) 또한 이 연구에 친절한 도움을 주었다.

연구는 마크 윌리엄스(Mark Williams)와 이안 러셀(Ian Russell)에게 제공된 웰컴 트러스트(Wellcome Trust)의 연구비 No.GR067797의 도움을 받았고, 특히 수년에 걸쳐 친절한 지도와 지원을 제공한 캔다스 해솔(Candace Hassall), 루이즈 윌리엄스(Louise Williams), 존 윌리엄스(John Williams)에게 감사를 드린다. 우리의 개인적, 기술적 지원은 옥스퍼드 대학과 뱅고어 대학으로부터 나왔다.

우리는 슈롭셔(Shropshire)의 호크스톤 홀(Hawkstone Hall)의 아름다운 환경에서 따뜻한 환대를 받은 것에 대해 감사를 드린다. 이곳에서 대부분의 책이 집필되었다.

글을 쓰도록 공간을 내어준 우리 가족들에게도 감사를 드린다.

무엇보다, MBCT 그룹에 참여하기 위해 용기 있는 단계를 거친 우리의 참여자들과, 이 책에서 이들의 경험을 반영할 수 있게 허용해 준 것에 대해 감사를 드린다. 이들은 미래에 절망을 경험하는 많은 사람들이 최상의 지원을 받을 수 있도록, 개인 학습을 지원하기 위하여, 그리고 또한 총체적인 학습에 기여하기 위해 연구에 참여하고 싶다는 뜻을 밝혔다. 이들의 너그러움에 감사하고, 이 작업이 많은 사람들에게 있어 변화의 계기가 되었다는 점에서 기쁘게 생각한다.

목 차

I부 • 이론과 연구 배경

II부 • 자살 위험에 놓인 사람들을 위한 MBCT

III부 • 지도자 교육과 능력 규정

IV부 • MBCT – 결과들

1장

소개

심리적 문제로 인해 도움을 청하는 사람과 치료자, 상담자 및 지도자 사이에서 이루어지는 대화들은 가장 힘들고, 고통스러운 대화들이다. 이 사람에게 자신의 인생, 가족과 직업, 상담을 받도록 만든 문제들, 우울장애의 징후 및 증상들, 절망, 그리고 육체적, 정신적 문제를 수반하는 정신적 고통에 관한 질문들을 할 때, 자살에 관한 질문도 수반된다.: “모든 것을 끝내고 싶고, 더 이상 삶을 살아갈 가치가 없으며, 이처럼 사느니 자살하는 것이 더 나을 것이라고 생각한 순간까지 가본 적이 있습니까?” 이러한 사람들은 누구에게도 말하지 못했지만, 이러한 생각을 품고 있는 것에 대해 큰 죄책감을 느낀다.

수많은 다양한 질문 방식들이 존재하지만, 특히 임상적으로 우울장애를 앓고 있는 경우라면, 결국 이 자살 문제가 다루어져야 한다. 우울함을 느끼는 사람들 중 절반은 죽음이나 자살에 대한 반복적인 생각을 갖는다. 특정 심리적 문제, 즉, 불안이나 공포, 조울증, 외상 후 스트레스 장애(PTSD) 등은 자살 위험을 증가시키지만, 자살 위험을 악화시키는 이러한 문제들과 함께 수반되는 것은 바로 우울감과 절망감이다. 우울감과 절망은 자살충동의 정서와 행동으로 이어지는 “최종 공통 경로(final common pathway)”를 형성한다. 이 책이 이야기하고자 하는 것은 바로 이처럼 자살충동을 일으키는 우울감과 절망감이다.

이 책에서 설명되는 자살 위험에 놓인 사람들에 대한 접근은 일반적으로 우울장애를 겪고 있는 사람들을 돕고자하는 더 높은 사명감에서 비롯되었다. 우울장애는 지속적으로 전 세계에 가장 많은 질병 부담을 초래하는 질병으로서, 21세기가 당면한 가장 중요한 문제로 설명되어 왔다(Collins 외, 2011). 전 인구 중 20퍼센트(즉, 전 세계에 걸쳐 10억 명 이상)가

삶의 특정 시점에 심각한 우울장애를 겪게 되며, 이는 부유한 국가이든, 혹은 저소득 국가이든, 어디에 살고 있는지와 상관없이 사람들의 삶을 망가뜨린다(세계보건기구, 2008). 어디에서 발생하든, 우울장애는 고통을 당하는 사람이나 그 가족들의 행복과 삶의 질을 저하시키고, 일상생활 속 개인적, 사회적, 직업적 삶에서 기능하는 능력을 심각하게 손상시킨다. 그러나 이것은 숨겨진 상처로, 다른 질병 원인에 대해 말하는 것처럼 이를 공개적으로 이야기하는 사람들은 거의 없다.

1993년, 진델 세갈(Zindel Segal), 존 티즈데일(John Teasdale), 마크 윌리엄스(Mark Williams)는 우울장애의 위험을 증가시키는 요인들을 이해하는 방법을 찾고, 어떻게 이러한 위험을 줄일 수 있는지 알아내기 위한 연구에 착수했다. 원래 이들은 인지 치료에 대한 자신들의 예방적 접근을 기반으로 하고자 했으나, 우울장애의 높은 위험이 유지되는 것에 어떤 과정들이 바탕을 이루고 있는지에 관한 자신들의 개인적 경험과 새로운 과학적 발견들에 따라 기존 인지 이론 및 치료들에 포함된 것보다 발견되어야 할 더 많은 것들이 존재한다는 것을 확신하게 되었다. 마샤 리네한(Marsha Linehan)의 마음챙김 이용과 UMass 메디컬 센터에서 이루어진 마음챙김 기반 스트레스 감소(MBSR)에 관한 존 카밧 진(Jon Kabat-Zinn)의 선구적인 연구를 기반으로, 이들은 끊임없이 변화하는 마음의 양상들을 강조하며, 마음챙김 훈련이 반복적이고, 유해한 마음의 패턴들에 계속 갇혀 있는 사람들에게 어떻게 도움이 될 수 있는지에 대한 심리학적 모델을 제안했다.

그러나 과연 "마음챙김"이 무엇인가? "마음챙김"이라는 용어는 고대 팔리어(Pali)를 번역한 것으로, 원래 기억, 혹은 추억을 뜻한다. 불교에서는 '명료한 자각'을 의미했다(Bodhi, 2011). 최근의 임상 문헌에서 더 공통적으로 사용되면서, 다음 세 가지의 관련 기능들을 육성함으로써 파생되는 자각을 뜻하게 되었다.: (1) 내적, 외적 세계에서 전개되는 매순간 상황들에 의도적으로 주의를 기울이는 것, (2) 종종 혐오감, 혹은 집착으로 특징지어지는, 이러한 상황들에 대한 습관적 반응에 주의를 기울이는 것, (3) 열린 호기심과 자비심의 자세를 가지고 상황들과 이러한 상황들에 대한 반응들에 반응하는 능력을 발전시키는 것. 이러한 마음챙김은 전통적으로 사람들이 충만한 지향성과 친근한 관심을 가지고 각 순간에 주의를 기울이는 법을 배우는 명상을 통해 육성되어 왔다. 사람들이 특정 기간 동안 이러한 명상을 수련할 경우, 경험의 다수 특징들이 변화하게 된다. 사람들은 더 자각하거나, 각성되는 느낌을 받고, 더 차분해지는 느낌을 갖게 되며, 명확하게 바라볼 수 있게 되고, 자신의 정서적 패턴과 습관들에서 벗어나는 자유를 얻게 된다고 말한다. 카밧 진(Kabat-Zinn)과 동료들에 의해 수행된 초기 연구 실험들은 이러한 접근이 삶의 질을 망가뜨리는 장기 질환으로 고통 받는 환자들에게 매우 효과적일 수 있다는 것을 보여주었다(Kabat-Zinn, 2013).

세갈, 윌리엄스, 티즈데일은 마음챙김 훈련이 우울장애를 예방하는 열쇠가 될 수 있다는 것을 인식했다. 이들이 케임브리지 대학(영국), 토론토 대학(캐나다), 뱅거(Banger) 대학(웨일즈)에서 수행한 연구 실험은 세 개 이상의 우울장애 삽화를 겪은 사람들에 대한 마음챙김 기반 인지 치료(MBCT)가 40에서 50% 사이로 재발률을 감소시킨다는 것을 보여주었다(Tdasdale 외, 2000).

당시, 이들은 마음챙김이 우울장애의 위험을 감소시키는 역할을 할 수 있을 것이라고 조심스럽게 낙관했지만, 소수의 임상의들만이 이러한 접근에 관심을 가질 것이라고 여겼다. 2002년, 이들은 연구 과정, 초기의 잘못된 시작과 전환을 거쳐 마침내 발견하게 된 내용을 담은 저서를 출간했다. 놀랍게도, *우울장애를 위한 마음챙김 기반 인지 치료: 재발 방지를 위한 새로운 접근(Mindfulness-Based Cognitive Therapy for Depression: A New Approach to Preventing Relapse(Segal 외, 2002)*이라는 제목의 이 저서는 사람들에게 널리 읽혔으며, 큰 영향을 끼치게 되었다. 이는 우울장애를 이해하는 방식과 예방하는 법을 변화시키며, 임상 수행의 전체 지형도를 전환시켰고, 다른 심각한 심리적 상태에 대한 증거 기반 접근 분야에 광범위한 영향을 지속적으로 끼쳤다.

마음챙김과 자살 충동

그러나 계속해서 회자되며 괴롭히는 질문들이 존재했다.: 마음챙김이 가장 취약한 사람들, 즉 심각한 역경을 겪은 사람들에게도 사용될 수 있는가? 마음챙김이 힘든 일들에 대해 더 많은 자각을 초래함에 따라 사람들이 더 고통을 받게 되면 어떻게 되는 것인가? 사람들에게 자살에 대한 생각과 정서들을 더욱 자각하게 만들 수 있는 수행을 하도록 장려하는 것이 비윤리적인 것은 아닌가? 윌리엄스는 심각한 우울장애를 겪은 나머지 자살을 유일한 선택으로 고려하는 사람들에 대해 오랫동안 고심해왔다. 국제 자살 예방 협회(International Association for Suicide Prevention)의 동료들은 매년 전 세계에 걸쳐 약 1백만 명이 자살한다는 것을 보여주었다. 자살로 인한 사망자는 전쟁으로 인한 사망자보다 더 많았다. 이러한 자살 위험에 놓인 사람들을 도와야 할 시급한 필요성이 있었지만, 어떻게 접근하는 것이 가장 좋은지에 대한 단서는 거의 없었다.

2003년 1월, 윌리엄스는 웰컴 책임 연구원(Wellcome Trust Principal Research

Fellow)으로서 10년 동안의 연구 프로그램을 시작하기 위해 뱅거 대학에서 옥스퍼드 대학으로 옮겼으며, 우울장애의 재발을 방지하도록 도움을 줄 수 있는 마음챙김의 바탕을 이루는 심리적 과정들이 또한 심각한 우울장애로 자살 충동을 갖게 된 사람들에게도 적용될 수 있는지 여부를 연구할 팀을 꾸렸다. 옥스퍼드는 수년 동안 자살 및 자살 행동에 대한 연구의 최전선에서 노력해 온 키이스 호튼(Keith Hawton)이 있는 곳이었기 때문에 최선의 선택이었다. 이것은 삶 전체에 걸쳐 너무 많은 고통을 받은 나머지 계속해서 모든 것을 끝내고자 생각하는 사람들의 특별한 취약함에 대한 이해를 심화시킬 수 있는 기회였다. 마음챙김은 과연 이들을 도울 수 있는 것인가? 결국 팀은 마음챙김이 유용할 수 있는지 여부와 누구에게 유용할 수 있는지를 알아보기 위한 연구를 수행해야 했다. 그러나 그 이전에, 어떤 원인에 의해 사람들이 자살 충동을 갖게 되는지를 명확히 밝히기 위해 수행되어야 할 많은 일들이 남아 있었다. 자살에 대한 생각과 행동을 촉발시키고, 유지시키는 요인들을 이해할 수만 있다면, 어떤 것이 도움이 될 수 있는지 알아가기 시작할 수 있을 것이었다.

이 책은 이들이 발견한 것과 이러한 새로운 이해들이 MBCT에 대한 이들의 접근에 어떤 영향을 끼쳤는지에 관한 과정이다. 이는 MBCT 분야의 새로운 치료자들을 양성하는 법과 이를 가르치는 역량을 평가하는 법에 대한 이들의 견해에 영향을 끼쳤을 것이다. 그러나 무엇보다 중요한 것은 연구가 이들에게 이러한 자살 충동에 시달리는 사람들 뿐 아니라 만성 질병과 지속적인 증상들을 가진 다른 문제들로 고통 받는 사람들에게 MBCT를 가장 잘 제공하는 법에 대해 보여주었을 것이라는 점이다.

이 책의 개요

우리는 네 개의 부분들로 이 책의 장들을 구분했다. I부에서, 우리는 연구와 이론 배경을 밝힐 것이다. 2장에서는 자살충동에 대한 “고통의 외침(cry of pain)” 모델과 특정 상황들에 따라, 즉 사람들이 패배감을 느끼고, 탈출구가 없다고 깊이 믿을 때, 무망감과 절망이 어떻게 갑작스럽게 전환될 수 있는지에 대해 설명한다. 3장은 우리가 실험실에서 이러한 이론들을 테스트 했을 때 발견한 것에 대해 더 상세하게 분석한다. 우리는 마음에 미래에 대한 긍정적 이미지들을 불러오는데 있어 사람들이 겪는 어려움과 사람들이 기분의 작은 변화들에 반응하는 측면에서 사람마다 차이를 보이는 방식을 분석함으로써 자살 위험의 배경에 있는 과학을 들여다 볼 것이다. 반응은 부정적인 주제들 뿐만 아니라 반추와 회피도 포함한다. 더 구체적으로 말하면, 자살 위험에 놓인 사람들의 경우에서 반응이 어떤 사람들에게는 침투성이거나 불안하지만, 또 어떤 사람들에게는 편안한 자살의 그래픽 이미지를 포함한다. 마지막으로 우리는 사람들이 자신의 개인적 과거를 회상하는 방식(자전적 기억)의 미묘한 차이들이 현재에 대한 반응에 어떤 영향을 끼치는지 살펴볼 것이다.

우리가 마음챙김 접근이 가장 취약한 사람들에 의해 받아들여지기를 바란다면, 우리는 이들에게 왜 마음챙김 훈련이 시도하기에 적합한지 설명해야 한다. 4장은 임상의가 다음과 같은 환자의 질문에 답하기 위해 사용할 수 있는 프레임워크를 제공한다. "나에게 효과가 있을까요... 그리고 어떻게 도울 수 있나요?"

II부는 실험실에서 클리닉으로 무대를 옮기며, I부에 제시된 연구의 실용적 응용에 대해 설명한다. 5장은 우리가 위험에 관해 할 수 있는 한 많이 알고, 피해를 끼치지 않도록 보장하기 위해, 자살의 취약성을 가장 잘 평가할 수 있는 방법에 대해 분석한다. 6장에서 우리는, MBCT 과정이 끝나기 전에 중도에 그만두는 사람에 관한 중요한 요인들을 밝혀주는 우리의 주장을 테스트 한 예비 임상 실험에 대해 이야기할 것이며, 프로그램에 대한 참여를 강화하기 위해 과정 전 면담을 어떻게 정교하게 만들 수 있는지에 대해 설명할 것이다. 그리고 7장–14장에서 우울장애 프로토콜을 위해 원래 MBCT에 만든 특정 변화들과 참여자들이 이러한 변화들을 어떻게 경험했는지에 대해 회기별로 설명할 것이다. 이 장들은 MBCT가 강한 자살충동 사고 및 자살충동 행위들이 쉽게 일어날 수 있는 사람들에게 제공되는 방식에 관해 상세히 분석할 것이다. "어려움을 향해 직면하는 것"에 의해서만 전환이 이루어질 수 있다는 것이 사실이라면, 수업에서 참여자들에게 순수한 안전의 보금자리를 제공하는 방식으로 어떻게 이것이 이루어질 수 있는 것인가?

15장은 수업에서 지도자와 개인 참여자 사이에 이루어지는 대화를 "경청"함으로써 MBCT 프로그램을 요약한다. 각 명상 이후 이루어지는 이러한 대화를 통해(종종 "질의"라고 불리는) 많은, 혹은 대부분의 학습이 이루어진다.

III부는 지도자 역할의 중요성을 고려하는 것으로 넘어간다. 16장에서, 마음챙김 기반 중재들에서 교육의 질을 평가하는 방법에 대해 논쟁이 되는 문제를 제시한다. 증거 기반 치료의 경우, 주마다 가르치는 것이 접근의 의도에 충실한지, 교육이 커리큘럼을 포함하는지, 그리고 특정 수준의 역량으로 교육되는지를 아는 것이 중요하다. 이러한 문제들은 연구 실험 맥락으로 국한되지 않는다. 마음챙김 교육을 수련생들에게 전파하고 싶다면, 전달하려는 기술과 과정들을 수련과 감독의 프레임워크로서 명확히 이해해야 한다. 이에 따라 다음과 같은 질문이 떠오르게 된다.: 어떻게 지속적이고, 신뢰 있게 역량과 준수(교육의 "완전성")를 평가할 수 있는가? 마음챙김 기반 중재 내에서 교육과 학습의 과정은 명확하지 않으며, 주로 명확한 커리큘럼을 포함하기보다 과정을 통해 암묵적으로 발생하기 때문에, 이 질문에 대한 답은 간단하지 않다. 따라서 교육의 평가는 또한 "숨겨진 커리큘럼", 즉, 지도자들이 어떻게 독자적인 방식으로 학습을 체화하는지 평가해야 한다. 이 장은 마음챙김 기반 교육의 완전성 문제, 그리고 이것이 무엇이며, 시간 흐름에 따라 어떻게 발전하는지, 어떻게 평가될 수 있는지의 문제들을 고려한다. 17장은 "내부로부터" 지도자의 경험에 초점을 맞춤으로써, 좀 더 다른, 보완적인 측면에서 교육에 접근한다. 지도자들은 가장 취약한 환자들과 함께 할 때 어떻게 하면 접근의 의도와 커리큘럼에 충실한 상태를 잘 유지할 수 있는 것인가? 특히, 이 장은 매뉴얼화된, 프로토콜 기반 프로그램을 가르치는 것의 문제점들과 한편으로 MBCT의 규정된 특정 커리큘럼을 준수하면서, 다른 한편으로 참여자들에게 유연성과 반응성을 갖는 것의 균형을 맞추어야하는 필요성에 대해 다룬다.

마지막으로, 우리는 IV로 이동한다. 18장에서, 이전 장들을 요약하고, 대규모 무작위 통제 실험에서 MBCT를 테스트 했을 때 우리가 발견한 것들을 밝힌다. 결과들은 자살충동을 느끼는 극도의 절망 반응들을 능숙하게 다루는 최상의 접근을 포함하여, 가장 취약한 환자들을 다루는 법에 대해 보여준다. 가장 최근에 발표되었으며, 이러한 증거 기반 접근으로 나아가는 법에 대해 알려주는 MBCT 실험들의 맥락에서 우리의 발견들을 돌아볼 것이다. 책을 마무리하며, 우리는 과도한 엄격함이나 두려움 없이 프로토콜에 충실한 채로, 자체 수행과 수련을 지속하도록 지도자들에 대한 영향들을 이끌어내며, 지도자들이 MBCT에 대한 참여 후보자들의 적합성을 평가하고, 계획과 전달을 형성하는 방법의 관점에서 마음챙김 지도자들에게 끼치는 실질적 결과들을 확인할 것이다.

이 책을 사용하는 방법

마음챙김에 대한 어떤 책도 따로 분리되지 않는다. 각 책은 오래 지속된 전 세계적인 지식체, 이해와 수행에 자체 조각을 끼워 맞춘다. 이 책도 예외는 아니다. 이것은 매우 취약한 환자들에 대한 적용을 설명하고, 또한 지도자 역량의 정의와 평가 같이 더 광범위한 관점과 관련된 최근의 일반적 발전들에 관한 추가 정보를 제공하는 측면에서, 세갈, 윌리엄스, 티즈데일(2013)의 표준 MBCT 매뉴얼을 보완하려는 의도를 가지고 있다. 이 책은 "매뉴얼"이 아니며, 우리는 특정 지도자나 치료자가 마음챙김만으로 자살의 생각과 행동을 "치유"할 것이라고 상상하는 것을 경계한다. 세갈과 동료들은 외상 및 중증 정신 질환을 다룰 때 우리 역량의 한계를 알아야 하는 것에 대해 매우 명확했으며, 우리는 이 분야에서 일을 하는데 필요한 훈련에 관한 이들의 조언을 지지한다(Segal 외, 2013, pp 420–421).

책은 고유의 논리를 따르므로, 제시되는 순서에 따라 읽는 것이 가장 좋다. 이런 식으로, MBCT 프로그램에 대한 수정과 전달은 연구 발견들의 배경을 바탕으로 이해 가능해지며, 우리가 가진 최상의 현재 지식에 의해 주마다 프로그램을 시행하는 법에 관한 조언이 전달된다. 회기의 구성에 대해 상기하고, 또한 더 광범위한 주제와 다시 일어날 수 있는 특징적 반응들에 익숙해지기 위해, 지도자들이 특정 회기를 교육하기 전에 책의 관련 장을 다시 한 번 읽을 것을 권장한다. "숨겨진 커리큘럼"의 관점에서 준비하는 것은 매우 취약한 환자들을 다룰 때 특히 중요할 수 있으며, 이에 따라 우리는 II부에서 회기별로 핵심 주제들을 제시했다(7–14장). MBCT 프로그램의 시행을 지원하기 위해, 우리는 *우울장애를 위한 마음챙김 기반 인지 치료(Mindfulness–Based Cognitive Therapy for Depression)* 두 번째 판(Segal 외, 2013)에서 수행 활동들에 대한 오디오 녹음을 이용할 수 있도록 만들었으며, 이는 MP3 포맷으로 웹에서 직접 스트리밍 하거나, 다운로드 할 수 있다. 참여자들은 특히 마음챙김 수행을 시작할 때 이 녹음들이 유용하다는 것을 알게 된다. 지도자들은 *www.guilford.com/williams6–materials*에서 이러한 트랙들에 접근할 수 있다. 마지막으로, 지도자의 경험에 초점을 맞추는 마지막 장들에서, 지도자들이 MBCT 및 다른 환경들에서 자살충동 및 절망에 대한 이해, 연민, 배려로 반응할 수 있도록 돕는데 있어 심리적으로 중요한 것을 전달하려는 의도를 가지고 있다.

우리는 이 책이 매우 취약한 환자들에게 MBCT를 가르치는 사람들뿐 아니라, 정신 건강 환경에서 마음챙김을 가르치는 것과는 관련이 없지만, 그럼에도 불구하고 자신들이, 혹은 자신에게 도움을 요청하러 온 사람들이 자살 충동 및 절망과 싸우고 있다는 것을 발견하게 되는 사람들에게 유용한 자원의 역할을 하게 되길 바란다.

자살은 수치심, 분노, 외로움, 비통함의 정서들을 남기며, 자살한 사람의 가족, 친구, 동료들을 비롯한 많은 사람들에게 영향을 끼치는 비극이다. 치료자, 임상의, 상담자, 혹은 마음챙김 지도자로서, 우리는 전반적으로 이 분야와 취약한 내담자들 및 참여자들에 대한 우리의 이해를 심화시키고, 확대시켜야 한다. 우리는 이러한 비극으로 삶이 영향을 받은 모든 사람들에게 이 책을 바친다. 자살 위험에 놓인 사람들에게 새로운 관점, 용기, 지혜를 가져올 수 있게 되길 바란다.

I부

이론과 연구 배경

2장

절망의 기원

진화적 관점

캐이시는 자신이 병원에 있게 될 줄은 정말 몰랐다. 물론 그녀는 가장 친한 친구와 크게 싸웠고, 혼자서 집에 간 후 술을 마시기 시작했으며, 사무실에서 얻은 병을 핑계로 주말에 있었던 또 다른 친구의 결혼식에 참석하지 않았다는 것은 알고 있었다. 그러나 이것은 4일 전의 일이었다... 이후로 그녀는 일을 하며, 삶을 이어나갔다. 그러나 저녁마다 뻔히 보이는 삶의 무의미함과 외로움의 오래된 정서들이 그녀를 압도하기 시작했다. 현재 30대인 그녀는 진정한 친구 하나 없이 혼자 살고 있으며, 보람을 느끼지 않는 일을 하고 있고, 과거는 반복되는 실패로 얼룩져 있었다. 그녀는 항상 다른 사람들이 실제로 어떻게 삶을 "살아가는지" 궁금했다... 다른 사람들은 그녀처럼 행복해할만한 일이 전혀 존재하지 않을 때 어떻게 "스스로 행복감을 느끼는 것인지" 궁금했다. 그녀는 다른 사람들과 동일한 파장으로 살아가는 것 같지가 않았다. 이보다 더 끔찍한 것은, 자신이 주위에 있는 모든 사람을 불행하게 만든다는 것이었다.

사건이 발생한 목요일에 그녀는 평상시처럼 일을 마치고 집에 돌아왔으며, 쏟아지는 두통 때문에 진통제를 가지러 싱크대로 향했다. 그녀는 싱크대를 열고, 진통제를 보았으며, 또한 작년에 처방 받았지만 한 번도 복용한 적 없는 항우울제, 그리고 작년에 어머니가 머무르는 동안 실수로 두고 간 강력한 진통제도 보게 되었다. 갑자기 머릿속 어딘가에서 불이 켜지는 것처럼 사건이 벌어졌다. 더 이상 참고 견딜 필요가 없다는 생각이 들었다. 그녀는 다른 사람들의 짐이 되는 것을 멈추고, 참을 수 없는 고통도 멈추어야 했다.

이후로 모든 것이 흐릿해졌다. 그리고 팔에 링거를 맞은 채로 병원에 누워 있었고, 옆에는 좌절한 표정의 부모님이 앉아 있었으며, 최근에 결혼한 친구가 보낸 꽃이 테이블 위에 놓여 있었다. 그리고 머릿속에서는 자신이 얼마나 멍청했는지, 심지어 자살에 성공하지도 못했다는 목소리가 계속해서 들려왔다. 응급실 의사는 그녀가 거의 죽을 뻔 했으며, 살아난 것이 기적이라고 말했다. 케이시는 이 말에 동의할 수 없었다. 그녀는 죽고 싶었고, 이제는 자신이 무엇을 원하는지도 알지 못했다.

치료자의 도전

케이시의 이야기는 전 세계에서 하루에 수천 번씩 반복되고 있다. 우리는 이와 같은 삽화들을 방지하는 법을 어떻게 알 수 있는가? 자살과 자살의 행동은 복잡한 현상이며, 사회학, 심리학, 생물학적 수준에서 이해가 가능할 것이다. 누가 가장 자살 위험에 놓여 있고, 사람들이 살아갈 가치가 있는 삶을 살도록 도움을 줄 수 있는지 여부를 이해하는 것과 이에 따라 이러한 압도적인 정서들이 파괴적이지 않은 방식으로 다루어지는 것은 큰 도전이다.

우리는 먼저 윤리적 관점에서 문제를 어떻게 바라볼지 명확히 해야 한다. 자살은 자유 의지이며, 누구도 자신의 목숨을 끊을 개인의 권리를 간섭해서는 안 된다는 것은 논쟁이 될 수 있다. 다음은 우리가 임상의들로부터 들은 견해들이며, 이 중 일부, 혹은 전체는 우리의 도와주려는 동기를 약화시킬 것이다.:

- 자살의 원인은 정신 질환과 아무런 관련이 없다. 이것은 사회의 질병이다.
- 자살은 개인이 결정하도록 남겨두어야 하는 문제이다.
- 자살은 너무 드물어서 우리가 예측하기 어렵다.
- 자살 충동을 가진 개인들은 전문적 상담을 거의 받지 않는다. 이들이 접촉한다 하더라도, 자신의 자살 의도에 대해서는 이야기하지 않는다.
- 자살에 대해 이야기하는 환자들은 거의 자살하지 않는다.
- 임상 면담에서 자살에 초점을 맞추는 것은 단지 자살 위험을 증가시킬 뿐이다.

이러한 입장들을 다음의 일부 대안들과 비교해보자:

- 자살 위험에 놓인 사람들은 우리의 전문적 능력으로 도움을 얻기 위해 찾아온다.

- 이들이 수주, 수개월, 수년 동안 자살, 혹은 자살 계획에 대해 생각했다 할지라도, 이들은 여전히 살아 있다. 무언가가 이들의 죽음을 막은 것이다.
- 대부분의 사람들은 매우 절망적일 때조차, 자살에 관해 흔히 양면적 태도를 가지며, 우리는 살고 싶다는 바람을 북돋아 주어야할 책임을 가지고 있다.
- 자살 충동을 가진 내담자들은 이미 친지 및 친구들에게 이야기했을 것이며, 우리는 그 마지막 종착지일 것이다.
- 자살을 시도하고, 자살로 사망하는 대부분의 사람들은 자살 시도 당시 우울한 상태에 있을 것이다. 우울장애는 자살을 유일한 선택으로 만드는 사고방식을 수반한다.
- 사람들이 가장 힘든 역경에 직면하는 경우에도 가장 예상치 못한 방식으로 상황이 개선될 수 있다.
- 우리는 더 나은 변화가 항상 가능하다고 가정해야 한다.

우리는 후자의 입장에 동의한다. 어떤 경로로 우리를 찾아왔든, 모든 상황에도 불구하고 지금 현재 그 사람은 여전히 살아 있다. 우리는 이 사람이 바로 지금 모든 것이 절망을 가리킬 때조차 삶은 가능성들을 제공할 수 있다는 것을 스스로 볼 수 있도록 만들기 위해 전념을 다한다.

연구의 체계적 검토(National Institute for Health and Clinical Excellence, 2011)는 어떤 치료가 가장 효과적인지에 관해 불확실성이 남아 있다 하더라도, 문제 해결 선택들의 이용 가능성을 개선시키기 위해 대인관계 문제들의 기저를 이루는 패턴들의 명확성을 포함하는 치료들이 일부 가능성을 가지고 있다는 것을 보여준다. 그러나 우리가 알지 못하는 많은 것들이 존재한다는 것에는 일반적으로 의견이 일치한다. 치료들이 진전을 이루도록, 우리는 장기적인 취약성의 기저를 이루는 심리학적 과정들, 때때로 이러한 과정들을 활성화시키는 요인들, 그리고 활성화가 어떻게 기분의 급속한 저하로 이어지고, 부정적 사고 패턴들로 악화된 후 자살 충동이 절망에 의해 어떻게 절정에 이르게 되는지를 분명하고, 정확하게 이해해야 한다. 우리의 접근은 대부분의 자살 충동 사고와 행동이 미래에 대한 무망감과 절망의 맥락에서 발생한다는 관찰을 바탕으로 한다. 자살 충동의 정서들은 매우 빠르게 올 수 있지만, 대부분 가족이나 친구들이 보기에 우울장애가 완전히 감추어졌을 때조차, 우울장애 삽화의 맥락에서 일어난다.

*고통의 외침(Cry of Pain)*이라는 책에서, 윌리엄스(1997, 2014)는 우리가 자살 충동의 정서와 행동을 가장 잘 이해할 수 있는 방식에 대해 설명한다. 제목은 "도움에 대한 외침(Cry for help)"인 자살 행동(보통 고의적 자해로 불리는)을 묵살하는 경향이 있는 사람들에게 보여주려는 시도에서 의도적으로 선택되었다. "도움에 대한 외침"이라는 표현은 어윈 스텐겔(Erwin Stengel, 1964)이 자신의 저서 *자살과 자살 시도(Suicide and Attempted Suicide)*에서 만들어냈다. 그는 이러한 행동의 "호소 기능"에 관해 이야기했지만, 이러한 표현은 마치 그가 자살 행동이 단지 도움에 대한 외침이라고 뜻한 것처럼 널리 오해되었다. 지금까지도, 많은 자살 행위들은 마치 의사소통의 동기가 목숨을 끊으려는 심각한 시도와 양립하지 않고, 자기 파괴적 행위가 매우 심각하게 고려되어야 하는 더 깊은 괴로움을 보여주지 않는 것처럼, "단지" 도움을 요청하는 외침으로 치부된다. 실제로 스텐겔은 자살 행위가 다른 사람들에게서 곤란에 빠진 사람을 도와주려는 바람을 이끌어내는 특징을 신체적 질병과 공유한다는 사실에 관심을 환기시키려 했던 것이다.

"고통의 외침" 관점은 특정 행동이 주요 동기가 되는 소통 없이 소통 결과를 가질 수 있는 방식을 포착하려는 의도를 가지고 있었다. 덫에 갇힌 동물은 고통으로 비명을 지른다. 비명은 고통에 의해 발생되지만, 또한 다른 동물들의 행동에 영향을 끼치는 방식으로 고통을 전달할 수 있다. 자살 행동은 소수의 경우들에 과도하게 소통적일 수 있지만, 대부분의 경우 개인이 대처할 수 없는 상황의 고통에 의해 먼저 고통의 외침으로, 이후 도움을 위한 외침으로 "도출된다."

"도움을 위한 외침"이라는 생각은 또 다른 의도치 않은 결과를 가졌다. 이는 치명적이지 않은 자살 시도들로 국한되었기 때문에, 사람들이 치명적이지 않은 자살 시도들과 실제 자살에 대해 생각하는 것들 사이에 격차가 넓어지는 것에 기여했다. *고통의 외침*(Williams, 1997. 2014)에서 지적된 바와 같이, 시도된 자살과 완수된 자살은 매우 밀접하게 관련되어 있다. 양쪽 모두 사회적 약자들에게 더 큰 영향을 끼치며, 완수된 자살과 시도된 자살 양쪽의 동기는 많은 특징들을 공유한다. 예를 들어, 분노와 소통 문제들은 자살과 치명적인 결과를 가져오지 않는 자해의 행위 양쪽에서 발견될 수 있으며, 심지어 비교적 낮은 위험의 "자살에 대한 생각들"(종종 자살 행동으로 이어지지 않는)도 또 다른 사람과의 소통에 대한 정서들보다 회피와 죽음의 주제에 의해 지배될 수 있다.

케이시의 경험에서 이러한 정서들의 혼합을 볼 수 있으며, 그녀는 해마다 미국에서 자살하는 38,000명 중 한 명(www.cde.gov/nchs/fastats/suicide/htm)이 되어, 매년 전 세계 800,000건의 자살에 기여할 수 있었다(www.who,int/mental_health/prevention/suicide). 고의로 자해를 하지만, 죽지 않는 사람들의 수 또한 놀라울 정도로 많다. 최근의 인구 기반 연구는 16세에서 17세 청소년들 중 19%가 최소한 한 번 자해에 연관되었다는 것을 보여주었다(Kidger, Heron, Lewis, Evans, & Gunnell, 2012). 이러한 행동의 대부분은 명확한 자살 의도를 가지고 있지 않지만, 가까운 친구나 가족 중에 자살 행동의 이력이 있는 경우, 행동은 혼합된 동기로 죽고 싶어 하는 바람을 가질 가능성이 더 크다(Hargus, Hawton, & Rodham, 2009).

이러한 행동은 스트레스에 대한 극도의 반응들을 설명하는 것으로 나타나지만, 우리는 이러한 순간들이 내적이든, 외적으로 생성되든, 우리의 삶 전체에서 발생할 수 있다는 것을 이야기하고자 한다. 우리 모두는 무망감과 상실감, 질병과 죽음이 결코 멀리 떨어질 수 없는 스펙트럼에 살고 있다. 인간의 마음은 스스로가 덫에 갇히고, 순간적으로 마비되는 느낌을 발견할 수 있는 수많은 측면들을 가지고 있다. 일부 사람들에게 있어, 이러한 절망의 순간들은 세상에서 나가고, 자아에게서 탈출하고 싶다는 정서를 초래할 수 있다.

절망과 자살 충동을 느끼는 사람들은 매우 어려운 상황에서 살아가거나(혹은 살았거나), 혹은 무기력하고, 혼란스러운 느낌을 갖도록 만드는 방식으로 세상을 이해하게 된다. 일부는 크고, 예측할 수 없는 기분의 두드러진 변화를 향한 유전적 소인을 가지고 있기 때문에, 이러한 마음 상태를 마주하게 될 수 있다. 그러나 어떤 요인이든 깊은 절망의 시간들에 기여하며, 고통의 외침 관점은 이러한 모든 요인들이 경국 최종 공통 경로를 통해 사람들에게 영향을 끼치게 될 것이라고 제시한다. 즉, 완전한 절망감에서 벗어날 수 없다는 느낌과 결합되는 것이다.

기존의 심리 치료가 도움을 줄 수 있는가?

자살에 대한 생각, 계획, 행동에 대한 많은 연구에도 불구하고, 반복되는 위험을 줄이기 위해 이러한 환자들을 돕는 방법들을 확인하는 것은 어렵다는 것을 입증했다. 우리가 언급했듯이, 현재까지의 연구들에 대한 최근의 체계적 검토는 어떤 접근들이 가장 효과적인지에 관한 상당한 불확실성이 존재한다는 것을 보여주었다(National Health and Care Excellence[NICE], 2011). 이러한 불확실성은 최상의 인지 및 문제 기반 접근들도 오직 미약한 성공만을 보고하거나, 복제되었다는 사실에서 발생한다. 인지 치료(CT)의 경우에도, 효과를 보여주는 연구들이 부족하다. 브라운(Brown) 외 연구자들은 사회적으로 매우 취약한 환자들에 대해 연구했다. 40% 이상이 8,000달러 이하의 소득을 가졌으며, 66%는 실직 상태이거나, 장애를 가졌다(Brown 외, 2005). 이들은 많은 실험 참여자들이 약속 시간에 나타나지 않거나, 잘못된 시간에 나타났으며, 치료자들이 다른 클리닉 업무에 종사하는 일반적 클리닉에서 볼 수 없다는 것을 알게 되었다. 따라서 이들은 연구의 모든 참여자에 대해 사례 관리자를 도입하며 급진적인 변화를 모색했다. 사례 관리자는 버스 토큰을 제공하고, 가정 방문을 하고, 일부 환자들을 차로 데려오고, 지역사회 음성메시지 녹음 시설들을 준비하고, 환자들을 추적하기 위해 필라델피아 노숙자 데이터베이스를 이용하고, 언제든 환자들이 어디에 있는지 알 수 있는 연락처를 확인함으로써 지속적으로 내담자들과 연락을 하는 책임을 맡게 되었다. 연구는 CT 중재 이후 기간에 반복된 자살 행동이 20%에서 38% 감소했다는 것을 발견했다. 그러나 이러한 형태의 더 많은 연구들이 존재하지 않기 때문에, 우리는 이 연구가 다른 연구들에 의해 반복 검증될 수 있는지 여부를 알 수 없었다. 인격 장애 진단을 받은 환자들의 자살 행동을 줄이기 위해 외래 환자 치료(Bateman & Fonagy, 2008), CT(Davidson, Tyrer, Norrie, Palmer, & Threr, 2010)를 이용한 시도들은 비교적 중간 정도의 성공을 입증했지만, 또한 복제가 필요하다.

경계성 인격 장애를 가진 사람들을 위한 리네한(Linehan, 1993)의 변증법적 행동 치료(DBT)는 예외이다. DBT는 주간 개인 치료와 주간 그룹 치료를 1년 기간에 걸쳐 결합한다. 이것은 행동, 인지, 지지 심리치료의 치료 전략들을 이용한다. 행동/문제 해결 요인은 모두 "바로 지금"을 강조하는 역량 강화, 대안 대처 방식 생성, 만일의 사태 확인과 관리에 초점을 맞춘다. 치료 이름의 "변증법"은 한편으로 환경에 존재하는 스트레스의 *수용*과(명확하게 바라보기) 다른 한편으로 이들에게 접근하는 방법에 대한 *변화* 필요성의 균형을 강조하기 위해 놓여졌다. 주제는 내담자들이 실제로 돌아가는 상황을 이해하도록 장려하는 것이다("이해", "받아들이다"는 *수용*이라는 단어의 근본 의미이다). 일단 개인이 상황을 명확하게 이해하고, 실제 자신을 깊이 있게 이해하게 되면, 이 사람은 어떤 상황들이 변할 수 있는지 알아보기 위해 일시적으로 물러서서 바라볼 수 있게 된다.

개별 치료는 자살 행동과 관련된 주제들을 우선시한다. 리네한은 이것이 치료의 중요한 부분이라고 믿는다. 그녀는 새롭게 양성된 치료자들도 자살에 대한 사고, 충동, 행동에 대한 명확한 논의를 쉽게 회피한다고 주장한다. 내담자는 자해 행동을 직접 마주하고, 이를 통제할 때에만 다른 문제들에 대한 도움을 논의할 수 있다는 것을 알아야 한다.

주간 그룹 기술 훈련은 2시간 반 동안 회기를 지속하며, *대인관계 문제 해결, 고통 감내, 마음챙김, 정서 조절*의 주제들에 초점을 맞춘다.

DBT의 효과를 평가하는 연구들은 고무적이었다.* 이러한 연구들은 모두 이 접근이 가장 다루기 힘든 사회적, 정서적 문제들을 가진 많은 사람들에게 중요한 희망의 원천을 제공한다는 인상적 증거로 구성된다.

그러나 중증 인격 장애를 가진 사람들에 대한 리네한의 광범위한 연구와 별도로, 자살 행동을 줄이는데 있어 효과적이고, 미래 연구들에서 복제된 것으로 발견된 어떤 치료 접근들도 존재하지 않는다. 중증 재발성 우울장애의 맥락에서 발생하는 자살 충동 정서들을 가장 잘 이해하고, 이에 도움을 주는 방법을 숙지하는 것이 체계적으로 다루어지지 않았다. 우리에게 도움을 요청하러 온 사람들을 위해 최선을 다하도록 보장하기 위해 자살 충동의 관념화, 계획, 행동을 가장 잘 이해하고, 치료하는 방법에 관한 충분한 연구가 매우 부족하다. 치료들은 실용적 접근으로 진화했지만, 문제 해결 결핍에 기저를 이루는 인지 메커니즘들에 대한 최근 연구가 이루어질 때까지, 이러한 치료들은 절망의 심리학과 절망이 존재할 때 문제 해결 능력에 무슨 일이 일어나는지에 대한 이해가 부족한 채로 진전되었다.

고통의 외침

새로운 이해와 치료 접근들을 개발하려는 우리의 노력을 인도해 줄 이론과 증거가 부족하다는 것을 고려하여, 우리는 모든 생물체들이 스트레스 인자들과 직면시 포기하고, 무기력해지는 상황들에 대해 중요한 통찰력을 제시한 진화 심리학자들의 연구로 향했다. 우리는 일반적으로 우울장애와 무기력감, 특별히 자살 충동 정서를 바라보는 다음 방식에 대해 길버트(Gilbert, 1989)의 *인간 본성과 고통(Human Nature and Suffering)*으로부터 깊은 영감을 받았다.

> 행동은 전체적으로 변화하게 된다. 정신적으로 매우 우울해지고, 흙에 날개와 머리를 박은 채 초라해지면서 비록 신체 부상을 전혀 감지할 수는 없지만, 마비에 빠지게 된다. 이제 새의 저항은 끝난 것으로 보이며, 어떤 경우에는 심리적 상태의 효과가 너무 강력해서 새는 곧 완전히 실패하게 된다(Schjeldrup-Ebbe, 1985, Price & Sloman에서 인용됨, 1987, p 875).

인간이 아닌 동물들에서 인간 행동으로 너무 쉽게 도약하는 것은 위험하지만, 이러한 관찰이 인간 행동에 어떤 심리적, 생물학적 과정들이 기저를 이룰 수 있는지에 관한 가설을 만들어내는데 도움이 되는 충분한 이유가 존재한다. 새의 사례에서 특정 요인들에 주목해보

* 10개의 연구들이 BPD를 가진 자살 충동 환자들에 대한 DBT의 효능을 연구했다. 이중 9개 연구들이 BPD에 대한 영국 NICE 지침(2009)에서 논의된다.

자. 첫째, 좌절한 새의 행동은 신체적 손상이 없는 상태에서 일어난다. 둘째 좌절 자체는 반응을 촉발하기에 충분하지 않다. 좌절한 새가 또 다른 곳으로 도망갈 수 있다면, 이는 부정적 효과를 보여주지 않는 것이다. 반응이 발생하는데 필요한 것은 좌절과 탈출의 결여가 결합하는 것이다 (길버트는 이를 "억제된 탈출"이라고 불렀다). 셋째, 이러한 학습된 무기력을 보여주는 동물은 상황이 제거되는 경우 회복될 수 있지만, 어느 정도의 시간이 걸릴 것이며, 동물이 스트레스 인자에 대해 무기력으로 반응하는 경향이 있는 경우 더 오래 걸릴 것이다. 이러한 좌절한 새의 행동 특징들은 좌절이 회복되는데 시간이 걸리는 생물학적 과정인 진화의 태초 생물학적 과정을 어떻게 촉발시키는지를 보여준다. 따라서 "좌절"과 "탈출 결여" 이외에 방정식의 세 번째 요인이 존재한다. 이는 바로 반응이 얼마나 오래 지속될지 결정하는 *구조(rescue) 요인*의 존재(혹은 결여)이다. 이러한 생각들은 또한 로리 오코너(Rory O'Connor. 2003)에 의해 더 상세하게 분석되었다. 로리 오코너는 자살 생각들(예. 더 이상 소속되지 않는다는 느낌, 부담감, 긍정적 미래가 존재하지 않는다는 느낌)의 위험을 증가시키는 요인들이 실제 자살 행동 위험(예, 충동, 행위와 실제 계획에 대한 높은 의도, 수단에 대한 접근, 다른 사람들의 제약[O'Connor. 2011])을 증가시키는 요인들과 별개일 수 있다는 유용한 제안을 덧붙였다.

"고통의 외침" 가설(Williams, 1997. 2014)은 억제된 탈출을 중심 구성요인으로 사용한다. 이는 새의 실제 좌절에 의해 촉발되는 것들과 유사한 생물학적 특징들이 좌절의 심리적 표상에 의해 인간들에게서도 촉발될 수 있다는 것을 보여준다. 이 모델에 따르면, 자살 행동은 좌절, 탈출 결여, 구조 결여(실제, 혹은 가상의)라는 이 세 가지 구성요인들을 갖는 상황에 대한 반응에 해당한다. 따라서 누군가 좌절, 탈출 결여, 구조 결여에 해당하는 사회적 신호들에 노출되는 경우(그리고 이에 민감한 경우), 그 사람은 태초의 "무기력한" 생물학적 과정들의 촉발에 취약할 가능성이 크다. 이제 모델을 뒷받침할 증거가 존재하는지 여부를 알아보기 위해 차례로 각 심리적 과정들을 살펴보자.

좌절 신호들에 대한 민감성

개인이 특히 잠재적, 혹은 실제의 좌절 및 "실패자의 상태"라는 자극에 특히 민감해지도록 만드는 심리학적 과정들에 대한 증거를 살펴보는 우리의 연구는 주의 편향에 대한 연구에 따라 1980년에 시작되었다. 개인이 큰 관심을 가진(현재의 우려) 자극이 개인에게 분명하게 눈에 뛰는 "지각적 팝 아웃(perceptual popout)"이라 불리는 잘 설명된 현상이 존재한다. 이는 사람들로 붐비는 파티에서도 자신의 이름을 듣는 개인의 능력을 설명해준다(이는 "칵테일 효과"로도 불린다). 이것은 개인이 자신의 행복에 있어 중요한 정보는 놓치지 않도록 보장하는 정상적인 지각/주의 과정이다(Kahneman, 2012, 시스템 1의 특징으로 지칭함). 이는 개인이 차를 구매하거나(갑자기 도로에 있는 많은 형태의 자동차들을 보게 된다), 집을 살 때 일어난다("매매 중"이라는 돌출 간판이 극적으로 크게 보인다).

연구는 이러한 돌충 항목들의 "팝 아웃"이 거의 완전히 무의식적이라는 것을 발견했다(Williams, Watts, MacLeod & Mathews, 1997 참고, 검토를 위해 4장과 5장 참고). 실패에 민감한 사람의 경우(혹은 자신의 상황들에 의해 민감해진 경우), 세상은 좌절 및 거부와 관련된 많은 측면들을 가진 것으로 나타날 것이다. 스트레스와 압박감으로부터 안도감을 필요로 하는 정확한 시점에, 주의 편향은 자신이 "패배자"라는 자극 신호가 쏟아지도록 초래한다.

이러한 과정이 자살 충동을 가진 사람들에게서 일어나는지 알아보기 위해, 우리는 정서 스트룹 과제(emotional Stroop task)를 사용했다. 이 과제에서, 개인은 색깔 잉크로 인쇄된 일련의 단어들을 보게 된다. 이들의 과제는 가능한 몇 개의 실수도 하면서, 글자가 인쇄된 색을 최대한 빨리 외치는 것이다. 다수의 연구들은 단어의 의미가 개인에게 두드러지는 경우(즉, "팝 아웃" 경향이 있는 경우), 색의 이름을 말하는 것에 대한 방해가 존재한다는 것을 보여주었다. 예를 들어, 거미를 무서워하는 사람이 붉은 잉크로 쓰인 "거미"라는 단어를 보고, 색을 말해야 하는 경우, 단어 보는 것을 회피할 수는 없을 것이다. 이 사람은 개인적으로 두드러지는 이러한 단어의 색을 비교적 느리게 말할 것이다. 이러한 주의 팝 아웃은 무의적이기 때문에, 개인이 특별한 의미를 갖는 단어들의 색깔을 느리게 말하는 것은 피하기 어렵다. 우리의 결과들은 주의 편향의 명확한 증거를 보여주었다. 약물 과용 환자들은 좌절과 거부를 뜻하는 단어들의 색을 느리게 이야기했으며, 최근 이력을 고려할 때, 특히 약물 과용과 관련된 단어들을 느리게 말했다.

우리는 "패배자" 상태를 뜻하는 자극에 대한 이러한 무의식적 과민성이 좌절 반응을 촉발시킬 위험을 증가시킨다고 제시한다. 이는 우리를 두 번째 심리학적 과정으로 이끈다.

갇혀있는 느낌

좌절(혹은 좌절의 신호)은 완전한 반응을 촉발시키기에 충분하지 않다는 것을 상기하자. 여기에는 또한 "탈출 결여", "속박", 혹은 "억제된 탈출"에 대한 느낌이 필요하다. 카너먼

(Kahneman, 2012)은 일단 시스템 1이 자신이 주의해야 할 무언가에 대한 경보를 내리면, 더 느리고, 더 노력을 요하는 시스템 2가 이를 분석하는 일을 하게 된다고 지적했다. 여기에서 상황은 완전히 잘못될 수 있다.

수많은 연구들이 자살 충동 환자들의 문제 해결 어려움의 중요성을 지적했다. 우리의 분석은 문제 해결의 어려움 자체는 중요하지 않다고 제시한다. 이러한 어려움이 개인에게 중요한 "탈출구가 없다"는 점을 보여주는 것은 사실이다. 개인이 문제를 규정할 수 없거나, 혹은 개인이 어떻게 해결할지에 관한 생각을 떠올릴 수 없는 경우, 갇혀있다는 느낌은 결코 사라지지 않을 것이다.

듀건(Duggan, 2008)은 이 문제를 더 상세하게 분석했다. 그녀는 문제 해결의 어려움으로 얼마나 많은 자살 행동의 반복이 예측될 수 있는지 알고자 했다. 듀건은 옥스퍼드 병원에서 고의적 자해로 입원한, 그리고 최소한 이전에 한 번 유사한 사건으로 병원에 입원한 적이 있는 50명의 환자들을 모집했다. 그녀는 이들의 심리적 상태와 병력의 다수 측면들을 평가했으며, 이들의 *대인관계 문제 해결 효과*에 대한 척도가 차후 16개월 동안 고의 자해 이후 치료를 위해 다시 병원에 찾아오게 될지 여부를 예측한다는 것을 발견했다. 이러한 그녀의 결론은 손상된 문제 해결 능력이 개인을 취약하게 만드는 중요한 요인이라고 제시하며 새롭게 떠오른 임상 문헌과 일치했다.

문제 해결의 어려움은 어떻게 발생하는가?

우리의 연구는 당면한 문제를 해결하는 개인의 능력에 있어 중요한 측면은 자신의 삶에서 과거 사건들에 접근하는 능력이라고 제시한다. 그러나 모든 형태의 기억이 그렇지는 않을 것이다. 우연히 몇 년 전에, 우리는 사람들이 자신의 과거에 관한 질문을 받았을 때 자신이 우울했는지 여부에 따라, 그리고 자신이 외상의 이력을 가지고 있는지 여부에 따라 다른 형태의 기억 반응을 제공한다는 것을 발견했다.

우리 실험들 중 하나에 참여했다고 상상해보자. 우리는 당신에게 행복했던(혹은 분노했던, 놀라웠던, 안전한 느낌을 주었던, 혹은 이 외에 다른 긍정적, 부정적, 혹은 중립적 단어들이 사용될 수 있다) 과거의 사건을 기억해보도록 요청한다. 우리는 당신이 상기하는 사건이 최근의 과거나 혹은 오래 전 과거에 있었던 일이 될 수 있지만, 하루 이내에 일어난 특정 사건이어야 한다고 말한다. 즉, 이러한 사건이 특별할 필요는 없다. "지난 금요일에 친구와 커피를 마신 일'도 가능하다. 그러나 "매주 금요일에 친구들과 커피 마시기"는 하나의 특정 시간이 아니기 때문에 가능하지 않다. 실제로 사람들은 보통 사례를 찾는데 별로 어려움을 겪지 않는다. 행복한 사례의 경우 "역사 과목에서 높은 점수를 받았을 때", "안야가 나에게 정원에서 한 다발의 꽃을 가져왔을 때", "우리가 새로운 주방을 얻게 된 날" 등이 나온다.

우리는 자살 충동을 가진 환자들이 어떤 면에서 유사하긴 하지만, 한 가지 중요한 측면에서 차이를 보이는 특정 형태의 대답을 제공하는 경향이 있다는 것을 발견했다. 예를 들자면, 다음과 같은 응답들이다. 행복한 사례의 경우, "사람들이 내게 선물을 했을 때", "학교에서 좋은 점수를 받았을 때", "우리가 해변 근처에 살 때 매주 일요일 강아지를 산책시켰던 일" 등이 나왔다.

이러한 응답들이 특정 사건을 설명하지 않는다는 것에 주목하자. 대신 이들은 다수의 사건들을 요약하거나, "범주화한다." 따라서 우리는 이러한 반응들을 "범주 기억(categoric memory)"이라고 부른다. 이것은 이러한 환자들이 특정 사건을 찾다가 "갑자기 멈춘" 것과 같다. 우리가 이들에게 어려운, 혹은 외상 사건들을 상기하라고 요청하지 않았다는 것에 주목해야 한다. 이러한 환자들은 과거의 침투성 기억들이 쏟아지는 것으로 고통 받다가, 자신의 정서를 조절하기 위해 과일반화 기억의 전략을 채택했을 가능성이 있다. 이들은 과거를 떠올리는 것이 자신에게 외상이나 고통을 상기시킬 수 있는 사건을 가져오지 못하도록, 특정 사건(긍정적인 사건과 부정적인 사건)의 회상을 멈춘 것이다. 그러나 과거에 어떤 외상도 존재하지 않았을 수 있다. 일부 사람들은 정서를 회피하려는 경향이 있으며, 개인적 기억이 정서를 불러올 수 있다고 생각되면, 더 과일반화 기억을 찾는 것으로 전환하는 경향을 보인다(Debeer, Raes, Williams, & Hermans, 2011). 어떤 사람들에게 있어 문제는 단순히 "나는 행복할 수 없어"와 같은 반추 사고를 활성화시키는 과거의 사건을 상기할 때 악화된다. 이러한 상황 하에서 반추는 모든 것을 흡수하기 때문에, 이들은 과제의 지시를 떠올리는 인지 능력조차 갖지 못할 수 있다. 이들은 이제 자신의 과정들에 "갇혀 있는" 상태이며, 상기하도록 요청 받은 것을 상기하는 것에 초점을 맞출 수 없게 된다(Dalgleish 외, 2007).

자살 충동 환자들과 우울장애로 고통 받는 환자들에 대한 여러 연구들은 이러한 형태의 공허하게 요약된 기억들이 대인관계 문제를 해결하는 개인의 능력을 감소시킨다는 것을 보여준다. 왜 그런 것인가? 문제를 해결해줄 가능성이 있는 해결책들을 만들어내기 위해, 사람은 어느 정도 상세하게 과거에 접근해야 할 필요가 있다. 과거는 현재의 문제를 해결하는 방법에 대한 힌트를 가지고 있는 자신의 "데이터베이스"이다. 과일반화 기억들은 개인이 자신의 "데이터베이스"를 효율적으로 사용하지 못하도록 한다. 예를 들어, 개인이 좌절된, 혹은 거부되는 느낌을 받는 경우, 자신이 성공적인, 사랑 받는, 혹은 존중 받는 느낌을 받았던 과거의 특정 시점들에 효율적으로 접근하는 것은 도움이 될 것이다. 다수의 경우들을 요약하는 범주화 기억(예, "나는 친구들과 산책을 하곤 했다")은 하나의 특정 경우(예, "나는 지난달에 팀을 만나서 산책하러 갔고, 샐리를 만나서 다시 커피를 마시러 갔다")보다 더 유용하지 못하다. 특정 사건은 현재의 문제들을 해결할 방법들에 대한 더 많은 "힌트들"을 내부에 포함하고 있다("산책", "팀", "커피"와 같은 단어들이 존재하며, 이러한 항목들의 가능성은 또한 이들이 이야기한 주제들과 같이 해당 사건의 다른 특정 측면들을 불러올 것이다). 따라서 특정 기억은 좌절과 거부의 정서로부터 탈출하기 위해 어떤 조치를 취할 수 있는지에 관한 생각들을 만들어내는데 도움을 주는 몇 가지 신호들을 포함한다.

우리가 처음 과일반화 기억 현상을 발견했을 때, 우리는 왜 일부 사람들이 우울장애에

특정 기억 강화

과일반화 기억에 대한 연구는 심리 치료에 대한 영향력을 가지고 있다.

치료자와 환자는 치료 중 친밀해져야 하기 때문에, 왜 이러한 문제들이 발생하는지 가능한 원인들에 대해 숙지하고, 과거 사건들에 대한 상세한 수집을 시행하는 것(예, 지난주의 비교적 중립적 사건들을 회상하는 것으로 시작한다)이 유용할 수 있다.

얼마나 많은 심리 치료들이 자살 충동이나 자살 행동이 발생한 경우들을 초래한 각 구성요인의 상세한 리허설을 포함하는지(회기들 사이에, 그리고 회기들 내에) 주목하는 것은 흥미롭다. 그리고 많은 치료자들이 일반적 범주들과 대조적으로 살아가는 것의 이유를 보여주는 생생한 특정 사례들을 상기시키도록 환자들을 돕는 것이 치료에서 더 유용하다는 것을 알고 있다("지난밤에 내가 책을 읽어주었을 때 나의 아들이 기뻐했어요."는 "나의 아이들"과 대조된다).

빠지는지, 반면 다른 사람들은 더 빠르게 회복되는지에 대한 의미를 가질 수 있을 것이라고 여겼다. 실제로, 다수의 연구들이 현재 이를 정확하게 보여주었다. 우울장애 삽화의 거의 초기에 평가되는 과일반화 기억은 삽화가 얼마나 오래 지속될지를 예측한다(Williams 외, 2007). 또한 삶에서 고의적 자해(DSH)의 이력을 가진 환자들 중에서, 어린 시절 학대를 경험한 사람들이 자살 시도를 지속할 가능성이 더 크지만, 과일반화 기억으로 고통 받는 경우 그러할 가능성이 더 크다(Sinclair, Crane, Hawton, & Williams, 2007). 마지막으로 개인이 10대 후반기 동안 기억이 과일반화 되는 경우, 이 사람은 대학을 다니는 동안 삶의 스

트레스 요인들에 대한 반응으로 우울해질 가능성이 크다(Anderson, Goddard, & Powell, 2010; Gibbs, & Rude, 2004; Strange, Hamlat, Hamilton, Abramson, & Allo, 2013; Summer 외, 2011, Rowal & Rice, 2012).

우리가 추후에 우울장애를 방지하기 위한 마음챙김 접근에 관심을 갖게 되었을 때, 참여자들에게 편견 없는 방식으로 순간마다의 경험에 초점을 맞추고, 회피하는 경향을 인지하고, 대신 어려움을 직면하도록 가르치는 것을 강조하는 것이 사람들이 더 특정 사건들을 덜 도식적인 방식으로 찾는데 도움이 될 것인지 여부에 관심을 가지고 있었다. 실제로, 우울장애의 재발을 방지하는데 있어 MBCT 훈련의 영향을 분석하는 초기 연구는 이러한 훈련이 과일반화 기억을 향한 경향을 감소시킨다는 것을 보여주었다(Williams, Van Broeck, & Philippot, 2009). MBCT 이후 더 특정 기억들을 갖는다는 것은 어려운 상황들에 대한 다른 가능성 있는 해결책들이 자체적으로 보인다는 것을 뜻한다(위의 "특정 기억 강화" 참고). 예를 들어, 마음챙김 훈련 이전에, 한 개인의 친구가 이 사람을 보지 못하고 거리에서 지나쳤다면, 이 사람은 보통 누군가 자신을 거부하는 또 한 번의 (일반적) 경우라는 결론에 빠르게 도달하게 될 것이다. 훈련 이후, 이 사람은 사건에 관한 다른 세부사항들을 알아차리게 될 가능성이 커진다. 이것은 교통이 혼잡했거나, 친구가 안경을 쓰지 않았거나, 혹은 대안적 설명들을 제시할 수 있는 기타 정보 등이다. 더 많은 상황들에 대해 더 커지는 이러한 특정성을 적용하는 것은 자연스럽게 삶의 문제들을 능숙하게 다루는 더 가능성 있는 방법들을 보여주기 때문에, 갇혀있다는 느낌을 약화시킬 것이다.

구조 요인들

우리는 주의와 기억 과정들이 자살 충동의 정서와 행동 위험에 영향을 끼치도록 어떻게 결합될 수 있는지 알아보았다. 그러나 우리는 또한 "좌절한 새"의 비유에서 좌절한 동물의 장기적 전망이 구조되었는지 여부, 즉, 회복이 일어날 수 있는 안전한 장소로 옮겨졌는지에 달려 있다는 것에 주목했다. 이는 제 3의 심리적 과정이 존재할 수 있다는 것을 보여주었다. 바로 "구조"가 가능한지 여부에 관한 개인의 판단이다. 어떤 과정들이 자기 자신, 타인, 혹은 상황들이 더 좋게 변화할 것이라고 사람들이 믿도록 결정하는 것인가? 사람들은 어떻게 어떤 긍정적인 것이 자신의 관계, 직업, 재무 상황 등과 관련하여 일어날 수 있는 가능성을 추정하는 것인가? 이러한 질문들을 더 밀접하게 분석하기 위해, 우리는 판단의 심리학에 관한 연구, 특히 "전향적 인지(prospective cognition)"의 영역으로 관심을 돌렸다.

전향적 인지에 관한 연구는 예를 들어, 암이 생기거나, 강도를 당하는 것과 같은 부정적 사건들의 위험에 관한 판단, 그리고 승진하거나, 복권이 당첨되는 것과 같은 긍정적 사건들의 가능성에 관한 판단을 분석한다. 이 연구의 한 가지 결론은 미래에 대한 판단이 부분적으로 빠른 휴리스틱(경험 법칙)을 기반으로 이루어지며, 이 경우에는 문제가 되는 시나리오의 이미지를 얼마나 능숙하게 만들어낼 수 있는지를 기반으로 이루어진다는 것이다(Kahneman, 2012). 자살 충동을 가진 사람들이 부정적인 미래 사건들이 일어날 수 있다는 생각에 너무 능숙한 것인지, 혹은 긍정적 사건들에 대한 생각이 충분히 능숙하지 않은 것인지 여부는 확실치 않다.

이러한 특정 주제를 분석하는 연구에서 우리는 자살 충동 환자들과 우울장애에 걸리지 않은 병원 환자들, 그리고 지역사회 사람들의 제 3 그룹과 대조해보았다(연령과 교육적 수준에 따라)(Macleod, Rose, & Williams, 1993). 참여자들은 (1) 하루, (2) 일주일, (3) 한 달, (4) 1년, 그리고 (5) 10년에 걸쳐 일어날 가능성이 있다고 추정되는 가능한 많은 사건들을 생각해냈다. 각 기간 동안, 참여자들은 가능한 많은 사건들을 만들어내도록 30초의 시간이 주어졌다. 과제는 세 번에 걸쳐 수행되었다. 첫 번째 실험에서, 참여자들은 만들어져야 하는 사건들이 부정적인지, 혹은 긍정적인지 여부에 대해 지시를 받지 않았다. 그러나 두 번째와 세 번째 실험에서(그리고 참여자들에 걸쳐 역 순서로), 이들은 일어날 수 있는 긍정적 사건들("기대하고 있는 것들"), 혹은 부정적 사건들("기대하지 않는 것들")을 만들어보도록 지시 받았다.

결과들은 자살 충동 환자들이 통제 그룹들에 비해 미래의 부정적 사건들을 만들어내는데 있어 더 능숙하지 않다는 것을 보여주었다. 그러나 이들은 미래의 가능한 긍정적 사건들을 만들어내는데 있어서는 덜 능숙했다. 이는 자살 충동 환자들과 비 자살 충동 환자들 사이에 중요한 차이가 자살 충동 그룹의 미래에 부정적 사건들에 대한 과도한 예상이 아니라, 바로 긍정적 구조 요인들의 상대적 결여라는 것을 보여준다. 또한 미래의 긍정적 가능성들을 만들어내는데 있어 능숙하지 못한 참여자들은 우울장애의 자살 충동 정서들을 예측하고, 사람들이 장기적으로 자살을 저지를 가능성을 예측하는 것으로 잘 알려진 척도인 Beck의 무망감 척도에서 더 희망이 없는 모습을 보였다(Beck, Weissman, Lester, & Trexler, 1974). 우리는 무망감이 미래에 상황을 "구조"할 수 있는 일이 일어날 것이라고 상상하지 못하는 능력으로 구성된다는 결론을 내렸다.

이러한 결과들의 한 가지 측면은 특히 무망감에 대한 임상 접근들에 있어 흥미로웠다. 연구는 사람들이 여러 기간에 걸쳐(1일에서 10년) 긍정적, 혹은 부정적 항목들을 만들어내는 것을 요구하기 때문에, 무망감이 주로 개인의 미래에 대한 장기적인 전망으로 영향을 받는지, 혹은 주로 단기적인 전망으로 영향을 받는지 여부를 분석할 수 있었다. 결과들은 기간이 어떤 차이도 만들어내지 않는다는 것을 보여주었다(다음 페이지의 박스 참고).

긍정적 미래에 대한 접근

긍정적인 장기적 미래를 구성하는데 크게 어려움을 겪는 사람들은 동일하게 차후 24시간 내에 일어날 수 있는 긍정적인 일을 만들어내지 못할 가능성이 크다. 이것은 매우 중요하다. 치료자, 혹은 마음챙김 수업에 온 누군가가 희망이 없을 경우, 이러한 정서는 전체적으로 자신의 전체 삶이 먼 미래까지 어떤 전망도 없다는 생각에서 발생할 수 있다. 이 연구의 한 가지 영향은 사람들이 다음 며칠이 어떻게 흘러갈지에 대한 생각에 자신의 기분이 어떤 영향을 끼칠 수 있는지 명확하게 보도록 장려하는 것이 실제로 중요하며, 가까운 미래를 이해하는 것이 다음 몇 년이 어떻게 전개될지에 대한 더 큰 문제들에 초점을 맞추도록 이끄는 것만큼 중요하다는 점이다.

갇혀 있는 느낌과 무망감: 자기 방어 방식

이 책은 자살 충동의 우울장애와 이러한 인지 요인들 사이에 연관성에 관해 우리가 과거에 수행했던 연구를 넘어 나아간다. 우리의 10년 연구 프로그램의 목표는 이러한 과정들이 변경될 수 있는지, 그리고 특히 마음챙김이 도움이 될 수 있는지 여부를 알아보는 것이었다. 우리는 사람들이 우울함과 무망감을 느낄 때 스스로에 대해 생각하는 방식이 이들을 갇히게 만들 수 있으며, 따라서 구조하려는, 혹은 자신의 기분을 실제로 고쳐보려는 최선의 시도가 오히려 상황을 악화시킨다는 것을 살펴보기 시작했다. 우리가 이러한 상황에 대해 이해하게 된 방식은 이 책의 후반부에 더 상세하게 설명되겠지만, 여기에서는 일반적 개요를 제공하고자 한다.

개념적, 경험적으로 자신에 관한 정보를 처리하는 것을 통해 두 가지 운영 방식을 갖게 되는 마음에 대해 생각해보자(4장 참고). 이러한 방식들이 그림 2.1에 나와 있다(Watkins, 2008; Watkins & Moulds, 2005; Williams, 2008). 이러한 대략적 모델은 내적, 혹은 외적 세계의 모든 입력이 먼저 감각들을 통해 경험된다고 가정한다. 이러한 입력은 외적 세계에 대한 직접적 감각 경험(미각, 청각, 시각, 촉각, 후각)과 또한 직감(내적 감각들), 공간에서의 신체 감각(고유 수용성 감각)을 포함한다. 사람들은 항상 이러한 정보를 비교적 자동으로 받아들이며, 동시에 마음은 이러한 정보에 대해 내적으로 생성되는 *개념*들을 만들어낸다. 매 순간에, 마음은 투입에 이름을 붙이고, 이를 연상 기억들로 정교하게 만들며, 분석하고, 판단하고, 비교한다. 그리고 계획하고, 기억하고, 자기 반영을 한다. 개념 체계는 매우 유용한 반면, 이는 때때로 문제들을 초래할 수 있다. 이는 특히 사람들이 과도한 생각의 위험에 놓여 있는 경우에 그러하다.

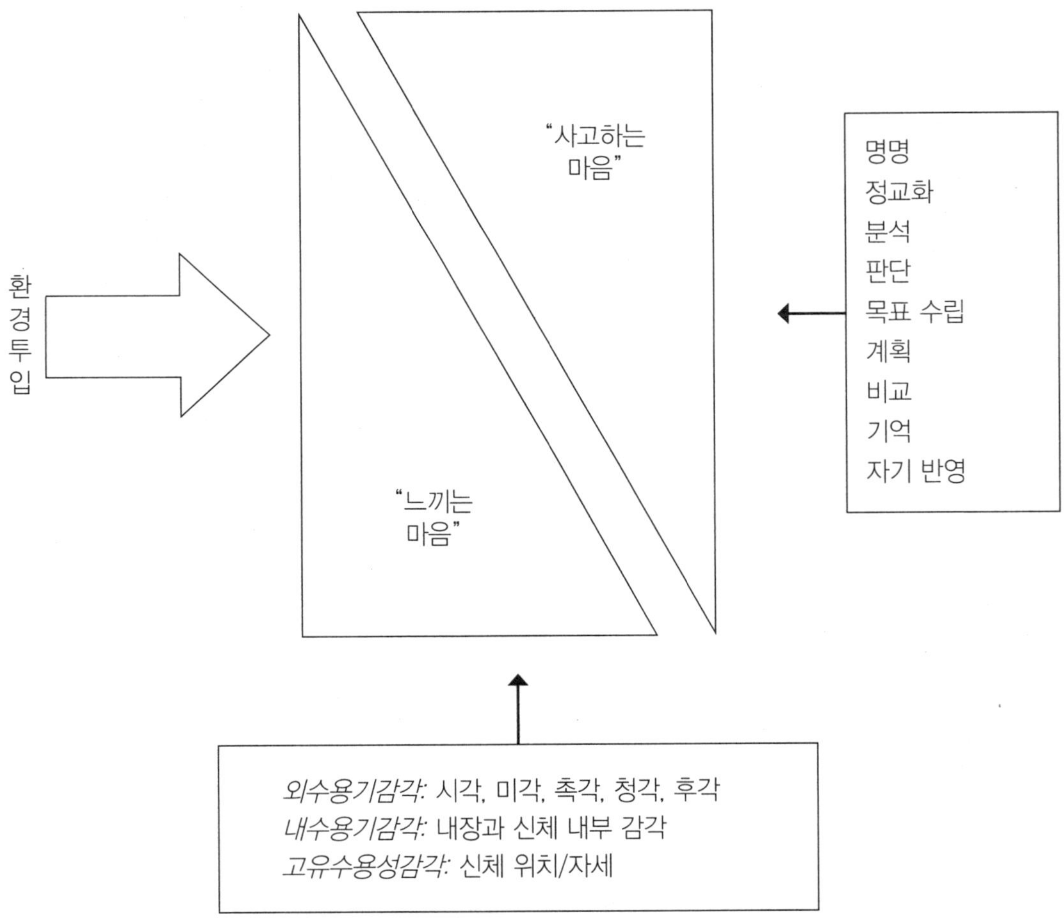

그림 2.1 **마음이 운영되는 두 가지 방식:** 개념적(언어 기반) 처리 대 감각-지각 처리. 매 순간에, 우리는 외부와 내부 세계로부터 자극, 즉, 시각, 청각, 미각, 후각, 촉각을 받고 있다. 그러나 우리는 일반적으로 개념적 방식으로 대부분의 주의를 쓰기 위해 이러한 자극들을 무시한다. 출처 Williams (2008).

우리는 사람들이 자신의 정서들에 반응하는 방식에서 과도한 생각을 보게 된다. 슬픔과 같은 정서들은 거의 단독으로 오는 일이 없다. 일차 정서가 존재하고, 이후 바로 뒤에 두 번째 반응들이 온다. 이러한 두 번째 반응들은 상황을 개선시키려는 습관적 시도들이지만(예, "정신 좀 차려"라는 내면의 명령), 종종 정서를 지속시키거나, 고조시키기도 한다. 1차 정서들은 삶에서 무언가 잘못되어가고 있거나, 잘 되어가고 있다는 신호들이다. 신호로서, 이 1차 정서들은 일시적으로 진화되며, 필요할 때 생겨나고(예, 위험이나 상실이 위협하는 경우), 상황이 지나가면 사라진다. 신호는 오직 위협과 상실, 성공과 놀라움의 사실성에 따라 정확하게 맞물리는 경우에만 '작용한다.'

그러나 인간은 생각들을 만들어내는 특별한 능력을 발전시켰다. 이러한 생각들은 오래 전에 사라져버린 것을 회상하고, 아직 일어나지 않은 미래를 상상하며 "오프라인"으로 작용한다. 따라서 인간의 정신과 육체는 새로운 문제를 갖게 된다. 이는 실제 위험과 상실뿐 아니라, 과거 및 미래의 위험 및 상실들에 대한 부차적인 자기 생성 이미지와 사고들에도 반응하게 되는 것이다. 실제 위험에 대응하기 위해, 모든 동물들은 투쟁 – 도피 – 정지 기제들을 진화시켰다. 이러한 것들은 두뇌로 고정화된다. 그러나 인간들의 경우, 이러한 두뇌의 오래된 부분들이 간혹 실제 위협과 가상, 혹은 기억되는 상황을 구분하지 못한다. 가상의 위험에서 벗어날 만큼 빠르게 달릴 수 없을지 모르지만, 신체는 지금 막 시도하려는 것처럼 준비를 갖춘다. 가장 비극적인 것은 마음이 자체적으로 위험하며, 없애야 하는 것처럼 자체 정서들에 반응한다는 것이다. 이에 따라 경험되는 정서들은 보통 1차 정서들과 이러한 정서들에 대한 2차 "반응"의 혼합물이 되며, 1차 정서가 어디에서 멈추는지, 2차 반응이 어디에서 시작되는지를 말하기 어려워진다. 2차 반응은 정서를 위협으로 다루며, 이러한 정서를 없애고자 한다.

사람들이 정서를 없애고자 시도하는 주요 방법들은 이러한 정서를 억누르거나, 분석하는 것이다. 따라서 특정 개인이 슬픔을 느끼는 경우, 마음은 즉시 슬픔을 억누르기 시작하거나, "나는 왜 슬픔을 느끼는가?"라고 분석을 시작할 수 있다. 억제와 분석 양쪽은 비극적으로 역효과를 낳거나, 상황을 악화시킬 수 있다. 사고와 정서들을 억제하는 것은 이러한 것들을 더 침투성으로 만들 수 있다(Daniel Wegner(1994)는 1분 동안 생각을 하지 않고 집중해보라, 이는 매우 어려운 일일 것이라고 지적했다). 그리고 분석은 "나는 왜 이와 같은 정서를 느끼며, 이것은 나에게 무슨 의미인가, 그리고 언제 멈추게 될 것인가?"를 이해하기 위해 끊임없이 과거를 들추어보게 만들 수 있다.

자기 방어 방식과 자살 위험

우리는 사람들이 자신의 정서들에서 벗어나기 위해 특히 개념적 마음을 잘못 적용하며, 개념적 마음에 의해 생성된 "생각들"이 원래의 정서를 부정적으로 만들고, 오히려 상황을 악화시키게 되는 측면들을 살펴보았다. 벗어나기를 원하지만, 갇혀 있는 느낌을 받으며, 구제에 대한 어떤 전망도 갖지 못한 채, 좌절의 신호들에 편향된 주의에 의해 악화됨으로써, 결과는 참을 수 없는 마음의 고통으로 나타날 수 있다.

우리는 이러한 모든 과정들이 자살 행동에 어떻게 기여하는지를 살펴볼 수 있을 것이다. 그러나 많은 사람들이 정신적 고통과 때때로 자살 충동의 생각을 경험하지만, 이들이 실제 자살 행위를 하지 않는다는 것은 사실이다. 그리고 이는 이러한 생각들을 무시해도 된다는 결론으로 이끌 수 있다. 그러나 맨체스터에서 이루어진 루이스 애플비(Louis Appleby)의 연구는 이러한 관념화가 심각한 정신 질환을 가진 사람들의 자살에 대한 가장 명확한 예측인자 중 하나라는 것을 발견했다(Appleby, Dennehy, Thomas, Faragher, Lewis, 1999). 우리는 이러한 과정이 왜 지속되고, 다시 재발하는지 알아야 한다.

우리는 다음 장에서 여러 기분 상태들에 의한 자살 관념화의 다양한 활성화가 해답의 큰 부분을 차지할 수 있다는 것을 제시하고자 한다(Teasdale, 1988, 1999). 우울장애를 앓아온 사람들 중 일부는 자살 충동의 생각들을 경험했을 것이며, 이러한 사고 패턴은 우울한 기분 및 당시에 존재했던 다른 기분이나 생각들과 연관되었을 것이다. 이러한 추가적인 기분들은 분노, 혼란, 좌절을 포함할 수 있다. 이러한 생각들은 "나는 버려 졌어", "나는 무가치해", "나는 짐이 될 뿐이야"라는 생각들을 포함할 수 있다. 미래에, 이러한 다른 기분들이나 사고들의 반복은 우울장애가 없는 경우에도 자살 충동에 대한 생각들을 촉발시키기에 충분할 수 있다. 물론 처음 우울함을 겪을 때 경고 없이 자살 충동을 갖게 되는 일부 사람들이 존재하며, 불행히도 젊은 사람들의 경우가 그러하다. 그러나 클리닉에서 자살 충동을 가진 것으로 나타나는 대부분의 사람들은 특정 기분 및 인지 패턴들과 연관되었으며, 각 개인마다 다른 패턴을 가졌고, 이러한 패턴은 미래에 특정한 패턴 요인의 반복으로 촉발될 수 있는 상태를 유지하게 된다.

마무리 글

우리에게 도움을 청하는 사람들에게 대안적인 삶을 제공하기 위한 새롭고 더 나은 방식들을 찾는 것은 중요하며, 진행되는 상태에 대한 더 심도 깊은 이해가 필요하다. 우리는 자살 충동의 마음을 이해하기 위한 프레임워크로 고통의 외침("속박")을 제시한다. 이는 많은 대안들보다 문제에 대한 더 포괄적인 관점을 제공한다고 믿기 때문이며, 또한 속박감의 개념이 사회적, 생물학적 이론들이 다룰 수 있는 용어들로 쉽게 전환될 수 있기 때문이다. 자살 충동을 갖는 사람들은 자신이 죽고 싶어 한다는 것은 잘 확신하지 못하지만, 계속해서 이러한 고통 속에 살아가는 것은 확실히 원치 않는다. 그리고 우리의 임무는 이들이 절망을 받아들이며, 어려움 속에서도 살아갈 길을 찾도록 돕고, 이들에게 갇혀 있는 느낌에서 벗어나는 것이 어떤 것인지 경험할 기회를 제공하는 것이다.

3장

왜 자살에 대한 생각은 사라지지 않는가

이러한 오래된 자기 파괴적 방식들의 촉발과 고조가 자살의 위기로 이어지는 것을 어떻게 막을 수 있는가? 우리는 자살 충동의 위험을 증가시키는 다수의 요인들이 존재한다는 것을 연구를 통해 알고 있다. 대부분의 경우 자살은 우울장애(Oquendo, Currier, & Mann, 2006), 불안(Cougle, Keough, Ricardi, & Sachs-Ericsson, 2009), 무망감(Coryell & Young, 2005)의 상황에서 발생한다. 따라서 우울장애 및 관련 요인들의 재발을 방지하는 것은 자살 충동을 방지하는데 큰 도움이 될 것이다(Rhmer, 2001). 그러나 우울해지는 사람들 중 오직 일부만이 자살 충동을 느끼게 되며, 이 중에서도 일부만이 개념화에서 이를 실행하는 것으로 나아간다. 특히 자살 충동을 목표로 하기 위해, 우리는 왜 일부 환자들은 우울해질 때 자살 충동의 마음 상태가 반복적으로 생겨나는지, 그 이유들에 대해 더 많은 것을 알아야 할 것이다.

우울한 생각의 재발

우울장애의 재발에 대한 이전의 연구는 이러한 노력에 있어 중요한 시작점을 제공했다. 재발 방지를 위한 MBCT는 우울장애 재발 위험에 관련된 기제들과 시간이 흐름에 따라 이러한 위험을 증가시키는 과정들에 관한 새로운 포괄적 이해를 기반으로 개발되었다(Teasdale, 1999; Teasdale, Segal, & Williams, 1995). 이러한 상황에서 두 개의 기제들이 특히 중요한 것으로 발견되었다. 첫째, 연구는 과거에 우울장애를 겪었던 환자들에게서 우울장애의 삽화들 동안 지배적이었던 부정적 사고가 쉽게 재발될 수 있다는 것을 입증했다("인지 반응"). 실험들은 작은 기분의 변화 같은 미묘한 촉발요인들조차 유순해 보이지만, 막다른 골목에 갇혀 있다는 믿음을 강하게 상기시킬 수 있다는 것을 보여주었다(Miranda & Persons, 1988). 예를 들어, "나의 자존감은 전적으로 다른 사람들의 인정에 따라 좌우된다.", 혹은 "나는 모든 면에서 성공해야한다. 그렇지 않을 경우, 난 실패자가 될 것이다."라는 믿음들이 바로 그러하다(아래 네모 글 참고).

중요한 점은, 환자들이 이러한 인지 반응을 유의미하게 나타내는 정도에 따라 차후의 재발이 예측된다는 것이 연구로 입증되었다는 점이다. 즉, 환자들이 잘못된 신념들의 재활성화에 따라 미묘한 기분의 변화들에 더 강하게 반응할수록, 재발할 가능성이 더 높아진다는 것이다(Segal 외, 2006). 이는 재발에 관한 중심 기제로 나타났다.

둘째, 어떤 특별한 형태의 사고가 부정적인 기분을 유지시키는지에 대한 충분한 이해가 있었다. 방대한 연구들은 기분이 악화될 때, 이전에 우울장애를 겪었던 사람들이 보통 자신의 부정적 기분의 원인과 결과에 대해 반복해서 생각하는 것으로 반응한다는 것을 입증했다. 이러한 반추 사고는 현재의 상태와 원하는 상태 사이에 격차를 줄이는 시도로 시작되지만, 결국에 이것은 회피 기능의 역할을 하게 되며, 사람들이 자신의 문제에 적극적으로 대처하는 능력을 약화시키고, 역설적으로 부정적 기분을 유지시키는 부정적인 기분과 사고의 자기 영속적 주기들을 초래하게 된다(Nolen-Hoeksema, Wisco, & Lyubomirsky, 2008). 또한 이러한 사고방식이 정서적 문제들의 과정에 장기적인 영향을 끼칠 수 있다는 가능성이 존재했다. 우울장애의 재발 취약성에 대한 인지적 해명은 사람들이 반복적으로 반추에 몰입하기 때문에, 기분과 부정적 사고 사이에 연관성이 형성되고, 강화되며, 따라서 시간이 흐름에 따라 인지 반응이 증가할 가능성이 높다고 주장했다(Segal, Williams, Teasdale, & Gemar, 1996). 반응이 증가하는 경우, 새로운 우울장애 삽화에 따라 재발의 위험이 증가하게 되며, 이는 이전 삽화들에 따라 재발 위험이 증가한 것에 대한 역학적 관찰과 매우 유사한 과정이다.

잠재되어 있는 그릇된 신념

과거의 우울장애 경험들과 기타 부정적 사건들은 사람들이 자존감을 성과 및 타인들의 인정과 굳게 연관시키는 그릇된 신념들을 발전시키도록 만들 수 있다.:

"나는 다른 사람의 사랑을 받지 않고는 행복을 찾을 수 없다."
"성공/멋진 외모/명성/부의 표식을 가진 사람들은 그렇지 않은 사람들보다 더 행복할 것이다."
"나는 항상 행복해야 한다."
"다른 사람에게 도움이나 조언을 구하는 것은 취약함을 인정하는 것이다."

기분과 관련된 이러한 오래된 믿음들이 다시 활성화되는 것은 이전에 우울장애를 겪었던 사람들이 비교적 좋은 상태일 때조차 거의 자동적으로 부정적 사고에 몰입하게 된다는 것을 뜻한다. 작은 기분의 변화로도 큰 재난이 시작될 수 있다.

티즈데일(Teasdale, 1988)은 과거에 우울장애를 경험하는 동안 부정적 기분과 기타 촉발 요인들이 우울장애 삽화들에 전형적인 부정적 사고를 활성화시킬 잠재력을 얻게 된다는 사실을 뜻하기 위해 "활성화 차이(differential activation)"라는 용어를 사용했다. 과거에 우울장애를 겪은 사람들이 정상적인 기분 상태에 있는 동안, 이들은 우울장애를 경험해 본 적이 없는 사람들과 유사한 생각을 하게 된다. 그러나 일단 부정적 기분에 노출되면, 과거에 우울장애를 겪은 사람들에게서 다른 반응들이 활성화될 가능성이 크다. 우리는 이러한 생각에 대해 설명하기 위해 수업 중에 간혹 두 개의 화살(Sallatha Sutta에서 설명된)에 대한 불교적 비유를 사용했다. 이러한 비유에서, 고통과 괴로움 사이에 차이를 설명하는 첫 번째 화살은 육체적, 혹은 정신적 고통을 가져오는 상황들을 뜻한다. 인간이 통제할 수 있는 것들은 많지 않기 때문에, 고통스러운 경험들에 직면하게 되는 것은 자명한 일이다. 그러나 실제 경험과 함께 찾아오는 이러한 고통은 피할 수 없는 것이지만, 보통 이러한 경험에 대한 반응이 또한 존재한다(두 번째 화살). 이러한 두 번째 화살에서 일어나는 것은 사건을 초래한 상황과 초기의 고통에 주어지는 의미를 반영하며, 과거, 혹은 최근에 생긴 개인의 기질, 그리고 사건이 발생한 시점에 개인의 기분으로부터 영향을 받는다. 이는 바로 고통이 의미하는 바이다. 예를 들어, 고통은 다음과 같은 생각의 뒤를 따른다. "이 일은 일어나지 말았어야 한다.", "이것은 나의 잘못 때문이다.", "이것은 내가 얼마나 부족한지를 보여주는 것이다.", "이것은 상황이 결코 나아지지 않으리라는 것을 뜻한다." 첫 번째 화살과 대조적으로, 두 번째 화살은 날아가는 정도와 위치를 통제할 수 있으며, 혹은 최소한 훈련이 가능하다. 우울장애의 재발에 기저를 이루는 기제들에 대한 연구는 우울장애 재발 이력을 가진 개인들의 경우, 약한 정서적 고통을 촉발시킨 "첫 번째 화살"이 사람들로 하여금 이러한 정서적 고통의 부정적 의미에 집착하도록 만들고, 이후 원인과 결과에 대해 반복적으로 생각하며 이러한 의미에 반응하도록 만드는 특정 집합의 학습된 신념들과 가정들("두 번째 화살")로 인해 상당한 고통을 초래할 수 있다는 것을 보여준다. 우울장애 재발 방지를 위한 MBCT는 바로 이러한 기제들을 다루도록 설계되었다. 그렇다면 이러한 기제들은 자살 충동의 재발과 유사하게 관련될 수 있는가?

자살 충동 사고의 활성화 차이

첫 번째 힌트는 이전의 MBCT 실험에서 이루어진 재발 데이터의 분석에서 나왔다(Williams, Crane, Barnhofer, Van der Does, & Segal, 2006). 이 연구는 증후군이 재발할 때 얼마나 많은 우울장애의 각 증상들이 돌아오는 경향이 있는지를 우리가 전향적으로 조사할 수 있도록 했다. 조사는 오랜 기간에 걸쳐 참여자들을 추적했으며, 이에 따라 우리는 마지막 우울장애 삽화동안 보고한 특정 증상들이 또한 재발되는 경우 우울장애의 일부분이 되는지 여부를 알아볼 수 있었다. 자살 충동은 우울장애 정의의 핵심에 자리하는 우울한 기분 및 무쾌감증, 즉 관심과 즐거움의 결여 이외에 가장 일관된 증상으로 나타났다. 우리 대부분은 우울장애가 반복적으로 재발할 때, 동일한 증상들을 수반하는 것으로 생각하는 경향이 있다. 그러나 놀랍게도, 대부분의 우울장애 증상들은 거의 일관성을 보이지 않는다. 예를 들어, 우울장애가 재발할 때, 과거 삽화에서 섭식 장애를 가졌던 사람은 이제 이러한 장애를 가지지 않을 수 있으며, 수면 장애가 없었던 사람이 이제는 전혀 잠을 잘 수 없다는 것을 발견하게 될 수 있다. 그러나 자살 충동의 경우, 다른 패턴을 보여준다. 참여자들 중 80% 이상이 이전과 차후 삽화들에서 자살 충동을 보이거나, 혹은 양쪽의 삽화들에서 자살 충동을 보이지 않으며, 여러 삽화들에 걸쳐 동일한 범주에 속하는 모습을 보였다(아래 네모 칸 참고).

"최악의" 과거 자살 충동에 대한 평가

과거 우울장애 삽화들 동안 자살 충동을 겪은 사람들이 차후 우울장애 삽화들 동안 다시 자살 충동을 겪을 위험이 매우 높다는 발견은 임상적으로 중요하다. 우울장애에 걸린 누군가를 평가할 때, 이 사람이 현재 순간에 자살 충동을 느끼는지 여부를 묻는 것만으로는 충분치 않으며, 또한 과거 최악의 순간에 어떠했는지를 물어야 한다. 우리가 현재 알고 있는 한, 우울장애가 깊어질수록, 과거에 자살 충동을 느꼈던 경우 이러한 정서들 또한 재발할 가능성이 크다는 것이다.

우울장애가 재발할 때 자살 위험에 놓인 사람들에게는 무슨 일이 일어나는가?

2장은 "억제되는 탈출"에 대한 느낌으로 초래되는 좌절의 방식들, 그리고 우리가 자살 충동에서 활성화 된다고 추정한 과정들에 대해 설명했다(Joiner, Rudd, & Rajab과 유사함, 1997). 과거에 우울장애를 겪었던 사람들에게서 우울한 생각이 재 활성화되는 것과 마찬가지로, 과거 우울장애 삽화들 동안 자살 충동을 겪었던 사람들에게서 이러한 방식들이 다시 활성화되는 것이 가능한 것인가? 그림 3.1은 우울장애의 증상들(그림 3.1a)이 반복적으로 함께 발생하는 경우 이들이 어떻게 연관성(그림 3.1b)을 형성하는지 보여주고 있다. 이들 중 일부는 사람들 사이에서 공유되겠지만, 일부는 각 개인에게 고유한 특징들을 가질 것이다.

일단 우울장애와 자살 충동의 생각이 연관되는 경우 어떤 일이 발생하는지에 관해 더 많이 이해하는 것이 우리에게 중요했다. 우리는 옥스퍼드 대학에 방문해, 우울장애 증상들의 재 활성화에 대해 연구하고 있던 레이덴(Leiden) 대학의 동료로부터 도움을 받았다. 반 데 도스(Van der Dose)는 과거에 우울장애를 겪었던 환자들에게 고통스러운 기분이 도입되는 절차를 겪는지 물어볼 필요 없이, 티즈데일의 활성화 차이 이론을 평가하는 방법을 개발했다. 반추에 대해 연구하기 위해 놀렌 혹스마(Nolen-Hoeksema)가 사용한 것과 유사한 절차를 사용하여, 반 데 도스는 사람들에게 정상보다 다소 저하된 기분을 상상한 후, 얼마나 많은 다양한 생각과 정서들을 경험하는지 보여줄 것을 요청하고 있었다(표준화된 질문지, LEIDS 사용, Van der Does, 2002). 그는 이 척도의 첫 번째 버전에는 자살 충동 항목을 포함하지 않았지만, 우리가 이 특정 주제에 관심이 있다는 말을 들은 후 포함시키기로 합의했다. 양 연구 팀은 사람들이 우울하지 않을 때조차 이러한 생각들에 얼마나 접근할 수 있는지 여부를 조사하기 위해 이를 이용하기 시작했다. 연구는 사람들(우리가 다른 임상 평가들의 기준에 따라 이전 우울장애 삽화들 동안 자살 충동을 겪은 것으로 알고 있는 사람들)이 자살 충동의 관념화 없이 우울장애를 겪었던 사람들보다 훨씬 더 강하게 무망감과 자살 충동 관념화를 평가하는 LEIDS 항목들을 지지했다. 대조적으로, 공격성과 피해 회피를 측정하는 것들과 같은 기타 항목들에 대해 두 그룹들은 차이를 보이지 않았다(Williams, Van der Does, Barnhofer, Crane, & Segal, 2008). 이러한 연구들은 우리에게 자살 관념화 및 행동의 이력을 가진 사람들의 경우 우울한 기분이 더 쉽게 무망감과 자살 관념화를 다시 불러올 수 있다는 추가 증거를 제공했다.

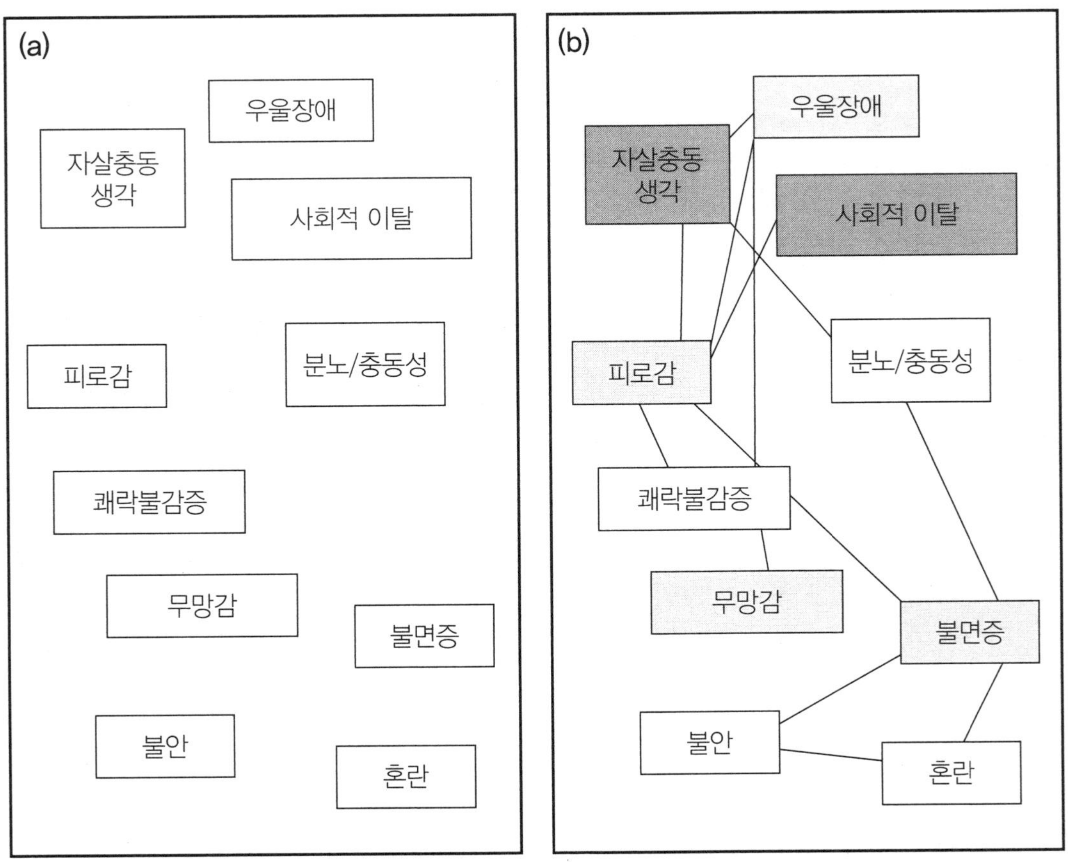

그림 3.1. (a) 우울장애 증상들과 (b) 우울장애 증상들 사이에 연관성

LEIDS 절차에 대해 이루어질 수 있는 비판들 중 하나는 이것이 질문지 기반이며, 우울한 사람들이 질문지 작성을 완수할 때 어떻게 느끼는지 평가하지 않는다는 것이다. 따라서 추가적인 단계로 우리는 이러한 자기 보고가 참여자들이 실제로 부정적 기분에 있을 때 어떤 행동 반응을 보이는지와 관련되는지 여부를 조사했다. 2장에서, 우리는 미래의 긍정적 상황을 만들어내는 능력의 결여가 무망감의 배경이 되는 원동력이라는 것을 보여준 매클라우드(MacLeod)의 연구에 대해 설명했다(MacLeod, Pankhania, Lee, & Mitchell, 1997). 우리는 이와 동일한 능력 과제를 채택했으며, 슬픈 글을 읽어주며, 그 배경으로 절반 속도의 슬픈 음악(프로코피에프의 "몽골치하의 러시아–Russia under the Mongolian Yoke")을 트는 것을 통해 부정적 기분을 도입하기 전과 후에 이러한 능력 과제를 우울장애와 자살 충동 이력을 가진 것으로 알려진 사람들의 표본에 제공했다. 우리는 과거에 얼마나 많이 무망감과 자살 충동으로 저하된 기분에 반응하는 경향을 보였는지에 대한 참여자들의 보고에 따라 부정적 기분의 도입 이후 긍정적 미래를 생성하는 능력의 감소 정도를 예측할 수 있다는 것을 발견했다. 이는 놀라운 발견이었다. 기분이 괜찮을 때, 모든 사람은 미래에 바라는 긍정적인 것들을 생각해낼 수 있었다. 단 10분 후, 몇 가지 포인트들만으로 기분을 바꾸는 단순한 기분의 도입 이후, 무망감의 이력을 가진 사람들은 이제 긍정적인 미래를 생각해내는 것이 더 어렵다는 것을 발견하게 되었다. 이러한 발견은 사람들이 보고한 것이 실제로 기분이 변화한 당시의 생각에서 반영되었으며, 자살 충동 사고방식의 재활성화에 대한 첫 번째 통찰을 제공한다는 것을 우리에게 확인시켜주었다.

> 슬픈 기분의 작은 하향 변화는 자살 충동과 무망감 이력을 가졌던 사람들에게 감지하기 어렵지만, 중요한 영향을 끼친다. 이는 마음이 미래의 긍정적 상황들에 접근하는 것을 막는다(Williams, Van der Does, Barnhofer, Crane, & Segal, 2008).

미래에 관한 무망감은 고통의 외침이 보여주는 여러 측면들 중 단 하나만을 반영한다. 바로 막다른 곳에 갇혀 있는 느낌이다. 개인이 미래의 긍정적 경험들을 떠올릴 수 없다 하더라도, 자신이 최소한 현재의 상황 및 문제들을 헤쳐 나갈 수 있으리라고 생각할 수는 있다. 우리는 거의 동시에 자살 충동에 있어 가장 중요성을 갖는 것으로 알고 있었던 인지 기능의 또 다른 측면, 즉, 사회 문제들을 해결하는 능력의 측면에서 기분 관련 변화들에 초점을 맞춘 실험 연구에 착수했다.

임상의나, 치료자, 혹은 친구로서, 사랑하는 사람을 자살로 잃은 누군가를 만나는 경우, 이러한 사람들은 사랑하는 사람이 우울함, 혹은 자살 충동을 느꼈다는 사실에 놀라지 않는다. 누구나 상황이 잘못되었을 때 느끼게 되는 외로움, 절망, 무망감에 대해 이해한다. 그러나 가족과 친구들이 더 많이 토로하는 것들은 바로 "왜 지금이어야만 했는가?", "왜 이야기하지 않았을까?", "내가 지난주에 만났을 때는 괜찮아보였는데", "왜 자살 말고 다른 것은 시도해보지 않았던 것일까?" 등과 같은 것들이다.

왜 자살을 생각하는 사람들은 자살이 유일한 길이라고 판단하는 것인가? 우리의 이전 연구 및 많은 다른 연구자들의 연구들은 이러한 의문의 답을 밝혀냈다. 누군가 무망감과 절망을 느낄 때, 다른 선택들은 보이지 않거나, 불가능하거나, 혹은 도달하기 어렵기 때문에 자살이 유일한 선택으로 여겨진다는 것이다. 이는 바로 사람들이 정신적 고통으로부터 벗어날 수 없는 것을 참을 수 없게 될 때까지 완전히 좌절감을 느끼고, 막다른 길에 갇혀 있다고 느끼는 이유이다(Pollack & williams, 1998).

> 자살 이후, 가까운 가족과 친구들 사이에서는 많은 다급한 의문들이 생겨난다. "왜 지금이어야 했는가?", "왜 이야기하지 않았을까?", "왜 자살 말고 다른 것은 시도해보지 않았던 것일까?" 누군가 무암감과 절망을 느낄 때, 단지 다른 선택들을 이용할 수 없을 것 같기 때문에 자살을 유일한 선택으로 여기는 것은 비극적인 사실이다.

우리는 현재 우울장애를 겪는 환자들이 자살 충동의 정서와 행동의 이력에 대한 숨겨진 징후를 지니고 있을 수 있는지 여부를 알아보는데 착수했다. 우리는 중증 우울장애를 겪게 되는 많은 사람들이 다른 사람들과 달리 자신의 고통에도 불구하고 결코 자살 충동을 느끼지 않는다는 것을 알고 있다. 기분이 다시 정상으로 돌아올 때, 과거에 우울장애를 겪었던 사람들과 결코 우울장애를 겪어 본적이 없는 사람들 사이에 명백한 문제 해결 능력 차이는 존재하지 않는다. 그리고 자살 충동의 정서나 행동의 이력을 가진 우울장애 환자들, 혹은 이러한 이력이 없는 우울장애 환자들 사이에 차이 또한 존재하지 않는다.

그러나 이러한 모든 다양한 사람들이 차례로 실험실에 들어와서, 10분 동안 슬픈 음악을 듣고, 슬픈 글을 읽게 된다면 무슨 일이 일어날 것인가. 우리는 예를 들어, "당신은 새로운 동네로 이사했으며, 아무도 알지 못한다.", 혹은 "당신은 상관과 불화를 겪고 있다."와 같이 일반적으로 경험하는 개인 문제들을 설명하는 시나리오들을 사용하여 사회 문제 해결을 평가했다. 각 시나리오는 긍정적인 결론들로 끝을 맺었다.: "결국 당신은 많은 친구들을 사귀게 된다." 혹은 "당신은 상관과 잘 지내게 된다." 과제는 단순했다. 바로 문제를 어떻게 해결할지에 대해 설명하는 것이었다. 우리는 10분 동안의 부정적인 기분 도입 이전과 이후에 해결책들이 얼마나 효과적인지를 평가했다.

예측된 바와 같이, 세 개의 그룹들(우울장애 이력이 없는 사람들, 자살 이력이 없는 우울장애 환자들, 자살 충동 이력이 있는 우울장애 환자들)은 기분 도입 전 사회 문제 해결 능력에서 차이를 보이지 않았으며, 프로코피에프의 음악을 들은 이후에는 유사한 기분의 변화들을 보여주었다. 이번 역시 기분의 변화 이후에 나타나는 결과들은 놀라웠다. 우울장애 이력에 또한 자살 충동 이력을 가진 참여자들은 자살 충동 없이 이전에 우울장애를 겪었거나, 혹은 우울장애를 겪은 적이 없었던 참여자들에 비해 기분의 도입 이후 문제 해결 능력의 더 큰 저하를 보여주었다(Williams, Barnhofer, Crane, & Beck, 2005). 단 10분 동안의 약간 슬픈 기분만으로도 숨겨진 취약성이 드러나게 되었다. 얼마 전까지 괜찮았던 참여자들이 이제 갑자기 해결책을 찾을 수 없게 되어 버린 것이다. 이후에 이들은 이것이 일상생활에서 일어나는 일과 얼마나 유사한지 반추할 수 있었다고 이야기했다. 이들은 안전한 기반에서 살아가다가, 어떤 것이 약간 기분을 건드리게 되면, 헤어 나오기 힘든 상황에 빠져버리는 자신을 발견하게 된다. 이렇게 되면 도움이 될 수 있는 어떤 것도 떠오르지 않으며, 떠오르는 모든 것은 무관한 것들뿐이다.

> 이러한 모든 연구 결과들은 확실히 특정 상황에 대한 습관적이고, 자동적인 반응들인 마음의 특정 패턴(무망감, 자살 충동 사고, 사회적 문제 해결 능력 부족)이 존재한다는 생각을 뒷받침했다. 과거에 자살 충동을 겪었던 사람들의 경우, 부정적 기분의 작은 상승만으로 과거 자살 충동의 위기들 동안 존재했던 바로 그 과정들을 직접 활성화시키게 된다. 그러나 이러한 사람들에게 이러한 과정들이 과거의 일이라는 것은 명확하게 다가오지 않는다. 이제는 모든 것이 절망스럽고, 무의미하게 느껴진다.

일단 자살 충동 사고가 재 활성화되는 경우, 이러한 사고가 고조될지 여부는 무엇으로 판단하는가? 물론 일반적으로 우울장애의 부정적 기분 및 생각의 유지와 관련된다고 우리가 알고 있는 기제들이 여기에서도 관련될 것이라고 가정하는 것이 타당할 것이다. 위기의 원인과 결과에 관한 반추, 부정적 사고를 억누르고, 정서와 충동에 끼치는 유해한 저하 효과들을 회피하려는 시도들은 부정적 기분에 대한 일반적인 반응들로, 이러한 반응들은 역설적으로 이러한 기분을 유지하며, 또한 자살 충동을 겪는 우울장애에서 나타날 가능성이 크다.

실제로 자살 충동 마음상태에 대한 혐오감을 고려할 때, 이전에 자살 충동을 겪은 사람들이 자살에 대한 생각과 충동을 통제하기 위한 시도로 고의적 자해를 이용할 가능성이 훨씬 크다고 추정할 수 있다. 우리의 이전 연구를 통해(2장 참고), 우리는 우울장애 환자들이 자전적 기억을 떠올리는데 어려움을 겪는 것이 두드러지며, 특정 경우들을 떠올리기보다 상황들의 전체 부류 및 범주에 대해 생각함으로써 과거와 결부시키고자 하는 경향이 있다는 것을 알고 있다(Williams 외, 2007).

우리는 2장에서 “행복”과 같은 신호 단어들이 주어질 경우, 이들은 특정 날짜 및 장소와 관련된 경우를 회상하기보다 “나는 친구와 있을 때마다”와 같은 반응들을 떠올릴 가능성이 크다는 것에 대해 설명했다. 이러한 과잉 일반화는 더욱 반추하는 경향을 만들며, 사회적 문제를 해결하는 능력을 저하시킨다. 이는 특히 자살 충동을 가진 우울장애를 겪는 사람들에게서 두드러지는 특징으로, 이러한 사람들이 부정적 반추 사고에서 벗어나는데 훨씬 더 큰 어려움을 겪을 수 있다는 것을 보여준다(Pollack & Williams, 1998). 우리가 기분 도입 이후 문제 해결 능력에 관한 실험 데이터를 살펴보았을 때, 자살 충동의 이력을 가진 그룹의 사람들이 과잉 일반화 기억의 측면에서 다른 그룹과 차이를 보인다는 것을 알게 되었다. 이에 따라 우리는 과잉 일반화 기억이 문제 해결 능력에 끼치는 기분의 영향에서 차이를 만들어내는지 여부를 조사했다. 그리고 이는 실제로 큰 차이를 만들어내는 것으로 밝혀졌다. 과거에 대한 기억을 구체화시키는 것에 어려움을 겪는 사람들은 구체적 기억들과 마찬가지로 슬픈 음악 이후 문제 해결 능력이 두 배 정도 손상되었다.

인지적 재활성화를 넘어:
자살 충동 사고의 특징

이러한 자살 충동 마음상태에 대한 이해는 연구를 진전시키기에 충분한 것인가: 이는 충분히 섬세하고, 효과적인 접근을 가능하게 하는가? 우리는 이전에 자살 충동을 겪은 환자들에게 약간 변경된 버전의 MBCT를 즉시 받도록 하거나, 혹은 치료 단계가 끝나갈 때까지 기다려서 받도록 배정하는 탐구 실험을 수행했다. 우리는 이러한 과정의 전과 후에 참여자들을 테스트 했다. 결과는 긍정적이었다. 자살 충동의 이력을 가진 사람들에게 실행 가능하고, 받아들여질 뿐 아니라, 면담, 질문지, 실험 과제들을 통해 수집된 우리의 데이터는 참여자들이 이러한 접근으로부터 확실히 도움을 받았다는 것을 보여주었다. 즉, MBCT는 자살 충동의 우울장애를 가진 사람들에게 전달될 수 있는 것으로 나타났다.

그러나 우리가 놓친 중요한 정보가 존재한다는 것이 밝혀졌다. 이는 우리의 동료들인 에밀리 홈즈(Emily Holmes)와 캐서린 크레인(Catherine Crane)이 자살 충동 심상을 조사하기 위해 우리 실험에 참여한 다수의 환자들을 면담했을 때 명백해졌다. 다수의 이전 연구들에서, 홈즈와 동료들은 정서 장애에 대한 심상의 효과를 조사했으며, 심상의 정서적 영향이 언어적 사고의 영향보다 잠재적으로 훨씬 더 강력하다는 것을 설득력 있게 입증했다(Holmes & Mathews, 2005). 특히 우울장애 및 기타 장애들 이외에, 외상 관련 장애들에서 침투성 이미지들은 흔하게 발생하며, 많은 사람들이 이로 인해 크게 고통을 겪는 것으로 알려졌다. 또한 정신적 심상이 선거 투표와 같은 미래 행동의 확률을 증가시킬 수 있다는 것을 보여주는 충분한 증거가 존재했다(예, Libby, Shaeffer, Eibach, & Slemmer, 2007). 우리는 우려가 되는 가능성에 직면해야 했다. 심상이 상상되는 행동을 실제로 이루어지게 만들 가능성이 크다면, 자살에 대한 빈번한 이미지를 갖는 사람들이 자살 행위를 할 가능성이 클 수 있기 때문이었다. 현재까지 자살 충동 환자들에 대해 자살 위기에서의 심상의 역할은 상세하게 분석되지 않았다. 우리는 우리의 환자들에게 자살 충동 사고와 이들이 마음에 떠오르는 자살을 계획했는지 여부를 물으며, 이들을 철저하게 평가했다고 생각했다.

에밀리 홈즈와 그녀의 동료인 앤 해크만(Ann Hackmann)은 외상 후 스트레스 장애(PTSD)를 겪는 환자들을 평가하는데 있어 많은 경험을 가지고 있었으며, 이들은 심상의 실제 감각 세부사항(예, PTSD에서 플래시백)에 대해 구체적인 질문을 해야 한다는 것을 보여주었다. 이러한 이미지들은 인정하기 어려울 수 있으며, 강렬하고, 힘든 정서들을 불러올 수 있기 때문에, 환자와 임상의들이 모두 이러한 것들의 조사를 회피하고자 하는 것은 당연한 일이다. 이를 더 추가적으로 조사하기 위해, 에밀리 홈즈는 캐서린 크레인과 팀을 이루어 우리의 1차 분류 환자들(모두 과거에 우울장애와 자살 충동을 겪었던)과의 면담을 수행했으며, 이들에게 가장 절망적인 시기들에 관한 일련의 구조화 질문들을 했다. 이들이 발견한 것은 놀라웠다. 모든 참여자들이 강한 침투성 이미지들을 경험했으며, 이러한 대부분의 경험들은 종종 고통스러울 정도로 상세하게 자신들의 자살 생각들을 실행하는 모습이었다고 보고했다. 일부 참여자들은 죽음, 혹은 자살의 기회를 제공할 장소들에 대한 감각 이미지들을 겪었다(Holmes, Crane, Fennell, & Williams, 2007). 결국 우리는 올바른 방식으로 적합한 질문들을 하지 않았던 것이다. 외상 피해자들에게서 일상적으로, 고통스럽게 발생하는 “플래시백”과 연계시킴으로써, 우리는 이러한 현상을 “플래시포워드”라고 지칭했다. 플래시포워드는 흔하면서, 과소 보고되는 경향을 보인다. 그러나 플래시포워드는 우리에게 도움을 청하러 오는 사람들이 겪는 참을 수 없는 정신적 고통의 가장 강력한 동인들 중 하나가 될 수 있다.

이는 여기에서 멈추지 않는다. 플래시백은 자체적인 발생 때문이 아니라, 사람들이 이에 반응하는 방식 때문에 PTSD의 유지에 있어 중요한 역할을 한다(Ehlers & Clark, 2000). 이러한 플래시백도 충분히 나쁘지만, 이 외에 두 번째 화살이 존재한다.: 이것은 임박한 위험(예, "다시 일어날 거야", "나는 미쳐버릴 거야")에 대한 신호로 해석되며, 최악의 상황이 일어나는 것을 막고자 하는 것을 목표로 하는 단계들을 초래하게 된다. 이러한 것들은 종종 회피와 억제의 형태를 띠며, 이에 따라 처음의 두려움과 염려들을 유지시키는 위험과 정서 처리를 막게 된다. 이와 유사하게, 우리의 환자들이 보고한 플래시포워드는 자살 충동 정서들의 전개에 있어 중요한 역할을 하는 것으로 나타났다. 이들이 겪었다고 보고한 이미지들에 집착한 경우, 당시 이미지들은 이들에게 더욱 실제처럼 느껴졌으며, 자살 충동의 정서들은 더 심해졌다. 그러나 동시에 모든 참여자들이 고통스러운 것으로 이러한 이미지를 경험했음에도, 또한 많은 참여자들이 진정되거나, 차분해지는 효과들을 보고한 것으로 밝혀졌다. 이러한 후자의 발견은 예상치 못한 것이었으며, 따라서 조심스럽게 해석되어야 했다. 그러나 더 이질적인 참여자 집단들로 수행된 두 번째 연구에서도 유사한 결과들이 나타났다. 또한 캐서린 크레인과 동료들에 의해 수행된 이 두 번째 연구에서 자신의 심상을 진정시키는 것으로 평가한 참여자들은 더 높은 수준의 자살 충동 관념화를 경험했으며, 이는 심상에 대한 긍정적 반응들이 자살 관념화에 따라 작용하는 더 높은 자살 위험과 일치한다는 것을 보여준다. 이러한 발견들에 의해 제시된 유해한 효과를 고려할 때, 우리의 참여자 집단들에 대해 자살 심상의 효과를 명확히 다루지 않은 것은 매우 우려되는 누락이었다. 확실히 이 부분에 대해 더 나은 이해를 갖는 것이 중요한 것으로 나타났다.

그러나 우리가 훨씬 더 우려한 부분은 힘든 것에 접근하는 법을 배우는 것이 프로그램의 중요하고, 필수적인 측면이라는 사실에도 불구하고, 참여자들이 우리의 평가 면담에서뿐 아니라, MBCT 수업들에서 이러한 자살 심상에 대해 거의 언급하지 않았다는 것이었다. 아마도 이들은 이러한 기억들과 이미지들을 재 활성화시키게 될 위험 때문에 답하지 않는 것을 선호한 것으로 보인다. 이는 자살 충동 위기와 관련된 정서적 동요를 극명하게 상기시키는 것이었다. 이제 우리는 자살 위험에 놓인 사람들이 정서적 혼란이 많다는 점에서 우울장애 및 불안을 경험한 개인들과 차이를 보인다는 점을 인정해야 했다. 오바크(Orbach)와 동료들(Orbach, Mikulincer, Sirota, & Gilboa-Schechtman, 2003; Orbach, Mikulincer, Gilboa-Schechtman, & Sirotas, 2003)은 이러한 경험의 복잡성을 설명하기 위한 연구를 수행했다.

이들의 연구는 부분적으로 "극심한 심리적 고통(psychache)"이라는 용어를 만들어 낸 슈나이드먼(Shneidman)의 초기 연구(1985)를 기반으로 했다. 그는 개인이 통제하고, 자아상을 보호하고, 수치심을 피하거나, 안전한 느낌을 갖기 위해 소속감을 가지려는 욕구처럼, 본질적 욕구들이 상당히 방해를 받거나, 좌절된다고 느낄 때 극심한 심리적 고통이 발생한다고 제시했다. 이러한 추정은 자살 충동의 관념화에서 지각되는 부담과 좌절된 소속감의 역할을 강조한 대인관계 이론들의 추정과 유사했다(Van Orden 외, 2010). 슈나이드먼(1985)은 이러한 욕구들의 좌절이 광범위한 부정적 정서들(죄책감, 수치심, 패배감, 모욕, 불명예, 슬픔, 무망감)을 불러올 것이며, 이는 함께 결합되어 참을 수 없는 정신적 고통의 일반화된 경험으로 변모하게 될 것이라고 제시했다. 오바크와 동료들은 돌이킬 수 없다는 느낌, 통제력의 상실, 정서의 홍수 및 얼어붙음과 같은 강력한 정서적 반응들, 자아 정체성의 변화들을 통합하지 못하는 어려움, 혼란, 사회적 거리두기, 개인적 의미의 상실을 포함하여, 이러한 경험을 규정하는 여러 특징들을 제시했다. 오바크와 동료들은 정신적 고통이 자체적으로 경험적 실체를 나타내며, 이것이 높은 강도에 도달하고, 개인들이 변화에 대한 희망을 잃게 되는 경우, 결정적으로 자살 행동을 이끌게 된다고 주장했다.

또 다른 연구 계통에서 이와 일치하는 증거가 나왔다. 다수의 연구들에서 불안(두려움 및 공포)에 대한 민감성이 증가된 참여자들은 자살 충동의 위험이 증가하는 것으로 밝혀졌다. 특히 이러한 연구는 예를 들어, "내 정서들을 통제하는 상태를 유지하는 것이 중요하다", "내가 불안할 때, 정신병을 앓고 있는 것은 아닌지 염려된다."와 같은 말들에서 반영되는 불안 민감성, 통제력 및 정서적 강도 상실에 대한 두려움이 갖는 인지적 요인들의 역할을 강조했다. 우울장애를 가진 환자들의 경우, 보통 강한 불안 민감성과 연관된 공황 발작의 존재가 자살 시도들을 상당히 예측하는 것으로 밝혀졌다(Katz, Yaseen, Mojtabai, Cohen, & Galynker, 2011). 유사하게, 공황 장애를 겪는 환자들의 경우, 불안 민감성은 우울장애의 증상들보다 자살 관념화에 대해 훨씬 더 강력한 예측인자가 되는 것으로 입증되었다(Schmidt, Woolaway-Bickel, & Bates, 2001). 다른 연구는 대규모 외래환자 표본들에서 통제력 상실에 대한 두려움과 정서적 강도, 자살 충동 사이에 관계들을 보여주었다.

확실히 이러한 발견들은 자살에 대한 심상이 고통스러우면서, 또한 진정시키는 효과를 가질 수 있다는 발견에 부합하여, 높은 수준의 통제력 상실에 대한 두려움 및 정서적 강도를 가진 사람들은 높은 자살 위험에 놓인다는 것을 보여주었다.

> 일단 정신적 고통이 존재하게 되면, 통제력 상실과 정서적 강도에 대해 증가되는 민감성을 갖는 사람들은 이러한 고통에서 벗어나는 방법으로 자살에 대한 이미지, 생각, 실제 시도들에 의존하게 될 가장 큰 위험에 놓이게 된다.

이처럼 고통에서 벗어나는 탈출구로서 죽음을 이상적으로 바라보는 것이 처음에는 실제 행동과 관계를 갖지 않을 수 있다고 생각할 수 있지만, 시간 흐름에 따라, 그리고 자살 충동에 대한 반복된 노출에 따라 연관성은 훨씬 더 강해질 수 있다. 토마스 조이너(Thomas Joiner)와 동료들(Van orden 외, 2010)은 자살 위기들에 대한 반복된 노출은 사람들이 습관화된다는 것을 의미한다고 제시했다. 이들은 스스로를 해치는 것과 같은 부정적 효과들을 덜 두려워하게 된다. 동시에, 시간 흐름에 따라 더 긍정적인 경험들(자해 및 자살이라는 실행 가능한 해결책에 대해 생각하고, 상상하거나, 이에 따라 행동하는 것으로부터 얻는 안도감 같은)이 증가할 가능성이 높아진다. 이러한 추정에 부합하여, 연구는 이전에 더 많은 우울장애 삽화를 가진 사람들일수록 최근의 자해 삽화들에 따라 더 진정되고, 차분해지는 느낌을 받는다는 것을 보여주었다(Gorden 외, 2010). 자살에 대한 심상이 고통스러우면서, 동시에 진정시키는 효과를 가질 수 있다는 사실은 이와 매우 유사한 역학에 대한 시각을 제공하는 것으로 나타났다.

자살 위기를 방지하기 위한 마음챙김 접근의 영향

이러한 발견들은 우리의 치료 접근에 확실한 영향을 끼쳤다. 이들은 자살 위험에 놓인 사람들에게 자살에 대한 생각과 이미지들이 내포한 진정시키는 탈출구에 의존하지 않고 이러한 경험을 자각할 수 있도록 하는 방식으로, 이러한 생각과 이미지들이 어떻게 관련을 갖는지와 이에 수반되는 정신적 고통에 대해 가르치는 것이 중요하다는 것을 강조했다.

우리는 부정적인 우울한 사고가 자비와 개방성으로 다루어질 수 있고, 다루어져야 한다는 것을 수업들에서 가르쳤지만, 자살에 대한 이미지들과 플래시포워드는 너무 고통스럽고, 위협적이어서, 생각들을 관련시키는 동일한 자비 방식을 이들에게 적용할 수 없는 것으로 나타났다. 우리가 연구로부터 배운 것은 참여자들이 확실히 가장 고통스러운 자살의 이미지들을 수업들에서 상기하도록 권유해야 한다는 것이었다. 우리는 이러한 이미지들이 자살 충동을 가진 우울장애에서 흔하게 발생하는 것들이며, 이러한 것들은 우울한 사고의 다른 측면들과 동일한 방식으로 다루어질 수 있으며, 다루어져야 한다는 요점들을 명확하게 제기해야 했다. 자체적으로, 침투성 이미지들은 강한 정서 반응들을 불러일으킬 수 있다. 수치심을 느끼고, 통제력을 잃는 것은 이들을 억제하고, 회피하려는 시도들과 함께 일반적으로 우울장애에 존재하는 부정적 사고보다 더 빠르게 위기를 높일 수 있다는 것이 자명하게 예상되었다.

우리는 이제 왜 불안에 매우 민감한 사람들이 특히 자살 행동으로 발전하는 것에 취약한지 더 명확하게 보게 되었다. 그리고 마침내 우리는 자살 이미지와 사고들의 큰 고통을 인정하는 것의 중요성에 대해 더 충분히 인식하게 되었다. 이러한 것들은 우리 수업들에서 다루어져야 할 중요한 초점들이었다. 우리는 더 어려운 여정이 되겠지만, MBCT에서 우울장애의 영역에 대해 설명한 것과 마찬가지로, 자살 충동의 영역에 대해 설명해야 할 것이다. 이러한 것들은 7장에서 14장에 걸쳐 상세하게 살펴볼 주제들이며, 이러한 새로운 이해들은 어떻게 초래되었든 정신적 고통을 겪는 사람들에게 도움을 제공하는 우리 모두의 접근에 영향을 끼칠 것이다.

마지막으로, 우리는 자살 충동을 가진 우울장애가 두 개의 요인들(부정적 사건이 주는 고통에 대한 첫 번째 화살과 이러한 사건에 부여되는 의미로 야기되는 고통에 대한 두 번째 화살)을 포함한다고 여겼지만, 자살 충동을 가진 우울장애의 경우 더 정교화 시킬 필요가 있는 것으로 나타났다. 즉, 자살 위기들에서, 사람들은 세 번째 요인, 즉, 세 번째 화살에 대해 대비되어 있어야 한다. 이것은 바로 의미에서 이어지는 강렬한 절박함, 그리고 바로 지금, 즉시 고통에 대해 어떤 조치를 취해야 한다는 느낌이다. 이러한 세 번째 요인은 그렇지 않을 경우 압도될 것이며, 참을 수 없는 통제력의 상실이 존재할 것이라는 이유로 발생한다. 우리는 참여자들이 우울한 사고의 다른 측면들과 마찬가지로, 자살에 대한 사고가 쉽게 재 활성화될 수 있다는 사실뿐 아니라, 다른 우울한 사고와는 매우 다른 형태로 나타날 수 있다는 것에 대해 준비시켜야 했다. 특히 자살 감각 심상에서, 플래시포워드가 발생할 수 있으며, 발생하는 경우 이것은 내담자들을 강하면서, 참을 수 없는 정신적 고통으로 빠뜨리게 될 것이다.

> 자살 위기들에는 세 번째 요인, 즉 세 번째 화살이 존재한다. 이것은 조치를 취해야 한다는 강렬한 절박함이자, 바로 지금 고통에 대해 무언가를 해야 한다는 느낌이다.

마무리 글

우리는 참여자들에게 이러한 고통에서 벗어나고 싶고 무언가 조치를 취해야 한다는 강한 충동이 동시에 나타날 수 있다는 점을 상기시켜야 했다. 그러나 다른 고통스러운 경험들과 마찬가지로, 단기적으로는 종종 유용하기도 한 회피 및 억제가 추가적인 문제들을 초래할 가능성이 크다. 그리고 확실히 이러한 정보는 균형 잡힌 접근에서 전달되어야 한다. 자살 위기의 혼란 속에서, 주의를 다른 곳으로 돌리거나, 회피하려는 결정은 어떤 경우에 생명을 살리는 반응이 되었을 수 있다. 그러나 더 장기적인 관점에서, 우리는 참여자들이 가장 힘든 경험들을 다루는 용인되는 방식들을 발견하도록 도와야 했다. MBCT는 이러한 문제를 다루기 위해 필요한 모든 요인들을 포함하지만, 우리는 이것이 교육되고, 제시되는 방식에서 적합성이 필요했다. 또한 이러한 새로운 요인들을 사람들에게 접근하는데 있어, 수업 전 첫 번째 면담에서 마음챙김에 대한 참여 의지가 '평가'되어야 하고 이러한 방식이 논의되어야 한다.

4장

마음챙김은 어떻게 도움을 주는가?

행위와 존재

우리와 다른 임상 연구자들의 발견들에서 나온 통찰은 MBCT가 우리의 자살 충동 환자들에게서 본 문제들을 다루기 위해 필요한 모든 요인들을 포함한다고 제시했다. 그러나 이러한 요인들이 제공되는 방식에 변화들이 필요할 것이며, 우리는 이러한 변화들을 다음 장들에서 더 상세하게 설명할 것이다. 그러나 초기부터 우리는 MBCT가 세 가지 이유들로 인해 고통 받는 사람들을 도울 수 있을 것이라고 확신했다.

첫째, 아네트 보트레(Annette Beautrais)와 동료들은 우울장애가 자살 행동에 있어 가장 중요한 기존 조건들 중 하나라는 것을 발견했다. 이러한 의존성을 밝히는 한 가지 방법은 인구 귀속 바율(population attributable ratio – PAR)이라 불라는 통계를 사용하는 것이다. PAR은 질병 및 증후군이 또 다른 요인에 귀속되는(예, 흡연에 귀속되는 폐암 비율은 90% 이상이며, 이는 아무도 흡연을 하지 않는 경우 폐암 중 90% 이상이 생존할 수 있다는 것을 의미한다) 인구의 비율이다. 보트레는 심각한 자살 행동에서 우울장애에 대한 PAR은 80%라는 것을 보여주었다. 이는 우리가 전 세계에서 우울장애를 없앨 수 있는 경우, 자살 행동의 80%를 구조할 수 있다는 것을 뜻한다. 물론 어떤 사람도 우울장애를 완전히 없앨 수 있으리라 기대하지는 않지만, 우리의 이전 연구는 MBCT가 대부분의 재발 환자들에게서 우울장애의 위험을 줄인다는 것을 발견했다. 우리가 자살 행동 자체를 다루지 않는다 하더라도, 가장 중요한 전조의 위험을 줄이는 것은 실질적으로 중요하다.

마음챙김이 자살 충동을 가진 사람들을 도울 수 있다는 두 번째 보장은 우리의 동료 리네한(Linehan)이 경계성 인격 장애를 겪는 사람들에 대한 자신의 DBT 중심 요인들 중 하나로 마음챙김 수행들을 사용한 것에서 나왔다(Linehan, 1993). 이와 같은 장애를 가진 사람들은 때로는 자살 의도를 가진 채, 때로는 가지지 않은 채로 자해를 하려는 빈번한 충동을 경험하며, 자신에게 화상이나 자상으로 상처를 입힌 후 보통 병원에서 마무리되거나, 가족 및 친구들에게 도움을 구한다. 우리가 2장에서 언급한 바와 같이, DBT는 자해에 대한 행위 및 충동이 항상 우선시되는 개별 치료와 그룹 기술 훈련 회기들을 결합한다. 그룹 회기에서. 사람들은 정서적 자기 조절, 고통 감내, 대인관계 효과를 배우고, 마음챙김 기술의 특정 모듈에 참여한다. 많은 환자들은 자신들이 배운 마음챙김 기술들이 전체 프로그램에서 가장 중요한 요인라고 보고한다.

마지막 세 번째 보장은 우리의 이전 연구가 마음챙김이 자살 행동을 만들어내는 주요 과정들 중 하나인 어려움에 대처하는 대체 방식들의 붕괴를 변화시킬 수 있다는 것을 발견했다는 것이다. 이처럼 일상의 문제들에 대처하는 방식들을 발견하지 못하게 되는 것은 파국을 가져오는 단초가 될 수 있다. 위기의 한 가운데에서, 헤쳐 나갈 방법을 보지 못하는 것은 실제로 어떤 방법도 존재하지 않는다는 느낌이 들도록 만든다. 우리의 연구는 중요한 두 가지를 발견했다. 첫째, 이러한 "해결책을 찾지 못하는 것"은 본질적으로 사람들이 과거의 사건들을 기억하는 방식과 연관된다. 사람들이 과거의 사건들을 기억하는데 있어 과일반화하거나, 과도하게 추상화시키는 경우, 이는 현재 당면한 문제에 대한 해결책을 떠올리는 능력을 상당히 약화시키게 된다. 둘째, 우리는 MBCT가 이러한 자전적 기억을 더 구체화시키도록 만들며, 따라서 중요한 취약 요인들 중 하나를 경감시킨다는 것을 발견했다. 이는 MBCT 이후 사람들이 다시 우울해진다 하더라도, 미래에 대한 희망을 잃지 않은 채 슬픔을(심지어 깊은 슬픔도) 느낄 수 있게 될 것이라는 희망을 이끌어냈다. 이러한 희망은 사람들이 MBCT를 함에 따라 지속적으로 반추하며, 자기 분석에 갇히게 될 가능성을 낮추고 다시 자살 충동을 느끼게 되지 않을 수 있으며, 이에 따라 삶이 잘 풀릴 수 있으리라는 느낌을 갖게 된다는데 있다.

그러나 MBCT는 어떻게 이러한 변화들을 가져오는 것인가? 이것은 단지 학문적 질문이 아니라, 종종 우리에게 도움을 청하러 오는 사람들이 묻는 것과 직접적으로 관련된 실용성에 대한 질문이다. 마음챙김 지도자가 종종 듣는 질문들은 다음과 같다.:

"이것에 제게 도움이 될까요? 나를 도울 수 있을까요?"

"나는 모든 노력을 다 해보았으며, 한 친구가 제게 이것을 해보라고 권했습니다. 그러나 나는 일주일에 6번씩 명상을 하는 것이 어떤 도움이 되는지 모르겠습니다. 설명해주실

수 있나요?"

"나는 이것이 효과가 있으리라고 믿고 싶지만, 누군가가 제게 MBCT에서는 우리의 문제들에 대해 이야기하지 않는다고 말했습니다. 나의 삶은 정말 끔찍했습니다. 대체 나의 문제들을 논하지 않고 어떤 도움을 줄 수 있으며, 이러한 문제들을 해결하도록 어떻게 도울 수 있다는 것입니까?"

그렇다면 마음챙김은 어떻게 도움을 주는 것인가?

개인의 변화에 있어 중요한 것은 개인이 자신의 생각, 정서, 충동들에 대해 더 넓은 관점을 가질 수 있다는 것이다(상위인지 자각이라는 표현으로 얻게 되는). "상위인지 자각(Metacognitive awareness)"은 마음속에서 사건들을 객관적 사실의 반영, 혹은 "나"의 본질적 부분으로 인식하기보다 습득한 정신적 습관인 인지로 *경험*하는 능력을 뜻한다. "경험"이 이탤릭체로 인쇄되어 있는 것에 주목하자. 이것은 상위인지 자각이 순전히 지적이거나, 이론적인 것뿐만이 아니라, 마음과 신체에서 느껴지는 것이라는 사실을 강조하는 것이다. 이것은 단순히 생각이 아니라, 전인적 경험이다. 이러한 특징이 발달함에 따라, 사람들은 자신의 생각을 너무 개인적으로 받아들이거나, 자신을 너무 절대적으로 신뢰하거나, 혹은 자신이 말한 것을 반드시 수행할 필요는 없다는 것을 깨닫게 된다. 따라서 얼마나 잘 반응하는지에 관한 선택들은 열려 있다.

상위인지 자각은 사람이 사고와 정서의 오랜 습관에서 탈 중심화 되어, 자신의 사고와 정서, 즉 초월적 마음과 기분 상태를 물러서서 바라볼 수 있도록 한다. 이것은 복잡한 기계 옆에 서서, 너무 가까이 접근하는 바람에 이동식 부품들에 의해 부상을 당할 위험 없이, 어떻게 작동하는지, 어디에 무엇이 연결되는지, 어떤 것을 따라 무엇이 이어지는지, 관심을 가지고 관찰하는 것과 같다. 이것은 자동적인 반사라기보다 의식적으로 수행되며, 또한 친절함("아, 슬픔이 느껴진다. 이것이 바로 슬픔이구나.")과 인식("다시 나의 자기 비판적 사고가 전개되고 있구나.")의 특징을 가지고 있기 때문에, 한편으로는 억제 및 회피와는 다르며, 다른 한편으로는 목표 및 이상에 대한 과도한 집착과 다르다. 우울장애 치료를 패러다임 사례로 가져옴으로써, 연구는 이러한 식으로 탈 중심화 하는 능력의 변화들이 어떻게 가장 잘 알려진 증거 기반 우울장애 치료(인지 치료)와 MBCT 효능의 바탕이 되는지 보여주었다(Teasdale 외, 2002; Beiling 외, 2012).

상위인지 자각에 대한 장애물들은 무엇인가? 무엇보다 가장 중요한 장애물은 사고에 얽매이게 되는 경향이다. 우리가 살펴보았듯이, 사고와 분석은 사람들이 세계를 이해하도록 돕는데 있어 매우 강력한 작용을 한다. 이러한 것들은 사람들이 역사실적 추론을 수행하고("이러 이러한 일이 일어나면 어떻게 되는 것인가"), 추론을 하고("메리가 유리잔을 떨어뜨렸다"와 "존이 빗자루를 가지러 갔다"와 같은 말을 듣는다면, "유리잔이 깨졌다"고 추론할 수 있을 것이다), 다음에 어떤 조치가 취해질 수 있는지 제시하고(깨진 유리가 남아 있는지 확인하며), 문제를 해결하는데 도움을 주는 상황에 대한 정신적 모형들을 구축하기 위해, 자신의 감각을 통한 직접적 경험을 넘어설 수 있도록 한다(Teasdale 외, 1995).

내부의 세계에서 이러한 표상들이 만들어질 수 있으며, 이처럼 오래 지난 과거를 떠올리고, 이에 대해 생각하거나, 아직 일어나지 않은 미래에 대해 상상하고, 정교화 시키는 것은 뛰어난 진화적 유산으로, 이는 인간과 동물이 다르다는 것을 보여주는 것이다. 이러한 것들은 너무나 많이 이루어지기 때문에, 우리는 이것의 어두운 측면을 보지 못한다. 이러한 어두운 측면은 분석적 사고가 당면한 과제에 자원하고, 이것이 잘못된 수단이 되는 경우에만 분명해질 수 있다. 우리의 일상적인 문제 해결의 대부분은 특정 처리 형태, 즉, 차이를 기반으로 한 처리를 수반하며, 이러한 처리에서 내부 언어의 사용은 자유로워지기보다 쉽게 얽매이게 된다. "차이 기반 처리"는 있는 그대로의 존재(인간으로서의 나와 나의 기분 및 마음 상태를 포함하는)와 내가 되고 싶은 존재, 혹은 되어야 한다고 생각하는 존재 사이에 불일치(혹은 차이)에 대한 초점을 뜻한다. 이러한 차이 기반의 사고를 간략하게 표현할 경우, 마음의 "행위" 양식이 된다.

행위 양식이 보통 우리의 목표(우리가 지향하는) 및 반 목표(우리가 피하거나, 벗어나고자 하는)와 관련하여 유일하게 "통용되는" 인식으로 내부 언어와 분석적 사고를 이용하는 것을 기본으로 하는 만큼 내부 언어 자체는 문제가 되지 않는다. 즉, 인간은 궁리를 통해 불만족스러운 상황들에서 벗어나고자 하는 경향이 있다. 우리가 일상생활에서 보게 되는 것처럼, 이러한 능력은 매우 유용하다. 이것은 우리가 문제들을 규정하고, 대안이 될 수 있는 상황들을 만들어내고, 이러한 대안들을 시도하고, 진전 상황을 점검하고("차이 모니터링"), 우리가 시도한 해결책의 효과를 평가하고, 필요한 경우 재고한 후, 다시 시도할 수 있도록 한다. 그러나 이러한 동일한 전략들이 정서들이나 자아의식에 적용되는 경우, 역효과를 낳을 수 있다.

행위 양식은 진화하는 동안 뇌 속에 고정화된다. 영역을 가로질러 움직이거나, 하나의 나뭇가지에서 또 다른 나뭇가지로 점프하는 동물은 현재 위치와 원하는 위치(예, 영역의 반대

끝, 혹은 다음 나뭇가지) 사이에 격차와 이러한 격차를 메우는데 필요한 이동을 계산할 수 있는 두뇌를 가져야 한다. 그리고 영역이나 나뭇가지에 안전하게 도달할 때까지 목표를 향한 진전을 반복적으로 확인하고, 격차를 모니터링 하며, 움직임을 시작한다. 그 이후 행위 양식은 해당 과제를 위해 멈출 수 있게 된다. 즉, 목표가 달성된다.

따라서 행위 양식은 우리 삶의 필수적인 측면이며, 보통 외부 문제들에 대해 능숙하게, 잘 작동한다(예, 출근하는 길에 우체국에 소포 가져가기). 왜 그러한 것인가? *확인 기제(내가 있는 곳과 내가 가고 싶은 곳 아이에 격차를 모니터링 하는 것)는 자체적으로 외부 상황들에 영향을 끼치지 않기 때문이다.* 즉, 우체국까지 얼마나 먼지 점검하는 것은 이동에 남아있는 실제 거리에 영향을 끼치지 않는다.

그러나 문제가 우리의 기분들과 관련된 경우에는 어떤 일이 일어나는가? 이 경우, 메워져야 하는 "격차"는 우리가 현재 있는 곳과 원하는 목적지 사이에 격차가 아니라, 우리가 스스로의 내부에서 발견한 기분과 우리가 원하는 기분 사이에 격차이다. 이것은 해결되어야 하는 "불일치"이다. 따라서 우리가 차이를 기반으로 한 행위 양식이 이러한 정서적 문제를 해결하는 도움을 줄 수 있을 것이라고 믿는 것은 자연스러운 일이다. 목표는 명확하다.: 우리가 줄곧 어떻게 대처하는지 모니터링 하면서, 한편으로는 불행에서 벗어나거나, 회피하는 것이며, 다른 한편으로는 행복을 달성하는 것이다. 기분을 해결하는 빠른 방법(예, 휴식 취하기, 혹은 친구 만나기)을 생각해낼 수 있다면, 어떤 문제도 없을 것이다. 그러나 때때로 이러한 실용적 팁은 잘 떠오르지 않으며, 결국 우리는 계속해서 불일치 자체에 초점을 맞추게 된다. 우리가 스스로 정한 행복의 표준에 대해 얼마나 잘 대처하고 있는지 지속적으로 모니터링 하는 것은 도움이 되지 않는 것으로 드러났다. 문제를 해결하는데 매우 유용한 행위 양식은 이제 추구적 행위(driven-doing)가 된다. 말로 표현할 경우, 차이 기반 처리는 이해하기 어려울 수 있으니, 아래 네모는 이해하기 쉬운 작은 실험 사례를 제공할 것이다.

행위(doing) → 추구적 행위(driven-doing): 작은 개인적 실험

우리는 다음 방식을 통해 행위 양식이 어떻게 추구적 행위로 향하게 되는지를 보여줄 수 있다.:
당신이 지금 바로 매우 피곤함을 느낀다고 상상해보자.
아마도 바로 지금 당신이 실제 피로감을 느낀다고 조율하는데 시간이 걸릴 것이다. 준비가 되면, 다음 실험을 해보라.:
천천히 스스로에게 다음 말들을 한다.: "나는 이런 것을 느끼고 싶지 않아.", "나는 이와 같은 느낌을 원하지 않아.", "나는 다른 기분을 느끼고 싶어.", "이런 기분이 계속되면 무슨 일이 일어날까?"
이러한 생각들이 소용돌이치도록 놔두면서, 당신과 가장 관련되었다고 느끼는 생각이 더 오래 머무르도록 한다.: "나는 이런 것을 느끼고 싶지 않아.", "나는 이와 같은 느낌을 원하지 않아.", "나는 다른 기분을 느끼고 싶어.", "이런 기분이 계속되면 무슨 일이 일어날까?"

이제 당신은 어떻게 느끼는가? 많은 사람들이 단지 덜 피곤하다고 느끼고 싶어 하는 것이 자신을 더 피곤하게 만든다고 말한다. 2장에서(그림 2.1 참고) 우리는 순간마다의 감각 경험과 경험에 관한 생각(개념과 분석을 사용하여) 사이에 차이를 그려 보았다. 차이 기반 처리는 마음속에 불일치를 유지하기 위해 개념들을 사용하며, 당신은 피곤함의 실험에서 이러한 개념적 처리의 결과를 느꼈을 수 있다.

우리는 여기에서 무슨 일이 일어나는 것인지 명확하게 살펴보아야 한다. 왜 많은 사람들은 자신이 얼마나 피곤함을 느끼는지, 다른 느낌을 원하는지에 집중할 때 더 피곤함을 느끼는 것인가? 증가되는 피로감은 더 각성되거나, 활기찬 느낌이라는 목표와 더 나빠지는 느낌이라는 반 목표(회피되어야 하는)를 수립하는 행위 양식의 효과이다. 당신이 이런 식으로 생각한다면, 마음속에 불일치를 가지고 있는 것이다. 따라서 처음부터 가지고 있었던 피로감뿐 아니라, 이에 대해 무언가를 해야 한다는 생각에서 오는 불만족, 부정성, 피곤함이 추가되어 버린다. 이에 따른 결과는 어떻게 느끼는지와 어떤 느낌을 원하는지 사이에 격차가 좁혀지기보다 더 확대되는 것이다. 유사한 과정에 대한 일상 사례는 한밤중에 잠들지 못하는 때이다.: 잘 수 있을 것이라고 바라며 뒤척이다가, 결국 이에 따라 더 신경이 곤두서게 된다.

이제 부정적인 기분의 경우 왜 동일한 일이 발생하는지 알아보자. 이러한 기분의 고조에는 두 가지 요인들이 기여를 한다. 첫째, 우리가 살펴보았듯이, "불일치"에 대한 느낌은 자체적으로 부정적인 기분을 만든다. 보통 이러한 부정적 기분이 약간 상승하는 것은 조치를 취하도록 동기를 부여한다. 그러나 기분과 원하는 느낌 사이에 불일치에 따라, 불일치 자체로 인한 부정성 또한 쉽게 원래의 기분과 혼합되며, 상황을 악화시킨다. 당신은 불행했다. 그리고 불일치에 대한 인식은 당신을 훨씬 더 불행하게 만들었다.

마음의 행위 양식을 사용하는 것이 왜 "추구적 행위(driven–doing)"가 될 수 있는지에 대한 두 번째 이유는 "일치" 과정이 아이디어와 생각들에 기반하면서, 이러한 추상적인 것들이 새로운 생각의 흐름을 만들어낼 가능성이 크다는 것이다.: "나는 최상의 상태이고자 할 때 이런 나쁜 기분을 느끼고 싶지 않다. 왜 나에게 이런 일이 일어나는가? 왜 나는 항상 이런 식으로 느끼는 것인가?" 우리는 곧 과도한 생각에 빠져들게 되고, 왓킨스(Watkins)가 지적했듯이, 스스로를 돕기 위해 가장 좋은 방식을 찾는 "방법"에서 멀어지게 된다.

> 기분이나 "자아"감을 바로잡기 위해 행위 양식이 사용되는 경우, 이는 쉽게 추구적 행위가 된다. 마음의 추구적 행위 양식에서는 원하는 것(더 좋은 느낌)을 얻고자 하거나, 원하지 않는 것(절망적 느낌)을 없애고자 하는 목표로부터 벗어날 수 없다고 느끼게 된다.

마음의 추구적 행위 양식은 갇혀 있다는 느낌을 가져온다. 악화되는 기분이 현재의 상태와 원하는 상태 사이에 격차를 더 크게 만들기 때문에, 원하는 것을 얻거나, 혹은 원하지 않는 것을 없애려는 것에서 벗어날 수 없다고 느낄 수 있다. 세갈(Segal) 외 연구자들(2013)이 설명했듯이, 행복에 대한 우리의 자연스러운 충동은 사고, 정서, 행동의 불행한 패턴들을 만들어낸다. 이는 이러한 것들이 해결책을 만들어내지 못한 채 빙빙 돌기 때문이다. 많은 연구들은 반추/분석 처리를 사용하는 "문제 해결" 시도들이 실제로는 문제 해결을 감소시키고, 우울장애를 유지시킨다는 것을 발견했다(Segal 외, 2013, p. 178).

낯설게 느껴지는 자신

우리는 얼마나 많은 사람들이 대부분의 일상 활동들에 있어 심상과 사고의 매체인 생각을 문제 해결의 기반으로 사용하는지 지적했다. 이러한 삶의 방식이 갖는 위험은 이러한 아이디어, 사고 및 이미지들을 통해 세상을 "간접적"으로 보게 될 수 있다는 것이다. 특히 정서와 괴로움이 높이 고조되어 있는 시기에, 사람은 바로 지금 실제 그대로에 대한 편견 없는 자각 대신, 기존 도식들의 시각을 통해 보게 된다. 세상에 대한 직접적이고, 감각적인 경험은 자각에서 희미해진다. 감각 경험이 무시되거나, 당연시되는 경우, 결국 실제 상황이 어떤지를 주목하기보다 보고, 맛보고, 듣고, 냄새 맡거나, 느끼는 상황에 대한 간접적 아이디어들에 따르게 된다. 유사하게, 직접 경험하기보다 행위(개념적) 양식에서 스스로에 대해 많은 시간을 생각하며 보내는 경우, 자신의 여러 측면들 사이에 분리를 느끼기 시작할 것이다. 많은 환자들의 경우, 이러한 분리감이 매우 강렬했다. 이들은 자신의 과도한 생각으로 만들어진 "자기"를 좋아하지 않았으며, 이러한 자기로부터 벗어나는 것에 대해 공상을 하기 시작했다. 심지어 "나는 나 스스로와 함께 살 수 없어"라는 말을 듣게 될 수도 있다.

마음의 변화하는 양식들

우리는 문제 해결에 자원한 행위 양식이 해결하지 못하고 추구적 행위로 향하게 됨에 따라, 자살 충동을 가진 사람들이 가진 생각에 얽매이는 경향이 절망을 심화시키고, 더 이상 이런 식으로 느끼는 고통을 참지 못하는 상태를 만들어내며, 끝을 내기 위해 어떤 일이든 하게 되는 것을 보았다. 그렇다면, 우리는 어떻게 MBCT 수업에서 참여자들에게 자신이 어떤 행위 양식에 있는지 인식하도록 하고, 선택하는 경우, 대안 양식으로 전환하도록 가르치는 것인가?

이에 대한 간단한 해답은 MBCT가 주로 한 가지, 즉, 신체에 주의를 집중하는 것을 가르침으로써 탈 중심화를 육성한다는 것이다. 이것은 감각의 영역을 우선시한다. 마음챙김은 자기와 세상을 알게 되는 대안 방식의 토대로서, 그리고 관문으로서 신체를 이용한다(아래 네모 참고). 물론, 실제로 마음챙김은 이보다 더 어려운 것으로 나타난다. 그럼에도 본 장의 나머지 부분에서는 가장 중요한 주제로 신체와 감각에 주의를 기울이는 관념을 살펴볼 것이다.

신체에 지속적인 관심을 기울이는 것에 대한 장애물은 항상 다양한 위장으로 자신을 강조하는 마음의 추구적 행위 양식에서 발생한다. 잠깐 동안 신체의 특정 부위에 주의를 집중해보라. 곧 하려고 했으나 잊어버린 것, 어제 및 지난주, 혹은 간혹 몇 달 전이나 몇 년 전에 일어났던 일과 같이 무언가에 대해 생각하기 시작하는 자신을 발견하게 될 것이다. 행위 양식의 과제는 끝내지 않은 일을 찾고, 환기시키는 것이다. 이는 반복해서 그리할 것이다.

> MBCT는 감각의 영역을 우선시 한다. 이는 신체를 자기와 세상을 알아가는 대안 방식의 토대이자 관문으로 사용한다.

불교 배경: 마음챙김의 토대로서 신체

마음챙김이 유래된 불교 전통에 관심을 가진 사람들은 신체가 마음챙김의 첫 번째 토대(혹은 "첫 번째 수립 방식")라고 가르치는 것과 부합하여 체화를 강조한다는 것을 깨닫게 될 것이다. 우리는 신체를 매우 중요한 것으로 보는 몇몇 초기 불교 글들을 가르쳐준 우리의 동료인 불교학자이자, 명상 지도자인 존 피콕(John Peacock)에게 감사를 드린다. Satipatthana Sutta(사티빳타나 경– 마음챙김 확립의 네 가지 방식에 대한 경전)의 많은 부분은 신체의 마음챙김에 할애되어 있다. 이러한 sutta(경) 및 많은 다른 글들의 증거를 바탕으로, 가르침은 우리가 우리의 신체와 위험할 정도로 멀어져 있다고 주장한다. "Being at home in the body(신체의 집에 머무르기)"는 자각의 정도를 요구하며, 그 자질과 충만함에서, Satipatthana Sutta에서 서술된 함양 수행들을 요청한다.

가르침들은 부처가 "자신의 6척 신체 내에서" 자각을 깨달았다고 말한 것을 기록하고 있다. 이런 식으로 사는 것은 개인이 "지각과 개념들을 가진" 신체, 즉, 정서, 마음, 정신적 특징들, 현상에서, 순간마다 삶이 전개되는 지금 이 순간에 기반을 둘 것을 요구한다. 따라서 삶이 전개되는 주요 중심은 신체적 경험을 바탕으로 한다. 가르침은 이를 삶의 "태만한" 방식이 아니라, "근면한" 방식이라고 부른다.: "근면한 사람들은 죽지 않으며, 태만한 사람들은 죽은 것과 같다." 여기에서 "근면함"은 삶에 대한 자각으로 이끄는 것에 대한 동의어이다.

(계속)

Anguttara Nikaya(앙굿따라 니카야 – 부수별로 모은 부처 경전)에서는 신체의 마음챙김을 수립하지 않은 사람은 삶의 자각에 도달하지 못할 것이라고, 즉 어떤 마음챙김도 가지지 못하는 것과 다름없을 것이라고 더 강력하게 이야기 한다.

> 불사[자각 상태에 대한 동의어]에 몰두하지 못하는 수도승들은 신체에 집중된 마음챙김에 몰두하지 않은 것이다. (Anguttara Nikaya, 1.21.47)

가르침들은 우리에게 "즐겁고, 원하는, 매력적인, 기분 좋은, 유혹적인" 것으로 우리 앞에 나타나는 특정 대상에 매번 사로잡히게 되는 것을 멈추라고 경고한다. 이러한 글들이 우리에게 혐오감, 적대감, 망상을 유발하는 또 다른 방식인 "육체의 죄악"에 대해 장광설을 늘어놓지 않지만, 우리의 "자연적 중심지"에 주의를 기울이도록 장려한다는 것에 주목해야 한다. 가르침은 "원초적 영역 내에 살라"고 말하며, 이는 우리가 "선택"하는 능력을 받은 이 원초적 영역에 따라 살아가는 것을 뜻한다.

물론, MBSR/MBCT의 신체를 우선시 하는 수행이 전통적 가르침과 일치하는 것은 우연이 아니며, 서양에서 가르치는 마음챙김은 항상 특정 신념이나 철학에 대해 참여자들을 제한하려 하지 않으며, 가장 보편적인 적용에서 토대가 되는 전통에 충실한 것으로 추구된다. 마음챙김에 대한 현대 서양 방식의 기저를 이루는 철학은 사고하는 마음의 개념, 판단, 분석, 비교의 매체를 통해 간접적으로 지각하는 것이 아니라, 외적, 혹은 내적 세계를 직접 지각하는 것은 순간마다 신체에 대한 이러한 명확한 감각을 길러야 하는 정신적 수련에 전념하는 사람이라면 누구나 가능하다고 제시한다.

"미해결 과제"인 과거의 많은 외상 및 고난을 수반하는, 혹은 참기 어려운 것으로 예상되는 미래를 피하고자 하는 사람들을 돕고자 한다면, 우리는 추구적 행위 양식이 문제이며, 대안 양식을 발견하는 것이 해답이라고 말하는 것 이상을 수립해야 한다. 우리는 마음의 추구적 행위 양식을 긴밀히 살펴보아야 하며, 차이 기반 처리가 운영되고 있다고 알려주는 정기적인 특징들을 발견할 수 있는지, 만약 그렇다면 이것이 문제를 초래하는지 여부를 알아보아야 한다. 우리는 일반적으로는 행위 양식의 명백한 신호와 특별한 추구적 행위 양식을 찾아내야 한다. 일반적으로 행위 양식에는 스스로를 드러내는 일곱 가지 방식이 존재하는 것으로 나타났다(자세한 설명에 대해 The Mindful Way Workbook, Teasdale, Williams, &

Segal 저, 2014 참고). 우리는 아래 네모에서 이를 요약하고, 행위 양식이 어떻게 쉽게 추구적 행위가 되는지 지적할 것이다.

행위 양식의 일곱 가지 신호들과 각 신호들이 추구적 행위가 되는 양상

1. **자동적 파일럿:** 행위 양식은 종종 자동적으로 가동되며, 따라서 우리는 이것이 작동하는지 여부를 알지 못한다. 추구적 행위는 일상적인 "행위" 및 문제 해결을 이끄는 디딤돌로 사용한다. 예를 들어, 처음에 당신이 작업 중인 프로젝트는 단순히 "중요한 단계들을 가진 프로젝트"가 될 것이다. 그러나 마감시한이 다가옴에 따라, 얼마나 쉽게 프로젝트에 이끌리게 되는지 알게 될 것이다. 이는 절대적으로 중요한 것이 되어, 며칠 동안 당신의 전체 삶을 지배할 것이다. 이런 상태에서는, 일반적으로 음식을 먹고, 새소리를 듣고, 혹은 웃는 아이들을 바라보지 못한다는 것을 발견하게 될 것이다.
2. **머리로 살기:** 행위 양식은 문제들을 해결하기 위해 사고와 아이디어들을 사용한다. 추구적 행위에서는 이러한 사고들이 더 절박하게 나타난다. 즉, 많은 것이 위태롭다는 느낌이 존재한다. 인간으로서 우리의 가치와 완전성은 이제 왜 이런 일들이 생기며, 왜 달라질 수 없는지를 알아내는 것에 달려 있게 된다.
3. **정신적 시간 여행:** 행위는 과거를 불러오고, 우리가 원하는 곳에 도달하기 위해 가능한 미래들을 상상한다. 추구적 행위에서, 마음은 과거를 다시 살거나, 미래를 미리 사는 것에 집착하며, 미래와 과거의 부정적 측면들이 현재의 전체 기분을 장악하게 된다.
4. **회피:** 행위 양식은 무엇을 회피해야 하는지, 즉, 우리가 처하기를 원치 않는 상황에 대해 유념한다. 추구적 행위에서, 개인이 회피하고자 하는 상태는 더 부정적이고, 전체적이며, 자기 참조적이다(예, "나는 결코 두번 다시는 쓸모없다는 느낌을 받고 싶지 않다. 만약 다시 그런 느낌을 받는다면, 나는 견디지 못할 것이다. 이는 확실히 상황이 결코 나아지지 않을 것이라는 점을 보여줄 것이다.").
5. **상황을 변화시키고자 하는 욕구:** 행위 양식은 현재 우리의 상태와 우리가 원하는 상태 사이에 격차를 끊임없이 모니터링 하며, 불일치를 해결하기 위한 전략들에 따라 작동한다. 추구적 행위에서는 자신에게 본질적인 문제들을 수반하는 것으로 나타나기 때문에, 이러한 모니터링이 더 지속적이며, "집착적"이다.

(계속)

6. **실제처럼 생각하기:** 행위 양식은 사고/아이디어들이 항상 사실을 이야기한다고 가정한다. 이는 대부분의 일상적인 상황들에서 사실로 나타나기 때문이다. 추구적 행위의 더 많은 유해한 생각들 또한 이러한 생각들이 "더 이상 아무도 나를 원하지 않아. 나는 단순히 가족과 친구들에게 짐이 될 뿐이야", "자살하는 것만이 유일한 해결책이야"와 같은 것들일지라도, 사실로 가정된다.
7. **소모:** 맡겨둘 경우, 행위는 도달할 때까지, 혹은 우리가 너무 피곤해서 지속할 수 없을 때까지 계속해서 목표에 초점을 맞춘다. 추구적 행위는 목표를 완수하는 것이 너무 중요해서 포기할 수 없는 것으로 여겨지기 때문에, 너무 피곤하다는 신호를 무시한다.

추구적 행위의 일곱 가지 측면들은 현재와 달라지기 위해 함께 협력하며 작동한다. 상황을 변화시키는 것은 중요하고, 몰두해야 하는 과제가 된다. 개인은 포기할 수 없게 되며, 마음은 반복적으로 동일한 주제를 향하게 된다. 이것은 세상에서 가장 중요한 것으로 느껴지며, 이러한 사람들이 친구 및 가족과 즐거워 보이더라도, 이들은 자신이 연극을 하고 있다고 느낀다. 감추어진 가면 아래에서 이들은 홀로 계속해서 반추를 하고 싶어 한다.

문제가 되는 것은 행위 양식이 아니라, 목표를 추구할 때 자신의 가치와 완전성에 있어 이러한 목표가 너무 중요해지고, 이러한 목표에 사로잡히게 되는 나머지, 필사적으로 어떤 것이 특정 방식이 되어야 하는 것이 문제이다. 이것이 바로 추구적 행위이다.

추구적 행위는 우리 모두가 과제를 수행하기 위해 매일 사용하는 평범한 일상적 행위 양식의 한 변수이며, 따라서 주요 기회로 작동되는 이러한 양식을 사용할 수 있게 된다는 점에 주목해야 한다. MBCT 프로그램에서 매주, 지도자는 참여자들이 평범한 일상생활에서 행위 양식의 신호들을 찾아보도록 장려하며, 이러한 양식이 추구적 행위로 향하기 시작했는지 여부를 알아보고, 만일 그러하다면, 스스로와 세상을 관계시키는 대안적 방법으로 전환함으로써 "싹을 잘라버리는 것"을 수행하도록 권유한다. 이러한 대안적 마음의 양식은 "존재"의 양식으로 불려왔다. 이러한 양식은 의도적, 경험적으로, 현재 순간에 집중하며, 혐오감을 명확하게 바라보고, 상황을 있는 그대로 놔두고, 생각들을 정신적 사건들로 바라보고, 신체/마음과 친근해지고, 번성해야 하는 자양분을 얻도록 보장하는 것이다.

존재 양식(72쪽 네모 참고)은 모든 활동을 정지시키는 것이 아니다. 오히려 이것은 무엇이 현재 일어나고 있는지 자각하는 것을 수반한다. 그리고 비판적인 자기 판단 없이, 자신이 하고 있는 것이 하고자 의도한 것인지, 혹은 기능적 행위가 "추구적 행위"가 되었는지 여부를 주목하는 것이 가능한지 알아보는 것이다. 이는 잠시 동안만이라도, 바쁜 세상에 다시 들어가기 전, 머리로 살아가는 것에서 더 체화된 태도로 전환하도록 선택할 수 있다는 것을 명확하게 알게 되는 것을 수반한다.

추구적 행위와 대안적인 "존재" 양식의 각 측면에서, 행위에서 존재로의 전환을 수행하는 것은 신체적 감각들을 우선시 하는 것을 수반한다. 다음에 우리는 사례 항목들을 제공할 것이다. 이 사례 목록의 각 항목 이후, 우리는 해당 항목에 초점을 맞추는 활동들을 포함하는 MBCT 프로그램의 회기 및 수업을 표시할 것이다.:

- 건포도의 촉각, 시각, 후각, 미각(1회기)
- 누워있는 신체의 생생한 육체적 감각들(1–2회기)
- 움직이는 신체의 육체적 감각들(3회기)
- 호흡과 앉아 있는 전체 신체의 감각들(3회기)
- 일상생활 동안의 즐거운 순간들과 불쾌한 순간들에 수반되는 감각들(2–3회기 이후 가정 실습)
- 발생하고, 사라지는 생각과 정서들에 주목하는 관문으로 소리에 주목하기(4회기)
- 신체의 어떤 감각들이 의도적으로 마음에 자리 잡는 어려움을 수반하는지 알아보기(6회기)
- 부정적 생각들을 초래하는(그리고 위장하는) 정서들을 드러내는 신체의 감각들(6회기)
- 기분이 악화되고 있다는 경고 신호 역할을 하는 감각들(6–7회기)
- 에너지가 소모되고 있다고 경고하고, 스스로에게 자양분을 주는 특정 방식들을 찾아내야 한다고 신호하는 감각들(7회기)

마음의 존재 양식: 추구적 행위에 대한 대안

1. 자동적 파일럿에서, 참여자들은 자신들이 현재 무엇을 하고 있는지 더 **의도적으로** 의식하게 되는 것으로 전환하는 법을 배운다.
2. 머리로 사는 것에서, 사람들은 의도적으로 **신체의 직접적 감각**으로 전환하는 법을 배운다.
3. 과거를 다시 살고, 미래를 미리 사는 것에서, 사람들은 **현재의 순간에 충실한 것**으로 전환하는 법을 배운다(과거와 미래에 대해 신경을 끌 필요는 없지만, 이제 사람들은 자신들이 기억을 하고 있으며, 계획을 하고 있다는 것을 *알고 있다*).
4. 회피하고, 달아나거나, 불쾌감을 없애려고 시도하는 것에서, 사람들은 **관심을 가지고 혐오감에 접근하는 것**으로 전환하는 방법을 배운다.: 어떤 생각, 정서, 신체 감각들과 충동들이 존재하는지에 주목한다.
5. 현재의 상태에서 달라져야 한다는 집착에서, 사람들은 **신체의 어디에서 문제가 발생하는지 주목하는 법과 발견했던 상태 그대로 놔두는 특정 방법들**을 배운다.
6. 사고에 얽매이고, 생각들을 개인적으로 받아들이고, 이러한 생각들을 사실로 바라보는 것에서, 사람들은 순간마다 나타났다가 사라지고, 종종 인식되지 않은 정서들에서 생겨나는 **생각들을 정신적 사건들로 바라보도록** 전환하는 방법을 배운다.
7. 집착과 만성적인 걱정으로 소모되는 것에서, 이런 느낌을 갖지 않을 때조차 사람들은 자신을 혹독하게 다루는 것에서 **친절함으로 스스로를 돌보는 것으로** 의도적으로 변화하는 방법을 배운다.

체화의 과학:
신체가 왜 그렇게 중요한 것인가?

"우리는 과거의 어떤 것도 바꿀 수 없기 때문에, 어린 시절 동안 우리가 받은 손상을 원상태로 돌릴 수 없다. 그러나 우리는 스스로 변화할 수 있다. 우리는 우리의 신체 내부에 저장된 지식을 더 가까이 들여다보는 것을 선택하고, 이러한 지식을 우리의 자각에 더 가깝게 가져옴으로써 우리의 잃어버린 완전성을 얻을 수 있다." (Miller, 2007, p. 2)

우리가 순간마다 신체의 생생한 감각들에 지속적이고, 친절한 경험적 주의를 기울일 때 어떤 일이 일어나는지에 관한 실험들은 일인칭 서술과 삼인칭 인지 과학 실험들에서 놀라운 발견들로 이끌었다. 왓킨스(Watkins)와 티즈데일(Teasdale)이 선구적으로 시도한 실험들에서는 앞에서 살펴보았던 피곤함에 대한 실험과 다소 유사하게, 참여자들에게 여러 마음 상태를 상상하도록 지시함으로써, 여러 마음의 양식들이 유도되었다. 한 실험 조건에서, 참여자들은 상상하도록 요청 받은 마음 상태의 "원인, 의미, 결과들"에 대해 생각하고, 이에 따라 개념적, 분석적 초점을 장려 받았다. 두 번째 조건에서, 참여자들은 이러한 상태의 "경험에 주의 초점을 맞추었으며", 이에 따라 직접적인 순간마다의 초점을 장려 받았다.

결과들은 이러한 여러 처리 양식들(분석적, 혹은 경험적)이 이러한 자기에 대한 초점의 인지적, 정서적 결과들에 크게 영향을 끼친다는 것을 보여준다. 예를 들어, 경험적 양식은 자전적 기억의 구체성을 증가시키고(Crane, Barnhofer, Visser, Nightingale, & Williams, 2007), 실험으로 유발된 부정적 사건으로부터 정서적 회복의 속도를 빠르게 높이고(Watkins, Moberly, & Moulds, 2008), 섭식 장애를 가진 참여자들의 체중 증가 추정을 감소시킨다(Rawal. Williams, & Park, 2011). 이러한 마지막 사례는 특히 섭식 장애를 가진 사람들이 보통 신체, 체중, 몸매에 과도한 초점을 맞춘다고 알려져 있기 때문에 고무적이다. 그러나 신체에 대한 분석적 초점과 경험적 초점을 구분하는 것은 전체적으로 새로운 가설을 초래한다.: 식욕 부진과 같은 섭식 장애들이 신체에 대한 생각에 과도한 초점을 맞추지만, 신체 자체의 생생한 감각들의 경험적 처리는 너무 적게 수반한다는 것이다. 우리의 실험들은 이러한 가설들을 시험했으며, 경험적 처리가 유발되는 경우, 식욕 부진으로 고통 받는 사람들이 더 이상 많이 먹는 것을 상상하는 것의 스트레스에 크게 반응하지 않는다는 것을 보여준다. 보통 이러한 식사를 상상하는 것만으로도 식욕 부진을 겪는 사람들은 자신들이 실제보다 더 뚱뚱하다고 믿게 된다. 몇 분 동안 경험적 처리를 수행한 이후, 이러한 반응은 명백하게 나타나지 않거나, 혹은 많이 감소된다(Rawal 외, 2011).

> 마음챙김 훈련의 주요 목표는 첫째, 현재 작동 중인 마음 양식(행위, 추구적 행위, 혹은 존재)을 깨닫는 법을 배우는 것이다. 둘째, 당면한 과제에 적합한 양식인지 명확히 알아보는 것이다. 셋째, 사람들에게 차이 기반 처리 양식에서 전환하고, 대안적 마음의 양식에 진입하는 기술들을 제공하는 것이다.

MBSR과 MBCT에서 대안적, 경험적 양식(마음의 "존재" 양식)은 다음의 다수 이유들로 인해 신체를 이용한다.:

- 이것은 현재 순간에 머무르는 것을 촉진한다. 어떤 사람도 과거에 일어난, 혹은 미래에 일어날 신체 감각들에 직접 초점을 맞출 수는 없다. 신체 감각들은 현재에 발생한다.
- 신체는 마음에 대한 중요한 정보원이다. 따라서 이는 임박한 기분의 변화들에 대한 조기 경보 신호의 역할을 할 수 있다.
- 이는 직접적이고, 매개되지 않는 지각을 허용한다. 따라서 지각은 오래된 도식/생각/태도/기대들의 시각을 통해 "굴절"되어야 할 필요가 없다.
- 이것은 사람들이 생각과 마음 상태들을 정신적 사건들로 바라보도록 돕는다. 사람들이 신체에 주의를 고정시키는 법을 배울 때, 이는 이들이 생기고, 사라지는 생각과 정서들을 볼 수 있도록 "서 있는 공간"을 제공한다.
- 이는 사람들이 지각, 행위, 사고를 수반하는 "정서-톤"을 더 명확하게 볼 수 있도록 한다.
- 이는 즉각적인 조치를 취하고자 하는 강한 충동 및 욕구의 정서 톤이 일어나는 "전환점", 및 방치된 신체 반응이 다음 순간에 정상적으로 마음의 판단과 반응들에 영향을 끼치는 고리(loop)의 정확한 지점으로 자각과 선택을 가져온다.

우리가 이 연구를 시작했을 때, 우리는 신체에 대한 직접적 자각을 함양하는 것에 대한 심각한 저항에 직면하게 되는 것은 아닌지 궁금했다. 저항은 어떤 부류에서도 일어날 수 있으며, 우리가 자살 충동을 가진 사람들의 수업들에서 이를 목격했음에도, 우리가 받은 인상은 이것이 다른 수업에서의 문제보다 특별한 것은 아니라는 것이었다. 우리는 7-14장에서 우리의 회기별 수업들에 대해 설명하면서, 이 문제를 살펴볼 것이다. 지금으로서는 다음을 고려해 볼 것이다. 보통 성적, 혹은 신체적 학대를 경험한 누군가에게 신체는 외상의 장소가 되어 왔겠지만, 마음챙김 과정의 수행들은 참여자들에게 자신만의 페이스로 진행하고, 스스로에게 관대하고, 논의하고 싶은 특정 문제들이 있는 경우 언제든 지도자에게 접촉할 것을 권유한다. 신체의 일부 민감한 부위들에 주의를 기울이는 것이 어려운 경우, 사람들이 거부되는 느낌을 받지 않도록, 항상 "더 안전한", 혹은 "중립적"으로 느껴지는 신체의 부위들을 사용하여 수행을 지속할 수 있다(예, 어떤 사람들의 경우에는 발바닥, 다른 사람들의 경우에는 코 끝).

존재 양식의 함양과 적용

마음챙김 기반 중재들이 고통을 주는 광범위한 신체적, 정신적 문제들로 고통을 겪는 사람들을 돕는 많은 측면들을 검토하는 것은 이 책의 범위를 벗어나는 것이다. 카밧진(Kabat-Zinn)에 의해 개발된 고전적 포맷은 8주간의 수업과 회기들 사이에 가정에서의 수행을 포함한다. 일부 마음챙김 기반 중재들에서는 여러 패턴의 수업들이 사용된다.: 더 길거나, 더 짧은 수업들, 8번보다 더 적거나, 더 많은 수업들, 후속 수업을 갖거나, 갖지 않는 수업들이 존재한다. 정확히 어떤 과정의 포맷이든, 참여자들은 항상 (1) 주의 초점, (2) 불쾌한 것이든, 혹은 즐거운 것이든, 순간마다 발생하는 외부 및 내부 자극에 대한 열린 수용, (3) 반복적으로 현재 순간에 고정시키는 토대로서 신체에서 발생하는 감각들에 열린 마음으로 주의를 기울이는 것에 대한 확대된 훈련을 받는다.

마음챙김 명상은 사람들이 1차 감각과 인지 경험들(신체 감각, 생각, 이미지, 정서)을 이러한 경험에 대한 2차 정서 및 인지 반응과 구분하도록 돕는다. 불쾌한 경험을 "허용하는" 법을 배우고, 주의 집중의 안정감을 육성함으로써, 참여자들은 반추하게 될 때, 그리고 의도된 초점으로 다시 주의를 돌릴 때 이러한 마음의 양식에서 벗어나는 능력과 함께, 상위 자각, 마음이 방황하는 경우에 대한 직접적 "앎"(사고, 정서, 충동에 의해 "포착되는")을 배우게 된다. 이러한 식으로, 정신적 수련은 부정적인 물리적, 심리적 사건들에 대한 반응으로 우울함이나 걱정으로 침잠하도록 만드는 부적응적인 추구적 행위 양식을 가져오는 습관적 경향을 약화시킨다.

우울장애에 대한 마음챙김 기반 인지 치료(Mindfulness-Based Cognitive Therapy for Depression, Segal 외, 2002, 2013)에서 설명된 바와 같이, MBCT는 기분이 악화되기 시작할 때 사람들이 사용하는 처리 양식을 표적으로 하여, 중증 임상 우울장애로 다시 재발할 위험이 높은 사람들을 돕기 위해 특별히 설계되었다. 이러한 시기에 처리의 경험적 "존재" 양식으로 들어가는 것은 사람들이 상황을 고정시키고자 시도하는 비교적 "자동적인" 반추 사고 패턴들로부터 벗어날 수 있도록 하며, 이들이 다르게, 더 자비롭게 이전에 회피된 부정적 소재와 관계를 맺을 수 있도록 한다(Segal 외, 2013; Teasdale, Williams, & Segal, 2014 참고).

전 세계에서 수행된 많은 무작위 통제 실험들은 우울장애에 대해 MBCT를 평가했다. 우리는 이러한 실험들을 마지막 장에서 살펴볼 것이며, 우리가 이 책에서 설명되는 10년 연구 프로그램을 시작했을 때에는(2003년에) 오직 단 하나의 MBCT 실험만이 존재했었다

(Teasdale 외, 2000). 그러나 2000년의 실험은 매우 중요했다. 이것은 MBCT가 12개월에 걸쳐 가장 많이 재발되는 환자들의 재발률을 일반 치료에 비해 40에서 50%까지 감소시킬 수 있다는 것을 보여주었다. 이 직후 우리는 우리의 연구를 시작했으며, 마(Ma)와 티즈데일(Teasdale)에 의한 두 번째 연구는 이 결과를 복제했다(Ma & Teasdale, 2004). 영국의 국립보건임상연구소(National Institute for Clinical Excellence)는 MBCT를 우울장애 재발을 방지하기 위한 비용 효과적 치료로 권장했다. 이후 다른 실험들은 MBCT가 또한 다른 문제들, 즉, 중증 건강 염려, 광장공포증, 다른 치료들에 반응하지 않는 만성 우울장애, 이명이나 만성 피로 증후군과 같은 지속적인 상태를 겪는 사람들에게도 도움이 된다는 것을 발견했으며, 암 같은 중증 신체 질환과 양극성 장애 같은 가장 심각한 정신 질환을 가진 사람들의 삶의 질을 개선시키도록 돕는데 있어 유망한 결과들을 보여주고 있다("Extending the Reach of MBCT Beyond Depressive Relapse", 19장, Segal 외, 2013). 그러나 우리의 주된 관심사는 자살 충동을 가진 우울장애에 MBCT를 확대할 수 있는가 하는 점이었다.

"그렇다면, MBCT는 나를 어떻게 도울 수 있나요?"

이 질문은 사람들이 MBCT 과정에 참여할지 여부를 결정하는 수업 전 예비 면담에서 처음으로 받게 될 가능성이 크다. 6장은 이러한 질문을 더 상세하게 다루겠지만, 마음의 양식들에 대한 우리의 논의는 분명히 지도자들이 이러한 질문에 현명하게 대응할 수 있는 프레임워크를 제시한다.

첫째, 힘든 생각이나 기억들이 떠오를 때를 상기해보자. 사람들이 막다른 길에 갇히게 되는 이유들 중 하나는 마음이 돕기보다 상황을 꼬이게 만드는 전략을 사용하기 때문이다. 이것이 사실이라면, 마음은 또 다른 방식으로 배운 적이 없기 때문에, 이러한 전략이 절망과 무망감을 초래할 수 있다는 것이 예상될 것이다. 그리고 이는 어떤 것도 도움이 되지 않으며, 따라서 어떤 것도 상황이 나아지도록 변화시킬 수 없다는 가정을 할 가능성이 높은 우울장애에 취약한 사람들의 경우에 특히 그러할 것이다.

MBCT는 우리에게 이러한 일이 발생하는 경우를 인식하도록 가르치고, 새로운 대응 방식을 제공한다. 그러나 마음이 할 수 있는 한 최선을 다해 수행하고 있다는 것에 주목해야 한다. 참여자들은 자신의 기존 정서들 위에 나쁜 정서의 추가 층을 더할 필요가 없다. 참여자들은 마음이 그러한 방식으로 작용하기 때문에 무망감과 갇혀 있다는 느낌을 받는 것이다.

> 사람들은 마음이 부주의하게 상황을 악화시키는 전략을 사용할 때 얽매이게 된다. 이는 절망과 무망감을 초래한다. 자비는 우리가 마음이 또 다른 방식으로 배워 본 적이 없기 때문에, 다른 것에 대해 알지 못한다는 것을 깨달을 때 발생하게 된다.

둘째, 참여자들은 사소한 일이 정서의 폭포를 촉발할 수 있음을 인식할 수 있다. MBCT는 사람들이 이를 더 명확하게, 순서상 더 일찍 볼 수 있도록 훈련시킨다. 셋째, 누군가 효과를 보여주는 증거가 있는지 알고 싶어 한다면, 전 세계에서 수행되는 연구들이 MBCT가 우울장애 재발 위험을 줄여주며, 따라서 어떤 희망도 없다는 느낌을 초래할 수 있는 주요 요인들 중 하나를 감소시킨다는 결론으로 수렴되고 있다는 것을 말해주는 것은 매우 좋다. 또한 MBCT는 자살에 대한 생각들에 영향을 끼치는 강력한 충동들을 초래할 수 있는 주요 요인들 중 하나인 불안을 감소시킨다. 사람들은 자신의 어려움에서 약간 뒤로 물러나, 다른 관점에서 상황을 바라볼 수 있다는 것을 발견하게 되기 때문에 문제 해결 능력을 증가시키도록 도울 수 있으며, 사람들이 더 나아지고, 더 편안한 수면을 취하도록 돕는다. 18장은 특히 이러한 증거에 대한 이야기를 추가할 것이다.

그러나 이러한 문제들이 수업 전 예비 면담에서 일어나는 경우, 우리는 또한 주의를 가지고 열의의 균형을 맞춘다. 우리는 많은 것들이 수업에 참여하고, 가정에서 수행하려는 의지에 달려 있으며, 이는 때때로 어려울 수 있다고 이야기 한다. 자살 위험에 놓인 사람들에 대한 우리의 예비 연구에 따라, 우리는 중요한 측면으로 이러한 논의를 추가했으며, 어떻게 중요한 수행으로 나타나는지 보여주는 데이터를 18장에서 설명할 것이다.

MBCT에 대한 우리의 초기 연구에서 우리는 너무 낙관적이 되지 않도록, 혹은 예상할 수 있는 결과에 대해 사람들에게 거짓 희망을 주지 않도록 주의했지만(우리는 참여자들이 진전의 조기 징후들을 보고난 후, 실망하게 되는 것을 우려했다), 우리는 서서히 너무 조심해서 일을 그르칠 위험에 처해 있다는 것을 깨닫게 되었다. 사람들에게 기대를 높이지 말라고 말하는 것은 어떤 식으로든 효과가 없었다. 우리가 여전히 효과는 나타나는데 시간이 걸릴 수 있다는 것을 말하더라도, 사실상 수업에 오는 모든 사람이 일부 혜택을 발견했으며, 많은 사람들이 자신의 삶에 큰 변화를 만들며, 변모하게 되었다고 말하는 것은 괜찮다. 희망을 북돋는 것은 우울장애를 겪는 환자들과의 첫 번째 만남에서 중요한 측면이며, 자살 충동의 절망이 우울장애의 부분인 경우에는 더욱 그러하다.

참여자들의 기대를 꺾을 필요는 없다. 사실상 수업에 오는 모든 사람이 일부 혜택을 발견했으며, 많은 사람들이 변모되었다.

마무리 글

"그렇다면, 이것이 나에게 효과가 있을까요? 나에게 효과를 발휘할 수 있을까요?"와 같은 동일한 질문들이 차후 회기들에서 나타날 수 있다. 초기의 낙관적인 태도가 갖는 부정적 측면은 이러한 초기 낙관주의가 좌절, 고난, 의심의 느낌과 "또 시작이 구나"와 같은 무망감을 증가시키는 것으로 나타날 수 있다는 점이다. 상황이 "바라던 대로 돌아가지" 않는 것으로 나타나는 시점에 이러한 질문들에 너무 준비된 대답을 제공하는 것은 이것이 참여자의 무망감과 의심을 분석할 기회를 간과한다는 의미에서 적합하지 않다. 이것은 지도자의 기대와는 달리 너무 강하게 말하는 것일 수 있지만, 의심, 분노, 좌절, 무망감이 수업에서 발생할 때 숙련된 지도자가 이러한 절망이 중심 문제를 드러내는 것이며, 열린 마음으로, 자비와 호기심을 가지고 이러한 절망을 마주해야 한다는 것을 인식하는 것이 중요하다는 것은 사실이다. 깊은 무망감과 혼란이 표면화될 때, 지도자의 마음 뒤편에 있는 목소리는 걱정스럽게 "이 시점에서 어떻게 해야 가장 능숙하게 말할 수 있는 것인가?"라고 말할 수 있겠지만, "그래, 바로 이것이야, 이것이야 말로 우리가 여기에서 해야 할 일이야"라고 말하는 심오한 앎이 존재할 수 있다. 이 책의 나머지 부분은 MBCT 내에서 이러한 정신적 고통을 다루기 위한 토대 제공을 목표로 한다.

Ⅱ부

자살 위험에 놓인 사람들을 위한 MBCT

5장

우울장애와 자살 충동에 대한 취약성 평가

다른 마음챙김 기반 중재의 지도자들과 마찬가지로, MBCT 지도자들은 가능한 기대, 혹은 사전에 형성된 관념들에 의한 편견 없이, 열린 분위기에서 참여자들을 만나고 싶어 한다. 그럼에도 불구하고, 참여자들의 심리적 취약성에 관하여 아는 것은 참여자들의 내부 세계를 이해하는데 있어, 그리고 마음챙김 수련 자체(특히 질의 과정)를 다루는데 있어 도움이 된다. 이 장의 주요 목표는 취약성과 관련된 심리적 과정들의 신호 및 특징들에 대한 개요를 제공하고, 지도자들이 이들에 관한 정보를 수집하는 방법들에 대해 설명하는 것이다. 이러한 맥락에서 주요 초점은 자연스럽게 우울장애와 자살 충동 관념화의 재발에 대한 취약성에 맞추어진다. 더욱이 과거에 자살 충동을 겪었던 환자들에게서 자살 위기가 쉽게 고조될 수 있다는 것을 아는 것은 또한 자살 관념화가 자살 행동으로 이어지는 위험을 파악해야 하는 지도자들에게 있어 중요하다. 자살 행동의 위험 평가에 대한 상세한 논의는 이 장의 범위를 벗어나는 것이지만(위험 요인들의 개요에 대해 Hawton, Casanas, Comabella, Haw, & Saunders, 2013 참고), 우리는 자살 충동에 대응하고, 우리 환자들의 안전을 보장하기 위해, 관련 요인들에 대한 개요를 제공하고, 자체 연구에 수립한 실용적 절차들에 대해 설명할 것이다.

매우 취약한 사람들을 다루는 것에 관한 한, 임박한 위기에 대한 잠재적 경고 신호들을 인식하는 능력은 윤리적 수행에 있어 중요하다. 지도자들은 이러한 신호들에 익숙해야 하며, 이것에 어떻게 대응해야 하는지에 대한 충분한 이해를 갖추어야 한다. 이것이 바로 모범관행 지침들이 매우 취약한 집단들을 특별히 다루어야 하는 지도자들에게 적합한 임상 훈련과 경험이 필요하다고 요구되는 이유이다. 그리고 우울장애와 자살 충동이 매우 만연되어 있다는 것을 고려할 때, 특히 취약한 환자들을 대상으로 하지 않는 수업을 담당하는 사람일지라도 언제든 전문적 도움을 원하는 참여자들에게 조언을 줄 수 있어야 하기 때문에, 잠재적 경고 신호들 및 평가에 익숙해지는 것은 도움이 될 수 있다. 우리는 여기에서 평가를 포용적인 의미로 보고 있다. “평가”는 공식적, 혹은 비공식적 방식들로 참여자들의 위험과 취약성, 과거에 위기를 견디게 만든 강점과 자산들에 대해 “고려하는 것”을 수반한다. 중요한 것은, 평가가 단지 마음챙김 기반 중재의 초기에 “한 번” 이루어지는 과정이 아니라, 참여자들이 과거에 매우 파괴적이었던 마음의 패턴들과 다르게 관계 맺는 법을 배움에 따라 발생하는 문제들을 매주 지도자가 적극적으로 파악하는 과정이라는 것이다.

> 평가는 마음의 자기 파괴적 패턴들과 다르게 관계 맺는 법을 배운 참여자들에게 발생하는 문제들을 지도자가 매주 적극적으로 파악하는 과정이다.

이러한 과정에 몰입하면서, 취약성을 만드는 심리적 과정들의 개념적 프레임워크와 마음챙김 수업에서 가르치는 기술들이 어떻게 이러한 것들을 가장 효과적으로 다룰 수 있는지에 대해 유념하는 것이 유용하다. 중요한 만큼, 지도자들은 이러한 이론적 지식을 수업 상황에서 실제 제시하는 것과 관련시킬 수 있어야 한다. 참여자들에 의해 어떻게 경험되고, 느껴지는지, 그리고 위험이 나타날 때 민감하고, 현명하게 대응하는 법에 대한 깊은 의식을 수반하지 않는 한, 관련된 요인들에 대한 순전히 지적인 이해는 아무 가치가 없다. 이러한 “속깊은” 이해는 취약성에 관한 책이나 글을 읽는 것에서 얻는 것보다, 참여자들과의 마음챙김에서 더 강력하게 얻을 수 있다. 특별한 참여자들의 취약성을 이해하기 위해 지도자로서 정확히 살펴보아야 하는 것은 무엇인가? 참여자들의 행동과 교실 내부와 외부에서 경험에 관해 말하는 것에서 취약성이 명확히 나타나는 경우, 이러한 취약성들의 특성과 느낌은 무엇인가? 지도자로서, 우리는 마음챙김 관찰과 관계 맺기를 통해 이러한 측면들에 관해 배워야 한다. 그러나 개념적 배경에 대한 이해는 지도자들의 관찰을 도울 수 있으며, 명백한 신호를 포착하는 눈과 귀를 발전시키기 위해 면담과 수업에서 참여자들을 관찰하고, 이들의 이야기를 들을 때 살펴보아야 하는 단서들에 대한 감각을 발전시키는 과정에 대해 결정적인 정보를 제공할 있다. 무엇보다 지도자들은 어떤 순간이든 수업 중에 전달되는 것에 대해 열린 마음을 유지해야 한다. 그러나 확고한 개념적 토대는 예측이나 제시 없이 표면 아래 숨어 있을 수 있는 것을 드러내도록 촉진하는데 도움이 될 수 있다. 즉, 보고, 알고, 마주하기 위해 공개에 대한 여지를 제공할 준비가 되어 있어야 한다. 이러한 점은 수치심과 회피가 일반적이며, 수업에서 어려움에 대해 말하는 시간을 허용하는 것이 적절한 자살 충동 환자들을 다룰 때 특히 중요하다. 취약성을 측정하기 위해 사용되는 심리적 수단들을 숙지하는 것은 이러한 과정들과 참여자들의 경험에서 이러한 과정들이 어떻게 발생하는지에 대한 더 깊은 이해를 육성하기 위한 시작점을 제공할 수 있다.

임상 실험들에서, 취약성과 장점을 인식하는 것은 구조화된 임상 면담과 자기 보고 질문지 같은 표준화된 수단들의 사용을 통해, 진단 상태와 이력의 공식 평가로 도움을 받는다. 이러한 수단들은 우울장애 및 자살 충동에 대한 취약성에 관련된 심리적 요인들을 타당하게 반영하기 위해 개발되었으며, 연구자와 지도자들뿐 아니라, 참여자 스스로를 위해 사용되고 있다. 수업 전, 혹은 평가 면담에서 제기되는 질문들에 대한 자신의 대답들을 되돌아보는 것은 참여자들에게 탈 중심화하고, 특징적인 오래된 패턴들을 인식할 기회를 제공한다. 또한 전 세계의 다양한 클리닉에서 많은 사람들에 대해 이러한 수단들을 검증할 수 있는 사람이라면, 완전히 개인적이고, 사실로 느껴지는 이러한 패턴들이 실제로는 다른 많은 사람들에 의해 공유된다는 것을 명확히 알 수 있을 것이다.

그러나 우리는 이러한 수단들을 사용하는 것이 시간과 자원을 필요로 하며, 이는 많은 임상 환경들에서 제한되고 있다는 것을 알고 있다. 임상 실험들과 비교하여, 일상적인 임상 수행의 맥락에서 제공되는 수업들은 공식 평가에 대한 시간과 여지를 거의 남겨둘 수 없다. 그럼에도 불구하고, 특히 수업 중 개인의 현재 상태에 관해 듣는 기회가 더 제한되는 대규모 환자 집단을 다룰 때, 변화를 모니터링하기 위해 수련 동안 주마다 최소한의 증상들과 핵심 인지 취약성들에 대한 간략한 측정을 사용하는 것은 확실히 우리 자체 수행의 부분으로 권장된다. 이를 위해, 우리는 보통 환자들이 수업에 일찍 오거나, 실제 수업 시작 전 간단한 질문지들을 수행함으로써 지난주의 사건들에 대해 되돌아보는데 약간의 시간을 보내도록 권장한다.

이제 이러한 목적을 위해 어떤 측정들을 사용할 수 있는지 살펴보자. 우리는 취약성의 신호와 특징들, 그리고 MBCT의 적용을 규정하는데 사용된 취약성의 표지를 더 긴밀히 살펴봄으로써 이러한 것들이 평가되는 방식들을 검토하는 것으로 시작할 것이다. 이는 우리에게 재발성 우울장애의 취약성 발달에 관련될 수 있는 과거 요인들에 대한 더 상세한 이해를 제공할 것이다.

누가 가장 취약한가?

MBCT에 관한 첫 번째 두 실험들(Ma & Teasdale 2004; Teasdale 외, 2000)은 이전 연구들이 발견한 것을 확인시켜주었다. 재발 위험의 가장 일관된 예측인자는 이전의 우울장애 삽화 수치였다. 그러나 티즈데일(Teasdale) 외 연구자들(2000), 마(Ma)와 티즈데일은 더 많은 이전 삽화들을 가진 사람들에게서 다수의 다른 특징들을 발견했으며, 각 특징은 지도자에게 취약성에 대한 추가 지표들을 제공한다. 첫째, 많은 수의 이전 삽화들을 경험한 환자들은 더 이른 나이에 주요 우울장애가 시작되었으며, 따라서 이들의 총 우울장애 병력 기간은 오직 두 개의 이전 삽화들을 가진 사람들에 비해 상당히 더 길었다(20년 대 5년). 둘째, 마와 티즈데일(2004)은 더 많은 이전 삽화들을 경험한 환자들의 경우, 우울장애 증상들의 재발이 갑자기(자율적으로) 일어날 가능성이 크다는 것을 보여주었다. 셋째, 더 많은 삽화들을 가진 사람들은 16세 이전에 상당히 더 많은 외상과 역경을 겪었다. 이들의 부모들은 무관심하거나("나에게 무정한", "나를 거부하는", "나를 무시하는"), 학대를 하거나("나를 언어적으로 학대", "나에게 종잡을 수 없는", "나에게 신체적으로 폭력적이거나, 나를 학대하는") 혹은 과잉통제("과보호", "나를 과잉 통제하는", "내가 죄책감을 느끼게 하는"; Parker 외, 1997) 했다. 세갈(Segal) 외 연구자들(2010)은 지도자들에게 유용한 취약성에 대한 추가 예측인자를 보여주었다. 이들은 연구에서, 불안정한 완화 패턴(즉, 일주일 만에 증상들이 사라졌다가, 다음 주에 다시 나타나는)을 가진 사람들이 차후 18개월에 걸쳐 더 높은 재발 위험을 갖는다는 것을 발견했다.

여러 연구들의 이러한 결과 패턴은 가장 취약한 사람들이 기분의 작은 변화들에 더 많이 반응하는 사람들이라는 것을 제시했다. 어린 시절에 시작된 긴 우울장애의 병력이 존재하거나, 어린 시절 역경과 학대를 겪은 경우, 현재의 기분 변화들은 현재와 관련된 것으로 나타나는 과거의 유해한 패턴을 불러오며, *불안정한 기분*을 만들어낸다. 수업 전 예비 면담에서 이 사람에게 어떤 문제들이 존재하는지 파악할 때, 이 점을 명심하는 것은 정말로 유용하다. 8주 교육과정은 마음챙김이 이러한 문제들을 어떻게 다룰 수 있는지 느끼기 시작하는 오직 제한된 시간이기 때문에, 프로그램을 통해 배운 기술들이 장애를 지속시키는데 있어 가장 중심적인 과정들을 다룰 수 있는지 확인하려는 강한 욕구가 존재한다.

위험에 대한 이력 지표 평가

따라서 장애 과정의 특징은 환자들이 품게 되는 취약성을 향한 중요한 초기 신호들을 제공할 수 있다. 임상 실험들에서, 이러한 정보는 보통 과거와 현재의 진단들과 관련된 정보를 수집하기 위해 사용되는 구조화된 임상 면담들로 평가되며, 따라서 또한 현재의 어려움들이 시간 흐름에 따라 어떻게 전개되는지에 대한 그림을 제공한다. 이러한 면담들 중 가장 널리 사용되는 것은 DSM 구조화 임상 면담이다(SCID; First, Spitzer, Gibbon, & Williams, 2002). 그러나 이러한 표준 연구 수단의 사용은 상당한 시간을 필요로 하며, 따라서 많은 임상 환경들에서 쉽게 사용하기가 어렵다. 이는 덜 공식적인 방식으로 수집된 정보에 의존해야 하는 필요성을 뜻한다.

시각 연대표

실험을 위한 우리의 진단 면담들에서, 우리는 보통 우울장애와 자살 충동의 평생 과정에 대한 인상을 받기 위해 보이는 연대표를 사용한다. 연대표는 표시된 연도들에 연령과 함께 단순한 수평선으로 구성된다(아래 그림 참고). 오른쪽 각도에는 기분을 측정하는 척도가 존재한다(매우 나쁨에서 매우 좋음으로 이어지는). 우리는 참여자들에게 참조점을 표시해달라고 요청한다(특별한 장소에 살았거나, 특정 직업을 가졌을 때와 같은 중요한 지점들). 그리고 우리는 참여자들에게 주어진 삽화 동안 가장 기분이 안 좋았던 시기에 기분을 평가하고, 해당 지점을 표시함으로써 우울장애 삽화들을 표시해줄 것을 요청한다. 마지막으로 참여자들은 선을 따라 추적하며 이러한 점들을 합치고, 추가적으로 자살 충동을 느꼈던 지점들을 표시한다. 최종 결과는 개인의 인생에 걸쳐 우울장애와 자살 충동의 과정에 대한 광범위한 그림을 제공하는 선이 된다.

시각 연대표는 우울장애의 평생 과정에 대한 주요 특징들의 개요를 제공할 수 있다.

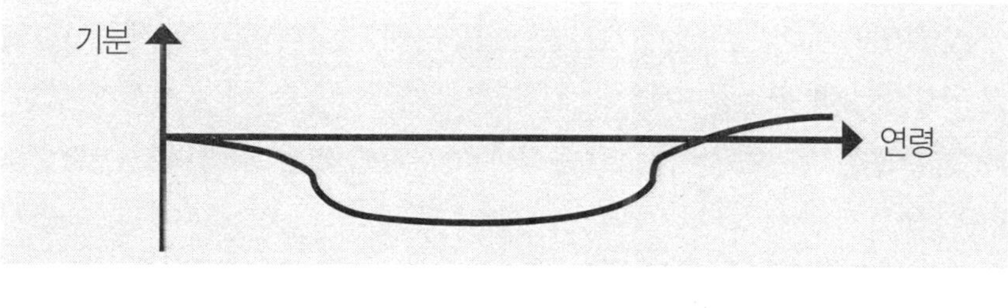

우울장애의 시작, 평생 삽화들의 수, 환자들이 삽화들 사이에서 완전히 괜찮은 상태의 경향을 보이는지, 혹은 이들의 증상들이 더 만성적인 경향을 보이는지에 관한 정보를 제공함으로써, 연대표는 평생에 걸쳐 개인의 우울장애와 자살 충동 과정의 가장 관련된 측면들에 대한 유용하고, 쉽게 접근 가능한 개요를 제공한다. 실제로, 최근의 연구는 평생 과정에 대한 이러한 대략적인 범주화가 현재 진단 시스템의 정의들을 기반으로 한 범주화보다 높은 취약성과 낮은 취약성을 가진 환자들을 구별하는데 있어 훨씬 더 뛰어나다는 것을 보여주었다.

연대표는 참여자와의 대화로 완성되기 때문에, 지도자들이 삽화가 발병한 상황들에 대해 이해할 수 있도록 하며, 이에 따라 초기 삽화들의 경우 또한 어린 시절의 고난에 관한 정보를 제공할 수 있다. 자기 보고 질문지들은 초기 경험들에 관한 평가에서 면담을 보완하는데 사용될 수 있다. 이러한 질문지들은 면담에 비해 덜 침투성으로 느껴질 수 있으며, 이러한 상황에서 동일하게 신뢰 있는 것으로 입증되었다(Bernstein 외, 2003). 이러한 영역에서 잘 확립된 수단은 아동 외상 질문지(Childhood Trauma Questionnaire-CTQ; Bernstein & Fink, 1998)로, 이것은 참여자들이 어린 시절 동안 외상 상황에 노출된 정도를 평가한다. 질문지는 외상 사건들과 이러한 사건들의 주변을 둘러싼 배경 상황을 조사한다. 이는 정서적, 신체적, 성적학대(증오 받는다는 느낌을 받는 것, 가족 내에서 상처가 되는 말들의 표적이 되는 것, 심하게 맞는 것, 단단한 물체로 벌을 받는 것, 성적으로 접촉을 하거나, 성적인 행위를 하도록 시키는 일 등), 그리고 물리적, 정서적 방임(사랑 받지 않는다는 느낌, 보살피지 않는 것, 돌보지 않는 것, 혹은 충분히 먹지 못하는 것)에 대한 신호들에 대해 물으며, 이에 따라 외상 사건들에 관한 것뿐 아니라 스트레스를 주는 배경 상황들에 관한 정보도 제공한다. 사례 항목들은 "나는 더러운 옷을 입어야만 했다"(물리적 방임), "나는 너무 심하게 맞아서, 교사, 이웃, 혹은 의사가 알아차릴 정도였다"(신체적 학대), "나의 가족은 힘과 지지의 원천이었다."(정서적 방임, 거꾸로 점수 매기기), "가족들 중 몇몇은 나를 "멍청이", "게으름뱅이", "못난이"라고 불렀다"(정서적 학대), "누군가 나를 성적으로 만지려 했거나, 내가 그들을 만지도록 시켰다"(성적학대) 등을 포함한다. 참여자들에게 이러한 질문지를 제공할 때, 물론 후속 조치로 대화로 대화 시간을 갖는 것이 중요하다.

철저한 공식 평가가 수행될 수 없는 경우에도, 이러한 질문지의 영역과 항목들에 대한 숙지는 특히 사람들이 자신 및 타인과 관계를 맺는 것에 지속적이고, 우세한 효과를 끼칠 수 있는 스트레스의 만성적 원천을 수립하는데 도움이 될 수 있는 배경 상황에 대한 인식을 구축하는 것에 관한 한, 무엇을 찾아보고, 들어야 하는지에 관한 생각들을 인도할 수 있다(87쪽 네모 참고).

어린 시절 외상의 영향

연구는 어린 시절의 외상과 학대가 면역 기능 결핍과 내분비 스트레스 반응을 포함한 성인기의 상당한 신체적 기능 결핍과 연관될 수 있다는 것을 확실히 보여주었다(Danese & McEwen 2012). 또한 신체 감각의 처리에 있어 중요한 뇌 구조들의 변형과 어린 시절의 외상이 연관된다는 증거가 존재한다(Helm 외, 2013). 이러한 변형들은 잠재적으로 신체적 감각을 회피하거나, 특정 신체 부위에 대한 자각을 회피하는 경향들로 나타나게 된다.

따라서 우울장애의 과정과 어린 시절 삽화들의 발생을 둘러싼 경험들에 관한 정보는 무엇이 참여자들을 수업으로 이끌었는지에 대한 더 완전한 그림을 제공할 수 있다. 그러나 어린 시절의 고난과 외상, 우울장애의 빠른 시작, 다수의 이전 삽화들, 만성 과정 등과 같은 모든 요인들은 본질적으로 과거의 일들이다. 따라서 이러한 요인들은 바꿀 수 없으며, 또한 자체적으로 실제 취약성들도 아니다. 이러한 요인들은 단순히 심리적 취약성에 대한 신호들이며, 오직 취약성의 실제 발견들에 관한 통찰을 제공하는 것에 관해 있어서만 중요하다. 실제 취약성은 생각에서 반복되는 주제(예, 타인을 잘 믿지 못하는 것), 생각과 정서들이 존재하는 방식의 특징들(예, 분노 및 수치심의 정서들, 회피하고, 억제하려는 강한 경향), 특정 결론들(예, 이러한 생각과 정서들은 결코 해결될 수 없다는 느낌)과 같이 남겨진 정신적 상처들에서 발견되는 것이다. 결국 일부 사고 패턴들은 너무 습관적이고, 반복적으로 시연되며, 일부 생각들은 너무 익숙해서, 실제 상황에 대한 반영임에도 불구하고, 항상 그래왔던 것처럼, 그리고 항상 그러하듯이, 생각(즉, 정신적 사건들)으로 여겨지지 않는다.

지도자들은 참여자들의 경험에 관한 보고들에 반응하고, 더 큰 문제들의 작은 신호들에 주목하고, 인식하며, 명상에서 참여자들을 조사하는 것에 있어 어려움들과 다수의 측면들로 나타날 수 있는 어려움들을 찾아보기 위해, 어린 시절 경험의 이러한 측면들에 관해 아는 것이 유용하다는 것을 알게 될 수 있다. 이러한 어린 시절 고난의 신호들에 주목하는 것은 사람들이 이에 관해 말하는 것을 매우 어려워하기 때문에 중요하다. 실제로, 어린 시절 외상과 스트레스의 일부 효과들은 말로 접근하기 어려울 수 있으며, 대신 신체 기능의 측면들에서 우세하게 반영된다.

참여자의 배경에 대한 지식에도 불구하고, 지도자들은 특히 자살 충동에 대한 취약성에 있어, 참여자의 현재 취약성들에 주목하고, 인식할 수 있어야 한다. 이러한 취약성들은 무엇인가?

자살 취약성에 대한 치료자/지도자의 인식 증가

일반적으로 우울장애의 취약성과 마찬가지로, 자살 충동에 대한 전 범위의 취약성들이 부정적 기분과 스트레스의 상황들 아래에서만 명백해질 수 있다는 것을 인식하는 것은 중요하다. 개인이 이러한 상황 아래에서 어떻게 반응하는지에 관한 정보는 정상적인 기분에 따른 생각과 행동에서 얻을 수 있는 것보다 더 타당할 것이다(아래 네모 참고). 우리가 보았듯이, 이전에 우울장애를 겪었던 사람들에게서 우울한 사고의 재 활성화는 너무 미묘한 기분 변화들에 반응하여 일어나기 때문에, 환자들은 종종 처리의 변화가 일어난 시기를 알지 못하며, 오직 시간이 더 흐른 뒤에 결과들만을 경험하게 된다. 실제로 무슨 일이 일어나고 있는지 완전히 인식하지 못하고 부정적 사고의 부적응적인 패턴들에 몰입하는 것은 취약성의 대표적인 특징이다.

자살 충동 평가: 유용한 질문들

- 당신은 단지 죽고 싶다거나, 혹은 잠들어서 영원히 깨지 않았으면 좋겠다는 생각을 한 적이 있습니까?
- 사람들은 한계점에 이르렀을 때 모든 것이 끝난 것 같다는 느낌을 받는다. 당신은 이와 같이 느껴본 적이 있습니까?
- 지난 몇 주 동안에 걸쳐 당신은 스쳐가는 순간일지라도, 자살 하고 싶다는 생각을 한 번이라고 한 적이 있습니까?
- 당신은 자살에 관해 생각하며 얼마나 많은 시간을 보냅니까? 시간의 50% 혹은 시간의 80%?
- 자살하기 위해 어떤 계획, 혹은 준비를 했습니까?
- "네가 졌어"라고 말할 때, 당신은 정확히 무엇을 의미하는 것인가요? 당신은 그들에게 무엇을 했습니까?
- 오늘 밤 늦게 다시 자살에 대한 생각이 들기 시작하면 무엇을 할 것입니까?
- 자살에 관해 생각한 다른 방식들이 있습니까?

Shea 글 참고(1999)

재 활성화되는 사고의 특정 패턴들은 환자들의 과거 학습에 따라 달라질 가능성이 있다. 환자들이 과거에 자살 충동을 겪은 경우, 자살에 대한 생각과 무망감, 절망, 문제 해결 능력의 결핍 등과 같이 관련된 인지 과정들은 기분이 저하될 때 이러한 환자들에게서 다시 표면화 될 가능성이 크다(Wiliams 외, 2005, 2008). 따라서 재 활성화 되는 과정들의 특정 프로필을 살펴보는 것이 유용하다.

우울장애 민감성에 대한 라이든(Leiden) 지수(LEIDS; Van der Does & Williams, 2003)는 특히 이러한 프로필들의 평가를 목표로 한 자기 보고 수단이다. 질문지는 환자들이 슬픔을 느낄 때, 무망감과 자살 충동(예, "내가 저하된 기분을 느낄 때, 나는 종종 모든 것에 대해 무망감을 느낀다."), 수용과 대처(예, "슬픈 기분일 때, 나는 평상시보다 더 창의적이다."), 공격성이나 충동(예, "슬픈 기분일 때, 나는 나중에 후회할 일들을 더 많이 저지른다."), 이해하고, 통제하려는 시도(예, "슬픔을 느낄 때, 나는 어떤 기분들이 나를 개인으로 드러내는지에 관한 생각을 하며 많은 시간을 보낸다."), 위험 회피(예, "기분이 저조할 때, 나는 위험을 잘 감수하지 않는다."), 반추(예, "슬픔을 느낄 때, 나는 기분의 잠재적 원인들에 대해 생각하며 많은 시간을 보낸다.")를 보여주는 정도를 포함한 다수의 여러 측면들을 측정한다. 따라서 이것은 많은 사람들에게 일반적이며(무망감과 자살에 대한 생각 같은), 과거의 특정 학습 경험을 가진 사람들에게 더 특별한, 반응의 일부 측면들(반추 사고 및 위험 회피 같은)에 따른 인지 반응의 광범위한 스펙트럼에 대한 좋은 이해를 제공한다.

자살 생각에 대한 반응들

자살에 대한 생각이든, 아니든, 일단 활성화되면 환자들이 어떻게 반응하는지에 따라 위기로 빠져들 것이다. 따라서 또한 자살 주제들에 대한 환자들의 반추 및 회피의 일반적 경향들을 평가하는 것이 중요하다. 반추 및 기타 부적응적인 사고 패턴들은 기분의 미묘한 변화들에 대한 자동적 반응으로 발생할 수 있지만, 환자들은 이러한 것들에 관여할 충분한 이유가 존재하는지 고려할 수 있다. 예를 들어, 반추는 문제 해결 시도처럼 느껴질 수 있으며, 어려움에 관한 더 적응적이고, 반영적인 사고와 구별하기 어려울 수 있다. 그러나 부정적 기분의 상황에서, 반복적 반추는 자기 비난과 책망을 보여주는 질문들에 대해 불안이나 우울함으로 변모할 가능성이 크다. 부정적 기분에 있는 동안 "이를 마땅히 누리기 위해 나는 무엇을 하고 있는가?", 혹은 "왜 다른 사람들은 가지지 않은 문제들을 나는 가지고 있는 것인가?"에 대해 생각하는 것은 현재와 원하는 미래 상태 사이에 차이에 대한 느낌을 만들어내며, 필연적으로 부정적 기분을 강화할 것이다. 놀렌-호크세마(Nolen-Hocksema)와 동료들의 반추 반응 양식 질문지(Ruminative Response Style Quetionnaire - Treynor, Gonzalez, & Nolen-Hocksema, 2003)는 적응적 반추와 부적응적 우울함 사이를 구분한다. "내가 생각하고 분석하는 것에 대해 적으세요."와 같은 반추 척도의 항목들은 때때로 문제 해결을 촉진하기 위해 더 의도적으로 내부를 향할 수 있지만, 우울함 척도의 항목들은 "왜 나는 일을 더 잘 처리하지 못하는가?"와 같은 자기비판을 쉽게 초래할 수 있는 "왜" 질문 종류들을 반영한다.

간혹 MBCT 회기들에서 반추 과정들이 어떻게 전체 수업을 사로잡는지 볼 수 있다. 예를 들어, 개인 참여자들이 기억이나 걱정의 확장된 흐름을 초래하는 방식으로 부정적 경험들에 관해 이야기할 때, 혹은 한 참여자가 말하는 것이 다른 사람들에게서 유사한 보고 및 기억들을 촉발시킬 때가 바로 그러하다. 경험들의 공유는 다른 곳에서와 마찬가지로 동일한 부정적 효과를 끼칠 가능성이 있다. 물론 이것은 지도자가 반추의 존재를 지적하고, 참여자들이 이러한 과정을 인식하고, "분석"하도록 도울 수 있는 귀중한 기회를 제공한다. 다수의 단서들이 반추의 존재를 드러내도록 도울 수 있다. 확실히, 반복성이 가장 주목하기 쉬우며, 아마도 식별하는데 있어 가장 유용할 것이다. 참여자들이 보통 깨닫게 됨에 따라, 결정에 도달하거나, 조치를 취하는 것을 향한 상당한 진전 없이 몇 번에 걸쳐 문제를 검토하는 것은 반추로 인한 우울함이 장악했다는 것을 보여주는 유용한 신호의 역할을 할 것이며, 이러한 종류의 사고로부터 벗어나는 것은 유용한 조작이 될 것이다. 반추 사고는 보통 일반적이고, 추상적이며, 특정의 자전적 기억들을 회고하는데 있어 우울장애 환자들이 가진 어려움과 연관되는 특징이다. 이것은 자체적으로 사회적 문제 해결 능력 결핍, 경험적 회피, 인지 조절 결핍과 관련된다(Williams 외, 2007). 반추와 과일반화 기억에 대한 공식 평가가 실행 가능한 상황들에서, 자신의 경험에 대한 참여자들의 보고가 상황들에 대한 전체적 기술, 그리고 특정 상황 및 경험과 연관된 구체적 관찰들의 반영이 아닌 "항상", "결코", "내가...을 할 때마다"와 같은 표현으로 얼마나 많이 휩쓸려 가는지 주목하는 것은 유용할 수 있다. 또한 반추는 본질적으로 회피적이다. 특정 주제에 초점을 맞추는 동안, 이러한 주제와의 관계는 직접 경험(경험적 처리)되기보다 분석되고, 고려된다(개념적 처리). 아마도 이는 상황을 보기에 더 안전한 것 같이 보이겠지만, 역설적으로 이는 처음에 반추와의 관계를 촉발시킨 부정적 기분을 강화한다.

자신의 경험에 대한 참여자들의 보고가 사건들에 대한 전체적 기술, 그리고 특정 상황 및 경험과 관련되기보다 "항상", "결코", "내가... 을 할 때마다"와 같은 표현으로 얼마나 많이 휩쓸려 가는지 주목하는 것은 유용하다.

회피

해로운 자살 생각이 통제할 수 없는 위험에 빠질 때, 환자들은 이러한 생각들을 회피하거나, 억제하는 대신 시도할 것이라고 보는 것이 자연스럽다. 불행히도, 억제는 단기적으로는 성공적일 수 있지만, 이어지는 특정 생각을 의도적으로 회피하는 것은 지속적인 경계를 필요로 하며("아직도 존재하는가?"), 이는 역설적으로 이를 유념하게 만들고, 이러한 생각에 대한 접근을 줄이기보다 증가시킬 가능성이 크다("반동" 효과). 따라서 환자들은 억제하려는 의도적인 시도들에도 불구하고(실제로 정확히 이러한 시도로 인해), 부정적인 생각, 이미지, 이에 수반되는 정서가 반복적으로 다시 표면화되는 것을 경험할 수 있다. 그러나 고통스러운 생각과 이미지, 혹은 통제 시도 없이 상황이 점점 악화될 수 있다는 걱정들에 의해 압도될지 모른다는 두려움은 계속해서 반동에도 불구하고 노력을 더욱 강화하고, 서서히 인지 자원을 소모하며, 항상 부지불식간에 문제를 악화시키도록 만들 수 있다. 이러한 역설적 효과는 환자들의 인지 자원들이 이미 피로, 소진, 혹은 부정적 기분에 의해 약화되었을 때 특히 가능성이 커진다. 사고 억제 질문지(White Bear Suppression Inventory–WBSI; Wegner & Zanakos, 1994)는 이러한 사고 억제를 향한 경향을 측정하기 위해 가장 널리 사용되는 수단으로, "나에게는 생각하지 않고자 노력하는 것들이 존재한다.", "나는 종종 회피하고자 노력하는 생각들이 있다."와 같은 항목들을 포함한다. 매우 취약한 환자들을 다루는 상황에서, 자살 생각 및 이미지들의 억제와 관련하여 이러한 질문들은 더 구체적으로 분석(표 5.1 참고)할 가치가 있다(Hepburn 외, 2009).

고통스러운 생각과 이미지들에 의해 압도될지 모른다는 두려움은 사람들이 억제에 대한 노력을 강화하고, 서서히 인지 자원들을 소모하며, 이에 따라 부지불식간에 문제를 악화시키도록 만들 수 있다.

표 5.1. 자살 관념화에 대한 사고 억제 질문지(White Bear Suppression Inventory) (WBSI-si)

기분이 정말로 나쁠 때, 일부 사람들은 자신이 자살에 대한 생각을 경험한다는 것을 발견하게 된다. 아래 서술들은 사람들이 자신의 자살 생각에 반응하는 일부 방식들을 설명하지만, 모든 사람은 사람마다 차이를 보인다. 자살에 관한 생각들이 마음속에 떠오를 때, 이러한 생각들에 대해 어떻게 느끼는가? 각 문장을 주의 깊게 읽고, 이에 얼마나 많이 동의하는지를 표시하는 숫자에 동그라미를 친다(1=매우 동의하지 않음, 2=동의하지 않음, 3=중립, 4=동의함, 5=매우 동의함).

나는 기분이 저조하고, 상황이 좋지 않을 때;

1. 나의 생각들은 빈번하게 자살에 대한 생각으로 돌아간다(침투).
2. 나는 마음속에 떠오른 자살에 대한 이미지를 지울 수 없다(침투).
4. 자살 생각들이 계속해서 머리에 떠오른다(침투).
5. 나는 내가 왜 자살 생각들을 하는지 궁금하다(침투).
6. 나는 자살에 대한 생각을 멈추고 싶다(침투).
8. 나는 누구에게도 내가 가진 자살에 대한 생각을 이야기하지 않으려 한다(침투).
9. 나는 자살에 관해 생각하지 않는 것이 더 좋다(억제).
10. 나는 자살에 대한 생각들을 피하고자 한다(억제).
12. 자살 생각들은 간혹 너무 빠르게 떠올라서, 나는 이러한 생각들을 멈출 수 있기를 바란다(침투).
13. 나는 간혹 자살에 대한 생각이 내 마음에 침투하는 것을 막기 위해 정말로 바쁘게 지낸다(주의산만).
14. 나는 멈출 수 없는 자살 생각들을 가지고 있다(침투).
16. 나는 자살에 관해 생각하지 않으려 노력한다(침투).
17. 나는 종종 자살 생각들로부터 주의를 돌리기 위한 것들을 한다(주의산만).
18. 나의 자살에 대한 생각들은 간혹 정말로 생각을 완전히 멈추고 싶도록 만든다(주의산만).
20. 나는 항상 마음속에서 자살 생각을 그만두기 위해 노력한다(억제).

참고. WBSI 척도의 원래 적용은 또한 별도 측정으로 계산되는 다섯 개의 편안함 항목들(Comfort items)을 포함했다. 편안함 척도. Williams, Duggan, Crane, Hapburn(2011).

WBSI는 주로 생각들의 억제에 초점을 맞춘다. 이것은 중요한 영역이지만, 사람들은 부정적 생각뿐 아니라 회피 정서 및 신체 상태들도 피하는 경향이 있다. "경험 회피"는 생각, 정서, 신체 감각들을 포함한 내적 경험들을 회피하려는 더 광범위한 경향을 뜻하며, 행위와 회피 질문지(Action and Avoidance Questionnaire-AAQ; Hayes 외, 2004)를 사용하여 평가될 수 있다. 이 질문지는 "나는 내 정서들을 두려워하지 않는다."와 같이 정서들의 회피를 평가하는 항목들을 포함하지만, 회피 행동, 걱정과 정서들에 관한 신념 같은 인지 반응을 포함하며 더 엄격한 의미에서 경험 회피와 연관될 수 있는 다른 측면들의 전체 범위를 다룬다.

수업에서, 회피는 다수의 여러 방식들로 표현된다. 질의에서 우리는 보통 어려운 경험들에 관한 열린 마음과 호기심을 장려하며, 참여자들이 특정 생각 및 기억들과 함께 나타나는 신체 감각과 정서 상태를 분석하도록 이끈다. 모든 명상 수행들과 마찬가지로, 이러한 수행은 경험 회피를 없애려는 경향이 있지만, 이는 쉽거나, 간단하지 않으며(11장과 15장 참고), 보통 이러한 대화 동안 경험 회피를 보여주는 경험들에 대한 개방성과 관련하여 주저 및 우려들을 관찰할 수 있다.

자살에 대한 생각 평가

자살 위험에 놓인 사람들의 경우, 우울장애는 잠재적으로 치명적인 조건이며, 따라서 참여자들의 안전과 행복을 보장하려는 지도자들의 주요 관심사가 된다. MBCT 수업들은 지도자와 참여자들 사이에 개별 접촉 기회들을 거의 제공하지 않기 때문에, 지도자들은 매우 취약한 사람들의 우울장애와 자살 충동을 모니터링 하기 위한 다른 수단들을 고려해야 한다. 이 장의 도입부에서 설명된 바와 같이, 이렇게 하기 위한 한 가지 방법은 간략한 질문지들을 통해 관련 경고 신호들들 보여주는 정보를 정기적으로 수집하는 것이다. 주간 측정을 이용하는 것은 현재 많은 영국 정신 보건 환경에서 정규화 되었으며, 우리 실험들의 경우 우리는 각 회기 전에 참여자들에게 현재 증상들과 얼마나 많이 반추와 억제에 몰두하고 있는지, 그리고 지난주 동안 침투성 심상을 경험한 정도에 대한 인상을 제공하는 일련의 척도들을 작성하도록 요청했다. 환자들에게 우울장애 증상들에 대해 매주 벡 우울장애 질문지(Beck Depression Inventory-BDI; Beck, Steer, & Brown, 1996)와 같은 표준 질문지들을 작성하도록 요청하고, 무망감과 자살 충동을 평가하는 항목들의 변화를 찾아보는 것 또한 매우 취약한 환자 그룹들을 다루는 경우의 모범 관행이다.

또한 중재 내에서 자살에 대한 생각을 다루는 방법들을 고려하는 것이 유용하다. 참여자들이 교육과정을 거치면서, 명상 수행에 몰두하고, 일상 활동들에서 마음챙김의 증가를 함양함에 따라, 이들은 반복적으로 우울한 사고가 활성화되는 상황들을 마주하게 되며, 이러한 상황들에서 자신의 마음이 반추에 빠지고, 부정적 기억 및 사고들을 회피하거나, 억제하려는 시도들에 몰두하는 것을 발견하게 된다. 이러한 정신적 상황들은 확실히 명상의 꾸준한 집중 동안 두드러지며, 이에 따라 의도치 않고 이어지는 생각을 다르게 인식하고, 대응하도록 수행할 반복적인 기회들을 제공한다. 따라서 이처럼 주의산만과 다름없는 것은 취약성의 신호들을 배우고, 이에 익숙해지는 귀중한 기회들을 제공하며, 이에 따라 부정적 기분과 사고에 관련된 새로운 방식들에 대한 토대를 구축한다. 우리는 간혹 명상 동안 마음이 방황하는 것을 "이익의 원천"으로 부른다. 수업들에서 겪은 우리의 경험에 따라 지도자로서 우리는 충분히 빈번하게 발생하는 우울한 생각으로의 방황으로 이러한 중요한 학습이 이루어질 것이라는 점을 신뢰할 수 있다.

이것은 자살에 대한 생각의 경우에는 동일하게 적용될 수 없다. 우리는 연구에서 과거에 자살 충동을 겪었던 사람들의 경우, 자살에 대한 생각이 다른 형태의 부정적 사고와 매우 동일한 방식으로 재 활성화될 수 있다는 것을 발견했다(Williams 외, 2008). 그러나 참여자들은 명상 중, 혹은 일상생활에서 이러한 생각이 자발적으로 발생한다는 것을 거의 보고하지 않는다. 물론 우리가 보았듯이, 이는 부분적으로 이러한 자살에 대한 생각들을 보고하는 것을 꺼리기 때문일 수 있으며, 또한 부분적으로는 자살에 대한 생각이 언어적 생각보다는 이미지들에서 발생하며, 따라서 우리가 부정적 사고와의 다른 관계 맺기를 찾는 수행을 할 때 우리가 참고하는 정신적 사건들의 영역 내에 속하지 않는 것으로 잘못 인식될 수 있다는 사실 때문일 수 있다. 그러나 어떤 이유이든, 결과는 다루기 가장 어려운 것이 수행의 기회를 가장 적게 갖는 것으로 나타난다. 자살에 대한 생각이 어떤 면에서 다른 우울한 사고와 다르다면, 이는 이에 대응하는 최상의 방법을 아는데 있어 중요한 요인이 될 수 있다. 우리가 이러한 복잡한 문제에 대처한 한 가지 방법은 우울장애의 영역뿐 아니라, 특히 자살 충동 자체의 영역에서 바라볼 여지가 존재하도록 프로그램에 변화를 주는 것이다(11장 참고). 동시에, 이러한 관찰은 자살에 대한 생각의 신호들을 듣고, 지켜보며, 참여자들이 적합하고 유용한 것으로 나타나는 질의를 통해 이를 인식하고, 분석하도록 도울 준비를 하는 것이 중요하다는 것을 상기시킨다. 따라서 지도자들은 수반될 수 있는 심상과 언어적 사고 양쪽의 측면에서, 우울장애의 영역에 대해 익숙한 것만큼 자살 충동의 영역에 익숙해져야 한다. 자살 충동을 일으키는 언어적 신념들에 대한 상세한 설명을 제공하는 질문지는 자살 인지 척도이다

(Suicidal Cogntion Scale-SCS; Rudd, Joiner, & Rajab, 2001, 표 5.2 참고).

표 5.2. 자살 인지 척도

다음은 현재 문제들의 평가를 의도로 한 20개의 문장들이다. 각 문장을 주의 깊게 읽고, 바로 지금 당신의 생각을 가장 잘 설명하는 숫자에 동그라미를 친다. 각 항목을 평가하고, 각 항목에 대해 단 하나의 숫자만 동그라미를 쳐야 한다는 것을 명심해야 한다(1=매우 동의하지 않음, 2=동의하지 않음, 3=중립, 4=동의함, 5=매우 동의함).

1. 이 세상은 내가 없으면 더 잘 돌아갈 것이다.
2. 자살은 내 문제를 해결하기 위한 유일한 선택이다.
3. 나는 더 이상 고통을 참을 수 없다.
4. 나는 가족에게 짐이다.
5. 나는 어떤 것에도 결코 성공해본 적이 없다.
6. 나는 이러한 불쾌감을 더 이상 견딜 수 없다.
7. 나는 내가 한 실수들을 결코 잊을 수 없다.
8. 아무도 내 문제를 해결하는데 도움을 줄 수 없다.
9. 나는 이러한 불쾌감을 느낄 때, 참을 수 없다.
10. 나는 완전히 사랑을 받을 가치가 없다.
11. 어떤 것도 내 문제를 해결하는데 도움이 되지 않는다.
12. 내가 얼마나 안 좋은 기분을 느끼는지 설명하는 것이 불가능하다.
13. 나는 내 삶의 모든 사람을 떠나보냈다.
14. 나는 더 이상 내 문제에 대처할 수 없다.
15. 나는 이러한 참을 수 없는 고통을 견딜 수 있는 사람을 상상할 수 없다.
16. 나에 대해 만회할 수 있는 것은 아무것도 존재하지 않는다.
17. 자살은 이러한 참을 수 없는 고통을 끝내는 유일한 길이다.
18. 나는 또 다른 순간을 살아갈 자격이 없다.
19. 나는 이러한 참을 수 없는 고통을 느끼느니 차라리 지금 죽을 것이다.
20. 어떤 사람도 나만큼 혐오스럽지 않다.

참고. Rudd, Joiner, Rajab(2001). Guilford Press 저작권 2001. 허가에 의해 복제됨.

이러한 신념들은 지각되는 부담(예, "나는 가족에게 짐이다."), 사랑을 받지 못함(예, "나는 사랑받을 가치가 전혀 없어"), 낮은 고통 감내(예, "이러한 불쾌감을 느낄 때, 나는 참을 수 없다.")를 포함한다. 이러한 생각들은 자살 충동의 우울장애 이력을 가진 사람들에게서 쉽게 재 활성화될 수 있다는 것을 유념함으로써, 우리는 때때로 환자들에게 부정적 기분일 때 이러한 특정 형태의 생각들을 얼마나 많이 지지하는지, 그리고 또한 이러한 생각으로부터 얼마나 많이 탈 중심화 할 수 있는지, 즉, 이러한 생각들이 일어날 때 사실이 아닌 생각으로 바라볼 수 있는지를 묻기 위해 이러한 척도의 질문들을 이용했다.

Orbach-Mikulincer 정신적 고통 척도(Mental Pain Scale)는(Orbach, Mikulincer, Gilboa-schechtman, Sirota, 2003)는 고통의 상태에서 자살 위기를 초래할 수 있다는 판단들에 대해 설명하고, 이에 따라 고통을 경험하는 참여자들의 이야기를 들을 때 유념해야 할 경고 신호들에 대한 상기를 제공하는 또 다른 질문지이다. Orbach와 동료들은 정신적 고통의 다음 측면들을 구분한다.: 불가역성에 대한 느낌("나는 다시는 찾지 못할 무언가를 잃어버렸다."), 통제력 상실("나는 상황에 대한 통제력을 전혀 가지고 있지 않다."), 자기도취에 대한 상처("나는 버려졌고, 외롭다는 느낌이 든다."), 정서적 홍수("나의 정서들을 항상 변한다."), 냉담한("나는 무감각해지고, 살아 있지 않다는 느낌이 든다."), 자기 소외("나는 내가 더 이상 예전의 자신이 아니라고 느낀다."), 혼란("나는 생각하는데 어려움을 겪는다."), 사회적 거리감("나는 다른 사람들에게 말하고 싶지 않다."), 공허함("나는 내 삶의 의미를 찾을 수 없다.").

우리의 동료들인 에밀리 홈즈(Emily Holmes)와 캐서린 크레인(Catherine Crane)의 연구가 제시했듯이(Crane 외, 2012; Holmes 외, 2007), 자살 심상을 고려하는 것은 이러한 상황에서 특히 중요할 수 있다. 연구에서, 이들은 구조화된 면담을 사용하여, 환자들에게 가장 절망적이었던 시기에, 이들이 심상을 경험했는지 여부를 물어보았다(표 5.3의 질문들 참고). 가장 자주 보고되었으며, 따라서 고려하기에 가장 중요한 것으로 나타난 자살 심상은 "스스로 자살을 계획/준비하거나, 미래에 자살 시도를 하는", "당신이 죽으면 당신에게 무슨 일이 일어날 것인지", "당신이 죽으면 다른 사람들에게 무슨 일이 일어날 것인지", "당신이 벗어나고자 하는 것들의" 심상이다.

위의 신념들에 대한 강한 지지와 자살 심상의 존재는 실제 자살 위험을 보여주며, 위험을 더 철저히 평가해야 할 촉구 신호의 역할을 한다.

표 5.3. 자살 심상에 관한 질문들

가장 절망적이거나, 자살 충동을 느낄 때, 어떤 이미지들이 떠오르는가...

- 과거에 자살을 시도했던 시기의 이미지
- 자살을 계획/준비하거나, 미래에 자살을 시도하는 이미지
- 당신이 죽으면 당신에게 무슨 일이 일어날 수 있는지에 대한 이미지
- 당신이 죽으면 다른 사람들에게 무슨 일이 일어날 수 있는지에 대한 이미지
- 벗어나고자 하는 것들에 대한 이미지
- 당신에게 일어났던 또 다른 (자살과 관련되지 않은)고통스러운 사건(예, 외상)에 대한 이미지
- 당신을 안전하거나, 더 좋게 느끼도록 만들어주는 것의 이미지
- 스쳐지나가거나/불확실한 이미지?
- 다른 형태의 이미지?

가장 절망적이거나, 자살 충동을 느꼈을 때 경험한 가장 의미 있는 이미지를 말해줄 수 있는가?

이를 상세하게 설명할 수 있는가?

당신에게 다른 연상이나 의미들을 가지고 있는가?

이러한 이미지들을 얼마나 실제처럼 느껴지며(가장 절망적일 때), 특히 자살과 관련된 이미지들을 얼마나 오래 경험했는가(즉, 당신을 얼마나 사로잡았는가)?

참고. 예비 연구는 위안을 주거나, 고통을 줄 수 있는 자살 관련 이미지들은 양쪽 측면이 분석될 수 있다는 것을 보여주었다. Holmes, Crane, Fennell, Williams(2007)의 연구에서 사용된 구조화된 면담의 질문들. 저자들의 허가를 받아 복제됨.

보호 요인들

자살 충동에 대한 평가에서, 위험 요인들(이전의 자살 시도들이나 관념화, 현재의 우울장애 수준, 충동 조절의 어려움, 혼자 있는 것, 낮은 수준의 교육)은 보호 요인들, 특히 매우 고통스러울 때조차 사람들을 자살 행동에서 물러나도록 만드는 요인들에 대해 비교되어야 한다. 마샤 리네한(Marsha Linehan)과 동료들은 특히 자살 시도를 하지 않는 환자들의 이유들이 갖는 중요성을 평가하기 위한 질문지를 개발했다(삶의 이유들 질문지-Reasons for Living Inventory; Linehan, Goodstein, Nielsen, & Chiles, 1998). 이러한 질문지의 영역들은 생존과 대처 신념들("나는 여전히 해야 할 일들이 많이 남아 있다."), 가족이나 친구들에 대한 책임감("가족들에게 너무 많은 상처를 줄 것이며, 이들이 괴로워하는 것을 원치 않는다."), 자녀 관련 걱정들("나는 나의 아이들이 자라는 것을 지켜보고 싶다."), 자살에 대한 두려움("나는 미지의 세계가 두렵다."), 사회적으로 용인되지 않는 것에 대한 두려움("다른 사람들이 내가 약하고, 이기적이라고 생각할 것이다."), 자살에 대한 윤리적 반대("나의 종교적 신념이 이를 금지한다.")를 포함한다.

사람들이 사랑하는 사람들에 대한 결과를 두려워하거나, 자살이 자신의 신념을 위반하는 것과 같은, 이러한 삶의 이유들 중 단 하나라도 존재할 경우, 자살 관념화에 강력한 손

우울장애와 자살 충동에 대한 인지적 취약성 평가

인지 반응: LEIDS(Van der Does & Williams, 2003)는 우울한 사고와 자살 충동 사고의 재 활성화를 평가한다. 불안 민감성 질문지(Anxiety Sensitivity Inventory–ASI; Taylor 외, 2006)는 불안 증상들에 대한 반응들을 평가한다.

반추, 억제, 회피: RRSQ(Treynor, Gonzalez, & Nolen–Hoeksema, 2003)는 반복적 사고의 부적응적인 형태와 적응적 형태를 평가한다.; WSBI(Wegner & Zanakos, 1994)는 부정적 사고들을 억제하는 일반적 경향들을 평가한다.; AAQ(Hayes 외, 2004)는 경험 회피에 대한 일반적 경향들을 평가한다.

자살에 대한 생각과 이미지: 자살에 대한 생각은 SCS(Rudd 외, 2001)와 Orbach–Mkiulincer 정신적 고통 척도(Orbach 외, 2003)를 이용하여 펴가될 수 있다.; 자살에 대한 이미지는 대화로 분석될 수 있다.

상을 끼칠 수 있다. 지도자와 치료자들에게 있어 이러한 긍정적인 삶의 이유들을 아는 것뿐 아니라, 이러한 각 이유들이 얼마나 취약한지 이해하는 것은 정말로 중요하다. 한 참여자는 다음과 같이 말했다. "나는 아버지가 살아 계시는 동안에는 절대 실제 자살을 하지는 않을 것이다. 그러나 일단 아버지가 돌아가시면, 자살을 하지 말아야 할 이유가 없어질 것이다."

자살 위기에 대한 대응

우려해야 할 중요한 원인이 존재한다면 어떻게 되는가? 참여자들이 바로 현재 자살에 대한 적극적, 혹은 수동적 바람, 즉, 적극적으로 스스로를 해치는 것에 관한 생각들이나, 자살하면 더 좋아질 것이라는 생각들을 보고한다면 어떻게 되는가, 혹은 이들이 실제로 자살 준비를 했다면 어떻게 되는가? 자살 충동의 정서들에 대한 표현은 이처럼 느끼는 사람들과 이들 주위에 있는 사람들에게 충격이 된다. 지도자들의 경우, 환자가 자살 충동을 가지고 있다는 것을 깨닫는 것은 당황스럽고, 두려움을 불러일으키는 경험으로, 이는 정확히 지도자들이 자신의 참여자들에 대해 매우 신경을 쓰기 때문이다. 이러한 두려움이 존재하는 상황들에서 명확한 생각을 유지하기란 어려울 수 있다. 따라서 위기의 경우 필요한 조치들을 자신 있고, 신속하게 취할 수 있게 정해진 절차들이 준비되어 있도록, 참여자들과 지도자들이 미리 자살 충동의 정서들에 대한 잠재적 반응들에 관한 생각을 갖는 것이 유용하다. 자살 위기들에 대응하기 위해 준비된 절차들을 갖는 것은(고용 조직의 정책과 지도자의 직업 표준에 일치하는 방식으로) 우수한 윤리적 수행의 부분이다.

자살 위기를 예방하고, 대응하는 핵심 단계들

모니터링: 매주 교육과정 동안 현재 자살에 대한 정서들을 명확하게 묻는 항목들을 포함하는 간략한 질문지들을 사용하여 참여자들의 기분을 추적하고, 모니터링 한다.

준비: 참여자들이 완수하기 쉬운 준비된 위기 계획을 가지고 있는지 확인한다. 참여자들에게 위기의 경우 연락할 수 있는 세 명을 열거하도록 위기 카드 작성을 요청한다.

대응: 지도자들과 인력이 자살 정서들에 대응하도록 현재의 위기를 평가하는 법과 관련된 보호자 및 응급 서비스에 연락하기 위해 진행하는 법을 명시하는 합의된 절차들을 준비한다.

위기 계획 개발

이를 위해, 참여 과정의 초기에 공식 평가 과정 동안, 혹은 수업 전 면담 동안, 우리는 참여자들이 위기 카드를 작성하도록 권유한다. 여기에서, 참여자들은 위기가 발생하는 경우 연락할 수 있는 지인 세 명을 적고, 이를 수행하며 어떻게 착수할지 구체적 계획을 세운다. 이들이 연락할 수 있는 사람은 참여자들을 보살피는 것에 이미 관련된 전문가이거나, 이들과 가까운 사람, 배우자나 가족구성원, 혹은 신뢰할 수 있다고 느끼는 친구가 될 수 있다. 참여자들은 수업 전 회기 동안 카드를 작성하며, 이후 선택에 따라 더 나은 선택이 생각난 경우 이미 적은 것을 변경하거나, 추가하는 것처럼, 추가 반영할 것을 권유 받는다. 위기가 발생하는 경우, 참여자들이 자신의 카드를 쉬게 찾도록 보장하기 위해, 우리는 이들이 교재 바로 앞에 보관할 것을 권장했다. 우리는 참여자들이 카드를 작성하는 이유를 이해하고, 유념하며, 검토하고, 기억을 다시 새롭게 하기 위해 MBCT 과정의 2회기 동안 다시 돌아볼 것을 보장하는데 매우 많은 시간을 보낸다. 이 시점에, 우리는 또한 참여자들에게 스스로에게 위안이 될 수 있는 것들을 추가하고, 어려운 상황에서 연락할 수 있는 사람들을 열거하도록 권장한다. 예를 들어, 단순히 "이 사람은 나에게 도움이 된다."고 알고 있기 때문에 연락할 수 있는 일부 친구들이 존재할 수 있다("그녀는 나의 기분을 좋게 만들고, 우리는 우리의 문제들에 대해 이야기하지 않는다). 특별히 공개적으로 이야기하게 되길 원하기 때문에 연락하는 사람들이 있을 수 있다(그리고 이는 이전에 열거한 전문가들과 친구들, 가족들 및 자신의 어려움에 대해 알고 있는 타인들을 포함할 수 있다).

이러한 식으로 위기 계획을 준비하는 것은 중요한 예방 단계이다. 위기의 한 가운데에서, 완벽하게 실행 가능한 선택들은 가망이 없는 것으로 나타날 수 있으며, 사람들은 어떤 것이 도움이 된다고 믿기 어렵다는 것을 발견하게 될 수 있다. 상태가 좋을 때 만든 특별하고, 구체적인 계획을 갖는 것은 참여자들이 자신의 정서적 고통과 혼란에 완전히 갇혀버렸다고 느끼는 때에도 스스로를 도움이 될 수 있도록 한다.

스태프를 위한 위험 프로토콜 개발

유사하게, 우리의 자체 지도를 위해, 우리는 참여자들이 자살 행동이나 자해의 위험에 처해 있다고 믿을만한 이유가 존재할 때 어떻게 대응할지 명시하는 준비된 프로토콜을 가져야 한다(우려가 제기되는 상황들에 대해 표 5.4 참고). 프로토콜은 누군가 이미 스스로에게 위해를 가한 경우, 위험에 대한 초기 평가에서부터 다른 보호자 및 응급 서비스의 관여에 이르기까지 진행 방법에 대해 설명한다. 이것은 압도적인 것으로 나타나는 자살 정서들에 대해 우려가 존재할 때마다, 즉, 사람들이 자살에 대한 강한 바람을 보고하고, 자살에 대해 지속적으로 생각하고, 자살 계획을 가지고 있으며, 자신이 최근 자살 시도를 했다고 말하거나, 자살 충동의 위험을 상당히 증가시키는 심각한 증상들(예, 중증 조증, 혹은 정신병)을 겪고 있는 경우에 가동된다(표 5.4 참고).

표 5.4. 우려가 제기되는 상황들과 추가 정보를 수집하기 위한 질문들

참여자들이 다음을 보고하는 상황들에서 우려가 제기된다.

- 자살하고 싶다는 강력한 바람
- 자살에 관한 지속적인 생각
- 자살 계획 세우기
- 자신이 자살 시도를 할 것이라는 확신
- 최근의 자살/자해 시도
- 중증 조증 및 정신병 증상들

자살에 대한 정서들이 압도적인 것으로 나타날 때, 개인이 현재 받고 있는 전문적 도움에 관한 정보를 수집한다. 개인이 전화로 연결된 경우, 이는 "현재 어디에 있습니까?"와 같은 질의를 포함하며, 모든 상황들에서 다음을 확인해야 한다.:

- "자살에 대한 생각을 한지 얼마나 오래되었습니까?"
- "스스로에게 위해를 가할만한 무언가를 한 적이 있습니까?"
- "당신의 생각을 다른 사람과 공유했습니까?"
- "가족 주치의, 혹은 다른 전문가에게 이에 관해 얘기했습니까?"

지도자는 수치심, 자기혐오, 정서적 혼란 및 기타 이유들이 처음에 위기에 놓인 참여자들이 도우려는 우리의 노력과 타인과 관계 맺기를 거부하도록 초래할 수 있다는 것을 인식해야 한다. 따라서 참여자들이 우리에게 말하는 것이 우려를 제기한다면, 우리는 이를 열린 마음으로 인식하고, 이들에게 설사 불편하더라도, 우리가 참여자들을 보호하기 위해 조치를 취해야 할 전문적, 윤리적 의무를 가지고 있다는 것을 이야기해야 한다. 동시에, 이들에게 우리에게 가장 중요한 것은 참여자들의 안전과 행복이며, 이것은 참여자들의 바람을 우선시하는 우리의 유일한 이유라는 것을 확신시키며, 참여자들을 존중하고, 이해하는 마음으로 이들과 접촉을 유지하는 것이 중요하다. 대부분의 상황에서, 우선순위는 참여자들이 자신들의 일반의(GP)와 접촉하도록 설득하는 것이다. 일반의는 영국에서 의료 중재의 첫 번째 관문 역할을 하며, 위기 관리팀의 개입과 필요한 경우 입원을 포함하여 추가 조치에 착수할 책임을 가진 전문가이다. 물론 참여자들이 스스로 이러한 접촉을 하는 것이 바람직하며, 우리는 이들에게 이를 권장할 것이다. 동시에, 프로토콜은 우리가 후속 조치를 취하거나, GP와의 초기 접촉을 권장하는데 있어 이들의 허락을 구해야 한다고 명시한다. 전문가와 참여자 사이에 이러한 민감한 논의가 얼굴을 맞대고 이루어지는 경우, 좋은 진행 방법은 참여자들이 정확히 들을 수 있도록, 참여자가 있는 그 자리에서 GP에게 전화를 거는 것이다. 참여자가 GP와 접촉하는 것에 대해 동의하지 않는 경우, 우리의 절차는 먼저 이러한 사례를 동료와 논의해야 한다고 명시한다. 이러한 동료는 우울장애와 자살 충동을 다룬 광범위한 경험을 가진 팀의 고위 구성원이 바람직하다. 논의 이후 참여자가 여전히 심각한 위험에 처해 있는 것으로 생각되는 경우, 우리는 참여자에게 다시 연락해 우려를 표명하고, 원하지 않더라도 GP에게 알리는 방법 밖에 없다는 것을 설명해야 한다. 의혹이 드는 경우, 항상 조심스러운 접근을 채택하고, GP에게 연락해야 한다. 사랑하는 가족이 자살을 한 후 가족 구성원에게 이에 대해 알릴 때, 이들이 대처하기 가장 힘들어하는 것 중의 하나는 사랑하는 가족이 "전문적" 네트워크에 있는 누군가에 의해 심각한 위험에 처한 것으로 알려져 있었지만, 위험이 다른 사람에게 알려지지 않았고, 따라서 도움이 제공되지 않았다는 것을 알게 되는 것이다.

참여자가 이미 어떤 방식으로든 자살을 시도한 경우, 우리는 참여자가 어디에 있으며, 현재 상황이 어떠한지에 따라 대응해야 하며, 구급차를 부른 후, 다시 참여자에게 전화를 걸어야 한다. 가능한 경우 구급차가 도착할 때까지 참여자와 계속해서 얘기를 해야 한다(표 5.5 참고).

다른 상황들의 경우 자연스럽게, 이러한 표준 절차들을 특정 환경에 적용하기 위한 작업이 수행되어야 하며, 쉽게 이용 가능한 모든 관련 연락처 정보를 습득하는 것을 포함하여 가능한 많은 상황적 요인들을 고려해야 한다. 위험이 비교적 낮은 것으로 고려되는 상황에서도, 위험의 발생은 예측하기 어렵기 때문에 이러한 절차를 준비하는 것이 좋다.

표 5.5. 참여자들이 자살 위험에 놓여 있는 경우 지도자들의 위험 프로토콜

지도자는 개인의 현재 치료 계획에 관한 정보를 확인하기 위해 노력해야 한다(존재하는 경우). 예를 들어, 지도자는 다음을 물을 수 있다.:

- "주치의와의 다음 약속은 언제입니까?"
- "오늘 의사에게 그 순간에 어떤 느낌을 받았는지 얘기할 수 있습니까?"
- "이 문제를 가족 구성원이나 친구들과 논의할 수 있습니까?"

지도자/평가자는 개인에 관한 자신의 관심을 개방적으로 보여주어야 한다. 다음 내용들이 전달될 수 있다.:

- "당신이 심각한 자살 충동의 생각들을 표현했기 때문에, 당신의 안전이 정말 염려됩니다."
- "교육과정의 일부로 당신이 제공한 모든 정보는 완전히 기밀로 유지되겠지만, 당신이 심각한 해를 입을 위험에 처하는 경우 당신을 보호하기 위해 조치를 취하는 것은 저의 직업적, 윤리적 책임입니다."

지도자/평가자는 개인에게 GP와 추가적으로 연락할 것을 강하게 권장해야 한다.:

- 지도자가 GP에 연락할 수 있다는 점에 개인이 동의하는 경우, 이는 모든 상황들에서 이루어져야 한다. GP에 의해 취해지는 조치는 GP의 재량에 달려 있다.

개인이 GP에게 연락하는 것에 대해 허락하지 않는 경우:

- 지도자는 개인에게 연락을 하도록 강하게 권장해야 하며, 안전에 대한 우려로 개인의 바람과 반대로 GP에게 연락해야 한다고 느끼는 경우, 임상 경험을 가진 다른 동료들(프로토콜에 지명된)과 상의해야 한다.
- 개인이 심각한 위험에 처해 있다고 느끼는 경우, 지도자/평가자는 개인의 건강이 매우 염려되며, 동료들과 상황에 대해 논의함에 따라 GP에게 연락하는 것 이외에는 어떤 선택도 존재하지 않는다고 생각한다는 것을 표명해야 한다.

(계속)

개인이 이미 자살을 시도했음을 알리는 경우:

- 지도자/평가자는 개인의 위치와 상황을 확인하기 위해 노력해야 하며, 개인의 안전이 주요 관심사인 사람에게 알리고, 구급차를 부르고, 다른 동료들에게 알려야 한다.
- 이후 지도자는 다시 개인에게 전화를 걸어, 구급차가 도착할 때까지 개인에게 계속 얘기를 해야 한다.

금기들이 존재하는가?

자살의 위기는 드물게 발생하지만, 매우 취약한 환자들을 분류하는 것은 참여자와 지도자들이 종종 어려움을 다루어야 하는 도전에 직면하게 된다는 것을 뜻한다. 높은 수준의 취약성을 고려할 때, 이러한 참여자들은 8주 수업 기간 동안 슬픔, 무망감을 느끼거나, 혹은 다시 자살 충동을 느끼게 될 가능성이 크다. 그리고 참여자들에게 삶에서 유사한 상황들에 수업에서 배운 것을 적용할 기회를 제공함에 따라, 이것은 어느 정도까지 환영을 받을 수도 있다. 그러나 MBCT는 상당한 요구들을 수반하는 정신적 기술의 수련이다. 참여자들이 상당한 수준의 증상들로 고통을 겪는 경우, 이들은 수행들로부터 도움을 받기보다 쉽게 압도될 수 있다. 따라서 참여자들이 얼마나 프로그램을 따라갈 수 있을 것인지 파악하는 것이 중요하다. 지도자들은 참여자들이 힘든 시기에도 프로그램에 계속 몰두하도록 만들기 위해, 수행의 특성과 양을 조정하도록 참여자들을 도움으로써 어려움에 대응할 수 있다. 수행에 몰두하는 것에 있어 어려움이 발생하고, 처음부터 문제가 되는 경우, 이는 중요한 금기로 고려되어야 한다. 증상들의 빈번한 재발은 취약성의 대표적인 특징으로, 세갈(Segal) 외 연구자들의 연구(2010)가 보여주는 바에 따르면, 불안정한 차도를 보이는 참여자들은 특히 우수한 반응을 보여줄 가능성이 크다. 그러나 증상들의 임상 수준이 지속되고, 환자들의 기능을 지속적으로 약화시키는 경우, 환자들이 유익한 효과를 불러오는 방식으로 마음챙김 훈련에 몰두하기 전에 환자들을 지지할 다른 중재들이 필요하다.

마무리 글

이 장에서 우리는 우울장애와 자살 충동에 대한 취약성 신호들과 이러한 특징들에 대응하며, 식별을 촉진하도록 임상의들이 자살 위기들에 대한 신속한 대응들을 준비할 수 있는 방식에 대한 개요를 제공했다.

사람들은 마음챙김, 자기 자비의 타고난 역량에 따라 차이를 보일 수 있지만, 스트레스와 부정적 기분은 거의 반드시 마음챙김의 저하를 수반하며, 우울장애의 경우 사고의 가혹한 자기비판 패턴이 자아에 대한 자비를 쉽게 압도할 수 있다. 그러나 바로 이 시점이 사람들이 어려운 상황에 변화가 가능하도록 마음챙김과 자기 자비를 가져와야 하는 때이다.

따라서 우리가 여기에서 설명한 심리적 취약성과 마음챙김 중재가 제공하는 자원들 사이에는 특별한 역학이 존재한다. 부정적 기분을 유지시키는 반추, 억제, 회피는 보통 마음챙김과 자비 자비의 결여에 따라 작용하는 반면, 마음챙김의 치유 특징들은 사람들이 물러서서, 친절과 자비심을 가지고 이러한 과정들에서 벗어날 수 있도록 한다. 마음챙김이 다루기에 특별히 적합한 것으로 나타나는 상황은 몰입에 가장 큰 장애물을 만들어내는 것들이다. 참여자들이 반추와 회피의 유해한 효과를 깨닫게 됨에 따라, 우리가 자비가 어떻게 "이치에 맞는지"를 가장 쉽게 볼 수 있는 가장 어려운 상황들에서와 마찬가지로, 마음챙김과 자기 자비가 더 명백해진다. 설명하게 되겠지만, 완전히 사기가 저하되고, 자살 충동의 우울장애를 가진 우리의 환자들에게 이러한 이해를 전달하는 것은 상황이 결코 개선되지 않으리라는 생각에 갇혀버린 시기에도(혹은 특히 이런 시기에) 프로그램에 몰두하도록 도우며, 중요한 시작점이 되었다.

6장

수업 전 면담 개발

취약한 참여자들에게 마음챙김 명상 참여와 지속 장려하기

수업에서든, 혹은 치료자 및 지도자와의 1 대 1 만남에서든, MBCT 교육과정을 완수하는 것은 참여자들의 집중적이고, 지속적인 전념을 필요로 한다. 이들은 가정에서의 수행을 위해 상당한 시간을 확보해야 한다(최소 8주 동안 7일 중 6일, 1시간씩). 이것은 보통 자체적으로 문제가 된다.: 어떻게 바쁜 생활에 맞추면서, 직업, 가족과 나란히 전념할 수 있겠는가? 아마도 반복적으로 자살 충동을 느끼는 사람들처럼, 특히 취약한 사람들에게 더 중요한 것은 과거의 부정적 사건들, 미래에 대한 절망 등 어떤 것이든 침투할 수 있도록 마음에 공간을 여는 것일 수 있다. 마음에 고통스럽고, 혐오스러운 것이 떠오르는 경우, 혹은 억제 및 "고정" 양식과 반추로의 도망에 의해 고통과 회피를 가까스로 막고 있는 경우, 프로그램의 이러한 본질적 요인은 훨씬 더 큰 문제로 다가올 것이다. 이러한 필수 작업을 지속하고, 몰두하는 것은 용기와 끈기를 요구한다.

교육과정의 중심 의도는 힘든 경험들을 회피하거나, 이러한 경험들의 존재 없이 이들을 분석하려하기보다, 이러한 경험들에 관심을 기울이고, 존재할 수 있도록 허용하며, 꾸준한 친절함으로 반응하는 법을 배우는 것이다. 일상의 어려움과 불쾌감들을 다루면서, 이러한 입장의 변화는 특정 정서적, 혹은 심리적 문제를 가지지 않은 사람들에게도 충분히 어렵다. 어린 시절의 고난과 학대의 고통에 뿌리를 두고 있으며, 무망감, 절망, 자살에 대한 생각을 수반하는 우울장애를 가진 사람들은 말할 필요도 없이, 반복적인 우울장애에 연료를 제공하는 강렬한 생각과 정서들을 가진 환자들이 동일한 급진적 변화를 만드는 것은 얼마나 더 힘들겠는가.

우리는 매우 취약한 참여자들에게 마음챙김 명상 수련의 어려운 작업에 몰두하고, 지속하도록 어떻게 권장할 수 있는가? 이 질문은 우리가 자살에 대한 생각, 혹은 자살 시도와 함께 반복적으로 우울장애를 앓는 사람들에게 MBCT를 처음 제공할 때 매우 뚜렷한 초점이 된다. 우리가 의도한 것, 우리가 수행한 것, 우리를 곤란하게 만든 것을 더 상세히 살펴보자.

자살 위험에 놓인 사람들에게 MBCT 제공하기: 첫 번째 단계

우리 연구 프로그램의 초기에, 우리는 먼저 반복적인 우울장애를 경험할 뿐 아니라, 또한 반복적인 자살 충동의 생각, 정서 및 행동들로 표현되는 절망과 무망감의 영향을 받는 사람들에게 도움이 될 것이라고 믿었던 MBCT의 버전을 개발하고, 예비 실험에 착수했다. 지역 GP(일반의)들과 우리의 정신의학 동료들은 특정 자살 위험에 놓여 있는 것으로 여겨지는 환자들을 선택하여 우리의 클리닉으로 의뢰했으며, 우리는 GP 및 정신과의사가 임상 치료와 책임, 즉, 이러한 높은 위험을 가진 사람들에 대한 치료의 본질적 측면을 유지하도록 하면서, 이러한 환자들의 소규모 수업들에 MBCT를 제공했다. 주로 우리의 프로그램은 원래의 MBCT 과정을 기반으로 했지만, 우리는 곧 이러한 특정 그룹에게 더 접근 가능하도록 약간의 중요한 변화들이 필요하다는 것을 발견하게 되었다(우리가 만든 변화들에 대한 상세 설명은 7장에서 14장 참고). 우리는 실행 가능한 커리큘럼으로 나타난 것에 대해, 염두에 둔 사람들에게 이것이 실제로 도움이 되는지 여부를 수립해야 했다. 따라서 우리의 두 번째 단계는 프로그램이 참여자들에 의해 실행 가능하고, 받아들여지는 것으로 발견되는지 여부를 수립하기 위해, 비교적 소규모의 무작위 통제 "예비 실험"을 수행하는 것이었다. 실행 가능하지 않거나, 받아들여지지 않는 경우, 우리는 다시 재고해야 할 것이다.

예비 실험

예비 실험이 옥스퍼드에서 수행되었다. 우리는 최소 8주 동안 정상 상태였지만, 과거에 최소한 한 번의 주요 우울 장애(MDD) 삽화를 경험했고, 자살 관념화의 이력을 가졌거나, 자살 시도를 한 적이 있는 18세에서 65세 사이에 참여자들을 모집했다. 우리는 단극 우울장애의 이력을 가진 사람들과 또한 양극성 장애를 가진 사람들도 포함시켰다. 단, 후자는 단극 우울장애를 가진 사람들처럼 우울장애 삽화들에 대한 동일한 기준을 충족시켜야 했으며, 지난 6개월 내에 조증, 혹은 경조증 삽화를 경험한 적이 없어야 했다. 인지 행동 치료(CBT)는 재발 방지 효과를 갖는 것으로 알려져 있으며(Hollon 외, 2005), 우리는 우울장애가 다시 재발한 경우가 아니라면 CBT의 과정을 이미 수행한 사람들은 제외했다. 우리는 우리가 찾고 있던 증상 패턴과 일치했으며, 무작위 기반으로 바로 즉시, 혹은 약간의 시간이 지난 후 8주간의 MBCT 과정을 받을 의지가 있었던 68명의 참여자들을 모집했다. 이는 우리가 두 집단의 단순한 비교를 통해 개정된 프로그램이 얼마나 도움이 되는지를 판단할 수 있도록 만들어줄 것으로 여겨졌다.

우리는 사람들이 실험을 시작할 때, 구조화된 진단 면담, DSM-IV 구조화 임상 면담(SCID; First 외, 2002), 우울한 기분에 대한 측정, 벡 우울장애 질문지(BDI-II; Beck 외, 1996)를 포함하는 상세한 임상 평가를 수행했다. 이 외에, 우리는 약간의 기분 저하에 따라, 그리고 이러한 기분의 고조와 지속을 촉진함에 따라 마음의 자살 충동 양상을 촉발하는데 연루될 것으로 가설을 세운 요인들을 평가하고, 수업들에 대한 영향을 평가할 수 있도록 할 다수의 심리 평가들(질문지와 실험 과제들)을 포함했다. 이 모든 초기 평가들은 8주간의 수업들로 완수되는 즉각적인 MBCT를 받기로 할당 받은 양쪽 그룹에 대해 반복되었다.

질문지

우리는 반추를 측정하기 위한 질문지, 반추 반응 부척도(Ruminative Responses Subscale-RRS; Treynor 외, 2003)를 사용했다. 이것은 사람들이 저조한 기분이나, 우울한 기분을 느낄 때 어떻게 반응하는지를 평가한다. 12개의 항목들이 기분 상태와 관련된 반추(예, “집중하기 얼마나 어려운지 생각해보라”)를 활용하며, 5개는 “깊은 근심”을 평가하고(예, “왜 나는 상황을 더 잘 처리하지 못하는가?”), 5개는 반드시 괴로움을 심화시키는 않는 방식으로 상황에 대해 숙고하는 것을 뜻하는 “성찰”(예, “왜 우울한지 이해하기 위해 최근의 사건들을 분석해보라”)을 평가한다. 또 다른 질문지는 자기 기술 질문지(Self-Description Questionnaire-SDQ; Carver, Lawrence, & Scheier, 1999)의 변경된 버전으로, 참여자들이 자신의 이상적인 자기, 되어야 한다고 믿는 자기, 그리고 되고 싶지 않아 두려운 자기에 비해 실제의 자신을 어떻게 판단하는지 평가한다. 이 질문지는 “차이 기반 처리”라고 알려진, 우울장애에 특징적으로 존재하는 패턴을 활용한다. 이는 단점들에 대한 끊임없는 초점이자, 특히 실제의 나의 모습과 원하는, 혹은 마땅히 되어야 한다고 여기는 나의 모습 사이에 격차 및 차이에 대한 초점이다. 당연하게도, 이러한 "차이에 대해 신경 쓰는" 패턴은 저조한 기분으로 반영되며, 왜 내가 지금의 모습인지, 왜 나는 침착할 수 없는지, 나에게 무엇이 문제인지 등에 대해 무의미한 반추를 계속하는 문을 열게 만든다.

실험 과제

자살 충동에 대한 취약성(인지 반응)

하나의 인지 실험 과제는 인지 반응, 특히 참여자들이 대인관계 문제들에 대한 잠재적 해결책들을 찾아내는 능력이 약간의 기분 저하로 얼마나 많이 약화될 수 있는지를 측정하고자 했다. 이를 평가하기 위해, 우리는 수단-목표 문제 해결 과제(Means-End Problem-Solving Task; Platt, Spivak,. & Bloom, 1978)의 변경된 버전을 이용했다. 이 과제는 다수의 문제 상황들(예, 아는 사람이 없는 새로운 동네로 이주하면서, 시계를 잃어버린다.)을 각 스토리의 행복한 결말(시계를 찾고, 새로운 친구들을 사귄다.)과 함께 제시한다. 과제는 문제와 행복한 결말 사이에 격차를 메울 수 있는 가능한 많은 방법들을 떠올리는 것이다. 이후 참여자들의 응답들은 독립적 판단들에 의해 효과가 평가되었으며, 우리는 얼마나 많은 응답들이 만들어지고, 얼마나 효과적인 것으로 판단되는지 평가했다. 이전의 연구는 회복 중에 있거나, 정상 기분 상태인 경우, 과거에 자살 충동을 가졌던 환자들은 문제 해결 능력에 있어 다른 사람들과 다르지 않으며, 우울장애를 겪은 적이 없는 사람들 및 우울장애를 겪었지만 자살 충동을 겪은 적이 없는 사람들과 동일하다는 것을 우리에게 보여주었다. 그러나 우리가 약하고, 일시적인 저조한 기분을 도입했을 때(우울한 글을 읽으면서, 우울한 음악 듣기), 문제 해결 능력의 부족이 명확하게 나타났다. 이것은 도입 절차가 우리 기분에 강력한 효과를 끼쳤음에도, 자살에 대한 생각이나 행동 없이 과거에 우울장애를 겪었던 사람들에게서는 나타나지 않았다. 따라서 우리는 일반적인 우울장애보다 자살 충동에 특화된 취약성의 특징을 발견했다. 이제 우리는 이러한 과정이 MBCT에 의해 영향을 받을 수 있는지 여부를 알아보고자 했다. 드러났듯이, 우리가 발견하지 못하도록 만든 어떤 일이 일어났으며, 이에 대해서는 차후에 논의할 것이다.

신경 기능(전두엽 알파파 비대칭)

둘째, 더 소규모의 MBCT 표본(n=10)과 평상시 치료를 사용한 참여자들의 표본(n=12)에 대해, 우리는 신경수준에서 접근과 회피 양상을 반영하는 것으로 여겨진 생물학적 기능

테스트, 즉, 전두엽 알파파 비대칭(frontal –asymmetry) 측정을 사용했다.

우리가 발견한 것

MBCT는 도움이 되었는가?

수업 후 의견들은 참여자들이 수업의 가치를 발견했다는 것을 제시했다. 다음은 8번째이자, 마지막 수업에 참여한 참여자들의 의견들 중 선택한 것들이다.

- "내가 다시 삶을 찾게 해주어서 고맙습니다. 나는 과거가 내 삶을 지배하고 있었다는 것을 발견했지만, 이제는 플래시백이 현재를 방해하지 않도록 하면서, 이를 처리하는 법을 알게 되었습니다. 나는 새로운 눈을 통해 삶을 바라보고 있으며, 다시 삶을 즐기고 있습니다. 이제 나는 정말로 내 삶을 살아갈 만큼 강해졌습니다." [어린 시절의 학대 과거를 가진 참여자로, 회상을 허용하고, 자신의 경험들을 처리하도록 "어려움과 동석하기(sitting with the difficult)" 수행을 사용했다]
- "이것은 내게 매우 중요한 교육과정이었습니다. 나 자신을 위한 공간을 발견하고, 자신만의 시간을 소중히 여기도록 가르쳤습니다. 처음에 나는 가족과 친구의 시간을 빼앗는 이기심에 대해 죄책감을 느꼈습니다. 이제 나는 이렇게 하는 것이 매우 중요하다는 것을 알게 되었습니다. 스스로를 위해 존재할 수 없다면, 나는 어떻게 타인들을 위해 존재할 수 있겠습니까?"
- "이 프로그램은 내게 정말 중요했습니다. 나는 매우 혼합된 정서들과 상당한 우려를 안고 여기에 왔습니다. 이제 나는 더 강해지는 것을 느끼며, 6개월 전보다 더 잘해낼 수 있게 되었습니다. 이 그룹에서 상호 지지의 느낌을 받았으며, 인간 경험의 공유로부터 큰 가치와 힘을 얻게 되었습니다."
- "나는 회기들이 유용하면서도, 어렵다는 것을 발견했습니다. 나의 생각들에 대해 인식하고, 이러한 생각들이 나를 지배하는 것을 인식하는 것은 어려운 일이었습니다. 그러나 나는 이러한 것들이 단지 생각일 뿐이라는 점을 인정하기 위해 노력했습니다."
- "나는 계속해서 생각하고, 초조해하는 것보다 단지 '존재'하는 것으로 처리할 수 있게 되었다는 점에서 도움이 되었습니다."
- "나는 매우 오랜 시간 동안 나 '자신', 세상, 삶과 싸워왔습니다. 그리고 다른 사람들의 문제와 나의 문제를 구분해왔습니다. 나는 마침내 나 자신 안에서 더 많은 도움과 지

지를 추구하기 위한 시간과 장소를 찾게 되었습니다."

- "이것은 내게 선택을 할 수 있는 소중한 수단들을 주었습니다. 나는 반응을 관찰하고, 소용돌이에 빠지지 않는 선택이 있다는 것을 깨달을 수 있습니다. 프로그램은 내게 있어 매우 사려 깊고, 자비로운 큰 공간입니다. 나는 자연과 다시 연결되었고, '건포도의 마음'으로 사물을 인식할 수 있게 되었습니다."

우리의 변경된 8주간의 MBCT 버전은 최소한 네 번의 수업들에 참석한 참여자들에게 유용했던 것으로 밝혀졌다. 그러나 우리는 마음챙김 지도자가 교실 안에 있었던 마지막 수업 동안 제시된 것이며, 따라서 참여자들이 지도자를 칭찬하거나, 기쁘게 만들려는 바람을 반영할 수 있기 때문에, 이러한 의견들을 조심스럽게 다루어야 한다는 것을 깨달았다. 우리는 참여자들이 어떤 치료 집단에 속하는지 모르는 평가자들에 의해 수행된 측정들과 좋은 결과가 나타나도록 만들 수 없는 신경 측정에서도 동일한 패턴이 나타나는지 여부에 관해 더 확고한 결론들을 얻을 수 있을 것이다. 그렇다면 이러한 측정들은 무엇을 발견했는가?

실험 초기에는 MBCT를 즉각적으로 받은 사람들과 시간이 흐른 뒤에 받은 사람들 사이에 유의미한 차이가 존재하지 않았다. 그러나 대기 그룹에 있던 참여자들은 기다리는 시간 동안 다시 우울장애에 빠진 반면, 바로 MBCT를 받은 사람들은 일부 측정들에서 안정된 모습을 유지했으며, 다른 측정들에서는 개선된 모습을 보였다. 모든 참여자들이 차도를 보이는 시기, 즉, 상태가 좋을 때 실험을 시작했다는 것을 상기해보자. 따라서 우리는 실제로 개선이 아니라, 이러한 좋은 상태가 안정적으로 유지되는 것을 기대했다.

BDI-II에서, MBCT는 우울장애의 남은 증상들을 상당히 줄였지만, 대기 목록에 있던 사람들의 경우 어떤 변화도 일어나지 않았다. 우울장애에 대한 이러한 효과는 또한 양극성 장애 진단을 받은 사람들에게서도 발견되었으며, 양극성 장애를 가진 사람들의 MBCT 그룹과 대기 목록 그룹 사이에서 불안 감소의 경우 훨씬 더 큰 차이가 존재했다(Williams 외, 2008). MBCT 참여자들은 또한 대기 목록 그룹 참여자들에 비해 수업 이후 자신의 이상적인 자기와의 차이를 상당히 적게 보고했다. 이는 주로 대기목록에 있는 사람들의 경우 차이가 증가되는 것을 향하는 경향이 있었기 때문이다(C. Crane 외, 2008). 유사하게, 전두엽 알파파 비대칭 측정에서, MBCT 그룹은 균형 잡힌 프로필을 유지한 반면, 대기 목록 그룹의 참여자들은 오른편 활성화(회피 양상을 반영하는)를 향하는 모습을 보였다(Barnhofer 외, 2007). 따라서 MBCT는 실제로 이러한 취약한 환자들에게 우울장애의 일부 경감과 점차 증가하는 부정적 반응 패턴에 대한 보호를 제공한 것으로 나타났다.

그렇다면, 누가 도움을 받았으며, 누가 도움을 받지 못했는가?

앞선 단락의 처음 문장에 주목하자.: MBCT는 “최소한 네 번의 수업에 참석한 참여자들에게” 유용했다. 불행히도, 이는 참여자들 중 약 70%에 해당했다. 즉, 우리 참여자들 중 30%는 과정을 완수하지 못했다. 실제로 높은 중도 이탈 비율은 심리 치료 연구에서 드문 일이 아니지만, 확실히 이것은 만족스럽지 않았다(Crane & Williams, 2010). 대부분의 중도 이탈은 처음 몇 회기들 이내, 즉 과정의 초기에 발생했으며, 간혹 참석한 단 한 번의 회기가 끝나기도 전에 이탈하기도 했다.

요약하자면, 우리는 최소한 절반의 수업에 참여한 사람들에게서 긍정적인 결과들을 발견했다. 그러나 우리의 중도 이탈 비율은 문제가 되었다. 어떤 조치가 취해져야만 했다. 우리는 조기 이탈에 기여하는 심리적 요인들을 식별할 수 있는가? 그리고 그렇다면, 이러한 사람들의 영향을 줄이고, 과정에 머무르도록 돕는 중재를 할 수 있는가? 우리는 발생할 수 있는 문제들에 대해 참여자들을 준비시키고, 몰입, 동기부여, 끈기를 강화시키도록 참여자들과의 초기 접촉을 조정할 수 있을까?

MBCT에서 중도 이탈할 가능성이 높은 사람은 누구인가?

다행스럽게도, 우리는 MBCT에서 중도 이탈할 가능성이 높은 사람들을 식별하는데 도움이 되도록 인지 측정들에서의 데이터를 이용할 수 있었다. 우리는 또한 중도 이탈이 양쪽 그룹이 공유하는 무언가 때문인지(예, 기존 이력 및 임상 상태), 혹은 MBCT와 관련된 중도 이탈에만 특화된 무언가가 존재하는지 여부를 수립하기 위해, MBCT와 대기 그룹의 중도 이탈 패턴들 사이에서 차이를 분석할 수 있었다.

우리는 90%의 확실성으로 누가 MBCT에서 가장 중도 이탈할 가능성이 많은지, 즉, 누가 힘든 경험을 회피하거나, 우울한 반추에 사로잡힐 가능성이 큰지 예측할 수 있는 것으로 나타났다. 특히 실망스러웠던 것은 처음에 우리가 자살 충동 우울장애의 인지 “특징”, 즉, 약하고 일시적인 기분 저하가 도입되었을 때 문제 해결 효과가 떨어지는 것을 조심스럽게 측정한 것이었다. 이 측정에서 가장 취약한 모든 사람들이 조기에 MBCT를 그만두었다(Crane & Williams, 2010). 따라서 이탈할 가능성이 높은 사람들은 바로 우리가 돕고자 의도했던 사람들이었다. 이후 우리는 이러한 요인들이 실험 전체에서 중도 이탈을 예측할 수 있는지 여부를 알아보았다(통제 그룹에서도). 그러나 예측하지 못하는 것으로 나타났다. 결과는 놀라웠다.: 가장 높은 자살 위험에 처한 가장 취약한 환자들이 MBCT 과정을 시작하기도 전에, 혹은 초기 단계들에 포기할 가능성이 가장 높은 사람들이었다. 우리는 여전히 MBCT가 가장 취약한 사람들에게 도움이 되는지 여부를 알지 못했다.

무엇을 할 수 있을 것인가? 우리는 반복되는 자살 충동 우울장애로 고통 받는 사람들을 위한 프로그램을 개발했지만, 이는 오직 사람들이 우선적으로 프로그램에 참여하고, 과정을 유지할 수 있는 경우에만 가능하다. 잠재적 문제들과 이러한 문제들을 마주하는데 있어 참여자들을 더 잘 준비시킨다는 것을 부각시키기 위해, 아마도 우리는 지도자와 참여자 사이에 과정 전 면담을 변경할 수 있을 것이다. 그러나 먼저, 우리는 어떤 것이 MBCT를 사람들에게 있어 위협적인 것으로 만드는지 고려해야 하며, 높은 위험에 처한 잠재적 참여자들과의 초기 만남들을 긴밀히 조사해야 할 것이다.

MBCT 참여에 대한 장애물

우리 예비 실험의 결과들은 빠르게 자기 패배적 반추에 사로잡히고, 문제 해결 능력의 저하를 경험하는 것으로 이어지는 우울한 기분과의 접촉은 종종 초기 단계에 참여자가 그만두도록 만들 수 있다는 것을 제시했다. 그러나 이것은 충분한 정보가 아니었다. 이것은 MBCT 과정에 들어간 참여자들의 "생생한 경험"과 이들이 지속할 수 없게 만든 요인들을 제공하지 않았다. 따라서 우리는 수년간 가장 취약한 사람들을 다루어 온 임상 심리학자인 우리의 동료 앤 해크먼(Ann Hackmann)에게 중도 이탈한 사람들과 경험을 공개적으로 이야기 할 수 있는 면담을 진행해 줄 것을 요청했다. 해크먼의 연구 결과들은 참여 과정에서 대두될 수 있으며, 아마도 실험 초기 동안 다루어졌어야 할 다수의 요인들을 제시했다. 대부분의 요인들은 마음챙김 지도자들에게 익숙했다. 중도 이탈한 사람들이 가장 높은 위험에 처한 사람들인 경우 모든 요인들이 고려해야할 중요성을 갖는다. 그녀가 발견한 것은 다음과 같다.

시간 내기

"시간을 내는 것은 어려웠다. 저녁 때 두 시간은 긴 시간이었으며,
나는 왔다 갔다 하는데 두 시간을 운전해야 했다.
하루를 마감하는 시간에 이것은 피곤한 일이었다."

"나는 단지 매일 수행을 할 수가 없었다. 나는 해야 할 일이 너무 많다. 따라서 나는 정말로 죄책감이 들었다."

8주 동안 2시간씩 진행되는 수업, 아마도 과정이 끝날 무렵 하루 종일 안내되는 명상 수행, 여기에 더해지는 이동 시간 이외에, 참여자들은 과정 내내 7일 중 6일 동안 1시간의 가정에서의 수행을 하도록 권유 받는다. 이것은 우리의 참여자들이 참석할 당시 정상 상태였다는 것을 상기할 때, 바쁜 생활에 끼워 맞추기에는 상당한 시간이며, 보통 직장 일과 가족에 또한 상당한 시간을 할애해야 한다. 약간의 어려움이 있기는 하지만, 매일 잘 대처하고 있을 때 왜 더 많은 고통에 스스로를 노출시키려 하겠는가?

사람들의 생활환경이 항상 쉬운 것은 아니었다. 예를 들어, 일부는 배우자 및 가족들과의 관계에 어려움을 겪었으며, 일부는 재정적 어려움을, 일부는 좋지 못한 건강 상태를, 또 다른 일부는 합당한 압박(예, 어렵고, 책임 있는 일을 가진 사람들, 어린 자녀를 둔 한 부모)으로 인한 과도한 일과 스트레스를 겪고 있었다. 이러한 상황에서 영양과 명료함을 얻는 대신, 매주 수업을 받기 위해 이동하고, 매일 명상 수행을 하는 것은 해내야 할 또 다른 일이자, 이미 부담스러운 과제의 긴 목록에 올릴 또 다른 항목이 될 수 있다. 또한 일부 사람들은 자신에게 시간을 투자하는 것에 어려움을 겪었다. 이런 식으로 자신을 우선시하는 것은 이기적이거나, 제멋대로인 것으로 여겨졌다. 이러한 양쪽의 문제들은 때때로 기분이 저조할 때 더 많이 대두될 가능성이 있다.

어려운 생각 및 정서들과 긴밀히 접촉하게 되는 것

"과정에 참여하는 것은 문제를 표면화시킴으로써 상황을 악화시킬 수 있다."

"나는 어려운 일에 다가가야 할 것이라고 예상했지만, 이에 따라 기분이 저하되는 것을 느꼈다. 나는 계속해서 우울한 상태에 머무르는 것이 현명한 일인지 의문이 들었다."

"힘든 경험을 다루게 되는 경우, 이후에 다시 정상으로 돌아오기 힘들었다."

우리는 이미 우울함 및 절망을 포함하여, 고통스러운 생각과 정서들에 다르게 반응하는 법을 배우려는 프로그램의 중심 의도에 의해 제기되는 문제에 대해 논의했었다. 과거에, 참여자들은 고통스러운 생각과 정서들을 회피하거나, 억누름으로써, 혹은 곤란에서 벗어나는 방법에 대해 생각하고자 노력함으로써 스스로를 고통으로부터 보호하기 위해 상당한 노력과 에너지를 쏟아 부었을 것이다. 이러한 전략들이 안전하게 머무르고, 직면한 문제들을 해결하는 유일한 길이라고 느낄 수 있다(Watkins, 2008; Wells, 2009). MBCT 과정의 목적은 사람들에게 비교적 강하지 않은 일상적인 부침을 겪으며, 새로운 반응을 배울 기회를 제공하는 것이다. 그러나 우리의 가장 취약한 참여자들의 경우, 예비 실험은 약간의 기분 저하로도 쉽게 강력한 부정적 생각과 강렬한 정서들이 촉발될 수 있다는 것을 보여주었다. 이후 이들이 반추하는 근심으로 빠지거나, 혹은 혐오스러운 것을 회피하려는 자연스러운 욕구에 굴복하는 경우, 일시적 상태일지라도 강화되거나, 지속될 것이며, 아마도 우울장애와 재발의 위험에 근접하는 위험에 대한 기존의 두려움을 확인시켜 줄 것이다. 그리고 이러한 어려움들은 어떤 이유로든 기분이 저하될 때마다 심화될 것이다.

너무 이른, 너무 많은 기대

"이것은 실패에 대한 많은 생각들을 촉발시켰다."

"나는 지금쯤이면 확실히 약간의 진전을 보였어야 한다고 생각했다."

"처음에는 정말 열정적으로 느끼지만, 이후 무언가 잘못되면, "뭐 하러 가려고 하지? 아무 소용도 없는데"라고 생각하게 된다."

마음챙김 명상 훈련은 쉬운 과제가 아니다. 이것은 자기판단과 과정에 대한 비판을 불러일으킬 수 있다. 일반적으로 우울장애와 특별히 자살 충동은 자기에 대한 부정적 정서와 연결되며, 종종 불합리하게 높은 개인적 기준과 연관된다(우울장애에 대한 벡의 인지 모델이 제시하듯이). 이러한 기준은 완벽주의와 같은 "마땅히 해야 할 일"(O'Connor, O'Connor, O'Connor, Smallwood, & Miles, 2004), 혹은 항상 타인들을 만족시키고자 하는 욕구나, 통제되는 상태(즉 차이 기반 처리; O'Connor, O'Carroll, Ryan, & Smyth, 2012) 등이다.

이러한 것들은 다른 문제 상황에서 그러하듯이, 가정 수행에서의 어려움에 반응하여 작동될 수 있으며, "바로 잡고자 하는 것"이나, 즉각적인 결과를 얻으려는 압박, 혹은 (어려움이 많을 때) 실패에 대한 느낌을 초래할 수 있다. 따라서 사람들이 가정에서의 수행을 자연스러운 장애물과 안정기를 가진 점진적인 학습 과정으로 인식하고, 자신의 반응을 다시 나타나는 자기비판의 오랜 패턴으로 인정하지 않는 경우, 가정에서의 수행 자체가 기분 도입 절차의 역할을 할 수 있다.

그룹의 일원이 되기

"처음에 나 자신을 소개해야 하는 것이 정말 어려웠다."

"나는 내 것이든, 혹은 타인들의 것이든, 개인적 문제들을 너무 많이 공유하지 않는 편이 좋다. 신뢰를 쌓는 데는 시간이 걸리며,
나는 오직 친한 친구들과 공유하고 싶다."

"나는 그룹의 일원이 되는 것이 너무 어려웠다. 나는 상호 교류를 많이 하지 않으며,
좋지 않은 분위기를 초래하지 않을지 두렵다.
나는 단지 도망가고 싶어졌다."

"나는 정신적으로 문제가 있는 이 모든 사람들과 한 방에 있는 것이 싫었다."

그룹의 일원이 되고, 공통의 경험을 공유하는 경험은 보통 참여자 경험의 핵심 요인이며, 고통적인 인간성 및 타인들과의 연결을 강조하기 때문에 중요하다. 이것은 우울장애에서 보통 나타나는 고립과 반대되는 것이다. 그러나 일부 참여자들의 경우, 낯선 사람들의 그룹과 경험을 공유한다는 생각은 자체적으로 위협적이다. 몇 명은 타인들에 의한 평가가 표면화되는 것을 두려워하며, 실제로 사회 공포증의 진단 기준을 충족시켰다. 이러한 경우가 아니더라도, 그룹 앞에 나서서 이야기하는 것은 일반적으로 불안감을 불러일으키는 경험이며, 기분의 저하가 종종 우울장애를 수반하는 중도 포기의 욕구를 활성화시키는 경우에 더욱 그러하다.

외톨이가 되는 것

"나는 외톨이가 되는 것처럼, 불편함을 느꼈다."

"나는 잘 적응하지 못했다. 나는 다른 사람들보다 더 나쁜 것으로 보였다."

"나는 다른 사람과 비교하여 너무 쾌활했기 때문에, 정말로 죄책감이 느껴졌다."

예비 실험은 우리에게 MBCT를 중도에 그만 둔 참여자들이 계속한 사람들에 비해 훨씬 더 젊다는 것을 보여주었다. 처음에, 우리는 이것이 젊음과 관련되는 것으로 생각했다(아마도 충분한 가정에서의 수행을 기꺼이 하고자 하기에는 아직 우울장애의 경험이 많지 않은 것인가?). 그러나 이러한 발견은 단순히 젊은 참여자들과 그룹의 다른 구성원들 사이에 연령의 차이를 반영하는 것일 수 있다는 것이 밝혀졌다. 대부분의 참여자들이 40대에서 60대였다. 사람들은 위의 의견들이 보여주는 것처럼, 다수의 다른 이유들로 인해 "외톨이"가 되는 경험을 할 수 있다.

우리가 과정의 가장 초기부터 참여자들이 마음챙김에 참여할 수 있도록 무언가를 해야 한다는 것은 분명해졌지만, 참여자들의 현 단계에서 이것이 너무 어려운 것으로 입증되는 경우 물러날 기회를 주어야 한다. 그리고 우리는 첫 번째 수업까지 기다릴 수 없다. 우리는 참여자들을 만나는 처음 순간부터, 즉 수업 전 면담의 순간부터 우리가 했던 것을 변화시켜야 했다.

수업 전 면담의 변화

수업 전 면담은 항상 다수의 이유들로 인해 중요하게 여겨졌다. 이제 우리는 이것이 가장 높은 자살 위험에 놓인 참여자들에게 절대적으로 중요하다는 것을 알게 되었다. 가장 반응을 보이는 사람들은 새로운 학습의 소중한 기회들을 제공할 수 있는 프로그램에서 중도 이탈할 가능성이 가장 큰 사람들이었다. 우리는 다루어야 하는 문제들을 각각 차례로 분석할 것이다. 첫째, 표 6.1은 수업 전 면담의 주요 역할들을 확인시킨다.

위에 설명된 바와 같이, 예비 실험은 여기에서 무엇이 중요할 수 있는지에 대한 유용한 단서들을 제공했다. 이 결과들로부터, 우리는 기분을 저하시키는 과제가 가장 취약한 사람들의 전형적인 특징에 관한 중요한 확인을 제공한다는 것을 확실히 알 수 있었다. 그러나 또한 너무 이른 단계에 오래된 우려들을 활성화시켰을 수 있다. 중도 이탈의 위험을 평가할 또 다른 방법이 존재하는가? 실제로 존재했다. 중도 이탈할 가능성이 가장 큰 사람들은 반추하는 근심에 대한 척도와 내적 경험의 회피를 측정하는 척도에서 가장 높은 점수를 받은 참여자들이었다. 이러한 것들은 사람들의 기분을 저하시키지 않고도 평가될 수 있다. 따라서 우리는 참여자가 반추 및 회피에서 높은 점수를 받는 경우 과정의 지도자가 평가자로부터 결과에 대해 듣거나, 혹은 양쪽의 특징들에 대한 신호들에 "귀 기울이는" 시스템을 만들었다. 이에 따라 우리는 "추구적 행위 양식"의 존재를 보여주는 참을 수 없는 절망과 자살 충동의 주요 신호들, 그리고 비극적인 결과를 가져오며 역효과를 낼 수 있는 강렬한 고통을 다루고자 하는 시도들을 경계할 수 있다. 그리고 지도자들은 참여자의 안전이 우려되는 경우 필요한 모든 조치들을 취할 준비를 갖추게 될 것이다.

표 6.1. 수업 전 면담의 역할

---

1. *지도자와 참여자 사이에 동맹 구축.* 프로그램이 수업 포맷으로 제공되는 경우, 이는 지도자와 참여자에게 깊이 있는 대화를 나눌 수 있는 유일한 1 대 1 면담의 기회가 될 수 있다. 따라서 중요한 생활사, 문제, 걱정거리들은 초점이 전개되는 마음챙김 명상 훈련 과정을 긴밀히 배우고, 조사하는 것에 맞추어지고, 참여자가 공개적으로 이야기할 의향을 덜 갖게 되는 수업에서 일반적으로 발생하는 것보다 더 전체적으로 나타날 수 있다. 이것은 지도자와 참여자 간에 관계가 수립되고, 신뢰 관계가 형성될 수 있는 자리이다.
2. *재발성 우울장애에 대한 이해.* 면담은 지도자가 우울장애가 처음 언제, 어떻게 시작되었는지, 이후 무슨 일이 일어났는지, 참여자가 어떻게 우울해지는지, 참여자에 대해 우울장애의 궤도를 그릴 수 있도록 한다(특히 자살 충동의 정서들에 대해 공개적으로 이야기하는 것을 포함하여). 이러한 논의를 통해, 개인 경험의 매핑에서 재발성 우울장애(그리고 자살 충동)의 특성에 대한 이해가 생긴다. 참여자들은 지도자가 어려움과 절망에 대한 이야기로 당황하기보다 상황에 대해 이해하고, 차분한 끈기와 수용을 체화하는 것에 대해 안심하게 될 수 있다.

(계속)

3. *개인적으로 관련된 과정의 근거 확립.* 참여자들의 이야기를 어느 정도 상세하게 듣는 것은 MBCT에 대한 근거가 각자의 우울장애 경험과 직접 관련되는 방식으로 공유될 수 있도록 한다. 따라서 예를 들어, 반추가 특정 개인에게 중요한 경우, 지속되는 생각들과 다른 관계를 발견하는 것에 대한 생각이 강조될 수 있다. 다른 한편으로, 참여자가 회피하는 대처 방식을 가진 경우, 어려움에 접근하는 가치와 명상 수행이 어떻게 도움을 주는지가 중심 단계를 차지할 수 있다.
4. *마음챙김 명상에 대한 기대와 오해 확인.* 과거의 명상 경험과 명상이 뜻하는 바에 대한 기대들을 물음에 따라, 오해들이 유용하게 확인되고, 수정될 수 있다. 예를 들어, 목표는 완전히 비워진 마음을 달성하는 것이다. 지도자는 수행들의 목표가 마음을 깨끗하게 하는 것이 아니라, 우울장애에 대한 취약성을 만들어내는 것을 포함하여, 마음의 작용들과 친밀해지는 것이며, 단, 이러한 마음의 작용들을 능숙하게 다루는 법을 알기 위해서는 자연스럽게 시간과 수행 노력이 필요하다는 것을 설명할 수 있다.
5. *과정의 실행에 대한 개요.* 날짜와 시간(해당되는 경우, 전일 수행과 후속 모임들을 포함하여), 가져와야 하는 것, 참석할 다른 사람들, 참여자가 참석할 수 없는 경우 연락하는 방법 등을 포함하여, 과정의 기본적인 실행 개요가 설명될 수 있다.
6. *잠재적 어려움과 문제 다루기.* 아마도 이 장의 맥락에서 가장 중요한 것은, 면담이 또한 지도자가 이러한 집중적인 프로그램에 따라 잠재적 어려움과 불안들에 대해 공개적으로 이야기하고, 가능한 해결책을 찾기 위해 참여자와 협력하는 것이 힘들 수 있다는 것을 인식할 기회를 제공하는 것이다.

이 외에, 지도자들은 발생할 수 있는 더 일반적이거나, 흔한 다른 문제들에 대해 참여자들을 준비시킬 수 있다. 예를 들어, 이들은 필요한 상당한 할애 시간에 대해 명확히 할 수 있으며, 이로부터 어떤 문제들이 발생할 수 있는지 조사할 수 있다. 이들은 참여자가 "외톨이"가 될 가능성이 있는지 여부에 대한 생각을 얻게 되며, 참여자가 이러한 불편한 상황에 어떻게 유용하게 반응할 수 있는지에 대해 논의할 수 있다. 이들은 참여자들에게 명상이 항상 즐겁고, 편안한 것은 아니며(이는 어떤 것이 나타나는지에 달려 있다), 어려움을 경험하는 것은 실제로 "제대로 작용하지 않는다는" 신호는 아니라는 것을 경고할 수 있다. 대조적으로, 어려움의 경험에서 가장 큰 통찰이 나타날 수 있다. 명상 수행을 어렵게 만드는 것은 또한 참여자들이 다른 방식들로 스스로를 돌보는 측면에서 대두되는 것일 수 있다. 따라서

어려움('장애물')을 긴밀히 관찰하는 것은 역설적으로 소중한 학습 기회가 될 수 있으며, 실제로 사람들이 과정에 참여하려는 주요 의도, 즉, 재발과 반복의 가능성을 줄이는 것과 직접 관련될 수 있다.

이러한 면담의 측면은 당황스럽고, 의욕을 저하시키는 요인을 포함한다. 바로 의학이든, 심리학이든, 어떤 종류의 치료도 임상 우울장애를 경험한 개인이 결코 다시 이를 경험하지 못하도록 보장할 수 없다는 점이다. 따라서 가장 강력한 자세는 특정 상황을 고려할 때 우울장애가 다시 찾아올 수 있지만, 이런 경우에 대해 다르게 반응하는 법을 배울 수 있으며, 이에 따라 정도가 덜해지고, 더 짧은 기간 동안 지속될 수 있다는 점을 받아들이는 것이다. 우울장애가 다시 재발한다 하더라도, 자기비판과 무망감으로 우울장애의 부담을 가중시키기보다, 많은 사랑을 받는 좋은 친구인 것처럼, 자비심을 갖고, 친절하게 스스로를 다룰 수 있게 된다. 어떤 측면에서, 이는 절망적인 전망으로 보일 수도 있다. 그러나 본질은 희망이 담긴 메시지이다.: "당신이 할 수 있는 무언가가 존재한다." 면담의 안전한 상황에서 민감하게 다루어질 경우, 사기를 저하시키기보다 현실적으로 도움이 될 수 있다.

우리가 주요 임상 실험을 향하게 됨에 따라, 참여와 지속성을 장려하는 방식으로서 수업 전 면담의 중요성이 증가되었다. 이는 면담의 포맷과 기능이 MBCT 매뉴얼의 첫 번째 판과 달리, 두 번째 판에서 더 상세하게 설명된다는 사실로 반영된다(Segal 외, 2013, 6장). 여기에서 우리는 가장 취약한 참여자들, 즉, 중도 이탈할 가능성이 가장 높은 사람들을 특별히 돕고자 의도한 과정의 요인들에 초점을 맞춘다.

수업 전 면담에서 강조되는 것의 주요 변화는 참여자들이 어렵거나, 도전적으로 느껴질 수 있는 과정 참여의 측면들을 탐구하고, 이러한 것들을 자신들이 가장 원하고 바라는 상황(미래의 우울장애로부터 벗어나는 것)에 대입하는데 더 많은 시간을 보낸다는 것이다. 우리는 예비 실험에서 소모에 대한 연구 발견들과 초기 수업들에서 참여자들로부터 비공식적으로 수집된 데이터를 가이드로 이용했다. 따라서 우리는 과정이 쉬운 여정은 아니겠지만, MBCT는 직접적으로 참여자들이 이곳에 참여한 주요 이유를 다루기 때문에, 과정에 머무를 가치가 있다는 점을 장려하게 되기를 희망했다.

우리는 참여자들이 프로그램의 특성과 형태에 대해 논의하고, (가장 중요한 점으로) 잠재적 문제들과 이러한 문제들에 어떻게 잘 대응할 수 있는지 성찰하며, 수집한 정보를 다룰 시간을 가질 수 있도록, 참여자마다 1시간에서 1.5시간으로 시간 할당을 확대했다. 참여자들이 얼마나 쉽게 이야기하는지, 얼마나 빨리 자신들이 참여한 프로그램의 특성을 이해하는지 등에 따라, 실제 면담 시간은 달라졌다. 우리는 다루기에 중요한 주제들의 체크리스트를 만들었으며, 이는 참여자들이 면담이 끝난 후 가져갈 수 있도록 인쇄물로 보강되었다(또한 참여자들은 중요한 것이 떠오르거나, 집에 돌아간 후, 불확실하게 느껴지는 것이 있는 경우 언제든 지도자에게 연락하도록 권유 받았다). 핵심 주제들은 MBCT 매뉴얼의 두 번째 판 6장에 상세하게 나와 있으며(Segal 외, 2013), 표 6.2에 개요가 서술되어 있다.

표 6.2. 수업 전 면담의 개요

- "어떤 문제로 여기에 왔습니까?" 우리가 재발성 우울장애를 이해하는 방법.
- "마음챙김 기반 인지 치료가 당신에게 어떻게 도움이 될 것 같습니까?"
- 가정에서 수행 계속하기
- MBCT 과정에 참여하는 동안, 참석하는 것에 대한 장애물들
- 비밀보장의 필요성
- 실용적 준비
- 면담 마무리 짓기

참고. Segal, Williams, Teasdale(2013).

우리의 시작점: "어떤 문제로 여기에 왔습니까?"

우리는 참여자들에게 자신의 이야기를 들려줄 기회를 제공하는 것으로 시작한다. 우리는 이들이 자신의 우울장애와 특징적인 양상에 대해 과정에 반영하고, 주의 깊게, 공감하며 들을 수 있도록 설계된 공개 질문들을 이용하여 이 과정을 인도한다. 따라서 지도자들은 이러한 개인의 이력, 현재 증상 패턴, 반복되는 기분 저하에 대한 반응, 우울장애가 작용하는 방식을 이해하는지에 관한 정보를 수집하며, 이는 개인적으로 관련된 프로그램의 의도와 형태에 대해 논의할 수 있도록 만들어준다. 동시에, 지도자들이 질문하는 초점 질문들은 주의 깊은 경청 및 공감 반응들과 함께, 환자들이 자신의 상태를 이해하고 있다고 느끼게 만들며, 어린 시절의 학대, 절망, 자살 충동이 드러나는 상황에서도 친절함과 끈기를 체화할 수 있도록 한다.

우울장애에 대한 이해

이상적으로, 우울장애에 대한 취약성의 특성(기존의 인지 패턴, 삽화 후 인지 반응), 연관된 심리교육을 논의하는 것은 (이를테면) 전체적으로 주제에 대한 개별 항목이 아니라, 환자의 이야기에서 발생한다. 이러한 과정은 도움이 되지 않는 생각, 반추하는 근심에 얽매이는 것, 회피를 상황에 대입해보고, 이러한 것들이 어떻게 우울장애의 전개와 지속의 자연스러운 부분이 되는지, 그리고 어떻게 이러한 것들을 있는 그대로 인식하는지(이러한 것들에 사로잡히기보다) 보여줄 기회를 제공하며, 우울장애가 다시 찾아올 때 최선의 반응을 할 수 있는 선택들을 열어준다.

1차 취약성

보통 우울장애는 먼저 가족이나 학교에서의 고통스러운 어린 시절 경험들의 맥락에서, 혹은 더 광범위한 사회적 압박 및 역경과 관련하여 발생되는 것으로 나타난다(우리 환자들 중 50%가 아동기, 혹은 청소년기 동안 첫 번째 삽화를 경험했다). 이러한 어린 시절의 경험들이 공개적으로 남용되어서는 안 된다. 예를 들어, 자녀가 인생에서 성공하도록 가르치는 최선의 방법이라고 믿기 때문에 자녀에 대해 비판적이고, 완벽주의적인 부모들, 혹은 아이에게 본질적 가치를 가르치지 않는 가족은 자기에 대한 지속적인 부정적 생각을 안겨줄 수 있으며, 아이는 지나치게 요구하는 보상 기준들에 따라 반응하게 될 수 있다. 이는 결국 개인적 희생에도 불구하고 항상 더 뛰어나야 한다거나, 혹은 욕구, 원하는 것, 의견, 바람들을 주장할 수 없다는 정서들과 같은 패턴들을 이끌 수 있다(Beck 외, 1979). 이러한 패턴들은 자체적으로 삽화의 시작에 기여한다. 예를 들어, 항상 110%를 수행하는 기준을 수립한 사람이 특정 이유들로 인해 이렇게 하지 못한 경우, 개인적 실패에 대한 정서와 가혹한 자기비판으로 반응하게 되며, 이는 필연적으로 저조한 기분을 불러온다.

삽화 후 취약성

이처럼 인지 반응이 생기는 경우, 우울장애의 여러 요인들 사이에 연관성의 강도도 점차 증가하게 된다. 이는 하나의 요인이 매우 적은 정도로 활성화되는 경우에도, 다른 요인들이 쉽게 뒤따르게 된다는 것을 뜻한다. 따라서 상황이 매우 좋지 않을 때 경험할 수 있는 것과 마찬가지로, 완벽하게 일반적인, 일상적 기분 저하도 저조한 기분을 심화시키고, 반추하는 근심으로 쉽게 빠져들거나, 회피 및 억제하고자 시도하는 사고의 부정적 패턴을 불러일으킬 것이다. 우울장애를 짧게 만들려는 이러한 시도들은 실제로는 깊어지고, 지속되는 기회들을 증가시키게 된다. 이것이 바로 예비 실험에서 우리의 가장 취약한 참여자들로부터 본 것이다. 프로그램에서 중도 이탈할 가능성이 가장 높은 사람들은 또한 약하고, 일시적인 기분 저하에도 문제 해결 능력이 무너지는 사람들이었다. 교실의 칠판에 보이는 것처럼 그려진 그림 6.1에는 한 특정 환자에게서 나타나는 순서가 묘사되어 있다.

강렬한 생각들과 고통스러운 정서들에서 탈 중심화 하는 능력을 육성하기 위해, 참여자들이 우울장애는 개인의 부적응, 혹은 취약함에 대한 신호가 아니라, 고난과 상실에 대한 정상적인 인간의 반응이라는 것을 인식하도록 돕는 것이 중요했다. 참여자들은 또한 삽화들이 이어짐에 따라, 우울장애가 점차 자율적이 되어가며(즉, 점점 더 약한 압력에도, 스위치가 켜질 수 있다), 결국 사소한 상황들과 일상적인 기분 변화들조차 우울장애 체계를 활성화시키기에 충분할 수 있다는 점을 알아야 한다. 이것은 우울한 기분을 경험하는 것에 대한 반응들이 단지 상황을 이해할 수 없으며, 어떤 것도 이를 정당화할 수 없고, 따라서 이것은 근본적으로 자신에게 문제가 있다는 것을 뜻하며, 자신이 할 수 있는 일은 아무것도 없다는 정서로 복잡해지는 많은 사람들에게 있어 중요한 깨달음이다(그림 6.1 참고).

각 삽화가 지난번보다 더 작은 촉발요인을 필요로 함에 따라, 재발성 우울장애의 자율성이 증가한다는 것은 많은 사람들에게 있어 중요한 깨달음이다. 우울장애에 대한 이들의 반응은 보통 "단지 이것을 이해할 수 없어", 혹은 "나는 우울해질 어떤 이유도 가지고 있지 않아"와 같은 정서로 인해 복잡해진다.
우울장애가 어떻게 마음/뇌에 영향을 끼치는지 약간이나마 이해하는 것은 "이것은 나의 잘못이 아니야"와 같은 안도감을 불러올 수 있다.

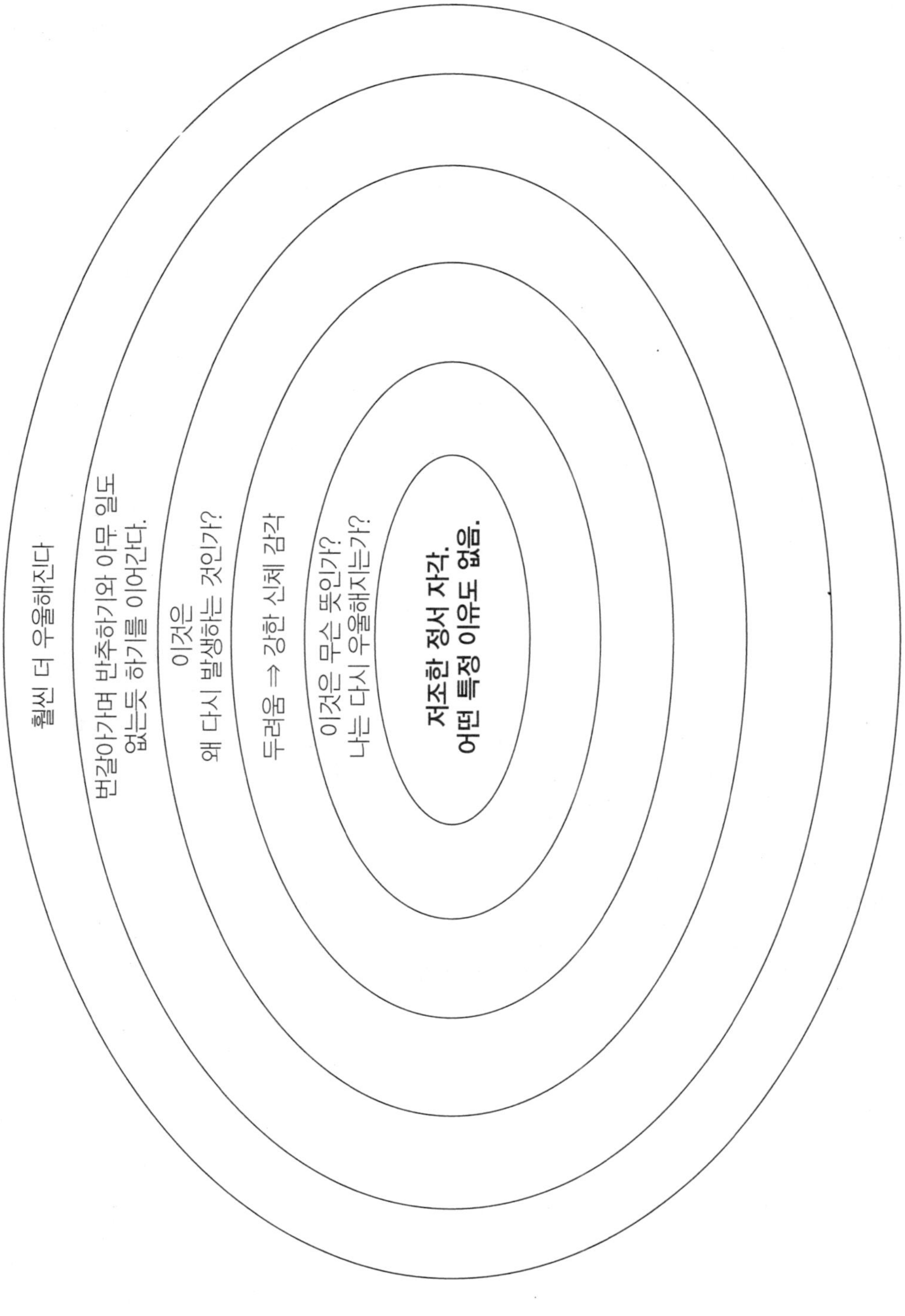

그림 6.1. **인지 반응의 과정:** 사례

이해를 촉진하기 위해, 우리는 그림 6.2에 보이는 "터닝 포크(turning fork)" 다이어그램을 이용하여, 자신의 경험에 각 요인을 관련시킴으로써 각 개인에게 맞추고, 순전히 교훈적인 가르침보다 질의를 통해 가능한 많이 진행시켰다. 우울장애가 존재할 때 이들은 자신의 생각에 대해 무엇을 알아차렸는가? 그리고 우울하고, 부정적인 생각이 기분에 끼치는 영향은 무엇이었는가? 기분이 좋을 때, 혹은 최소한 비교적 좋을 때 부정적인 생각은 어떠한가? 사라지는가? 아니면 더 쉽게 떨쳐버리거나, 혹은 다시 답할 수 있는 배경으로 희미해지는가? 이들은 삽화별로 이어지며, 과거로 확장되는 수평선에 나타나는 패턴과 점점 더 강해지는 사고와 기분 사이에 관계를 떠올릴 수 있는가? 물론 이들은 현재 좋은 상태이지만(그렇지 않을 경우 실험에 참여하지 못했을 것이다), 삶이 그러하듯이 특정 시점에 저하되는 기분을 느끼는 "발화점"이 존재할 가능성이 있다. 이것은 극적일 필요가 없다. 단지 작은 사건, 혹은 특정한 이유 없이 나타나는 저조한 기분일 수 있다. 이러한 일이 발생하는 경우, 이들의 생각에 어떤 영향을 끼칠 것인가? 그리고 이들은 어떻게 반응할 것인가? 저조한 기분과 다시 나타나는 부정적 사고 패턴을 느끼는 것에 반응하여, 이들은 무엇을 할 것인가? 자신에 대해, 삶에 대해, 미래에 대해 무엇을 할 것인가? 그리고 어떤 일이 발생할 것인가? 이들은

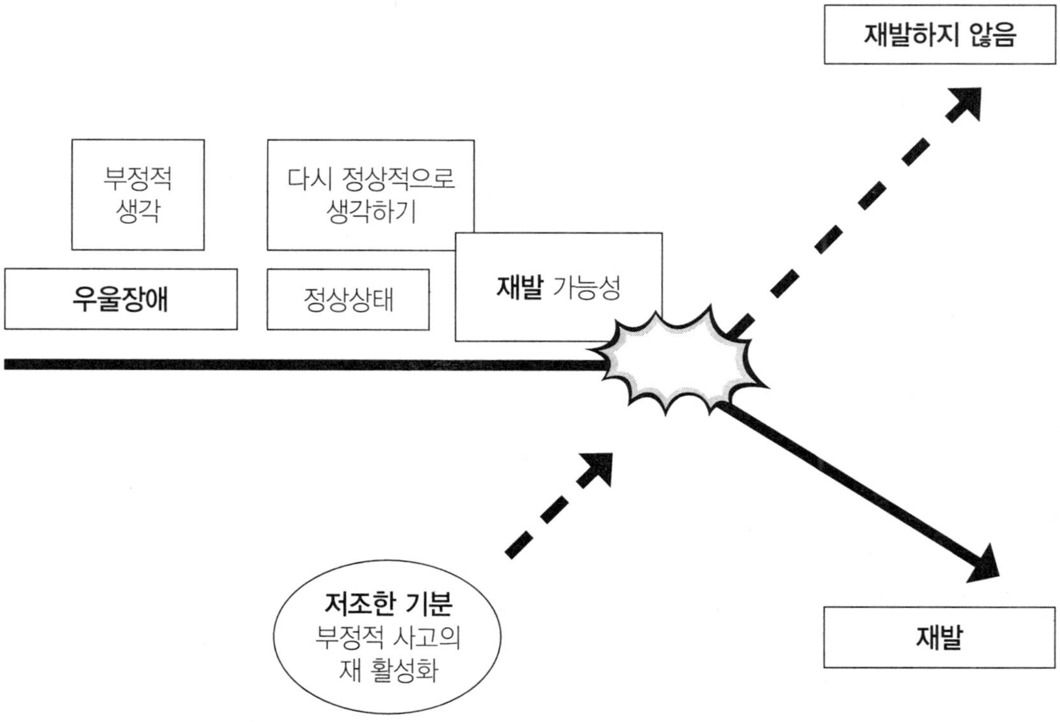

그림 6.2. 우리는 재발성 우울장애를 어떻게 이해하는가?

계속해서 돌아가는 생각(반추하는 근심)에 사로잡히게 될 수 있다. 혹은 일어나고 있는 일을 무시하려하거나, 주의를 돌리려 하게 될 수 있는가(회피)? 그러면 어떤 결과가 나올 것인가?

이는 우리를 다이어그램의 포크로 이끌 것이다. 이 지점에서 무슨 일이 일어나는지 확인할 수 없다면, 우울장애로 빠져들 수 있다. 그리고 이에 따라 우리는 MBCT의 목적과 의도에 도달하게 된다. 바로 재발에 대한 조기 경보 신호들에 대한 자신의 자각을 개선하고, 우울장애로 빠져드는 것이 짧아지도록 반응하는 새로운 방법들을 배우는 것이다. 사람들이 이러한 조기 경보 신호들을 놓칠 수 있다고 염려한다면, 이들은 우울장애의 존재를 인식할 수 있으며, 하향 경사의 특정 시점에서 새로운 반응 패턴으로 이동할 수 있다는 점에 안심할 수 있을 것이다.

과정: 목적과 포맷

환자의 이야기를 듣고, 우울장애의 특성에 관해 논의하는 것이 우울장애를 촉발시키고, 유지하는데 기여할 수 있는 특정 패턴의 사고와 행동을 확인할 기회를 제공하는 것과 마찬가지로, MBCT의 특성과 의도들에 대해 논의하는 것은 참여자들이 프로그램 동안 마주할 수 있는 문제들에 관해 알게 되는 기회를 제공한다. 가장 일반적인 문제들 중 일부가 아래에서 분석된다.

가정에서의 수행을 유지하는데 필요한 집중적인 전념에 대해 현실적이 되는 것이 중요하다. 참여자들은 어떻게 자신의 일상생활에서 이를 위한 시간을 낼 것인가? 정말로 이들은 그렇게 할 수 있는가? 그렇지 않다면, 이는 프로그램에 참여할 적합한 시기가 아닐 수 있다. 이것이 상당한 전념을 필요로 하며, 물론 참여자들은 이러한 접근이 자신들에게 현재 적합하지 않은지, 아마도 결코 적합하지 않은지 과정의 끝 무렵에 결정할 수 있는 것이 사실이다. 그러나 이들은 잠시 동안 만이라도, 삶을 다르게 살 방법이 존재하며, 혹독한 비판과 참을 수 없는 고통에서 벗어나는 방법이 존재한다는 것을 신뢰하면서, 자신의 삶이 어떠한지 스스로 돌아볼 가능성을 열지 않는 한, 그리고 시간과 노력을 투자하며 전념하지 않는 한 이러한 결정을 현명하게 내릴 타당한 위치에 있지 않을 것이다.

과거의 명상 경험과 이것이 무엇으로 구성되는지에 대한 생각을 물을 경우, 많은 사람들이 마음챙김 명상이 제공하는 것과는 다소 다른 것에 대해 설명할 것이다. 일부는 침투하는 사고를 즉각적으로 물리치며, 특정 초점(소리, 만트라, 호흡, 양초의 불꽃)에 강렬하게 집중함에 따라 깊이 집중하는 능력을 함양하는 집중 명상의 형태를 시도했을 것이다. 혹은 아마도 이들은 명상을 심상이 수반되는 휴식의 형태로 이해할 것이다. 어떤 방식이든, 이것은 MBCT에서 마주하게 될 명상과는 다소 다르다. 특히, 명상의 많은 다른 형태들은 마음의 작용에 익숙해지고, 가장 고통스러운 것에 열린 마음으로 친밀함을 갖도록 장려하지 않는다. 이러한 어려움을 "기꺼이 경험하려는 의지"는 "탈 중심화"라고 불리는 명료함을 가져오며, 이는 마음챙김 명상의 중심이다. 이것은 수행이 휴식이 아닌 다른 것이 될 수 있으며(나타나는 것에 따라), 발생하는 생각들을 즉시 물리치기보다, 이러한 생각들이 고통스럽더라도, 의도된 초점(호흡, 신체, 소리 등)에 주의를 돌리기 전에 이들의 존재를 인정하고, 환영한다는 것을 뜻한다. 과정의 전반기에 이러한 학습은 후반기에 의도적으로 어려움과 접촉하기 위한 토대가 되며, 이는 참여자들이 강렬한 정신적 고통에도 끈기와 친절함으로 반응하는 법을 배우는 경우에 매우 중요하다.

우리는 이것이 추가 시간을 보내는데 있어 중요하다는 것을 배웠다. 사람들이 가정에서의 수행을 이행하면서 어려움을 겪는 것이 일반적이며, 명상을 하면서 힘든 정서들(아마도 보통 회피하고자 조력하는 정서들)과 마주한다는 것을 고려할 때, 우리는 이제 이러한 생각에 대한 반응들을 분석하는 시간을 가질 필요가 있다. 이들은 어떻게 스스로에게 이러한 어려운 단계를 갖도록 격려할 수 있는가? 과정을 포기하고 싶은 느낌이 들 때(우리의 연구가 이들이 그럴 것이라고 보여주는 것처럼), 이들은 무엇을 할 것인가? 과정에서 지도자와 또한 잘 알고 있는 사람, 그리고 수업 밖에서의 신뢰로부터 어떤 지지를 받는 것이 도움이 될 수 있는가? 스스로 힘든 생각과 정서들에 가까이 다가가도록 허용하는 것의 장점은 무엇인가? 참여자에게 자신의 모든 명상들이 평화롭고, 편안함을 주었다면, 무엇을 놓친 것인지 묻는 것은 도움이 될 수 있다. 참여자는 무엇을 배우지 않은 것인가? 그리고 수업에 참여한 자신의 이유들과 어떻게 관련되는가? 우리는 이들에게 수업의 초점이 이들의 개인 이력을 밝히거나, 삶의 문제들을 깊이 있게 탐구하는 것보다 학습에 맞추어져 있다는 것을 상기시켰다. 즉, 이것은 치료 그룹이 아니라, 교육 과정이자, 수업이다. 이들에게 어떻게 다가갈 것인가?

그리고 참여자들은 그룹의 일원으로 배우게 될 것이다. 이곳에서 이들에게 어려움이 존재할 수 있는가? 참여자들은 보통 누가, 얼마나 많이 참석할 것인지에 대해 궁금해 하며, 따라서 지도자는 서로에게서 얼마나 많은 배움이 나오는지 주목하고, 특히 수업에 다양한 사람들과 인격들이 포함된 경우, 그룹 경험의 풍부함을 강조할 기회를 갖게 된다. 이것은 또한 우리, 혹은 참여자들이 어떤 의미에서 "외톨이"가 될 수 있다고 느끼는 경우 참여자들과 논의하고, 이들이 이에 대해 어떻게 느끼는지, 그럼에도 불구하고 어떻게 경험을 최대한 활용할 수 있을지 질의할 기회이다.

동일하게, 낯선 사람들이 모인 그룹에서 이야기하는 것은 공통적으로 인간이 느끼는 불안감을 불러일으키며("그들이 나에 대해 어떻게 생각할까? 나는 어리석은 짓을 한 것인가? 그들은 나를 좋아할까?"), 이는 상당한 사회적 불안감이나 사회 공포증을 가진 사람이라면 더욱 심화될 것이다. 여기에서 지도자는 이야기하는 것에 어떤 요건도 없으며, 존중하는 관심은 다른 참여자들에게 자체적으로 선물이 된다는 것을 강조할 수 있다. 대규모 그룹이나, 소규모 그룹, 혹은 짝을 이루는 경우에서든, 수업에서 말하는 것은 절대적으로 비밀로 유지된다. 일부 참여자들의 경우, 그룹에 기여하는 것은 일종의 확장된 실험이자, 수업들이 전개되는 순간에 다른 방식으로 두려움에 반응하는 기회가 된다.

이것은 또한 거의 필연적으로, 8주 동안 과정 자체 내에 생활사들, 혼란과 사기 저하의 시간들처럼, 부침이 존재할 것이라는 점을 인정할 기회이다. 이것은 특별한 것이 아니며, MBCT가 "제대로 작용하지 않는다는" 신호로 받아들일 필요가 없다. 평생에 걸쳐 축적된 마음과 신체의 습관적 패턴들을 변화시키는 것은 천천히 진행되는 일이 될 수 있다. 새로운 필요성의 씨앗들이 심어지고, 빛에 노출되며, 오랜 기간 동안 물을 공급 받는다. 이들이 아직 땅에서 모습을 드러내지 않았다는 사실은 자라고 있지 않다는 신호가 아니다. 많은 참여자들은 우리 모두 씨앗들이 뿌리를 내리고 있는지 알아보기 위해 새로운 씨앗들을 파헤치려는 끊임없는 (그러나 도움이 되지 않는) 욕구에 대해 이야기 할 때, 이를 인정하는 미소를 보인다.

> 8주간에 걸친 혼란과 사기 저하의 시기들은 특별한 것이 아니며, MBCT가 제대로 작용하지 않는다는 신호로 받아들일 필요가 없다. 평생에 걸쳐 축적된 마음과 신체의 습관적 패턴을 변화시키는 것은 느리게 나타날 수 있으며, 어떤 참여자도 혼자서 고군분투 할 필요가 없다.

참여자들은 상황이 힘들어지고, 특히 포기하고 싶은 유혹을 느낄 때 자신이 혼자가 아니라는 것을 깨닫는 것이 정말로 유용하다. 이들은 회기들 사이에 언제든 직접 대면하여 대화하거나, 전화, 혹은 이 메일을 통해 지도자에게 연락할 수 있다. 지도자는 또한 참여자들이 참석할 수 없고, 연락을 하지 않는다면, 이들이 괜찮은지, 최근 상황이 어떤지 알아내기 위해 연락할 것이라는 점을 이들이 알게 하고, 이렇게 해도 괜찮은지 물을 것이다.

이 외에, 지도자들은 수업들 동안(수업 뿐 아니라, 도착 시, 휴식 동안, 떠나는 시점에) 어려움, 고통, 혹은 힘든 일에 대한 신호들을 경계해야 하며, 이러한 일이 발생하는 경우 도움을 제공하기 위해 기꺼이 참여자에게 연락을 해야 한다. 우리의 모든 경험은 회기에서, 그리고 회기들 사이에 이러한 민감성과 보살핌은 침투성으로 경험하는 것보다 소중하다는 것을 보여준다. 참여자들이 잠재적으로 자살 충동의 가능성이 있는 경우, 과정의 이러한 측면은 훨씬 더 중요해진다. 수업 전 면담 동안, 지도자는 이것이 이 사람이 가진 우울장애의 측면인지 여부를 공개적으로 질의해야 하며, 재발하는 경우 무슨 일이 일어날지 동의해야 한다. 최우선 순위는 참여자의 안전과 행복이다. 우리는 이러한 주제를 5장에서 상세하게 논의했지만, 가장 중요한 초점들은 여기에서 다시 말할 가치가 있다.

중요한 단계는 자살 위험에 놓인 사람들의 경우 수업 전 면담의 특정 시점에 참여자와 지도자가 종종 강력한 이미지들의 형태로 자살에 대한 정서와 사고의 존재를 인식하고, 인정하는 것이다. 지도자는 이러한 것이 압도적이 되는 경우, 참여자가 자신의 가족 주치의에게 연락하거나, 적합한 경우 참여자의 치료에 관련된 또 다른 관련된 전문가에게 연락하도록 권장한다. 지도자는 또한 내담자가 현재 높은 위험에 있거나, 앞으로 그렇게 되는 경우 무슨 일이 일어나는지에 대해 명확히 헤야 하며, 이는 참여자를 대신하여 가족 주치의 및 다른 전문가와 소통하는 법적 의무를 포함할 수 있다. 간혹 자살에 대한 생각들을 불어넣을 수 있는 것처럼, 자살 충동에 관한 사람들과 이야기해서는 안 된다고 가정되어 왔다. 실제로는, 우울장애의 일부로 이해하고, 기꺼이 사실적인 방식으로, 따뜻함과 관심을 가지고, 공개적으로 이에 대해 이야기 하는 것은 취약한 참여자를 안심시키고, 안전하게 관리되고 있다는 느낌을 만들어낸다(Gould 외, 2005).

마무리 글

우리는 가장 높은 자살 위험에 놓인 사람들에게 초점을 맞출 수 있도록 MBCT를 확대했으며, 이것이 유용한지 알아보기 위해 예비 실험을 했다. 머무른 사람들에게는 매우 유용했지만, 세 명 중의 한 명은 네 번 이상의 프로그램 회기들을 경험할 정도로 오래 머무르지 못했다. 중도 이탈한 사람들은 우리가 가장 취약하다고 알고 있던 사람들이었다. 이들은 약간 우울질 때에도 회피하게 되며, 상황에 대해 깊은 근심을 하게 된다고 보고한 사람들이었으며, 우리는 실험 조건들에서 이들의 문제 해결 능력이 무너진다는 것을 발견했다. 우리는 이들의 경험에 대해 더 많은 것을 발견하기 위해 중도 이탈한 사람들과 질적 면담을 수행했다. 질적, 양적 발견들에 따라, 우리는 이들에게 나타나는 모든 주제들을 논의하기 위해 더 많은 시간을 허용하도록 수업 전 면담을 변경했다. 우리가 우울장애와 자살 충동이 이러한 취약한 그룹에서 감소될 수 있는지 알아보기 위해 대규모 무작위 통제 실험을 수행할 시점이 다가오고 있었다. 우리는 MBCT로 가는 "관문"에 의미 있는 변화를 만들었다고 느끼며 실험에 접근했다. 그러나 이는 충분했는가? 우리가 참여와 지속적인 끈기를 장려하기 위해 만든 변화들은 우리의 임상 실험에서 중도 이탈 비율로 반영되었는가?

이에 대한 대답은 "그렇다"였다. 우리는 19장에서 실험의 전체 결과들에 대해 보고할 것이다. 그러나 우리의 MBCT 참여자들 사이에서 30%의 예비 실험 중도 이탈 비율 대신, 274명에 대한 우리의 대규모 실험에서는 단 7%만이 네 번 이상의 회기들을 완수하지 못했다고 지금 말하는 것이 타당할 것이다. 우리는 과정의 의도들을 설명하고, 사람들을 격려하고, 동기를 부여하는 방법들을 찾았다. 이제 우리는 다음 단계로 넘어갈 준비가 되었다.: 프로그램 자체를 조사하고, 프로그램에 포함된 것을 변화시킬 필요가 있는지, 그리고 어떻게 가장 유용하게 전달될 수 있는지에 대한 강조의 변화들이 필요한지 여부를 결정하는 것이다. 다음 장들에서, 우리는 회기별로, 우리가 수행한 것에 대해 설명할 것이다.

7장

1 회기 : 자각과 자동적 파일럿

회기별 설명: 개요

우리는 예비 실험을 통해 수업 전 면담이 결정적으로 중요하다는 것을 밝혀낸 후, 실제 MBCT 회기들로 옮겨갈 준비를 마쳤다. 그러나 우리는 중요한 질문에 직면했다.: 우리는 어떻게 매우 취약하고, 자살 위험에 놓인 사람들이 너무 강렬해서 참을 수 없다고 느끼는 정신적 고통에 직면해서도 스스로에게 안정과 친절함을 유지하도록 도울 수 있는 것인가? 우리는 어떻게 이들이 이러한 마음 상태를 지나가는 내적 사건들로 경험하고, 회피로 반응하거나, 반추에 얽매이는 대신, 자비심으로 반응하는 법을 배우도록 도울 수 있는가? 우리는 예비 실험을 통해 중도 이탈과 참여 실패가 MBCT로부터 도움 받을 수 있는 중요한 장벽이라는 것을 알고 있었다. 수업 전 면담을 도모하는 것은 이러한 장벽을 무너뜨리기 위한 한 부분이었다. 이것으로 충분한가, 혹은 우리는 또한 프로토콜 자체에 변화를 가해야 하는가? 우리가 취약성에 관해 발견한 것을 기반으로 할 때, 이것은 무엇을 하기로 결정해야 하는지의 문제이다. MBCT는 성공적인 매뉴얼로 만들어졌기 때문에, 이것은 확고하게 고정된 것처럼 보일 수 있다. 그러나 실제로 모든 타당한 증거 기반 치료 접근들처럼, 이것은 이론, 연구, 수행에서의 발전들에 반응하여 진화하는 유기체이다. 현재 얼마나 많은 진화가 필요한 것인가?

다음 장들에서, 우리는 높은 자살 위험에 놓인 사람들에게 MBCT를 제공하면서 발견한 것들과 이러한 취약한 참여자들의 필요성을 더 쉽게 충족시킬 수 있도록 우리가 원래의 8주 프로그램에 가한 특정 (간혹 미묘한) 변화들에 대해 설명할 것이다. 변화들은 매일 마음챙김 수행을 가정에서 시도할 때 마주하게 될 수 있는 장애물들에 대해 준비를 강화하고(1-2회기), 마음챙김 움직임에 대한 강조를 증가시키고(3-4회기), 절망의 정신적 고통에 대해 초점을 확대하고, 고통스러운 사고와 정서로부터 경감되는 것을 제공하고자 의도했지만, 실제로는 지속되는 것에 기여하는 행동의 특성과 역할을 명확히 하고(5회기), 개인적 재발 특징들에 대한 자각을 육성하는 것과 자기 파괴적 사고 및 정서들의 이러한 경고 신호들에 가장 잘 반응하는 법에 관한 커리큘럼을 확대하는 것(6-8회기)을 포함했다.

MBCT 수업들에 참여하는 것은 (다른 마음챙김 중재와 마찬가지로) 마음과 신체의 작용들, 주의의 변화하는 패턴들, 집착, 오고가는 정서의 음영들, 마음/신체 내에서 지속적으로 변화하는 감각들의 모습에 대한 통찰과 익숙함을 권유한다. 우리의 취약한 환자들의 경우, 수업 당시에 비교적 잘해냈음에도 불구하고, 이러한 탐구의 여정은 거의 필연적으로 어려움을 마주하게 되는 것을 포함했다(실제로 우리가 수업 전 면담에서 강조하는 바와 같이). MBCT에서, 어려움을 향해 체계적으로 초점을 맞추는 작업이 5회기(참여자들이 고통스러운 소재에 새로운 방식으로 반응하도록 돕기 위해 명상 수행들이 설계되는)에서 시작되지만, 어려움과 고통은 이러한 지점에 도달할 때까지 기다리지 않는다. 대조적으로, 마음챙김 명상은 1회기부터 수행자들에게 자신의 내적 세계와 외적 세계를 자각하도록 요청하기 때문에, 처음부터 고통을 강조할 수 있다. 보게 되겠지만, 건포도를 먹는 수행에서조차 원치 않는 사고, 이미지, 기억, 정서, 신체 감각들을 불러일으킬 수 있다. 이는 결코 사라지지 않는 더 깊숙한 정신적 고통의 잔향이다.

따라서 회기 1-4회기의 명상 수행과 심리 교육 요인들에서조차, 바디스캔의 반복적인 수행, 마음챙김 움직임이 정좌 수행들은 참여자들이 반복적으로 마음이 얼마나 쉽게 의도된 초점에서 멀어질 수 있는지, 그리고 부정성의 이끌림에 의해 얼마나 쉽게 유혹되는지 주목할 수 있도록 한다. 반복적으로, 참여자들은 주의의 방황에 주목하고, 어디로 갔는지 인식하는 시간을 갖고, 이후 원래 의도한 곳으로 부드럽게 다시 돌아오도록 권유 받는다. 결코 지도자에 의해 명확하게 얘기되지 않음에도, 이는 중요한 메시지를 전달한다.: 이것은 설계된 것이기 때문에 마음이 방황하는 것을 막을 수 없지만, 다음에 일어나는 것에서 더 많은 선택을 연습할 수 있다. 이러한 연쇄적인 사고 및 정서를 억제하거나, 혹은 반추에 얽매이게 되는 경향을 마주했을 때 무엇을 할지 의식적으로 결정할 수 있다. 대신 이를 정신적 사건으로 보고, 이를 내려놓는 것이 가능한가? 내버려두기로 선택하는 것은 결국 또 다른 중요한 메시지를 전달한다.: 이러한 연쇄적 사고가 얼마나 강렬하든, 현재로서는 그냥 내버려두어도 괜찮다. 이를 추구하거나, 회피하고자 노력하거나, 이를 믿거나, 이것이 말하는 대로 수행할 필요가 없다.

이러한 초기 회기들은 또한 사고와 정서 사이에 관계, 특히 저조한 기분을 촉발하고, 지속시키는 부정적 사고 패턴들을 보여주도록 설계된 인지 지향 심리교육 활동들을 포함한다(2회기의 "사고와 정서"; 4회기의 자동적 사고 질문지). 이러한 것들은 수업 전 면담에서 소개된 우울장애 재발에 대한 이해를 기초로 하며, 참여자들에게 자동적 반응 패턴들에 대한 더 탈 중심화 된 관점과 이러한 패턴들이 (말하자면) 한쪽으로 치우칠 수 있으며, 움직이는 기계에 사로잡히지 않고도 무엇을 하는지 우울장애의 메커니즘을 관찰할 수 있다는 느낌을 제공한다.

이러한 보완 학습 과정들을 통해, 목표는 참여자들이 서서히 자신의 생각들을 덜 개인적으로 받아들일 수 있으며, 이러한 생각들이 무엇인지, 즉, 일시적인 정신적 사건들이자, 오래되고, 간혹 불친절하고, 도움이 되지 않은 마음의 습관일 뿐이라는 것을 깨달을 수 있다는 것을 발견하도록 하는 것이다. 생각들이 강렬하고, 정서로 채워진다 하더라도, 이러한 것들이 사실이거나, 정체성에 중요한 것이라는 생각이 뒤따르지 않는다. 따라서 이러한 생각들을 친절하게 맞이할 수 있으며("아, 이것이 바로 x, 혹은 y에 관한 생각들이구나), 그저 시간에 따라 오고 가도록 허용할 수 있게 된다. 마음챙김 명상의 반복된 개인적 경험으로부터 얻고, 질의 과정을 통해 부각된 이러한 메시지는 새로운 관점과 자비심으로 어려움에 반응하는 토대가 된다. 이제 1회기로 들어가 보자.

1 회기

1회기의 강의 개요, 각 요인의 의도, 연관된 가정 수행들이 표 7.1에 요약되어 있다.

표 7.1. 첫째 주: 수행들의 요약

회기 주제	수행과 활동들	습득하는 기술	수행으로 지지되는 통찰	가정에서의 수행
자각과 자동적 파일럿 목표: 자동적 파일럿에 따라, 어떻게 쉽게 "추구적 행위" 양식과 우리를 다시 우울장애에 빠지게 하는 반추 사고 패턴들로 휩쓸리고, 이를 자각하지 못하는지 분석한다. 습관적 행위 양식은 또한 우리에게서 삶을 더 완전하게 살아갈 잠재력을 빼앗는다. 우리는 특별한 방식에 따라 의도적으로 주의를 기울임으로써 경험을 변모시킬 수 있다. 우리는 의도적, 마음챙김으로, 먹는 것, 신체의 감각들, 일상경험의 측면들에 주의를 기울임으로써 자동적 파일럿에서 벗어나는 수행을 시작한다.	*건포도 활동 (오디오트랙 2[a])*			*일상 활동들에 대한 마음챙김*
	참여자들이 건포도 하나의 감각 특징들(모습, 냄새, 맛, 촉감)을 분석하며 몇 분을 보내는 명상	"행위" 양식에서 "존재" 양식으로 변모하는 경험을 시작한다. 마음챙김 주의의 특징들을 경험한다.	우리가 완전한 주의를 기울이는 경우 경험들은 풍부해질 수 있다. 우리 대부분은 마음이 다른 곳에 있기 때문에 일상 경험을 놓친다.	참여자들은 정규 활동을 선택하고, 마음챙김으로 이에 주의를 기울인다.
	바디 스캔(오디오트랙 3)			*바디 스캔*
	참여자들이 신체 집중을 통해 자신들의 주의를 각 부위에서 일어나는 감각들과 각 부위로 들어가는 호흡으로 이동시키도록 인도되는 명상	자각의 여러 대상들에 몰입하고, 벗어나고, 주의를 이동시키며 지속적으로 수행한다. 마음이 방황할 때 의도된 집중 대상에 반복적으로 마음을 향하는 수행을 한다.	마음이 방황하는 것은 습관이다. 신체 감각들(정서 상태와 연관될 수 있는)에 대한 더 높은 자각을 발전시키는 것이 가능하다.	참여자들은 최소한 6일간, 자신들의 경험에 주목하며, 오디오트랙 3에 의해 지원되는 바디 스캔을 수행한다.

[a] 독자들은 www.guilford.com/williams6-materials에서 스트리밍, 다운로드를 통해 MBCT 프로그램에서 사용되는 인도되는 마음챙김 명상 수행들의 오디오 녹음들을 이용할 수 있다.

참여자들에게 MBCT의 근거 상기시키기: 우리는 왜 여기에 있는가?

우리가 이미 6장에서 설명했듯이, 우리는 수업 전 면담에서 자살 충동의 우울장애가 삽화 수가 증가함에 따라 점점 더 쉽게 촉발되는 반복되는 상황이라는 증거에 대해 공개적으로 함께 이야기한다. 1회기에서, 소개가 이루어지고, 사람들이 자신의 이름과 과정에서 무엇을 바라는지에 대해 공유한 후, 우리는 참여자들에게 수업 전 면담과 다음 8주에 걸쳐 함께 만나는 것에 대한 근거를 환기시킨다. 이는 우울장애와 무망감이 다시 나타날 때, 이는 이러한 참여자들이 사는 세상의 특성이기 때문에 이들을 현명하게 인식하고, 반응하는 것의 중요성을 부각시킨다. 과정의 시작에 이러한 강력한 (그리고 때때로 환영받지 못하는) 메시지는 우리가 명상 수행들을 통해 마음챙김을 탐구하고, 발견하기 때문에, 이러한 핵심 주제들을 명확하고, 중심적으로 유지하려는 의도를 반영한다. 자연스럽게, 이 시점에 좋은 상태에 있는 참여자들의 경우, 자신들이 우울했던 시간들을 떠올리는 것이 어려울 수 있다. 많은 사람들이 가능한 삽화들 사이에 이러한 기억들에 의도적으로 초점을 맞추지 않으며, 이번에는 우울장애가 다시 찾아오지 않으리라는 요행을 바란다. 그러나 이러한 경험들이 공개적으로 인식되지 않는 한, 이러한 것들을 다루는 것은(초기 단계에 이들의 존재를 인식하고, 이러한 것들에 효과적으로 반응하는 법을 배우는) 불가능하다.

그룹의 일원이 되기

그룹은 참여자들에게 서로에게서 배우는 강력한 기회들을 제공할 수 있다. 그러나 그룹 맥락에서 자신 및 타인들과 다르게 관계 맺기를 배우는 것은 어려울 수 있다.

> 찰스는 자신이 타인들에 대해 불편함을 느끼는 유일한 사람일 것이라는 자신의 의견에 대해 설명했다. 다른 모든 사람들은 과정의 처음 몇 분이 지난 현재 잘해내고 있는 것처럼 보였다. 소개가 시작되었고, 사람들은 차례대로 자신과 유사한 경험을 가진, 그러나 아직 잘 알지 못하는 사람들과 이러한 그룹에 있게 된 것에 대한 불안을 얘기했다. 이는 찰스가 이렇게 느끼며 자신이 혼자라고 믿는 것이 정확한 것인지 의문이 들도록 만들었다. 아마 그 또한 자신이 느끼는 것보다 덜 불안한 것으로 보였을 것이다. 그는 또한 자신이 다른 사람들과 다르다고 믿는 자신의 오래된 습관을 깨달았다.

그룹에 참여하고, 일원이 되는 많은 사람들(찰스처럼)의 경우, 오래된 불안과 불안정이 촉발될 수 있다. 과거에 그룹에서 문제가 되었던 경험들이 다시 나타날 수도 있다. 인간은 소속되고, 받아들여지고 싶은 강한 욕구를 가지고 있으며, 이것이 이루어지지 않을 것이라는 공통된 두려움도 가지고 있다. 모두 사회적 고립과 배제에 대한 두려움에 취약하다. 이러한 자연스러운 두려움은 종종 그러하듯이, 자신의 우울장애를 개인적 부적응의 신호로 보는 사람들에게서 훨씬 더 강할 수 있다. 이들은 자신이 가지고 있는 힘과 용기를 깨닫지 못한다.

따라서 자신의 자살 충동 우울장애 경험을 숨기려는 오래된 경향을 고려할 때, 일부 참여자들이 처음에 그룹의 일원이 되는 것이 특히 어렵다는 것을 발견하는 것은 놀라운 일이 아니다. 문제는 다양한 방식으로 스스로를 드러낸다. 일부는 처음에 전체 그룹의 앞에 나와 이야기하는 것을 매우 꺼린다. 다른 사람들은 명상 수행동안 눈을 감을 만큼 충분히 그룹을 신뢰하지 못하는 반면, 또 다른 사람들은 초기 바디 스캔 수행들 동안 누워있기보다 의자에 앉는 것을 선택하거나, 최대의 보호를 제공하는 자세로 누우며, 등을 구부리거나, 담요로 감싼다.

> 한 참여자인 프란시스는 과정의 후반부에 첫 번째 수업 날 모든 것에 대해, 특히 종소리에 대해 불안과 짜증을 느끼며, 자신이 얼마나 겁에 질려 있었는지에 대해 설명했다. 그녀는 충분히 안전하게 머무른다고 느끼기 위해 문 옆에 가까이 앉아야 했다.

첫 번째 수업에서 이러한 두려움은 뚜렷하게 나타날 수 있으며, 많은 다른 사람들이 유사하게 불안함을 느끼는 그룹에서 안정되기는 어렵기 때문에 이러한 두려움은 지속될 수 있다. 여기에서 수업 전 면담이 도움이 될 수 있다. 많은 참여자들은 이 면담이 새로운 그룹에 참여하는 것에 관한 자신의 두려움을 완화시켰다고 말했다. 이들은 이미 우리 지도자들과 관계 맺기를 시작했으며, 우리와 수업의 의도들이 신뢰할만하다고 느꼈다. 매카운(McCown), 레이벨(Reibel), 미코지(Micozzi)는(2010) 이러한 역할을 *관리*라고 설명하며, 지도자가 그룹을 지원하고, 보살피며, 따라서 학습이 이루어질 수 있는 안전한 공간을 만든다고 설명한다. 참여자들은 유사한 두려움을 가진 다른 사람들을 관찰하며, "고개를 들기(자신을 알리기)" 시작하고, 자신의 내적 경험을 반영하는 방식으로 행동하게 된다. 이것은 다음과 같이 나타날 수 있다.:

> 다프네는 놀라워하며, 그룹에서 자신이 자격이 없다고 느낄 때, 스스로에게 불친절한 것들에 대해 다른 사람들이 말하는 것을 듣는 것이 자신의 자기비판의 패턴을 인정하도록 도움을 주었다고 말했다. 타인들의 이러한 생각과 행동을 지켜보는 것은 그녀에게 "탈 중심화"의 관점을 제공했으며, 자신의 패턴을 명확하게 보도록 만들었다.

가장 취약한 참여자들이 수업 전 면담부터, 명확하고, 다양한 방식들로 자기 자신을 돌보도록 반복적으로 허용되는 것은 다른 수업들보다 훨씬 더 중요하다. 이들은 자신들이 얼마나 많이 참여할지 선택할 수 있다는 것을 상기하게 된다. 이들은 필요할 때 물을 마시고, 휴식을 취하고, 편안한 옷을 입는 것 등과 같이, 스스로를 돌보도록 권유 받는다. 초기 면담에서는 비밀보장, 현장 규칙, 안전 정보가 제시되며, 말과 문서의 형태로 1회기에서 다시 반복된다. 이러한 요인들은 지도자에 의해 계속해서 따뜻함, 인내, 친절함, 수용으로 체화되는 특징들과 함께, 환영, 존중, 자기 관리, 안전에 대한 느낌을 전달한다.

건포도 활동

건포도 활동(오디오 트랙 2)은 과정의 첫 번째 명상 수행으로, 사람들에게 이 작은 대상을 처음인 것처럼 탐구하도록 권유한다. 건포도를 탐구하고, 특징을 발견하기 위해 모든 감각들이 사용된다. 많은 사람들이 정기적으로 섭취하는(아마도 너트 및 시리얼과 섞어서) 이 작고, 겸손한 대상은 바쁜 생활에서 거의 경험해보지 못한, 미지의 영역으로 나타날 수 있다.

대부분의 마음챙김 지도자들은 이러한 작은 먹기 명상이 다수의 실제로 중요한 발견들에 대한 힌트가 될 수 있다고 인식한다. 많은 참여자들이 천천히, 주의를 기울임으로써 자신이 발견하는 풍부한 세부사실, 단 하나의 건포도를 만나는 것에 완전히 주의를 기울이는 즐거움, 혹은 손가락과 엄지손가락 사이에서 부드럽게 이동시킬 때 소리를 낼 수 있다는 것을 발견하는 놀라움에 매혹된다. 이러한 주의 깊은 집중과 바쁜 삶에 의해 부주의하게 성급했던 과거의 경험들 사이에 대조가 일반적으로 느껴지며, 그룹 내에서 쉽게 이야기된다.

자살 충동의 우울장애를 가진 사람들의 경우, 수업에서 광범위한 경험들이 보고되었다. 많은 사람들이 다른 그룹의 사람들과 매우 유사한 긍정적 경험과 반응들을 설명했지만, 간혹 이들의 경험들은 더 강렬했으며, 어떤 경우에는 훨씬 더 부정적이었다. 일부 사람들은 건포도를 "혐오스러운", 혹은 "역겨운" 것으로 설명했다. 이것은 이들에게 먹지 않으려는 어떤 것, 즉, 벌레나 동물의 배설물을 상기시킨다. 어떤 사람들은 탐구하고, 맛보는 것은 고사하고, 건포도를 팔을 뻗는 거리보다 더 가깝게 자신의 입으로 가져가지 못했다. "거부하는 건포도"를 수집하는 그릇과 손가락에 남아 있는 "불쾌한 끈적거림"을 없애기 위한 천이 가끔 필요했다. 12명의 참여자로 구성된 한 특정 그룹의 경우, 절반이 단 한 개의 건포도도 자신의 입으로 가져가지 못했다.

이러한 강하게 혐오스러운 반응들은 특히 더 긍정적인 반응을 기대한 경우(암묵적이었지만), 지도자들에게 당황스러울 수 있다. 괴로움과 함께하기와 같은 이후의 수행에 대한 지침들과 마찬가지로, 한 가지 도움이 되는 것은 다음과 같다.: "이것이 무엇이든, 괜찮다." 지도자가 동일하게 체화되는 개방성, 관심, 따뜻함, 주의, 탐구하려는 의지로 공평하게 반응할 수 있다면, 긍정적인 것에 존재하는 것만큼 많이(더 많은 것은 아니지만) 부정적인 것에도 배울 것이 존재한다. 결국 첫 번째 수업은 사물이 어떻게 인식되는지에 대해 신체와 마음에 끼치는 영향, 현재의 경험과 과거의 경험을 연관 짓는 것과 명명하기의 효과, 회피하고 싶은 즉각적인 충동과 함께 불쾌한 것에 대한 강력한 반응을 보여주는 것으로, 이 모든 것이 하나의 짧은 수행에서 이루어진다! 따라서 최소한 일부 참여자들의 경우, 괴로움과 혐오감에 대한 반응들을 즉시 인식할 수 있으며, 이것은 물론 프로그램의 중심, 즉 정확하게 다루고자 설계된 것이다. 지도자에게 있어 참여자들의 혐오스러운 반응들로 인해 건포도 수행이 "안 좋게 끝났다"고 결론을 내리는 것은 의사가 청진기를 통해 누군가의 가슴소리를 듣는 것이 문제의 원인을 신호 보내는 소리를 검출한 것으로 인해 좋지 못하게 마무리되었다고 결론내리는 것과 유사할 것이다.

이야기하는 첫 번째 참여자들이 강하게 부정적인 반응을 가진 사람들인 경우, 특히 서로를 잘 알지 못하는 이러한 초기 단계에 다른 사람들이 자신의 경험을 공유하기 어려워질 수 있다. 이와 반대의 경우 또한 그러하다. 초기 반응들이 너무 긍정적인 경우, 혐오스러움을 경험한 사람들이 이야기하기 어려워질 수 있다. 따라서 항상 다음과 같이 묻는 것이 좋다.: "다른 종류의 경험을 한 사람이 있나요?"

광범위한 경험이 나타날 때 가르치는 것은 지도자들에게 *이번* 수업 커리큘럼의 기저를 이루는 의도들뿐 아니라, 2회기에서 사고와 정서 활동들("거리 걷기"), 혹은 3회기의 마음챙김 움직임 수행들에서 신체의 한계들을 다룰 때와 같이(아래 참고), 이후 수업들과 학습이 전체 프로그램에 걸쳐 어떻게 전개될지 명확하게 이해하는 것의 중요성을 강조한다. 그러나 여기에서는 주의라는 단어가 마땅하다.: 커리큘럼은 점진적으로 전개되도록 구성되며, 우리는 이후 수업들의 학습이 너무 빨리 소개되지 않도록 주의를 기울여야 한다는 것을 발견했다(예, 마음이 현실을 어떻게 해석하는지 너무 집중적으로 탐구하는 것, 혹은 어려움을 "향하는 것"의 필요성에 대해 이야기하기, 이러한 주제들은 각각 2회기와 5회기에서 탐구될 것이다). 이는 그룹이 바로 현재 무엇을 경험하는지에 반응하는 지도자에 의해 균형을 잡게 된다.

> "여러분의 모든 의견에 감사드립니다. 동일한 작은 대상이 어떻게 우리 각자에게서 이러한 다른 경험들을 가져오는지 흥미롭지 않나요? 우리 모두는 이것에 관한 다양한 것들에 주목했습

니다. 모든 사람들이 크리스마스의 기억, 동물의 배설물과 같이 우리가 알고 있던 것들에 대해 상기시키는 것처럼, 과거의 경험이 또한 건포도를 바라보는 현재에 우리와 함께 있다는 것을 발견했습니다. 우리는 우리가 이것에 대해 가진 얼마나 많은 인식과 생각들이 다음에 일어나는 일, 즉, 더 가까이 탐구하기로 선택하거나, 멀리서 지켜보기로 선택하는 것에 영향을 끼치는지 보았습니다. 우리가 일반적으로 삶에 접근하는 일부 방식들이 우리가 건포도를 만난 지금 여기에서도 일어났습니다!"

바디 스캔

바디 스캔(오디오 트랙 3)은 많은 면에서 어려울 수 있다. 단순히 미친 듯이 바쁜 삶의 한 가운데에서 30분에서 40분 동안 신체를 가만히 두는 것은 결코 쉽지 않다. 우리의 바쁜 세상에서, 휴식은 잠을 자는 것과 긴밀히 연관되며, 과잉 각성으로 경계하게 된다. 우리는 여기에서 참여자들에게 이완된 각성상태의 거의 디딘 적이 없는 "중도"를 탐구해보도록 권유하고 있다. 이것은 쉽지 않다. 즉시 잠이 들 것 같이 느끼며, 계속해서 마음속에 있는 "해야 할 일"에 의해 주의가 산만해지고, 습관적으로 메시지들을 무시하며 수년이 지난 후 전혀 신체를 자각하지 못하게 되는 것, 이 모든 것들이 바디 스캔에 의해 나타나는 일반적인 문제들이다. 일부 참여자들은 점진적인 이완 훈련의 과거 경험을 가지고 있었으며, 요구되는 결과가 전혀 없는 이러한 수행에 대해 이해하기 힘들어했다. 물론 일부는 수행을 좋아했으며, 추구적 행위를 놓아버리고, 단순히 가만히 있는 기회를 환영했다.

과거 역경을 경험한 환자들의 경우, 바디 스캔은 (적어도) 자신이 바라는 것이 아닌, 심지어 위협적일 수도 있는 광범위한 경험들을 향한다는 것을 뜻했다. 긍정적인 방식으로 연결된 시간을 거의 보낸 적이 없는 신체에 주의를 기울이며, 거의 알지 못하는 사람들과 함께 낯선 장소에 누워보라는 권유는 자주 어려움을 안겨 주었다. 충분한 감각 경험들에 접근하고, 주의를 집중하거나, 각성한 상태를 유지하는 것 등을 잘/적합하게 해내는 자신의 능력에 관한 우려들은 보통 습관적 반응 패턴의 풍부한 원천을 드러냈다. 어린 시절의 학대 및 외상의 경험이 잦은 그룹에서, 외상 기억과 연관된 신체 부위들의 감각을 일깨우는 것은 특히 어렵거나, 부적합한 것으로 나타날 수 있다. 이러한 이유로 인해, 우리는 참여자들이 참여할지 여부, 앉아 있거나, 누울지 여부, 눈을 뜨거나, 감을지 여부를 스스로 결정하고, 또한 신체 부위에 초점을 맞추는 것이 특히 어려운 경우 어디에 초점을 맞출지(예, 호흡, 전체 신체, 자신을 지지하는 바닥이나 의자) 여부를 선택해도 괜찮다는 것을 이해하도록 보장했다. 이러한 보살핌과 존중을 보여줌에 따라, 권유는 더 쉽게 받아들여졌다.

한 참여자인 애너벨은 "너무 오래" 걸린다는 이유로 수행을 성가셔했다. 그녀는 일반적으로 주의를 산만하게 하며, 잘 알고 있던 하부 요통이 내내 존재했다. 질의 시간 동안 그녀는 화를 냈으며, 팔짱을 낀 채로 앉아 있었다.

애너벨: 정말 끔찍했어요!

지도자: 어떤 점이 그랬나요, 애너벨?

애너벨: 나는 수년 동안 요통이 그리 심하지 않았어요. 하지만 누워 있는 바람에 통증이 심해졌어요. 대체 왜 이렇게 오래 걸리나요?

지도자: 그렇다면, 지금 짜증이 많이 나는 상태인가요? *(애너벨은 고개를 끄덕이며, 팔짱을 푼다)* 그리고 지금 요통은 어떤가요?

애너벨: 아, 지금은 사라졌지만, 아까는 끔찍했어요.

(지도자는 이러한 깨달음을 인정한다는 표시로 잠시 가만히 있는다)

지도자: 수행 동안 겪은 요통에 대해 조금 물어도 괜찮을까요? *(애너벨은 이에 동의한다)* 언제 처음 알아차렸나요?

애너벨: 오른쪽 무릎을 꿇을 때 처음 힘들었어요.

지도자: 하지만 그 이전에는 어떤 통증도 없었나요? *(애너벨은 과거를 떠올리며 잠시 멈춘 후, 약간 놀란 모습으로 고개를 흔들었다)* 그렇다면 먼저 어디에서 통증을 느껴졌나요?

애너벨: *(잠시 동안 생각하고)* 꼬리뼈가 아프기 시작했어요.

지도자: 어떤 점이 고통스럽게 느껴졌는지 궁금하네요.

애너벨: *(또 다시 멈춘 후)* 조였어요.

지도자: 어디쯤에서 그랬나요? 등의 큰 면적 부위도 포함되었나요?

애너벨: 아니요, 바닥에 접촉한 척추의 바로 아래였어요.

지도자: 바로 지금도 주먹을 쥐고 있네요, 그렇게 느껴졌나요? *(애너벨은 고개를 끄덕인다)* 조임과 함께 다른 느껴지는 다른 감각들도 있었나요?

애너벨: 아니요, 하지만 걱정이 되기 시작했어요. 나는 움직이고 싶었지만, 다른 사람을 방해하고 싶지 않았어요.

지도자: 그렇다면, 움직이고 싶은 것에 대해 생각하고, 걱정한 건가요? 이처럼 당신의 신체에서 어떤 것이 일어나는지 느껴졌나요?

애너벨: *(잠시 동안 생각하며)* 네, 가슴도 조이기 시작했고, 점점 숨쉬기가 힘들었어요.

지도자: 그리고 무슨 일이 일어났나요?

애너벨: 나는 훨씬 더 움직이고 싶었어요!

지도자는 애너벨이 자신의 경험과 그룹에 대한 기여를 어떻게 느꼈는지 계속해서 세부사항을 인식하고, 받아들였다. 그리고 그녀는 어떤 것이 일어나는지 주목하는 이 과정에 대해 돌아보고, 통증의 경험이 어떻게 마음의 반응: "나는 움직이고 싶었지만, 다른 사람을 방해하고 싶지 않았어요."에 의해 괴로움으로 변모할 수 있는지와 같이, 어떻게 마음과 신체가 상호 연관되는지 인식하는 법을 배운 후, 다시 전체 그룹과 수행을 하기 위해 자리로 돌아갔다. 이것은 갇혀 있다는 느낌에 대한 작은 사례로, 우리는 이것이 얼마나 빠르게 훨씬 더 큰 느낌으로 고조될 수 있는지 볼 수 있다.

이러한 상황에서, 선택과 허용에 대한 것들이 다시 언급되며, 따라서 참여자들은 비록 약간의 소리를 내더라도, 움직이는 것이 가장 현명한 선택이라고 느껴질 때, 움직이는 것에 대해 어떤 금지도 없다는 것을 명확하게 이해할 수 있게 된다. 지도자는 가벼운 접촉과 함께 논의를 끝맺을 수 있다. 어떤 사람들에게는 소음이 자각하도록 상기시키는 것이 될 수 있다. 에너벨은 다음과 같이 결론을 내렸다. "네, 나는 다음번에는 움직일 수 있을 것 같아요, 하지만 아마도 그럴 수 있다는 것을 상기하게 되면, 그리 심하게 느껴지지 않을 것이고, 나는 수행에 집중할 수 있을 거예요."

이제 무슨 일이 일어났는지 주목해보자. 애너벨의 불쾌한 경험과 그녀의 몸짓 언어에 의해 지도자로서는 과정을 그만두게 하는 것은 쉬울 것이다. 그러나 지도자는(에너벨의 경험을 들으면서 신체에서의 수축에 대해 잘 알고 있던) 이를 내적으로 인식하기 위해 시간을 가졌다. 따라서 그녀는 정당화나 사과를 제시하기보다 호기심을 느끼며, 무슨 일이 일어났는지에 대해 관대하게 열린 자세를 유지할 수 있었다. 관대하면서, 꾸준한 페이스로, 그녀는 꽉 쥔 주먹처럼, 조임의 실제 감각에 라벨을 붙이며("통증"), 애너벨이 직접적인 경험을 탐구 및 명명하도록 권유했다.

질의 과정에서는 많은 가능성들이 발생한다. 지도자는 통증으로 움직이고 싶다는 경험, 혹은 다른 사람들을 불쾌하게 만들고 싶지 않다는 생각을 탐구할 수 있었으며, 혹은 그 대신에 수행의 경험에 대해 무엇이 또한 "옳았는지" 탐구할 수 있었다. 과정의 이 시점에서 수행의 의도를 이해하는 것은 어떤 길을 탐구할 것인지 선택하는데 있어 지도자를 인도한다.

가정에서의 수행 준비: 장애물에 대비하기 위한 시간 내기

우리는 정기적으로 마음챙김 명상 수행을 하기 어려운 것이 참여에 대한 공통된 장애물이라는 것을 조사를 통해 알고 있었다. 1회기 이후, 가정에서의 수행은 40분간의 바디 스캔(7일 중 6일)과 "매일의 마음챙김"으로 구성된다. 이는 첫 번째 수업에서 한 두 개의 건포도를 먹었을 때 경험한 지속적인 주의와 동일한 특징을 가진 "건포도 마음"을 다른 마음과 함께, 일상적으로 이루어지는 동일한 정기적인 활동, 그리고 자동적인 파일럿에 따라 수행될 수 있는 간단한 행위들(커피를 마시거나, 샤워를 하는 것과 같은)로 불러와야 한다는 것을 뜻한다. 긴 공식 수행과 짧은 일상적인 마음챙김 수행들은 다른 문제들을 제기한다. 바디 스캔은 상당한 시간이 걸리며, 지루함, 짜증, 졸음, 아픔, 통증 같은 불쾌한 경험들을 수반할 수 있다. 매일의 마음챙김(정기적인 활동들에 주의를 기울이는 것과 같은)은 매우 짧은 "시계 시간"이 걸리지만, 이를 수행해야 한다는 것을 기억해야 한다. 이는 해야 한다고 "들은" 것을 하지 못한다는 생각으로 절망에 빠지는 경향이 있는 사람들에게는 추가 문제가 될 수 있다.

1회기가 마무리 되어 감에 따라, 수업 전 면담에서와 마찬가지로, 우리는 이러한 장애물들이 발생할 수 있다는 것을 공개적으로 인정했다.:

지도자: 이것이 이번 주의 가정에서의 수행이네요. 바디 스캔 명상, 동일한 일상의 정기 활동들에 "건포도 마음" 가져오기, 마음챙김 식사 탐구입니다. 이 일일 의무를 어떻게 해야 할지 몇 분 동안 고려해 보죠. 지금 여기에 앉아서 들으면 너무 어렵지 않게 느껴질 수 있습니다. 하지만 실제로 해보려고 하면, 상황은 정말 다를 수 있습니다! 일부 사람들의 경우 다른 일들이 떠오르게 되고, 방해를 받게 됩니다. 정기적인 가정에서의 수행을 어렵게 하는 어떤것이 떠오르는 사람이 있나요?

조: 이번 주에 상사를 위해 많은 일을 해야 합니다. 그는 압박을 받으면, 내게 화를 냅니다. 어떻게 시간을 내야 할지 모르겠네요.

샐 리: 배우자가 이번 주에 집에 없어서, 세 자녀를 나 혼자 돌봐야 해요.

지도자: 감사합니다. 이러한 것들은 장애물들의 정말 좋은 사례들이네요. 이와 같은 문제와 압박들은 수행을 하기 어렵게 만들 수 있습니다. 따라서 짝을 이루어서 몇 분 동안 함께 이야기를 해보면서, 서로 방해가 될 수 있는 것을 찾도록 도와줍시다. 발생할 수 있는 어려움을 해결하는 방법을 서로 찾도록 도울 수 있는지 알아보죠.

이처럼 짝을 이루어서 미리 생각하고, 반영하는 기회는 매우 효과가 좋았다. 이는 부분적으로 처음에 문제들을 인정하기 때문이며, 또한 부분적으로는 지도자가 실제로 이러한 문제들이 일어났는지, 예상치 않았던 새로운 문제들이 있었는지 점검하기 위해, 2주차에 가정에서의 수행을 검토하는 동안 이러한 "장애물들"을 다시 논의할 수 있도록 하기 때문이다. 첫째 주에 이러한 가정에서의 수행을 준비하는 방식이 현재 우울장애를 위한 마음챙김 기반 인지 치료의 두 번째 판(Segal 외, 2013, p. 129)에 포함되어 있다.

직장의 요구와 자녀가 어린 가정의 경우 외부의 압력들은 특히 방법을 찾기가 어려울 수 있다. 프로그램에 대한 의혹과 의구심(예, "이것은 너무 힘들어 보인다. 이것이 효과가 있으리라는 것을 어떻게 확신할 수 있는가?"), 정서적, 혹은 신체적 상태(예, 저조한 기분, 불안 증가, 혹은 피로감), 습관적 태도(예, "나는 스스로를 위한 시간을 갖기 전에 모든 의무들을 이행해야 한다.", 혹은 "나는 이런 것을 할 자격이 없다.") 등과 같이, 더 미묘한 내부 장애물들도 존재할 수 있다. 짝을 이루어서 하는 논의와 이어지는 질의는 참여자들이 자신이 혼자가 아니라는 것을 발견할 수 있도록 하며, 다른 사람들이 이야기하는 것을 들으면서 아직 확인하지 못했던 장애물을 알게 될 수 있고, 아마도 정기적인 수행에 대한 장애물들이 더 큰 패턴의 일부라는 것을 알게 되기 시작할 것이다. 지도자의 관심과 수용은 이들이 어떤 장애물이 나타날지 호기심을 갖도록 장려한다. 지도자는 이러한 맥락들을 함께 모음으로써 논의를 마무리 할 수 있다.

지도자: 자, 논의에서 무엇을 찾았나요?

레일라: 모든 사람들이 방해되는 일들을 가지고 있는 것 같아요! *(그룹의 웃음소리)*

지도자: 네, 그렇군요. 틀림없이 그럴 것입니다. 감사합니다. 우리가 목적들을 이행하고자 할 때 장애물을 만나는 것은 극히 정상적인 것입니다. 우리를 방해하는 일들이 나타나게 되죠. 실제로 이는 극히 정상일 뿐 아니라, 잠재적으로는 사실 훨씬 더 일반적인 의미에서 스스로를 돌보기 어렵게 만드는 것에 대해 더 많은 것을 배우게 되는 소중한 기회입니다. 이번 주에 나타날 수 있는 장애물이 또한 다른 상황들에서도 나타나는 것을 느낀 분이 있나요?

조: 나는 정말 중요할 때조차, 나 자신의 필요성들을 먼저 잘 챙기지 못한다는 것을 알고 있습니다. 나는 항상 우선 다른 모든 사람들을 위해 모든 것을 해야 한다고 느낍니다. *(다른 참여자들의 끄덕거림)*

지도자: 감사합니다. 그리고 다른 사람들도 찾은 것처럼 보이네요. 그렇다면 해야 할 일

은 장애물이 나타날 수 있다는 것을 받아들이고, 이에 따라 이러한 장애물들을 경계하고, 긴밀하게 관찰하는 것입니다. 나를 방해하는 이것은 정확히 어떤 것인가? 익숙한 것인가? 나는 수행을 지속하기 위해 어떻게 스스로를 도울 수 있는가? 그리고 다음 주에 우리는 무슨 일이 일어났는지, 실제로 어떤 것이 나타났는지에 대해 함께 이야기 할 것입니다. 여러분이 예측했던 것인가요? 아니면 다른 것인가요?

레일라: 흥미롭겠네요!

지도자: *(미소 지으며)* 정말 그럴 것입니다.

어떤 의미에서, 장애물은 문제가 아니다. 장애물은 일상생활의 혼잡함 속에서 정기적으로 수행에 전념하고자 추구하는 것의 정상적인 부분이다. 중요한 것은 이러한 장애물의 존재가 아니라, 참여자들이 어떻게 반응하는가이다. 호기심과 관심을 가지고 인정하고, 접근할 수 있다면(대처할 수 없는 장애물이나 실패의 신호로 보기보다), 이러한 장애물들은 귀중한 배움과 반복되는 상황 및 정기적으로 삶을 어렵게 만드는 마음의 패턴들을 확인할 기회를 제공할 것이다.

> 중요한 것은 수행에 따라 발생하는 어려움이 아니라, 다음에 무슨 일이 일어나는가이다. 어려움에 따라 자기비판과 포기가 이어진다면, 배움은 거의 불가능하다. 어려움을 인정, 수용, 관심, 호기심으로 받아들인다면, 절망을 전화하는 시작이 될 수 있다.

마무리 글

첫 번째 회기가 끝나갈 무렵, 참여자들은 이미 프로그램의 핵심 요인들을 마주했다. 이들은 마음챙김의 본질적 요인들을 체화하는 두 개의 수행을 경험했다(건포도와 바디 스캔). 정확성, 신체에 대한 친절한 자각, 일상경험의 풍부함에 대한 열린 마음은 자동적 파일럿과 바쁜 "행위" 양식에 대한 직접적 해독제이다. 이들은 마음챙김을 함양하는 것이 아마도 쉬운 일은 아니겠지만, 어려움 자체가 새로운 배움의 풍부한 원천이라는 것을 발견했다. 참여자들은 서로를 만났으며, 우울장애가 다양한 사람들에게 일어난다는 것을 깨닫고, 이것이 결코 취약함이나 부적응의 신호가 아니라는 암시를 시작하는 과정을 시작했다. 그리고 지도자의 체화를 통해, 이들은 자기비판과는 크게 다른 자세인 친절한 수용과 자비심의 자세를 경험했다.

8장

2 회기 : 우리의 머리로 살기

1회기 이후 가정에서의 수행에서, 바디 스캔과 정기적인 활동들은 배움과 성장의 두 분야에서 참여자들의 기술, 즉, 자동적 파일럿을 인식하고/벗어나는 법과 의도적으로 단일 장소에 지속적인 초점을 맞추는 법을 육성하기 위해 할당되었다. 2회기는 이러한 주제들을 여러 번 다시 논의할 기회를 제공한다.

원래의 MBCT 프로그램에서, 2회기는 "장애물 다루기"라고 불렸다. 이 제목은 대부분 참여자들의 경우, 이 시기가 가정에서의 수행을 시도하면서 다루어져야 할 많은 문제들이 드러나는 시기라는 발견을 반영했다. 첫째, 장애물은 해결될 수 있는 문제로 여겨지지 않는 경우 의욕을 꺾을 수 있기 때문에, 둘째, 장애물은 작용하는 마음의 행위 양식에 대한 뚜렷한 많은 사례들을 볼 수 있는 좋은 기회를 제공하기 때문에 중요한 것으로 강조되었다. 그러나 MBCT에 대한 우리의 지속적인 연구에서, 장애물 아래에, 명확히 해야 할 무언가가 있다는 것이 밝혀졌다. 바로 우리가 "개념적 마음"이라고 부르는 "행위"의 측면에 대한 과도한 의존이다(2장, 그림 2.1 참고). 2회기에서는, 바디 스캔이 다시 논의되지만, 이제 지도자는 또 다른 주제를 전개할 기회를 갖는다. 바로 참여자들에게 결과에 대한 자각 없이, 얼마나 많은 시간을 직접적인 감각을 통하는 대신, 머리로 살 수 있는지 인식하도록 권유하는 것이다.

2 회기

강의 개요, 각 요인의 의도, 연관된 가정에서의 수행들이 표 8.1에 요약되어 있다.

표 8.1. 둘째 주: 수행들의 요약

회기 주제	수행과 활동들	습득하는 기술	수행으로 지지되는 통찰	가정에서의 수행
우리의 머리로 살기	*바디 스캔* *(오디오트랙 3*[a]*)*			*바디 스캔*
목표: 앎의 새로운 방식을 탐구할 기회를 제공한다. 행위 양식에서 우리는 우리의 경험을 오직 간접적, 개념적으로, 사고를 통해서만 "알고 있다." 우리는 반추와 염려로 쉽게 길을 잃는다. 마음챙김에서 우리는 직접적, 직관적으로, 즉, 경험적으로 알게 된다. 경험적 앎은 반추로 길을 잃지 않고 불쾌한 경험들을 인식하는 방법이다.	위와 같음	방황하는 마음을 관찰하고, 생각들을 놓아버리는 것을 수행하며, 의도된 대상에 반복적으로 다시 주의를 기울인다.	우리는 우리의 경험들을 즐거운 것, 혹은 불쾌한 것으로 판단하고, 불쾌한 경험들을 회피하며, 즐거운 경험들을 추구하는 경향이 있다. 이는 직접적인 경험 자체에 머무르기보다 경험에 대해 "생각하는 것"을 촉발시킨다.	참여자들은 최소한 6일간, 자신들의 경험에 주목하며, 오디오트랙 3에 의해 지원되는 바디 스캔을 수행한다.
	사고와 정서 활동			*즐거운 상황들에 주목하기*
	참여자들은 모호한 시나리오(숙지한 것으로 주목되지 않는)를 상상하고, 이러한 상황에 대한 반응들과 어떻게 이러한 것들이 기분의 기능으로 변화할 수 있는지 탐구한다.	상위 인지 관점에서 사고, 정서, 신체 감각, 행동 사이에 연관성을 성찰하기 시작한다.	사건들에 대한 우리의 해석(자체적으로 기분 상태에 의해 영향을 받을 수 있는)은 차후의 정서, 인지, 신체 감각, 행동에 영향을 끼친다.	참여자들은 즐거운 것으로 경험한 상황이나 순간들에 주목하고, 이러한 경우에 발생하는 생각, 정서, 신체 감각을 관찰하도록 요청 받는다.

[a] 독자들은 www.guilford.com/williams6-materials에서 스트리밍, 다운로드를 통해 MBCT 프로그램에서 사용되는 인도되는 마음챙김 명상 수행들의 오디오 녹음들을 이용할 수 있다.

바디 스캔 다시 논의하기

수업이 시작될 때 바디 스캔(오디오 트랙 3) 수행과 이어지는 질의는 지도자에게 선택들을 제기하는 많은 다양한 종류의 문제들을 가져올 수 있다. 특히 혐오스러운 반응들이 존재하는 경우, 어떤 경험이든, 더 잘 알게 될 만큼 오래 경험에 주의를 기울이고, 순간마다 어떻게 전개되는지 보도록 권유하는 것은 많은 사람들에게 낯설 것이다. 동일하게, 우리는 이러한 단어들을 사용하지는 않지만, 순수한 감각에 맞추는 것(경험적 처리)과 대조적으로 "사고하는" 감각에 맞추는 것(개념적 처리) 사이에 구분은 이 시점에서 여전히 어려울 수 있다.

1회기과 2회기의 바디 스캔에서 부각되는 주제들은 서로 매우 다를 수 있다. 참여자들은 일주일 동안 가정에서 바디 스캔을 수행해왔지만, 논의를 가정에서의 수행 검토와 결합시키는 것보다, *이러한* 수행을 조사하는 것에 특히 초점을 맞추는 것이 중요하다. 이것은 참여자들에게 전체 일주일의 서술에 일반화를 가져오는 것보다, 특정 경험들에 초점을 맞추는 수행("바로 지금, 여기, 이 특별한 순간은 어떠한가?")을 제공한다. 다시 한 번, 이것은 개념적 처리보다 직접적 경험을 권유한다. 우리는 과정의 시작부터 우리가 따뜻한 친절함과 관심을 가지고 발생하는 것은 무엇이든, 완전히 열린 마음으로 분석하며, 어려운 경험들을 포함하여, 모든 종류의 경험들을 환영한다는 것을 명확하게 전달한다. 그러나 이렇게 하기 위해, 우리는 바로 지금, *이러한* 경험에 가까이 머물러야 한다.

가정에서의 수행 검토

마음챙김 교육과정의 참여자들이 최소한 불편함이나 지루함을 마주하지 않고, 모든 가정에서의 수행들을 쉽게 완수하는 일은 드물다. 사람들은 처음에 이러한 어려움들을 "고백"하는 것을 꺼릴 수 있다. 성공적으로 수행하는 것("제대로 하기")보다, 가정에서 수행하는 의도를 가지고 작용 *과정*을 탐구하는 것의 중요성은 아직 잘 느껴지거나, 이해되지 않는다. 가정에서의 수행의 아이디어는 어린 시절 숙제(모든 자동적 반응에 따라 이 단어는 학창시절을 떠올린다)의 경험들에 대한 공명을 불러일으킬 수 있다. 요구되는 과제들을 하지 못한 것에 대한 수치심으로 인해, 가정에서의 수행에 관해 이야기하는 것을 꺼려할 수 있다. "달성해야 하는 요구"와 "모든 과제를 잘 수행하는 것"에 대해 생각하는 오랜 습관이 모습을 드러낼 수 있다.

앞서 주목했듯이, 이것이 바로 1회기에서 우리가 수행에 대한 장애물에 더 명확한 초점을 맞춘 이유이다. 2회기에서는 참여자들의 실제 경험을 검토하는데 초점을 맞춘다. 어려움에 대한 의도적 초점은 가치 있고, 환영 받는 경험들을 인정하는 것으로 균형이 잡힌다. 다시 한 번 강조하자면, 어떤 경험이든, 괜찮다. 지도자는 모든 경험들을 따뜻함, 관대한 호기심, 수용으로 마주한다.

지도자: 가정 수행에 대한 논의로 넘어가 봅시다. 나는 여러분의 경험에 대해 듣는 것에 관심이 있습니다.

아 담: 나는 바디 스캔을 완수하는 것이 정말 어렵다는 것을 알게 되었습니다. 나는 바디 스캔에 대해 매우 긴장하게 되고, 결국에는 전혀 하고 싶어지지 않습니다.

지도자: 고맙습니다, 아담. 우리는 지난주에 어떤 어려움들이 여러분을 방해할 수 있는지에 대해 생각하는 시간을 약간 가졌습니다. 이것이 당신에게 정말 어려웠던 것 같이 들리네요?

아 담: 네, 정말 그랬습니다. 그리고 이후에 나는 물론 기분이 좋지 않았습니다. 첫째 주도 해낼 수 없다면 여기 오는 이유가 무엇인가요?

지도자: 정말로 낙담한 것으로 들리네요. *(아담은 고개를 끄덕인다)* 물어보죠, *(그룹을 향하며)* 수행을 하는데 어려움을 겪은 사람이 또 있나요?

여러 참여자들: 네!

지도자: 이것은 정말로 주목해야 할 중요한 것입니다. 실제로 집중적인 명상 훈련을 시작하는 모든 사람들이 특정 시점에 장애물을 만나게 됩니다. 따라서 이러한 장애물에 어떻게 반응할지 생각하는 것은 정말로 중요합니다. *(아담에게)* 이 점을 염두에 두고, 당신에게 무슨 일이 일어났는지 더 자세히 들여다봐도 괜찮을까요?

아 담: 좋습니다.

지도자: 이것은 지난주에 당신이 예측했던 어려움인가요? *(아담은 고개를 젓는다)* 그렇다면, 언제 처음으로 알아차렸나요?

아 담: 바디 스캔을 두 번째 수행했을 때입니다.

지도자: 특정 지점에서 알아차렸나요?

아 담: 나는 갑자기 우리가 오른쪽 발에 초점을 맞춘다는 것을 깨달았습니다. 그리고 나는 왼쪽 다리를 완전히 잊어버렸습니다.

지도자: 그것을 알아차렸을 때 당신의 반응은 어떠했나요?

아 담: 나는 "우리는 이제 시작도 안 했는데, 나는 이미 틀리고 있어"라고 생각했습니다. 나는 스스로에게 정말 실망했죠. 그것보다 더 잘했어야 했어요.

지도자: 제대로 하지 못해서 정말 실망했군요. 그리고 그 뒤에는 어떠했나요?

아 담: 다시 진행했지만, 집중할 수 없었고, 나는 정말로 긴장하게 되었습니다. 그리고 다음날 나는 줄곧 완전히 초조해했고, 전혀 초점을 맞출 수가 없었습니다.

지도자: 이런 일이 일어나는 동안 당신의 마음은 어디에 있었나요?

아 담: 늘 같은 곳이죠, 잘못한 것에 대해 스스로를 자책하고 있었습니다.

지도자: 자신을 자책하는 것이 당신에게 익숙한 것인가요?

아 담: 네, 맞습니다!

지도자: 그렇다면 당신은 "제대로 해야 한다는" 정서가 있는 것이고, 어떤 일이 잘 풀리지 않는 즉시, 당신은 스스로를 비판하고, 좋지 못한 기분을 느끼며, 물론 모든 것을 잊고 싶어 할 것입니다. *(아담에게)* 이게 맞나요?

아 담: 네

지도자: 자세히 설명해주어서 고맙습니다. 이러한 경험이 공감 가는 사람이 있나요? *(몇 명이 고개를 끄덕인다)* 당신이 우리에게 이야기한 것은 정말로 귀중한 것입니다. 상황이 어려워질 때 우리가 어떻게 반응하는지 보고, 모든 사람들이 이 모든 것에 대응하는 법을 배우는 것이 이 수업의 중요한 부분이기 때문입니다. 따라서 이것은 수행이 어려울 때 무슨 일이 일어나고 있는지 잠시 돌아보는 것이 가능한지 알아보고, 탐구하기 위한 기회입니다. 무엇이 장애물일까요? 아마도 당신의 오래된 패턴은 "나는 제대로 해야 한다, 그렇지 않을 경우 나는 완전히 실패자이다"라는 거겠죠? 많은 것들이 장애물이 될 수 있습니다. 여기에서 권유 하는 것은 다시 나타난 오래된 패턴에 주목하는 것이며, 지금으로서는 이것을 인정할 수 있는지 알아보고, 잘 할 수 있는 경우 마음을 다시 의도된 초점[오른쪽 발이든, 무엇이든]으로 가져가는 것입니다. *(아담에게)* 이러한 가능성을 탐구할 의지가 있습니까?

아 담: 한 번 해보겠습니다.

지도자: 그래도 이건 어려운 일입니다. 그렇죠? 지금, 당신 내부에 모든 것이 "이것은 아무 소용이 없어"라고 소리칠 때 끈기 있게 실행할 용기를 갖는다는 것은 정말 대단한 것입니다. 감사합니다. 어려움이 있는 다른 사람이 또 있나요?

로버트: 나는 아담과 같았습니다. 나는 수행을 할 계획을 세웠고, 나 자신에게 숙제를 하기 위해 전념을 해야 하며, 집에서 수행을 하지 않는 경우 수업에 오는 것이 아무 소용이 없다고 계속해서 말했지만, 며칠 동안 수행을 할 수 없었습니다.

지도자: 감사합니다, 로버트. 가정에서의 수행을 할 때 우리 각자에게 무슨 일이 일어나

는지 탐구하는 것은 정말로 유용합니다. 나는 스스로 수행을 하는 것이 어려울 수 있기 때문에, 이곳에서 여러분이 많은 사람들에게 이야기하길 기대합니다. 많은 저항이 구체화될 수 있습니다!

이사벨: 나는 CD를 넣었지만, 거의 즉시 잠들어버렸습니다. 나는 제대로 하지 못한 것에 대해 정말 죄책감이 들었습니다. *(잠시 멈춘 후)* 나는 오늘 무슨 말을 해야 할지 정말로 걱정되었습니다.

지도자: 이런 말을 할 용기를 낸 점 정말 감사합니다, 이사벨. 나는 잠들어버린 사람이 당신만이 아닐 것이라고 확신합니다! *(방을 둘러보자, 몇 명이 자신들도 잠들었다고 인정하는 뜻으로, 고개를 끄덕이고, 이사벨은 안도한 것처럼 보인다)* 인생에서 수없이 우리는 진전을 보이기 위해, 혹은 잘해내기 위해 노력합니다. 이러한 수업들에서 우리가 하는 것은 이와는 매우 다릅니다. 우리는 단지 우리의 경험에 명확하게 주목하는 법을 배우기 위해 수행하고 있는 것입니다. 따라서 우리가 졸음을 느낀다면, 단지 졸음에 주목하면 됩니다.

지도자는 그룹의 다양한 졸음 경험들에 대해 계속해서 탐구하며, 관심과 친절함으로 이러한 원치 않는 경험에 주목한다. 그룹은 많은 형태의 졸음과 이로부터 발생하는 생각 및 정서들을 발견하게 될 수 있다. 일부는 전체 그룹의 공감을 받을 수 있으며, 일부는 개인적인 반응들이다. 이제 수업의 분위기는 가정 수행 질의 시작 시 당황스러운 침묵에서 더 호기심이 이끄는 대화로 변모했으며, 이에 따라 참여자들은 비록 부정적인 것일지라도 자신의 경험을 공유하는 것에 훨씬 더 안전한 느낌을 받는다.

조: 나는 가만히 누워 있는 것이 너무 어렵다는 것을 발견했습니다! 나는 수행 동안 가만히 있지 못하고, 안절부절 했습니다.

지도자: 그렇다면 이러한 차분하지 못한 동요를 어떻게 다루었나요, 조?

그리고 이후에:

조 지: 나의 마음은 사방을 헤매었습니다! 나는 매번 수행을 할 때마다 생각이나 기타 등에 관심을 빼앗기며 신체의 절반을 놓쳤습니다.

지도자: 아, 바디 스캔은 우리에게 우리의 주의가 얼마나 많은 시간 동안 이곳, 저곳을 가

> 는지 깨닫는 좋은 방식을 제공할 수 있습니다. 당신은 마음이 간 곳들에 주목했나요?

친절한 호기심으로 수치스럽거나, 실패의 증거로 보일 수 있는 경험들을 탐구하려는 의지는 많은 사람들에게 있어 큰 변화이다. 물론 이러한 상황에서 지도자는 다양한 참여자들의 경험이 가진 많은 다양한 측면들에 초점을 맞추는 것을 선택할 수 있지만, 비판 없이 탐구하거나, 혹은 해결책을 제공하려는 의도가 중요하다.

여기에서 무슨 일이 일어났는지 주목해보자. 예상치 않고, 준비되지 않은 경우 당황스럽게 만들고, 의욕을 꺾게 될 수 있는 것은 대신 참여자들에 의해 무언가 새롭고, 어려운 것을 배우는 것의 정상적인 부분으로 이해될 수 있다. 서서히 참여자들은 장애물과 이에 따라 생길 수 있는 의욕 저하 및 수치심이 탐구와 통찰을 위한 소중한 기회가 될 수 있다는 것을 알게 된다. 여기에서 무슨 일이 일어나고 있는 것인가? 이것이 패턴인가? 삶의 다른 것들을 볼 수 있는 것인가? 다음에 이런 일이 일어나는 경우, 나는 어떻게 잘 대응할 수 있는 것인가? 무슨 일이 일어나든, 참여자들이 수행을 하던, 하지 않던, "효과가 있거나", 혹은 없거나, 자신의 경험에 주의 깊게 주의를 기울인다면, 자신의 삶에서 가치 있는 것과 마음의 작용들을 발견할 수 있을 것이다.

거리 걷기

이 활동은 참여자들이 즉각적인 해석들이 어떻게 정서적 반응들을 형성하는지, 이러한 것들이 신체에서 어떻게 표현되는지, 그리고 이러한 것들이 행동(혹은 행동하려는 욕구)을 초래할 수 있는지를 탐구하도록 돕기 위해 설계되었다. 우리는 다수의 해석들에 열려 있는 단순한 시나리오를 제공한다.:

> "당신이 거리를 걷고 있다고 상상해보자. 당신이 알고 있는 누군가가 반대편에서 걸어오는 것을 보게 된다. 당신은 손을 흔들고, 웃어보였지만, 그 사람은 당신을 알아보지 못하고 지나간다. 당신은 어떻게 반응하는가? 어떤 생각들이 떠오르는가? 어떻게 느끼는가[정서, 신체 감각들]?

참여자들은 자신의 경험을 공유하도록 권유 받는다. 일부는 손을 흔들지 않은 사람이 단지 못 본 것이라고 빠르게 생각한다. 이들은 어떤 특정한 정서 반응을 경험하지 않거나, 혹은 아마도 약하게 긍정적인 것이나(예, 재미), 빠르게 지나가는 짧은 반응을 경험했을 것이다. 다른 한편으로, 상상된 상황은 자신이 다른 사람을 불쾌하게 만들었거나, 그 사람이 당신을 의도적으로 무시한 것이라는 신호로 보는 것처럼, 매우 다른 방식으로 받아들여질 수 있다. 이러한 즉각적인 해석들은 고통스러운 기억들을 불러일으킬 수 있으며, 질의는 순전히 가상의 시나리오에서 어떤 것이 떠올랐는지 드러낼 수 있으며, 반복해서 존재해 온 오래되고, 고통스러운 패턴을 나타낼 수 있다. 자살 충동 우울장애의 반복된 경험을 가진 사람들의 경우, 이것이 실제 상황이라면, 작은 기분의 변화일지라도 무망감, 반추의 홍수와 취약성의 중심이 된다고 보았던 문제 해결 능력의 결핍을 촉발할 수 있다. 따라서 해석에 열려 있는, 일상적으로 일어나는 일처럼 보이는 상황이 우리의 가장 취약한 참여자들에게는 저조한 기분, 비극적인 사고, 심지어 자살 충동의 빠른 궤도를 제공할 수 있다.

따라서 이러한 단순한 활동에 의해 전달되는 메시지들은 함축적이더라도, 취약성의 근본적인 과정들과 직접적인 관련성을 가질 수 있다. 첫째, 힘든 경험들에도 주의를 기울이고, 이러한 경험들을 호기심으로 탐구하고, 이에 따라 마음의 작용들을 발견할 수 있다. 둘째, 우리가 이렇게 할 때, 우리는 어떤 것이든 많은 관점들에서 바라볼 수 있으며, 관점은 다음에 일어날 일을 형성한다는 것을 발견할 수 있다. 셋째, 하나의 측면에서 전체적으로 특이하다고 느껴질 수 있는 경험들은 실제로 다른 사람과 공유될 수 있다. 그룹 경험은 공통된 반응들이 인식될 수 있는 더 광범위한 맥락을 제공한다. 이런 경험을 하는 것은 나 혼자만이 아니다! 따라서 증가하는 안전감과 동료 의식이 발전하게 되고, 그룹은 고통스러운 경험들이 인식되고, 명명될 수 있는 장소가 된다.

즐거운 경험 일기

지도자: 그러면 우리가 스스로에게 이미 삶에 존재하는 즐거운 경험들과 접촉하도록 허용하면 어떨까요?

참여자: 좋은 생각이네요!

마음챙김 과정에서 취약하지 않은 참여자들의 경우, 매일 즐거운 경험에 주목하고, 이를 기록하라는 권유는 종종 환영을 받는다. 그러나 우울장애, 특히 자살 충동의 우울장애 이력을 가진 사람들의 경우, 즐거운 경험을 향하는 것은 항상 환영받거나, 쉽지 않으며, 혹은 아래 사례들이 보여주듯이, 기분을 강화하는 것으로 경험되지 않는다.

- 샤론은 이번 가정에서의 수행에 관해 들으면서, 단지 다음과 같이 말했다.
  "기록할 것이 없을 것 같군요"

그룹은 과정에 참여할 때처럼 현재 우울하지 않으며, 좋은 상태라는 것에 주목하자. 일부는 이를 환영하지만, 다음 주에 다시 다음과 같이 보고한다.:

- 메리: "내가 차를 한 모금 마셨을 때 훌륭한 맛이라는 것을 느꼈다. 그리고 나는 차를 마시면서 침대에 있는 나 자신에게 게으르다고 말하는 것을 알아차렸다."

종종 흥을 깨는 다양한 생각들이 나타난다. 참여자들은 즐거운 경험을 누릴 자격이 없고, 혹은 다른 것들이 이보다 더 가치 있으며, 혹은 이러한 경험들이 지속되지 않는다는 것이 슬프다는 생각을 많이 한다고 말한다.

- 조나단: "나는 앉아서 해가 지는 바다를 바라보고 있었으며, 갑자기 슬픈 정서가 몰려오는 것을 느꼈다. 인생에서 이 모든 순간들을 놓쳤다는 것이 얼마나 낭비인가!"

가정에서의 수행을 준비하면서, 그리고 다음 주에 대해 검토하면서, 목표는 실제로 무슨 일이 벌어지는 명확히 주목하기 위해 즐거운 경험들의 일기를 사용하는 것이다. 특히 어떻게 우리가 직접 무엇이 즐거운지 알겠는가? 수행의 목표는 사람들이 상세하게 탐구할 때 이러한 모든 경험들이 다면적이라는 것을, 즉, 생각, 신체 감각, 정서, 행동, 혹은 욕구의 결합이라는 것을 스스로(누군가 이들에게 말했기 때문이 아니라) 알게 되도록 돕는 것이다. 이런 식으로 더 명확하게 보고, 느끼는 것은 새로운 관점을 가져온다.

2회기는 참여자들이 바디 스캔에서 호흡의 감각에 기울이는 주의와 동일한 주의를 기울이도록 권유 받으며, 5-10분가량 짧게 앉아 있는 명상으로 마무리를 한다(Teasdale 외, 2014, 오디오 트랙 4 참고). 가정 내 수행의 대부분은 매일 호흡 수행을 하며 앉아 있는 것과 바디 스캔, 그리고 여러 정기적인 활동에 "건포도 마음" 가져오기를 수행하는 것이 된다.

마무리 글

바디 스캔으로 다시 향하는 2회기는 “제대로 하려는” 고군분투가 얼마나 흔한 것이며, 어떻게 우리를 직접적인 경험에서 멀어지게 만드는지 드러낸다. 정서, 신체 감각, 행동에 대한 습관적 패턴의 영향을 부각시키기 위해, 처음으로 프로그램의 더 명확한 인지 요인이 도입된다. 이러한 활동을 통해, 참여자들은 보통 자신을 책망하고, 거부를 예상하는 것에 있어 자신이 혼자가 아니라는 것을 깨닫게 된다. 경험의 여러 요인들에 대한 이러한 해부는 즐거울 일상 경험들에 초점을 맞추는 가정 수행을 통해, 일상생활로 들어오게 된다.

9장

3 회기 : 흩어져 있는 마음 모으기

3 회기

반복적으로 현재의 순간으로 돌아오는 것이 3회기의 주제이다. 강의 내용, 각 요인의 의도, 연관된 가정에서의 수행들이 표 9.1에 요약되어 있다. MBSR과 마찬가지로, MBCT에서 마음챙김 움직임은 이를 수행하기 위한 능숙한 수단이다. 신체 감각들에 초점을 맞추는 것은 자신을 현재의 순간에 "그라운딩(grounding)"하고, 새로운 앎의 방식과 친숙해 지는 효과적인 방법이다. 즉, 생각에 의해 매개되기보다 직접적인 경험이다. 마음챙김 움직임은 또한 의도적으로 어려움을 향하도록 장려하는 프로그램 후반부의 수행들에 대한 준비이다. 후반부 수업들은 정서적 어려움들을 향하도록 권유할 것이다. 요가에서 신체적 "한계"를 향하도록 하는 것은 이러한 수행에 대한 우수한 비유이자, 준비이다. 우리가 처음 자살 충동을 가진 사람들에게 MBCT를 제공했을 때, 우리는 반복적 우울장애에 대해 MBCT에서 채택한 커리큘럼이 보통 강렬한 자기 파괴적 생각 및 이미지들에 따라 행동하려는 절박함을 가진 참여자들의 욕구를 충족시키지 못한다는 것을 알게 되었다. 우리는 이러한 깨달음이 어떻게 나오게 되었는지에 대해 설명할 것이다.

마음챙김 움직임

자살 충동의 위험이 없는 재발성 우울장애에 대한 MBCT에서(Segal 외, 2013, p. 181),

표 9.1. 셋째 주: 수행들의 요약

회기 주제	수행과 활동들	습득하는 기술	수행으로 지지되는 통찰	가정에서의 수행
흩어져있는 마음 모으기	*요가 스트레칭*			*스트레칭과 호흡*
마음은 완수하지 못한 일들을 완수하기 위해 계속 일하고, 미래의 목표를 달성하기 위해 노력하기 때문에 보통 흩어져 있으며, 생각에 빠져 있다. 대신, 우리는 의도적으로 현재의 순간으로 "돌아오는" 길을 찾아야 한다. 호흡과 신체는 우리가 마음챙김 존재와 다시 연결될 수 있다는 것에 대한 항상 존재하는 초점을 제공하며, 마음을 모으고, 정착시키고, 행위에서 존재로 우리 자신을 편하게 만들어준다.	참여자들은 일련의 요가 스트레칭을 통해 인도되며, 각 스트레칭 도중과 이후 변화하는 신체 감각들을 관찰하도록 권유 받는다.	움직임으로 신체를 인식하고, 수행 중 방황하는 마음을 관찰하고, 신체 감각들에 다시 연결되는 것을 배운다.	완전한 주의를 기울여 관찰되는 경우 신체 감각들은 더 풍부해지고, 더 변화무쌍해진다.	서 있는 요가 스트레칭의 시퀀스는 호흡에 초점을 맞추는 더 짧은 정좌 명상으로 이어진다. 이는 1, 3, 5일째에 완수된다.
	스트레칭과 호흡 명상(오디오 트랙6[a])			*움직임(2, 4, 6)*
	서 있는 요가 스트레칭의 시퀀스는 참여자들이 호흡의 지속적으로 변화하는 감각들에 주의를 기울이고, 마음이 방황하는 것을 호기심으로 관찰하고, 이후 다시 호흡에 부드럽게 주의를 기울이는 더 짧은 정좌 명상으로 이어진다. 수행의 마지막 단계들에서 주의는 전체 신체로 확대된다.	호흡에 주의를 기울이고, 마음의 방황에 주목하고, 마음의 습관에 익숙해진다.	마음의 습관적 패턴들에 대한 인식을 증가시킨다(예, 고군분투와 관련된 '자기 비판적' 사고 및 어려운 신체 감각들의 발생).	오디오 트랙 5에 의해 인도되는 요가 자세의 더 긴 시퀀스, 2. 4. 6일째에 완수된다.
		마음이 방황할 때, 현재 순간 인식에 다시 연결되는 수단으로 호흡을 사용하기 시작한다.	호흡은 현재 순간을 인식하는 길이다.	*예정된 호흡 공간*
				참여자들은 매일 미리 정해진 세 번에 걸쳐3분간의 호흡 공간(오디오 트랙 8)을 수행한다.

3분간의 호흡 공간(오디오 트랙 8)			*불쾌한 사건 주목하기*
3분간의 수행에서 참여자들은 처음으로 현재 순간의 생각, 정서, 신체 감각들을 인식하게 되며, 이후 주의를 호흡으로 전환하고, 마지막으로 전체 신체로 주의를 확대한다.	명상 수행을 일상생활로 일반화시키기 시작한다.	호흡 공간의 사용을 통해 관점을 전환하고, 현재 순간과 다시 연결되는 것이 가능해진다.	참여자들은 불쾌함을 경험하는 사건이나 순간들에 주목하고, 이러한 경우에 발생하는 생각, 정서, 신체 감각들을 관찰하도록 권유받는다.

[a] 독자들은 www.guilford.com/williams6-materials에서 스트리밍, 다운로드를 통해 MBCT 프로그램에서 사용되는 인도되는 마음챙김 명상 수행들의 오디오 녹음들을 이용할 수 있다.

수업은 5분간의 보기 혹은 듣기 수행으로 시작되며, 호흡과 신체 자각에 초점을 맞추는 30분간의 정좌 명상으로 이어진다. 이후 서서 하는 스트레칭의 시퀀스로 이어지며(오디오 트랙 6), 가정 내 수행의 경우 이것은 누워서 수행되는 40분간의 요가 스트레칭과 번갈아 수행된다. MBSR과 달리, 누워서 하는 요가는 원래의 MBCT 프로토콜의 회기 자체에서는 가르치지 않는다는 것에 주목하자. 왜 이러한 변화가 이루어졌는가?

MBSR의 경우, 원래 MBSR이 의도한 많은 참여자들이 상당한 신체적 문제로 인해 의사의 의뢰를 받아 온 것이기 때문에, 누워서 하는 요가 스트레칭을 수업에서 가르치는 것은 특히 이러한 참여자들에게 도움이 된다. 누워서 하는 확장된 움직임은 이들에게 변모가 일어나기 위해 "다르게 관계를 맺어야 하는" 고통의 중심에 가까이 다가가도록 만들어준다. MBSR이 MBCT를 만드는데 적용되었을 때, 재발성 우울장애의 문제를 충족시키기 위한 필요성 존재했다. 재발성 우울장애의 경우, 고통의 중심은 신체적 괴로움이 아니라, 마음의 반추하는 패턴이다. 이에 따라 MBCT에서 만들어진 변화들 중 하나는 정좌 수행을 우선시하는 것이다. 원래 MBSR 커리큘럼에 비해 MBCT 수업들과 가정 내 수행에서는 더 오래 앉아 있는 것이 의도적으로 도입된다. 이러한 이유로 MBCT는 3회기의 시작 시 보기 수행 이후 호흡과 신체에 더 오래 앉아 있는 것을 도입하며, 가정에서의 수행은 바디 스캔을 지속하기보다, MBSR의 누워서 하는 요가와 "스트레칭과 호흡" 수행(오디오 트랙 6)을 번갈아 한다.

그러나 우리는 자살 충동 환자들에 대한 초기 연구에서 일부 환자들의 경우, 유해한 생각과 정서들이 압도적이 되었기 때문에, 고요함 속에서 신체의 미묘한 감각들과 호흡에 초점을 유지하는 것이 상당히 어려웠다. 때로는, 이들이 바디 스캔과 오랜 정좌 명상에서 최소한의 신체 감각들과 접촉을 유지하는 것 자체가 불가능했다. 자살 위험이 있는 사람들에 대한 우리의 초기 MBCT 수업들 중에, 한 참여자인 로위나는 무엇이 우리로 하여금 3회기에서 했던 것을 변화시키고, 누워서 하는 요가 스트레칭을 가르치는 것에 대한 MBSR의 강조로 다시 돌아가도록 촉발시켰는지(비록 번갈아 수행하는 가정 수행은 유지시켰지만) 보여주는 좋은 사례이다. 이제 그녀의 경험에 대해 설명할 것이다.

로위나의 이야기

로위나는 "계획하지 않았던" 아이였고, 그녀의 부모들은 그녀에게 이를 확실히 얘기했다. 그녀가 어릴 때 무언가를 잘못하거나, 혹은 자라면서 부모와 언쟁을 벌이게 되면, 부모는 자신들이 그녀를 원하지 않았으며, 그녀를 낳은 것은 실수였다고 이야기했다. 그녀는 세상에 자신을 위한 자리가 없다고 느끼며 자랐다. 그녀는 어린 시절부터 많은 문제를 겪었으며, 반항적인 아이였지만, 첫 번째 우울장애는 친한 친구가 이사 간 12살 때 찾아왔다. 한동안, 그녀는 삶을 살 가치가 없다고 느꼈으며, 친구가 떠나간 것은 자신이 사랑받지 못하고, 원치 않는 완전한 아웃사이더라는 생각을 확인시켜주는 듯 했다. 수업에 왔을 때 로위나는 20대 후반이었으며, 그녀는 중증 우울장애의 많은 삽화들을 경험한 상태였고, 자살에 대한 생각과 충동은 정기적인 특징이었다. 무언가 잘못될 경우(특히 자신이 아끼는 누군가가 거부의 신호를 보내는 일), 그녀는 무망감, 자기혐오, 절망으로 빠르게 빠져들었다. 그녀는 두 번 자살을 시도했으며, 가장 최근의 시도는 수업에 오기 몇 달 전에 일어났다. 그녀는 자신이 이러한 주기에서 필사적으로 벗어나고 싶었지만, 모든 것이 다시 시작되고, 이번이 마지막이 될까봐 두려워했다. 처음 3주간, 로위나는 정말로 바디 스캔과 정좌 명상을 하기 위해 고군분투했지만(그녀의 마음은 지속적으로 떠나갔으며, 기분은 위험할 정도로 나빠졌다), 마음챙김 움직임 수행에 대한 그녀의 반응은 매우 달랐다. 마침내 그녀는 한 가닥 희망을 볼 수 있게 되었다.:

> "이 요가는 나를 드러내는 것이었다. 나는 바디 스캔을 하는데 어려움을 겪었으며, 나의 마음은 떠나서, 돌아오지 않았다. 그러나 스트레칭을 하면서, 처음으로 나는 어느 정도 내가 하는 것에 대해 주의를 유지할 수 있었다. 나는 움직임과 스트레칭 덕분에, 실제로 내 몸을 느낄 수 있었다. 실제로 강한 감각들이 존재했으며, 나는 이러한 감각들과 함께 있는 느낌을 받았다. 나는 주 중반에 끔찍한 이틀을 보냈으며, 오래된 생각들이 다시 시작되었다. "모두 나의 잘못이다.", "상황은 결코 변하지 않을 것이다." 등과 같은 생각들이었다. 따라서 나는 매일 두 번씩 요가 수행을 했고, 가능한 경우 다른 시간에도 수행을 했다. 그리고 나는 여전히 주의를 기울일 수 있으며, 나의 정서들에 의해 내몰리지 않는다는 것을 발견했다. 정서들은 사라지지 않았으며, 일종의 배경과 같았고, 나는 이러한 정서들에 얽매이지 않았다."

이와 같은 보고들을 바탕으로, 우리는 3회기의 구조를 변경하기로 결심했다. 참여자들은 두 번씩 마음챙김 움직임을 마주했다. 첫째, 우리는 MBSR 커리큘럼(Kabat-Zinn, 2013)의 중요한 부분인 누워서 하는 40분간의 스트레칭을 복원했으며, 또한 MBCT의 부분이 된 서서 하는 스트레칭도 유지시켰다(호흡과 신체에 대한 정좌 명상에 이어짐). 우리는 로위나와 같은 사람들에게, 수업 동안 다양한 움직임 수행들을 경험하는 것은 상황이 어려울 때에도 마음챙김 자각에 대한 더 유능한 접근을 제공할 수 있을 것이라고 생각했다. 그녀가 설명한 것과 마찬가지로, 움직이는 신체의 비교적 강한 감각들은 약간의 호흡 움직임으로 할 수 없을 때 주의, 즉, 일종의 마음챙김으로 선택된, 폭풍의 한 가운데에서 의식적 주의산만, 때때로 가장 필요할 때 친절함과 돌봄의 행위를 유지시켜 줄 수 있었다.

마음챙김 움직임 수행들에 대한 지침들은 참여자들이 특정한 방식으로 움직임을 경험하도록 권유한다.

> "이것은 마음챙김 움직임 수행으로, 바디 스캔과 마찬가지로, 의도는 특정한 목표를 달성하고자 하는 것이 아니며, 대신 신체를 움직이고, 뻗고, 고요함으로 돌아옴에 따라 감각들의 변화하는 패턴들을 상세하게 인식하게 되는 것이다. 이것은 운동 수업이 아니며, 우리는 더 탄탄하거나, 더 강한, 혹은 더 유연한 몸을 만들고자 하지 않는다. 실제로, 우리는 결코 상황을 변화시키고자 하지 않으며, 순간마다 상황 자체에 맞추고자 한다. 신체의 한계들에 민감해지고, 한계를 넘어서야 한다고 느끼기보다 이러한 한계를 존중하는 것이 중요하다. 해야 할 일은 어떤 감각이 나타나든 인식을 위해 마음을 열고, 신체를 있는 그대로 탐구하는 것이다. 불편함이나 피곤함을 느끼는 즉시 물러나지 않아야 하며, 또한 신체의 한계를 넘어 자신을 몰고 가지도 않아야 한다. 단순히 무엇이든, 매 순간에 당신의 경험에 주의를 기울인다."

모델로서의 마음챙김 움직임과 고통 및 불편함에 "가까이 다가가는" 체화

마음챙김 움직임에 대한 증가되는 초점(오디오 트랙 5)은 어려움을 향하거나 "우리의 위기를 다루며" 신체적, 정서적으로 느껴지는 감각을 탐구하기 위한 초기 기회들을 제공했다. 신체는 이제 "그만해야 한다"는 위기가 어떻게, 어디에서 일어나는지 경험하는 중요한 장소를 제공한다. 이러한 "위기"는 딱딱함이나 단단함, 조임, 날카로움이나 열의 고통스러운 감각들, 혹은 현재 앞으로 나아갈 가능성이 존재하지 않는다는 한계의 신체적 깨달음으로 경험될 수 있다. 참여자들은 신체가 특정 자세로 움직이면서, "나는 이것을 할 수 없어", "내 몸은 이러한 움직임/스트레칭을 절대 할 수 없어!", "이것은 너무 힘들어", 혹은 단순히 "안돼!"와 같은 생각들이 발생하는 것처럼, 이러한 "위기"가 신체, 그리고 또한 마음에서 어떻게 나타나는지 발견하도록 장려 받는다.

우리가 보았듯이, 마음챙김 움직임은 강렬한 감각들과 정서적 반응들을 경험할 기회를 제공할 수 있다. 그룹은 마음챙김 스트레칭에 몰두함으로써, 의도적으로 만들어지는 강렬한 경험들을 향하는 가능성을 명확하게 탐구하도록 요청 받는다. 비디아말라 버치(Vidyamala Burch) (2008)가 신체적 고통과 살아가는 것에 관한 자신의 저서에서 지적했듯이, "위기에" 처한 경험의 특성을 발견할 경우, 많은 사람들이 더 밀어붙이는 것이 현명하지 않은 *견고한* 위기와 대조적으로 잠시 멈추어서, 이러한 위기들을 관대하고, 친절하게 다루거나, 편안하게 만들어주면, 놀라운 양의 움직임, 유연성과 개방성이 나타날 수 있는 *부드러운* 위기 사이에 차이를 느낄 수 있게 된다. 강렬한 견고함에 어떻게 익숙해지는지 경험하는 역설은 *위기*, 혹은 *한계*를 중요한 배움을 제공하는 것으로 크게 바꿀 수 있다. 이러한 배움의 물리적 특성은 강한 생각과 정서들의 "위기"에 접근하는 새로운 문을 열어줄 수 있다. 이러한 배움의 전달성은 때때로 수업에 있는 사람들에게 즉각적으로 명확해 진다.: 이러한 수행은 삶의 경험에 대한 소우주이다. 신체와 정신의 습관적 반응 패턴은 마음챙김 움직임을 통해 일상적 경험에서위기로 밀어붙이는, 혹은 위기로부터 후퇴하는 경향으로 보일 수 있으며, "아... 이것이 바로 내가 하던 것이구나!"라는 인식이 될 수 있다.

호흡 공간

3회기 동안, 원래의 MBCT에서처럼, 3분간의 호흡 공간(오디오 트랙 8)이 소개된다(아래 네모 참고). 이는 MBCT에서 중심 장소를 제공하려는 목적과 의도를 가지고 있다. 이것은 명상 수행을 일상생활로 가져가는 수단이자, 상황의 흐름에서 멈추어, 자동적 파일럿에서 벗어나는 순간으로, 세 가지의 단계를 거치게 된다.: 참여자들은 자신이 경험과 어떻게 관계를 맺는지 변화시키고(1단계 – "나는 지금 무엇을 위해 여기에 있는가? 생각? 정서? 감각?"에서 인식하고, 호기심을 갖게 되는 것), 무엇에 초점을 맞추는지 변화시키고(아랫배에서 호흡에 대한 주의 초점을 모으는 것 – 2단계), 이후 일상생활의 흐름에 다시 들어가기 전에 경험에 대해 갖는 관점을 변화시킨다(모든 경험을 포함하여 주의의 초점을 확대하는 것 – 3단계).

MBCT에서처럼, 질의에서 우리는 이것이 주의산만, 이완, 혹은 "고정"에 관한 것이 아니며, 자동적 파일럿에서 벗어나, 호흡에 의해 고정된 지금 이 순간 무엇이 존재하는지 명확하게 보는 것에 관한 것이라고 강조한다. 이것은 일상생활에서 마음과 신체의 활동에 대한 자각을 장려하며, 더 넓은 관점에서, 새로운 방식으로 다음 순간에 접근하는 것을 육성한다. 이에 따라 첫 번째 단계는 오래된 사고의 습관보다 명확하게 본 것을 기반으로, 위기들에 잘 반응하는 방식을 선택하는 것이 된다.

수업에서 호흡 공간을 가르치며, 우리는 구조를 명확히 하기 위해, 실제 지도의 부분으로서 "1단계...; 2단계...; 3단계..."*라고 말하는 것처럼, 세 가지의 단계를 설명할 때 정확성이 필요하다*는 것을 반복적으로 보게 되었다. *또한 참여자들에게 정교한 설명 없이, 단순히 무엇에 주의를 기울이는지 지시함으로써, 짧고, 간단하게 유지하는 것이 얼마나 중요한지 매우 확실해졌다.*

호흡 공간의 세 가지 단계

호흡 공간의 세 가지 개별 단계들은 참여자들이 세 개의 측면, 즉, 어떻게, 무엇을, 순간마다의 경험에 대한 관점을 명확하게 보고, 변화시키도록 지원한다.

변화시키고자 하지 않으며, 마음과 신체에서 무엇이 일어나는지 인식함으로써(1단계), 혐오에 대한 자동적 반응에서 호기심과 관심으로의 즉각적이고, 자연스러운 변화가 존재하게 된다.

호흡에 주의를 기울이게 됨으로써(2단계), 마음의 변화하는 내용을 통해("무엇"의 변화) 상황에 대한 차분한 그라운딩의 새롭게 발전하는 기술들을 가져오는 초점 모으기와 맞추기가 존재하게 된다.

신체에 대한 더 넓은 자각을 통해(3단계), 분투와 혐오의 수축된 마음을 통해서가 아닌, 허용하는 더 열린 존재를 통해, 다음 순간을 볼 수 있도록 자각의 초점을 넓힘으로써("관점'의 변화), 세상으로 돌아갈 준비가 수행된다.

Teasdale 외(2014, p. 100)

호흡 공간은 MBCT에서 가장 중요한 수행이 되었다. 과정 동안, 호흡 공간은 프로그램의 뼈대이자, 공식적인 수행들에서 배우는 것이 일상생활로 도입되는 수단이 되는 것으로 발전한다. 다음은 가정 내 수행으로 사용하는 것에 대한 요약이다.:

- 3회기: 정기적인 호흡 공간(프로그램의 이 시점에서는 매일 3회)
- 4회기: 추가 호흡 공간(정기적인 호흡 공간과 동일한 포맷이지만, 괴로움이나 불편함을 경험할 때 사용됨)
- 5회기: 확장된 호흡 공간(현재 순간의 경험에 대한 관찰을 돕고, 호흡에 대한 집중된 주의를 촉진하고, 어려움이나 불편함을 포함한 모든 경험들이 존재할 수 있도록 허용하기 위한 추가 지침들)
- 6회기: 정신적 사건들인 생각들에 주의를 기울이지 못하게 하기 위한 호흡 공간
- 7회기: 어려움과 정신적 고통의 존재에서, 그리고 우리 참여자들의 경우 자살이나 자

해를 통해 벗어나려는 욕구와 절망의 존재에서 현명한 조치를 취하지 못하도록 하는 호흡 공간

따라서 수업에서 가정 수행을 위해 호흡 공간을 준비할 때, 참여자들이 자신의 생활로 도입할 시기를 계획하도록 시간을 주는 것이 중요하다. 우리는 추가적으로 호흡 공간에 대해 논의하지 않을 것이다. MBCT에서 이를 사용하는 것에 관한 더 자세한 내용은 Segal 외 연구자들과(2013, 18장) Teasdale 외 연구자들(2014, 7장)을 참고한다.

불쾌한 경험 일기

이러한 활동은 MBCT 커리큘럼에서 처음으로 명확하고, 의도적으로 어려운 경험들을 탐구에 도입하는 것이다. 이것은 3회기의 끝 무렵에 도입되며, 일주일 동안 가정에서의 수행으로 매일 완수된다. 종종 어려움의 경험들에 초점을 맞추라는 이러한 권유를 꺼리거나, 주저하는 것이 나타날 수 있다. 그럼에도 불구하고, 우리가 보았듯이, 자살 충동의 우울장애에 취약한 참여자들은 실제로 이미 과정에 걸쳐 어려움을 탐구해왔을 수 있다. 이들의 경우 이것은 즐거운 경험 일기보다 더 쉬운 과제일 것이라고 예측하는 것은 드문 일이 아니다. 이는 불쾌함에 대한 자각이 자신들에게 익숙하기 때문이며, 따라서 이러한 예측은 때때로 입증된다.

즐거운 경험 일기와 마찬가지로, 불쾌함의 여러 요인들, 즉, 사고, 정서, 신체 감각, 충동에 긴밀하게 주의를 기울이는 4회기의 가정에서의 수행을 검토하는데 있어 중요할 것이다. 특히 프로그램 후반부에 신체는 점차 어려운 경험들을 탐구하기 위해 돌아가야 할 장소로 사용되기 때문에, 신체가 이러한 시기에 어떻게 느끼는지 관심을 갖는 것은 중요하다.

마무리 글

3회기에서, 매우 취약한 참여자들은 다른 형태의 마음챙김을 발견하게 된다.: 바로 고요함에서가 아닌 움직임에서 신체에 대해 자각하는 것이다. 일부에게 있어, 마음챙김 움직임에 대한 초점은 혼란의 한 가운데에서 잠시 멈추는 순간을 제공한다. 감각들의 힘은 고요함과 호흡의 미묘함이 할 수 없는 방식으로 지속적인 주의를 장려할 수 있다. 다시 한 번, 우리는 호흡공간과 일상의 불쾌한 경험들에 초점을 맞추는 가정에서의 수행을 통해, 마음챙김을

일상생활로 가져가는 것에 초점을 맞춘다. 이것은 4회기의 중심, 즉, 우울장애 자체를 향하는 것에 대한 부드러운 전진이다.

10장

4 회기 : 회피하는 것에 대해 인식하기

4 회기

4회기의 커리큘럼은 어려운 마음 상태가 어떻게 서로 다르지만, 상호작용하는 요인들, 즉, 사고, 정서, 신체 감각, 행동을 갖는지 명확하게 보는 주제를 계속 진행하며, 마음이 회피하는 것에 반응하는 방식을 탐구함으로써 이러한 이해를 심화시키는 것을 목표로 한다. 강의 계획, 각 요인의 의도, 연관된 가정 수행들이 표 10.1에 요약되어 있다.

첫째, 참여자들이 먼저 호흡에 초점을 맞추고, 이어서 전체 신체에 맞추도록 권유 받는 긴 정좌 명상이 존재한다(Kabat-Zinn, 2013, 4장, pp. 73-74; Teasdale 외, 2014). 그러나 이후에는 소리에 대한 마음챙김으로 이어지며, 뒤이어 사고와 정서에 초점을 맞춘다(오디오 트랙 11). 이것은 사람들이 처음으로 공식적 수행에서 사고와 정서들이 발생하고, 사라지는 것에 주목하기 위해 의도적으로 확대된 공간을 만드는 것이다.

참여자들은 때때로 정좌 명상에서 중심 단계로 생각을 가져오는 것을 권유 받는 순간에 대해 역설적으로 생각이 자각으로 녹아드는 정확한 순간이라고 설명한다. 주의를 기울이도록 요청 받았던 이러한 모든 생각들은 최소한 몇몇 순간들 동안 갑자기 사라진다. 생각들은 지금까지 문을 지속적으로 거칠게 두드리는 것으로 느껴졌지만, 일단 문이 넓게 열리면, 두드림이 멈출 뿐 아니라, 주의를 기울이도록 요청 받았던 생각들도 도망가고, 숨어버린다! 이와 마찬가지로, 생각과 이미지들은 이들을 입증이라도 하는 것으로 보이는 정서들을 수반하고, 갑자기 큰 힘을 가지고 나타날 수 있다. 따라서 "나는 더 이상 참을 수 없어"와 같은 생

표 10.1. 넷째 주: 수행들의 요약

회기 주제	수행과 활동들	습득하는 기술	수행으로 지지되는 통찰	가정에서의 수행
회피하는 것 인식하기	*보기 명상/듣기 명상*			*정좌 명상*
목표: 회피하는 것, 즉, 불쾌함에 대한 마음의 습관적 반응에 대한 경험적 조사를 시작한다. 어떻게 "다시 돌아오는" 기술이 무엇이 우리에게서 정서적 고통의 뿌리인 이러한 경험들을 갖지 않으려는 필요에 의해 주도되는 행위, 반추, 마음의 방황, 걱정스러운 느낌과 감각들을 "없애는지" 명확히 바라보는 것으로 보완되어야 하는지 탐구한다. 마음챙김은 상황을 바라보는 또 다른 방식을 제공함으로써 현재에 머무르는 방법을 제공한다. 이것은 우리가 더 넓은 관점을 갖고, 경험과 다르게 관계 맺도록 돕는다.	참여자들이 광경이나 소리에 주의를 집중하는 짧은 명상 수행으로, 마음이 방황할 때마다 관대하게 이러한 감각들로 다시 주의를 기울인다.	광경이나 소리를 자각의 대상으로 포함한다. 자동적 파일럿에서 벗어나, 순간마다의 경험이 갖는 다른 측면들을 향하는 수행을 한다.	자동적 파일럿에서 벗어나고, 현재의 순간과 다시 연결되기 위해 광경과 소리에 대한 자각을 사용하는 것이 가능하다. 광경이나 소리에 대한 주의는 특히 "그라운딩"이 될 수 있다.	정좌 명상(오디오 트랙 11[a])에서 주의의 대상은 호흡에서, 신체로, 소리로, 생각으로, 마지막에는 선택하지 못하는 자각으로 변화한다..
	정좌 명상			*호흡 공간*
	정좌 명상(오디오 트랙 11)에서 초점은 처음에는 호흡에, 이어서 전체 신체에 맞추어진다. 참여자들은 불편함을 경감시키기 위해 변화하는 입장에 대한 대안으로, 열린 마음과 호기심으로 강렬한 감각들을 탐구하도록 장려 받는다. 이후 주의는 소리로 옮겨가고, 생각/정서로 이어지며, 마지막으로, 순간이 이어지며 자각에서 두드러지는 것에 초점을 맞춘다('선택 자각').	힘든 감각들과 함께 머무르고, 우리 자신의 "회피하는 특징"을 바라보고, 호기심, 열린 마음, 수용의 자세를 받아들이는 가능성을 탐구하기 시작한다.	어려운 감각들을 제거하고자 하는 대신 이러한 감각들과 함께 머무르고자 선택하는 경우, 이러한 특징들을 더 상세하게 주목할 수 있게 된다. 간혹 어려운 감각들은 자발적으로 변화한다.	참여자들은 세 번의 예정된 경우들뿐 아니라, 고통이나 정신적 압박이 상승하는 것을 알아차릴 때 3분간의 호흡 공간(오디오 트랙 8)을 갖도록 장려 받는다.

자동적 사고 질문지		
참여자들은 우울장애에서 발생하는 가장 흔한 비정상적 및 부정적 사고들을 탐구하기 위해 질문지를 읽는다. 이들은 또한 주요 우울장애의 DSM 증상들에 대해 검토한다.	부정적이고, 비정상적인 생각들을 인식한다. 초 인지 관점에서 이러한 증상들에 대해 성찰한다.	우울장애를 수반하는 부정적 사고와 경험들은 개인적 취약함이나 개인에게 특화된 신호가 아니라 인식되는 증상들이다.
마음챙김 걷기		
참여자들은 움직임과 발이나 다리의 위치에서 발생하는 감각들에 주의를 기울이며, 걷기 명상 수행을 하도록 교육 받는다(오디오 트랙 7). 보폭은 평상시보다 느려야 한다. 주의는 마음이 방황할 경우 신체로 다시 향한다.	움직임에서 신체를 자각하게 되고, 마음이 방황할 때 신체 감각들과 다시 연결되는 법을 배운다.	

[a] 독자들은 www.guilford.com/williams6-materials에서 스트리밍, 다운로드를 통해 MBCT 프로그램에서 사용되는 인도되는 마음챙김 명상 수행들의 오디오 녹음들을 이용할 수 있다.

각은 이러한 생각을 진짜처럼 보이게 하는 절망의 정서와 함께 나타나며, 이를 정신적 사건으로 볼 수 없게 만든다. 이것은 사실을 말하는 것처럼 보이고, 즉각적인 조치를 요구하는 것으로 느껴진다.

샤론 살츠버그(Sharon Salzberg)는 이러한 현상을 설명하기 위해 호수에서 동일한 양에 비해 작은 물 한 컵에 소금 한 티스푼이라는 비유를 사용한다. 소금 한 티스푼은 물 한 컵을 마시기 어렵게 만들겠지만, 동일한 티스푼을 호수에 떨어뜨린 것은 맛의 차이를 만들지 않을 것이다. 동일한 식으로, 강렬한 경험들 주위에 만들어지는 공간은 강도를 희석하는 것으로 느껴지는 감각을 만들어낼 수 있다.

> 우리의 실제 작업은 너무 커서 트럭 분량에 달하는 소금의 양일지라도 이를 수용하는 용량에 영향을 끼치지 않고 들어갈 수 있는 컨테이너를 만드는 것이다. 어떤 상황도, 심지어 극도의 상황일지라도, 특정한 반응을 지시할 수 없다(Salzgergm 1995, p. 43).

MBCT 수업들에서 일부 사람들의 경우 불쾌한 경험들에 이러한 초점을 도입하는 것은 단순히 삶의 즐거움과 함께 하는 여정이었던 마음챙김의 허니문 기간을 종료시키며, 더 편안하고, 일상 경험들에 연결된 느낌을 갖게 된다. 예상되듯이, 일부 사람들은 불편함, 저항, 회피가 일어날 수 있다. 이것은 자살 충동의 우울장애를 위한 수업들에서 훨씬 더 심했다. 이제 그룹은 상황이 어려울 때조차, 경험들에 마음챙김으로 주목하고, 생각, 신체 감각, 정서, 행동들 사이에 상호 연관성을 인정하고, 인식하기 시작하는 것에 약간 더 익숙해지게 된다. 그러나 불쾌한 마음과 신체 상태를 없애는 것은 이러한 참여자들에게 더 시급한 것으로 나타나며, 이러한 상태에 대한 반응은 극심할 수 있다. 우리는 자동적 사고들을 살펴보는 활동에서 이러한 것을 보았다.

자동적 사고 질문지

자동적 사고 질문지(ATQ; Hollon & Kendall, 1980)는 우울장애로 고통 받는 사람들에 의해 빈번하게 보고되는 인지들을 열거한다(표 10.2 참고). 4회기에서, 우리는 사고와 우울장애 사이에 관계를 탐구하는 활동을 위한 출발점으로 이 질문지의 약간 변경된 버전을 사용했다.

표 10.2. 우울장애를 이야기하는 목소리: 자동적 사고 질문지 (Automatic Thoughts Questionnaire – ATQ)

아래 열거되는 것들은 사람들의 머릿속에 떠오르는 다양한 생각들이다. 목록을 읽고, 여러분이 이런 생각이 들 때 무슨 일이 일어나는지 주목해보자. 이러한 것들을 인식하는가? 어떤 생각들이 가장 익숙하게 느껴지는가? 저조한 기분을 느낄 때, 얼마나 자주 이러한 생각들이 떠오르는가? 그리고 얼마나 많이 이러한 생각들을 신뢰하는가? 어떻게 이러한 것들을 확신하는가? 그리고 얼다나 설득력이 있다고 느끼는가?

1. 나는 세상과 대립하고 있다는 느낌이 든다.
2. 나는 쓸모가 없다.
3. 왜 나는 성공할 수 없는가?
4. 아무도 나를 이해하지 못한다.
5. 나는 사람들을 실망시킨다.
6. 나는 내가 계속 해낼 수 있을 것이라고 생각되지 않는다.
7. 나는 내가 더 나은 사람이었으면 좋겠다.
8. 나는 너무 약하다.
9. 나의 삶은 내가 원하는 대로 흘러가지 않는다.
10. 나는 스스로에게 너무 실망했다.
11. 어떤 것도 더 이상 좋게 느껴지지 않는다.
12. 나는 이것을 더 이상 참을 수 없다.
13. 나는 시작할 수 없다.
14. 나한테 무엇이 잘못된 것일까?
15. 나는 어디 다른 곳에 있었으면 좋겠다.
16. 나는 함께 협력할 수 없다.
17. 나는 나 자신이 밉다
18. 나는 가치가 없다.
19. 나는 그냥 단지 사라져버렸음 좋겠다.
20. 나한테 무엇이 문제인가?
21. 나는 패배자이다.
22. 나의 삶은 엉망이다.
23. 나는 실패자이다.

(계속)

24. 나는 결코 해내지 못할 것이다.
25. 나는 너무 무능하게 느껴진다.
26. 무언가가 변화해야 한다.
27. 나한테 무언가 잘못된 점이 있을 것이다.
28. 나의 미래는 암울하다.
29. 그냥 가치가 없다.
30. 나는 어떤 것도 완수하지 못한다.

우리가 저조한 기분을 느낄 때, 이와 같은 생각들은 보통 우리에 관한 "진실"인 것처럼 느껴진다. 그러나 실제로 이러한 생각들은 그저 우울장애의 증상일 뿐이다. 즉, 이것은 높은 열이 감기의 증상인 것과 같다. 마음챙김을 통해, 이러한 생각들이 단지 "우울한 이야기의 목소리"라는 것을 인식하게 되는 것은 우리가 이러한 생각들에서 물러나, 어떤 것을 중요하게 받아들여야 하는지 선택하게 만든다. 아마도, 실제로 우리는 단지 이러한 생각들에 주목하고, 이들의 존재를 인정하고, 그냥 내버려두는 것을 배울 수 있을 것이다.

참고. Hollon과 Kendall(1980). 저자와 Springer Science+Business Media로부터 허락을 받아 복제됨.

수업의 이러한 부분은 우울장애의 이력을 가진 사람의 사고와 기분, 신체, 행동 사이에 긴밀하고, 빠른 연결을 강하게 상기시킬 수 있다. 인쇄물에 있는 표준 우울장애 사고들의 목록을 읽는 것은 이러한 생각들과 어떤 연결도 느끼지 못하며, 이러한 생각들을 자신의 현재 상태에서 믿는다는 것을 상상하기 어려운 사람들에게는 거의 영향을 끼치지 않는다. 그러나 다른 사람들의 경우, 이것은 심오한 기분의 변화를 촉발할 수 있다. 인쇄물은 이들에게 이제 방에 나타난, 우울장애 삽화로 인해 자신들에게 너무 익숙한 유해한 생각들의 위협과 다시 연결되도록 만든다.

크리스틴은 목록을 읽고 난 후, 책상 위로 발을 올려 공처럼 웅크렸다. 이러한 반응은 그녀가 이렇게 하려고 선택했던 것에 대한 느낌 없이, 빠르고, 자동적으로 일어났다. 방에서 나타난 이러한, 그리고 다른 신체 반응들은 지도자에 의해 주목되었다. 그룹이 회피와 사고 및 정서의 습관적 패턴의 다른 시기와 장소들로 후퇴한다는 느낌은 종종 뚜렷하게 감지되었다. 이들은 이처럼 인지되는 위협으로부터 즉각적으로 후퇴한 것이다.

이러한 우울한 생각을 탐구하는 것이 강한 정서들을 불러일으킬 수 있다는 점을 인식하는 것은 중요하다. ATQ에 있는 것을 읽고, 성찰하는 것은 실제로 일종의 기분 도입에 해당한다(그리고 가장 취약한 참여자들에게 있어 기분 도입은 선택들의 "폐쇄"와 연관된다는 것을 상기하자). 깊고, 종종 고통스러운 몰입감이 존재한다. 이는 표면적으로 "우울한 말하기의 목소리"가 제공하는 압도적 힘을 반영하며, 때로는 증가된 에너지와 불안, 때로는 에너지의 붕괴로 나타난다. 이것은 신뢰되는 지도자와 함께 있는, 그리고 이러한 고통스러운 생각들도 인식, 인정, 친절함으로 반응할 수 있는(수행에 따라) 인간 마음 상태의 측면일 뿐이라는 명확한 메시지가 존재하는 비교적 안전한 수업 중에, 그것도 참여자들의 기분이 좋을 때 일어날 수 있다는 것에 주목해야 한다. 지도자들은 절망과 정신적 고통의 이러한 특징에 대해 너무나 잘 알고 있다. 이들의 의도는 사람들에게 고통을 안겨주는 것이 아닌, 고통을 경감시켜주는 것이다. 그러나 참여자들에게 힘들고, 괴로운 생각과 정서들에 대해 경험할 것을 권유하는 것은 이러한 치유의 의도와 정반대되는 것처럼 느껴질 수 있다. 유일하게 도움이 되는 것은 이론을 통해 얻고, 경험을 통해 심화된 것으로, 오직 고통스러운 생각 및 정서들과 접촉하는 것만이 참여자들로 하여금 이러한 것들을 명확하게 바라보고, 완전히 이해하고, 새롭고, 변화된 반응들을 발전시킬 수 있게 한다는 확신이다. 이것은 프로그램의 중심 의도, 즉 사람들이 좋은 상태를 유지하도록 돕는 것을 이행하는데 있어 본질적인 것이다.

이러한 어려운 순간들에, 우리가 자살 위험에 처한 사람들을 다루는데 있어, 이 일의 의도에 대한 명확한 이해와 신뢰는 중요했다. 이것은 현 시점의 영향에 대해 느끼고, 열린 마음과 호기심을 유지하고, 바닥에 있는 우리 발, 좌석에 있는 우리의 몸, 신체에서 움직이는 호흡의 육체적 느낌으로 지지되고, 고정되며, 스스로를 수련하는 기회였다. 이러한 순간들에 수행으로 우리 자신을 지지하는 것은 다른 사람들과 우리 자신의 고통, 두려움 절망을 수용하는데 있어 결정적이었다. 이러한 관대하지만, 확고한 고통의 수용에 대한 우리의 체화는 이러한 고통스러운 정서와 함께 존재하고, 느끼는 것이 안전하다는 의미 있는 배움의 가능성을 제공했다.

따라서 강력한 정서적 순간들은 가장 힘들지만, 또한 이러한 그룹의 *직접적 경험*을 유념하는것은 마음챙김에 관한 배움과 연결될 수 있는 가장 큰 기회들을 제공한다. 이것은 그룹으로 하여금 탈 중심화 하고, 이러한 과정을 체내에서 보도록 권유할 기회이다. 우리가 수업에서 이야기 하듯이, 우울장애를 가진 사람들에게 이러한 생각들은 단지 감기에 따른 높은 열과 마찬가지로 발생하는 것이다. 따라서 이러한 배움의 타당성은 명확한 초점으로 들어갈 수 있다. "이것이 바로 이 접근이 나를 도울 수 있는 이유이다."

우리는 ATQ 활동 이후, 이로부터 배우는 가능성을 심화시키기 위해 수업에서 호흡 공간 활동을 갖는다. 기반(ground)에 대한 선택은 바로 지금 신체의 직접적 경험들에 따라 제시되며, 조치로 호흡 공간을 사용할 기회를 제공한다. 즉, 나쁜 정서들에 고정되는 것이 아니라, 이들을 인정하고, 스스로를 기반으로 삼고, 정서들 주위에 공간 감각을 확대하는 것이다(참여자가 수축된 관점이 아닌 확대된 관점으로 수업에 "다시 들어갈 수" 있게 만든다).

제임스는 ATQ 활동과 호흡 공간 활동이 끝나갈 무렵 다음과 같이 말했다.:

> "와, 정말 강력했어요! 나는 보통 이렇게 나쁜 느낌을 받을 때 내 안에서 길을 잃는 것 같아요. 나는 결코 실제로 이와 같은 순간들에 내 경험들에 주목해 본 적이 없습니다. 이로 인해, 안개가 심하게 낀 봄날 해변에 있던 시기가 떠올랐어요. 나는 안개가 전 지역을 덮고 있다고 생각했지만, 바깥으로 나섰을 때 실제로 이 지역이 얼마나 작은지 알 수 있었죠."

마음챙김 걷기

마음챙김 걷기(오디오 트랙 7)는 원래 MBCT 프로토콜에서 선택적 가정 수행으로 있었던 것이지만, 누워서 하는 스트레칭처럼, 수업에서는 가르치지 않았다. 우리는 이것이 너무 중요해서 제외할 수 없다고 결정했다(그리고 걷기 명상에 대한 해설이 MBCT 워크북 다운로드의 부분으로 제공되고 있다; Teasdale,. Williams, & Segal, 2014). 우리는 ATQ와 호흡 공간 활동 이후로 마음챙김 걷기 활동의 일정을 계획했다. 목표는 참여자들에게 주의 초점을 변화시키고, 스스로를 신체 감각들에 고정시킬 수 있다는 느낌을 더 확대할 수 있게 만드는 것이다. 움직이는 신체에 초점을 맞추는 것은 참여자들이 신체가 이러한 생각들의 위협에 반응하여 행동하는 경향이 있는 습관적 "조임과 폐쇄"로부터 변화하도록 돕는다. 이것은 결국 ATQ가 촉발시킨 생각들을 억제하지 않고, 오히려 의도적으로 그 밖에 것, 즉, 현재 순간 신체에 주의를 다시 맞춤으로써 내버려두라는 확실한 권유를 제공했다. 인지적, 물리적으로 내버려두는 과정은 우리 모두가 확실하게 볼 수 있다.

마음챙김 걷기는 발바닥과 바닥 사이 접촉에 좁게 초점을 맞추는 주의에 따라, 평상시보다 더 느린 보폭으로 걷는 것을 수반한다. 이는 걷기 감각들에 대한 긴밀하고, 상세한 관찰을 장려한다. 이는 참여자들의 경험에 대한 질의로 이어진다.:

지도자: 이 수행의 경험에 대해 기꺼이 공유할 사람이 있나요?

로　즈: 나는 걷기가 이렇게 어려운지 몰랐어요! 나는 계속해서 넘어지는 것은 아닌지 생각했어요. 이렇게 느리게는 결코 정상적으로 걷지 못하겠어요.

지도자: 네, 정말 그렇죠. 우리가 어렸을 때 걷는 법을 배우는데 시간이 걸렸던 것이 당연하네요! 이것은 정말 복잡한 과정입니다. 또 다른 것에 주목한 사람이 있나요?

필: 나는 얼마나 많은 것이 수반되는지 주목하는 것이 정말 흥미로웠습니다. 나는 발에 초점을 맞추었지만, 온갖 근육이 지속적으로 움직이는 것과 배경에서 호흡이 이루어지는 것도 느낄 수 있었습니다.

지도자: 전에는 이것을 알아차리지 못했던 것처럼 들리네요?

필: 네, 느끼지 못했죠. 보통 나는 주의를 기울이지 않습니다. 나는 내가 어디로 가야 하는지, 혹은 방금 일어난 일에 대해 생각하죠.

지도자: 마음은 다른 곳에 있고, 당신은 자동적 파일럿에 따라 걷는군요. 우리가 첫 번째 수업에서 건포도를 통해 발견한 것과 마찬가지입니다. 우리 모두가 일상생활에서 많이 걷는다는 것을 고려할 때, 이것은 정말로 흥미로운 수행이죠. 수행을 통해, 우리는 걷기에 동일한 종류의 세심한 주의를 가져오고, 이에 따라 일상생활의 마음챙김 자각을 만드는 법을 배울 수 있습니다. 어떤 순간에서도, 여러분은 말 그대로 스스로를 "지지하고 있는" 발바닥에 주의를 기울이는 것을 선택할 수 있습니다.

마무리 글

4회기가 끝나갈 무렵, 참여자들은 함께 모험하는 것을 선택하는 영역에 훨씬 더 익숙해진다. 이들은 넓고, 친절한 배려로 전 범위의 경험을 수용하는 새로운 길을 조금씩 탐구하며, 8주프로그램의 절반을 왔다. 이것은 이들이 어려운 경험에도 능숙하게 잘 반응하는 법을 명확하게 보고, 선택할 수 있도록 하는 가능성을 서서히 열어준다. 지금 이 순간에 상황이 어떠한지에 대한 관찰은 모든 것을 있는 그대로 받아들이기 위해 물러서거나, 탈 중심화 하는 선택된 초점이다. 경험의 세부사항은 부차적인 것이다.

참여자들은 고통과 위험을 경험의 일부로 더 명확하게 볼 수 있다. 과거의 기억들은 떠오를 수 있으며, 습관적 패턴들은 언제든 스스로 재확립될 수 있다. 이러한 경험들은 단순히 사람들이 마음챙김 명상을 배움에 따라 마주해야 하는 것이 아니라, 우리가 사람들에게 접촉하도록 명확하게 권유하는 것이다. 고통스러운 소재와 새로운 방식으로 관계 맺기를 배우는 것은 좋은 상태를 유지하기 위해 필수적인 것이다. 베어(Baer)(2003)의 메타 분석은 마음챙김에서 변화 요인들 중 하나로 노출을 지적했다. 이것은 경험하고, 조사하고, 명확하게 바라보기 위해, 평상시 회피되거나, 억제되던 것을 향하려는 의지이다. 지속적으로 전개되면서, 단순히 즐겁거나 불쾌한 것이 아닌, 시간이나 특성에 고정되지 않지만, 지속적으로 진화하는 경험의 덧없음이 이해된다.

> 어려운 경험을 회피하는 인간의 경향은 필연적으로 현재 순간의 진정한 특성에 대해 거의 모른다는 것을 뜻한다. 마음챙김 수행은 참여자들이 특히 어렵다고 발견하는 경험들의 특성을 탐구하고, 정의하고, 이해하는 많은 기회들을 제공한다. 이들은 지각, 해석, 반응을 통해, 이러한 어려운 경험들의 보편적 특징들을 명확하게 바라보고, 이러한 경험들이 마음/신체 내에서 어떻게 굴절될 수 있는지에 대한 세부사항들을 목격하는 법을 배운다.

마음챙김 수행은 참여자들이 발생함에 따라, 내적 경험과 행동에 영향을 끼치는 오래되고, 고정된, 혹은 과도하게 습득되고, 습관이 된 과정들을 관찰할 수 있도록 돕는다. 수행을 통해, 이들은 자신의 힘과 설득력을 느끼게 되고, 이러한 과정들에 대한 반응에 주목하게 된다.: "이것은 위험하다." 우리 참여자들의 경우, 정서들의 힘은 너무 커서, 마치 절대적으로 사실이며, 믿을 만한 가치가 있는 것처럼 느꼈다. "*이것*을 주목하라니, 무슨 뜻인가? 나는 상황이 *이와 같이* 유지되는 현재의 순간에 초점을 맞출 수 없어요!" 이들은 자동적이고, "반사적인" 반응들을 어떻게 다루는지, 이들의 존재에도 어떻게 가만히 머무르는지를 배우면서, 이러한 반응들에 익숙해진다. 이러한 친절하고, 탈 중심화 된 관점에서, 사람들은 선택들, 새로운 마음챙김 반응들의 가능성을 인식하기 시작한다. 1-4회기는 사람들에게 압도적인 정서들에 직면하여 스스로를 어떻게 지지할 수 있는지 가르치며, 기초를 세웠다. 이제 참여자들에게 더 나아가도록, 즉, 자신이 회피하는 것을 주목하는 것을 넘어, 이를 의도적으로 허용하고, 이를 향하고, 이를 탐구하도록 장려할 시간이다. 이러한 작업에서, 신체에 대한 친절하고, 꾸준한 주의는 가장 큰 동맹이 될 것이다.

11장

5 회기 : 허용/놓아주기

1-4회기의 반복되는 마음챙김 명상 수행은 비교적 안정된 자각, 그리고 지나가는 사고와 정서들에 주목하고, 이를 놓아주는 능력의 토대를 확립하고, 의도된 초점에서 달리 벗어나는 것들을 내버려 두는 것을 목표로 한다. 이러한 더 명확하고, 더 직접적인 자각의 증가는 마음챙김 과정의 많은 참여자들에게 적합하고, 환영되는 것으로 느껴질 수 있으며, 살아있다는 느낌이 증가하는 효과를 가질 수 있다. 마음챙김으로 식사하는 것에서부터, 직장이나 가정에서 또 다른 공간으로 이동할 때 주위에 있는 것들을 바라보는 것에 이르기까지, 사람들은 종종 자신의 삶에서 다양한 형태와 형식으로 즐거움의 자각이 증가하는 것을 느낀다고 보고한다. 삶의 이러한 측면들이 이미 존재하고 있으며, 이용 가능하다는 깨달음, 즉, 이러한 것들에 주목하고, 보면 되는 문제였을 뿐이라는 깨달음은 해방되고, 흥분되는 것으로 빈번하게 설명된다. 즐거운 경험들을 탐구하기 위해 이러한 경험들에 귀를 기울이고, 시간과 공간을 내는 것은 우리에게 삶에 대한 다르고, 더 광범위한 관점을 제공한다. 일부 사람들의 경우 다음을 깨닫게 된다.: 아마도 변화에 필요한 모든 것은 바로 우리가 상황을 바라보는 방식이다. 많은 것이 이미 있는 그대로 완벽하다. 처음 네 개의 회기들은 많은 사람들에게 전환점이 될 수 있다. 동시에, 우울장애 및 자살 사고의 특성에 대한 이해와 이로부터 탈 중심화 하는 능력이 성장하게 된다.

그러나 항상 이렇게 되는 것은 아니다. 우리가 이미 보았듯이, 처음 몇 개의 회기들은 자살 위험에 놓인 많은 참여자들이 그만두는 경향을 보였다. 이들은 마음챙김이 어려우며, 실제 수행을 견딜 수 없다는 것을 발견한다. 이제 수업 전 면담에서 받는 추가 준비들에 따라,

가장 위험에 처한 사람들이 남아 있으며, 여전히 4회기의 끝에 존재하고 있다. 그러나 앞으로 추가 이행이 존재하고 있으며, 이것은 마음챙김 프로그램의 거의 모든 참여자들이 어렵다고 발견하는 변화이다. 이것은 바로 불쾌하거나, 어려운 경험들을 향하고, 이러한 경험들에 대해 더 많은 공간을 만들도록 권유하는 것이다. 그러나 이 단계는 시행되어야 한다. 1-4회기에서 경험한 의식적인 의도적 전개의 훈련은 신체(5회기), 생각(6회기), 현명한 조치, 자기 육성(7회기)에서 공명을 조사하는 5-8회기에서 의도적으로 위험을 무릅쓰고 나아가고, 어려움을 향하기 위한 "베이스캠프"를 구축한다.

어려움을 향하는 것에 대한 의혹과 문제들

우리의 참여자들은 우울한 정서들과 촉발하는 자살 충동이 진행 중인 심각한 위험을 가진 사람들이었다. 지도자로서, 이것은 특히 MBCT가 어려운 경험을 향하도록 의도적인 권유를 제공하는 5회기의 이행 무렵이 되면, 보통 우리의 논의와 감독에서 최전선에 있는 것과 다름없다. 이것은 참여자들에게 불필요한 위험을 초래하지 않을까? 수반되는 방법과 수행들이 위험을 정당화하는가? 우리가 숙련된 마음챙김 교육에 수반되는 심화된 역량들과 이러한 것들이 특히 자살 충동의 우울장애를 가진 사람들과 어떻게 관련되는지 이해하는 것은 중요했다(16장 참고). 우리는 마음챙김이 재발성 우울장애의 이력을 가진 사람들에게 적합하다고 믿었으며, 자살에 대한 생각을 포함한 우울장애를 가진 사람들에게 또한 가치 있을 것이라는 조심스러운 작관주의에 대한 근거들이 존재한다는 것을 알고 있었지만, 주관적으로 우리는 이처럼 매우 취약한 참여자들에게로 수행을 확대하기 위해서는 더 많은 이해와 경험이 필요하다고 느꼈다.

이러한 내담자 그룹이 주로 마음의 개념적인, 추구적 행위 양상에 따라 살아가고, 위협이 발생할 때 이러한 양상으로 돌아가는 경향은 I부에서 설명되었다(2장과 4장 참고). 기억, 강력한 자기 공격 이미지, 무망감과 갇혀 있다는 생각들, 압도적인 무망감과 절망에 대한 정서들이 강하게 특징을 이루는 이러한 내담자 그룹에게 있어 생각은 특히 치명적인 양상이다. 우리가 보았듯이, 진화되는 인간의 마음은 진화적으로 오래된 마음이 두려움과 회피되는 무망감을 촉발시키며, 따라서 창의적이고, 효과적인 반응 전략들이 감소하는 것으로 실제 외부 현실에 반응하는 것과 동일한 방식으로 생각들에 의해 만들어진 내부 현실을 바라보고, 느낀다. 우리 수업에 참여하는 사람들은 반복적으로 우울장애를 경험했으며, 이에 따라 절망, 갇혀 있는 느낌, 자살 충동들을 경험했다.

이러한 강조의 변화에 따라 우리의 취약한 참여자들이 경험할 수 있는 특별한 어려움을 인식하는 것은 우리에게 5회기에 특정 변화들을 만들도록 장려했다. 첫째, 우리는 절망의 정신적 고통, 삶이 더 이상 살아가 가치가 없는 것으로 나타나고, 자살이 가장 바람직한 선택으로 보이는 위기의 순간들에 대해 성찰할 기회를 제공했다. 둘째, 우리는 안도감을 제공하려는 의도를 가졌지만, 모르는 사이에 정신적, 정서적 고통을 그대로 유지하는 행동 패턴들을 탐구했다.

> "어려움 향하기"는 "더 가까이 다가가기 위한 공간을 만드는" 제안이다. 그러나 어떻게 하는 것인가? 이것은 이러한 모든 경험들이 가까이에서 볼 때 다면적이라는 것을, 즉, 생각, 신체 감각, 정서, 행동 및 욕구들의 결합이라는 것을 알도록 돕는다. 이런 식으로 더 명확하게 보고, 느끼는 것은 어떤 것도 변화하지 않는 것으로 나타날 때에도, 혹은 무언가 심각한 일이 일어날 때조차 새로운 관점들을 가져온다. 즉, 다룰 수 있다는 일말의 희망이 존재할 수 있으며, 지금으로서는 이것으로 충분하다.

5 회기

강의 계획, 각 요인의 의도, 연관된 가정 수행들이 표 11.1에 요약되어 있다.

우리의 모델이었던 원래의 MBCT 프로그램(Segal 외, 2002)에 따라, 5회기는 호흡에 이어 신체에 대한 자각에 초점을 맞추는 정좌 명상으로 시작했다(오디오 트랙 12). 이 수행 동안, 참여자들은 신체, 혹은 마음에 이미 존재하는 어려움을 향하고, 신체에서 이것이 어떻게 나타나는지 탐구하고, 특히 회피의 신호들(조임, 긴장, 분리)에 주목하도록 권유 받았다. 이 수행은 참여자들에게 신체 회피에 "호흡을 불어넣고", 어려움을 가능한 부드럽게 만들고, 놓아주면서, 자비를 통해 관대하게 신체적 표상을 탐구하며, 존재하도록 허용하는 새로운 방식으로 어려움과 관계를 맺을 기회를 제공한다. 어떤 어려움도 존재하지 않는다면, 이들은 의도적으로 한 가지 어려움(예, 걱정, 짜증, 혹은 우려)을 자각으로 도입하는 것을 선택할 수 있으며, 위와 동일한 과정을 따를 수 있다. "어려움에 관한 명상 다루기(Working with Difficulty Meditation)"(오디오 트랙 12)의 다운로드 가능한 트랙이 마음챙김 방법 워크북(The Mindful Way Workbook)(Teasdale 외, 2014)에 포함되어 있다.

표 11.1. 다섯째 주: 수행들의 요약

회기 주제	수행과 활동들	습득하는 기술	수행으로 지지되는 통찰	가정에서의 수행
허용/내버려두기	*정좌 명상*			*어려움에 관한 명상 다루기*
목표: 모든 경험들이 허용되고, 수용되는 경험과의 매우 다른 관계를 발전시키기 시작한다.	참여자들이 처음에는 호흡으로, 이후에는 전신 감각들에 대한 더 넓은 자각으로 주의를 기울이는 명상. 참여자들은 마음이 반복적으로 특정 주제로 돌아가는지에 주목하고, 이러한 것들에 호기심과 열린 마음을 갖도록 권장된다. 참여자들은 의도적으로 마음에 어려움을 가져오고, 신체에서 이러한 어려움이 어떻게 나타나는지 주목하고, 어려움과 연관된 긴장이나 기타 신체적 감각들을 인식하며, 열린 방식으로, 이러한 경험들이 머무르게 하는 수단으로 호흡을 사용하고, 또한 감각들을 바꾸려 하지 않고, 이들과의 관계가 부드러워지도록 돕기 위해 어려움이 발현되는 "호흡이 들어오고, 나가는" 부위들을 사용하도록 장려된다.	어려운 생각, 이미지, 기억, 정서, 신체 감각들을 수용하고, 머무르도록 하는 가능성을 탐구하기 시작한다. 어떻게 어려움들이 신체에서 발현되는지 관찰한다. 불쾌한 경험들을 억제 및 회피하려 시도하거나, 어려움들을 고정시키려 노력하는 평상시 경향을 관찰하고, 대안 접근을 수행한다.	어려운 경험들은 관찰될 수 있는 신체적 발현을 가질 수 있다. 어려움을 회피하거나, 바꾸려 하는 대신 함께 머무르고자 한다. 변화는 가끔 자발적으로 일어난다.	수업에서 수행되는 정좌 명상의 포맷을 따르는 인도되는 명상(오디오 트랙 12[a]). *고요 속에 앉아 있기* 인도되지 않는 30–40분간의 정좌 명상으로, 환자들은 자신만의 수행을 인도한다. *호흡 공간* 참여자들은 스트레스나 어려움이 발생하는 시기에, 호흡 공간(오디오 트랙 8)의 각 단계에 대한 추가 지침과 어려움들이 어떻게 신체에서 발현되는지에 대한 3단계의 특정 초점에 따라, 예정된 호흡 공간과 자발적 호흡 공간을 계속해서 수행한다.

[a] 독자들은 www.guilford.com/williams6-materials에서 스트리밍, 다운로드를 통해 MBCT 프로그램에서 사용되는 인도되는 마음챙김 명상 수행들의 오디오 녹음들을 이용할 수 있다.

"괴로움과 함께하기"는 고통스러운 경험 및 이러한 경험들에 대응하는 다른(다소 유용한) 방식들에 대한 광범위한 5회기의 주요 부분이다. 우리는 자살 충동을 가진 사람의 고통을 유지시키는 것, 즉, 반추와 회피, 연관된 문제 해결 능력 결핍의 중심에 가까이 다가가는 다수의 요인들을 포함하도록 커리큘럼을 확대하고자 했다.

정신적 고통 인식

자살 위험에 처한 사람들의 경우, 우리가 4회기에서 조사한 우울한 생각이 전체 스토리가 아니다. 많은 사람들이 또한 큰 정서적 혼란의 순간들, 자살이란 선택이 강렬하게 존재하는 위기 지점들을 경험한다. 이것은 바로 평가 과정에 위기 카드 작성이 포함된 이유이다. 우리는 이러한 위기의 순간들이 명백하게 사소한 사건들이나 혹은 기분 및 신체 상태의 변화에 따라 빠른 속도로 촉발될 수 있으며, 이러한 것들이 문제 해결 능력의 붕괴, 가능한 미래에 대해 인지되는 상실감, 그리고 조치를 취하도록 몰고 가는 완수되지 못한 과제에 대한 의식과 함께("플래시포워드"), 이전 자살 계획 및 충동들의 강력한 이미지들을 초래한다는 것을 알고 있다. 이로 인해 초래되는 "좁은 시야"는 진행될 수 있는 오직 한 가지의 해결책, 즉 자살만이 존재한다는 의식으로 이끌 수 있다. 우리는 수업 전 면담들에서 개별 참여자들과 수행했듯이, 이 문제를 공개적으로 다루어야 한다는 것을 깨달았다.

> "지난주, 우리는 우울장애가 일어날 때 나타나는 생각과 우리가 발견했듯이, 이러한 생각들이 실제로 특정 기분 상태의 반영이자, 우울한 이야기의 목소리임에도 불구하고 어떻게 설득력 있고, 사실로 여겨지는지에 대해 논의했습니다. 특별히 참기 어려운 순간들이 존재하며, 이러한 순간들은 고통이 강렬하고, 유해한 생각과 두려운 이미지 및 기억들이 밀려들고, 빠져나갈 길이 전혀 없으며, 어떤 것도 상황이 나아지도록 변화시키지 못할 것처럼 보이는 순간들입니다. 이러한 것들이 여러분에게 익숙하게 들리나요?"

> "오늘 우리는 이러한 매우 어려운 시기들에 대해 더 자세히 살펴볼 것입니다. 자각에서 이러한 가장 어두운 순간들을 수용하고, 오늘 우리가 정좌 명상에서 어려움을 향했던 것처럼 이러한 순간들을 향하고, 이러한 순간의 존재에도 흔들리지 않고, 심지어 이에 대해 친절하고, 자비로울 수 있습니까? 두 가지가 이를 특별히 어렵게 만들 수 있습니다. 바로 사고 및 정서들의 힘과 이러한 힘에서 나타나는 반응입니다. 요행을 바라는 반응들은 도움이 되겠지만, 실제로는 의도치 않게 정반대의 효과를 가질 수 있습니다. 이러한 것들을 함께 탐구해봅시다."

고통과 괴로움

우리는 모두 동일한 초점에 대해 이야기하며, 절망의 고통을 심화시키는 요인들을 나타내는, 세 가지 화살들의 이미지에 대해 자세히 설명하며, 두 개의 화살에 대한 부처의 우화를 적용했다. 이러한 것들은 칠판에 그릴 수 있으며(그림 11.1), 다음과 같다.:

- (강렬한 신체적 고통처럼) 온통 마음을 빼앗기는 느낌의 명백한 강도
- 고통에 수반되는 의미(예, "이것은 나의 잘못이다", "아무도 나를 도울 수 없다", "이것은 결코 끝나지 않는다.")
- 바로 지금, 고통을 완화시키기 위해 무언가를 해야 한다는 급박함

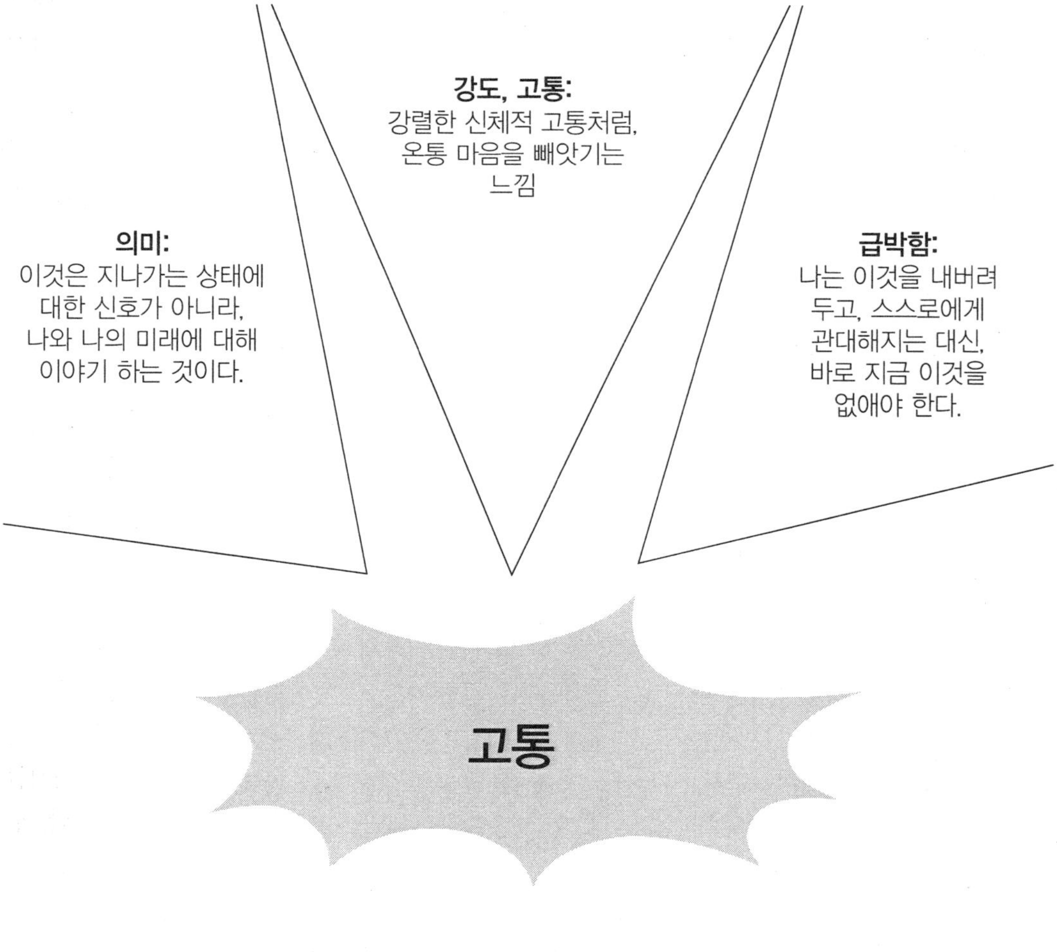

그림 11.1. 정신적 고통의 화살들(칠판에 그리기 위한 선택)

이 이미지는 수업에서 사람들이 어떻게 고통의 경험에 일반적으로 대응하는지, 그리고 이러한 반응들의 의도와 실제 결과들은 무엇이 될 수 있는지에 대한 분석을 여는데 사용될 수 있다.

자멸적 반응들에 대한 대안 찾기

> "상황이 최악일 때, 나는 어디를 향해야 할지 모르겠어요. 이것은 마치 내 배에 뒤틀리는 칼이 있는 것처럼 느껴져요. 내 머릿속에서 나를 때리며, 나에게 "나는 절대 도달하지 못할 거야, 나 없이도 다른 사람들은 잘해낼 거야, 상황은 절대 나아지지 않을 거야, 결국 항상 이렇게 될 거야"라고 말하는 이 모든 목소리들이 나를 공격합니다. 이러한 일이 일어났던 모든 지난 시기들이 다시 찾아오죠. 그리고 나 자신에게 이처럼 다시, 나를 결코 내버려 두지 않으며, 아무도 도울 수 없는 끔찍한 수치심과 절대적 분노를 겪게 해서는 안 되었기 때문에, 이러한 정서들의 소용돌이(단지 우울함만 있는 것이 아니다, 우울함은 별것도 아니다)는 죄책감이 됩니다. 나는 이것을 없앨 수 있다면 어떤 것이라도 할 것입니다. 자살하는 것은 구제가 될 것입니다. 나는 솔직히 간혹 느낍니다..."(레일라)

이러한 고통이 존재할 경우, 고뇌를 완전히 덮고, 고통을 억제하거나, 무감각해지고, 분석으로 존재를 없애고자 하는 필사적인 욕구를 누가 느끼지 않겠는가? 이러한 시급한 욕구에서 도움이 될 것처럼 느껴지며, 실제로 최소한 단기적으로는 그렇게 만들 수 있는 행동의 패턴들이 발생하게 된다. 그러나 장기적으로 이러한 패턴은 미래의 고통에 반영될 수 있으며, 실제 변화에 대한 장애물을 만들어낼 수 있다. 이러한 과정을 명확히 밝히기 위해, 우리는 아래에서 설명될 "잔인한 꽃(vicious flower)"이라는 새로운 상호작용 활동을 도입했다. 이 활동의 의도는 참여자들이 잠재적으로 도움이 되지 않는 고통에 대한 반응들의 자각을 개선하고, 강한 사고와 정서들의 존재에서도 변함없는 확신을 발전시키며, 모르는 사이에 추가적인 고통을 더하기보다 이러한 것들에 호기심과 자비를 가져오도록 돕는 것이다. 꾸준한 친절함과 확신에 대한 지도자의 체화, 접근과 탐구에 대한 지도자의 의지는 말 없이도, 이러한 고통에 접근하는 것이 안전하고, 현명하고, 유용하며, 갑자기 이루어질 필요 없이, 상황을 알아보는 것이 좋다는 것을 전달하는데 있어 토대가 된다. 이것은 마음챙김 움직임을 수행하는 것과 같이, 언제 움직여야 하는지, 언제 약간 물러서야 하는지를 배우는 것이다.

"잔인한 꽃"

"잔인한 꽃(Vicious Flower)"은 고통을 다루기 위한 오래된 전략들이 어떻게 항상 의도된 결과를 갖지 못하는지 보여주는 것으로, 이는 잔인한 원들로 구성되며, 최종 결과가 꽃같이 보이기 때문에 붙여진 이름이다(그림 11.2). 이러한 시각적(따라서 기억 가능한) 공식은 처음에 건강 염려와 관련하여 사용된 인지 치료에서 가져온 것이며, 더 일반적 관점에서 불안 장애와 우울장애에 적용되어 왔다.

1단계: 고통에 대한 반응 식별하기

지도자는 참여자들에게 고통과 괴로움을 경험했던 시기들을 떠올리라고 권유한다.

지도자: 호흡 공간 활동을 시작해봅시다*(호흡 공간으로 이끈다)*. 이제 앉아서, 호흡과 신체를 인식하고, 고통을 경험했던 시기들을 떠올리는 시간을 가집시다. 이것은 고통스러운 생각이나 이미지, 혹은 기억들, *(잠시 멈춘다)* 혹은 고통스러운 정서들, *(잠시 멈춘다)* 혹은 신체 감각들이 될 수 있습니다. *(잠시 멈춘다)* 그리고 이러한 시기들에 여러분은 일반적으로 어떻게 반응하는지 떠올려 봅시다. 고통을 완화시키고, 이를 통제 및 관리하기 위해 여러분은 무엇을 합니까? *(잠시 멈춘다)* 준비가 될 때, 눈을 뜨십시오. *(칠판으로 이동하고, 원을 그린 후, 안에 "고통"이라고 적는다)* 그렇다면 고통이 존재할 때 일반적으로 어떻게 반응하는지에 대한 사례를 제공할 사람이 있나요?

레일라: 나는 주의를 돌리고, 이에 대해 생각하는 것을 멈춥니다.

지도자: *(원에서 밖을 향하는 화살표를 그리고, 적는다)* "주의를 돌리기." 감사합니다. 또 다른 사례가 있나요?

로 즈: 나는 다른 방법을 사용합니다. 나는 출구를 찾기 위해 노력하는 것에 사로잡힙니다.

지도자: *(밖을 향하는 화살표를 그리고, 적는다)* "출구를 찾는 것에 사로잡힘." 감사합니다. 계속 반복해서 가능한 해결책들을 검토한다는 뜻인가요?

로 즈: 네, 계속 반복하죠.

지도자: 또 다른 사례가 있나요?

지도자는 계속해서 그룹으로부터 사례를 수집하고, 그림 11.2에 보이는 것처럼, 다양한 범위가 존재할 때까지, "고통"을 둘러싸며 이러한 사례들을 칠판에 적는다. 여기에서 중앙으로부터 뻗어 나오는 화살들은 모두 고통에서 벗어나거나, 고통을 해결하려는 시도들을 나타낸다. 이러한 논의는 보통 활기차며, 공유되는 전략들을 인식하려는 강한(그리고 간혹 유머러스한) 의식이 존재한다.

2단계: 반응들의 의도 탐구하기

지도자는 이러한 다양한 반응들의 뒤에 있는 의도들을 조사한다.:

지도자: 자, 이 모든 사례들을 이야기해 주어서 감사합니다. 그렇다면, 왜 이러한 특정 대처 방식들을 선택하는지 물어봐도 될까요?

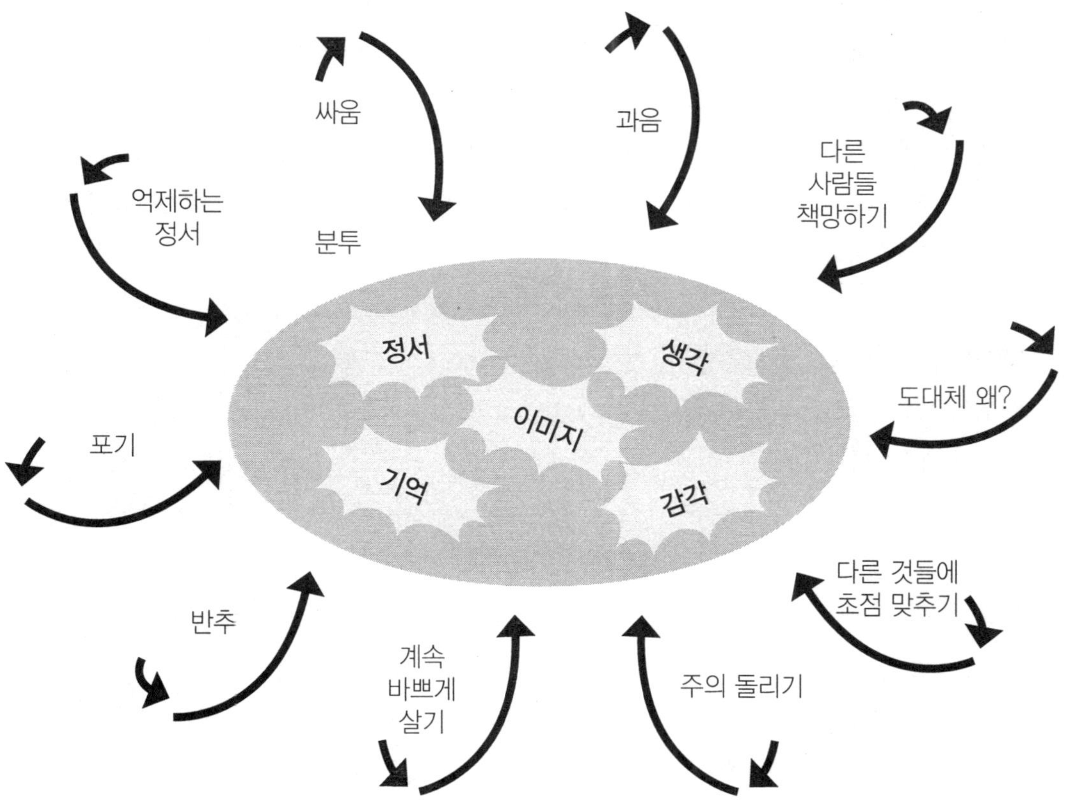

그림 11.2. "잔인한 꽃": 사람들이 계속 고통 속에 빠지게 만드는 반응들

로　즈: 글쎄요, 달리 어떻게 나 자신을 이 구덩이에서 빠져나오게 하겠습니까? 어딘가에 해결책이 있을 거예요.

필: 이것은 내가 머릿속에서 반복적으로 검토하는 이유입니다. 왜 이런 일이 다시 일어난 것이며, 계속된다면 나는 무엇을 할 것인가? 나는 정말로 무슨 일이 일어나고 있는 건지 이해하고 싶어요. 아마도 이번에 나는 모든 것에 대해 이해하게 될 거예요.

로　즈: 네, 바로 그거예요. *(다른 참여자들의 끄덕거림)*

지도자: 감사합니다. *(레일라에게)* 당신은 우리에게 주의를 돌리고자 노력한다고 말했고, 매우 소수의 사람들이 이를 인정하는 것으로 보이네요. 이렇게 하는 이유가 무엇인가요? 이렇게 하지 않으면 무슨 일이 일어나나요?

레일라: 나는 이렇게 하지 않을 경우 기분이 점점 더 나빠지고, 결국 미쳐버리지 않을까 걱정돼요.

아　담: 나의 경우, 단지 더 이상 참을 수 없게 됩니다. 내게는 너무 힘든 문제이고, 나는 결국 자살하는 것으로 끝날 거예요. 그리고 나는 아이들 때문에 그렇게 할 수 없습니다.

지도자: *(온화하게)* 따라서 이 모든 일들을 할 때, 당신은 생각해낼 수 있는 최선의 방식으로 스스로를 돌보고, 보살피고자 노력할 것입니다. 이것이 일어나고 있는 일이 맞나요?

3단계: 단기와 장기 결과들 탐구

사람들의 전략들은 위기의 순간들에 자신을 보살피고, 경험하고 있는 사고 및 정서들의 혼란을 다루기 위한 최선의 시도들이다. 따라서 의도는 이해 가능하고, 친절한 것이다. 그러나 이러한 의도는 얼마나 잘 충족되는가? 이것이 바로 다음으로 탐구가 진행되는 부분이다.:

지도자: 실제로 어떤 상황이 나타나는지 살펴봅시다. 이러한 여러 전략들의 결과들은 어떻게 나타나나요?

젠: 할 수 있다면, 나는 가까운 친구에게 이야기를 해요. 그녀는 나를 매우 잘 알고 있고, 이런 상태에 있는 나로 인해 당황하지 않아요.

지도자: 정말로 도움이 되는 것처럼 들리네요.

젠: 네, 정말 그래요. 나는 항상 이후에 기분이 더 좋아져요.

지도자: 감사합니다. *(계속해서 바깥을 향하며, 고통에서 멀어지는 화살표를 그린다)*

레일라: 나의 전략은 주의를 딴 데로 돌리는 것으로, 나는 컴퓨터에서 스도쿠 게임을 하는 것이 특히 유용하다는 것을 발견했어요. 이것은 문제를 잊어버리게 만들죠.

지도자: 그렇다면, 이것 역시 단기적으로는 정말 유용하게 들리네요.

레일라: 네, 맞아요.

지도자: 장기적으로는 어떤가요? 게임을 그만두면. 이후에 어떤 일이 일어나나요?

레일라: 내가 생각하지 않고자 하는 것이 무엇이든, 그것에 대한 생각이 여전히 존재해요. 때로는 '내가 해야 할 일을 계속했어야 한다고 생각하기 때문에, 게임이 그저 내 일을 미루고 있는 것처럼 느끼게 되고', 이것이 상황을 악화시키는 것 같아요.

지도자: 네, 단기적으로는 정말 도움이 되지만, 아마도 장기적으로는 그렇지 않겠군요. *(고통을 향해 다시 돌아가는 화살표를 그린다)*

웨 스: 나는 항상 다른 사람들을 책망해요.

지도자: 그렇게 하는 것이 어떤 결과를 만들어내나요?

웨 스: 때로는 기분이 약간 좋아지는 것을 느끼지만, 때로는 사람들과 다툼을 벌이게 되죠. 그리고 그 이후에는 정말 죄책감을 느껴요.

지도자: 그렇다면 장기적으로, 그것은 도움이 되지 않겠네요? 실제로, 장기적으로는 상황을 더욱 악화시킬 수 있습니다. *(웨스가 고개를 끄덕인다)* 다른 사람이 또 있나요? *(추가 사례를 수집하고, 칠판에서 물러나 이것에 대해 고려한다)* 그렇다면, 저 그림에 대해 무슨 생각이 드나요?

로 즈: 이러한 것들이 효과가 있었더라면, 우리는 여기에 오지 않았겠죠. 그렇지 않나요? *(그룹의 웃음소리)*

이러한 사례들이 보여주듯이, 어떤 반응들은 단기적, 장기적으로 순수하게 도움이 된다. 그러나 다른 반응들은 단기적으로 도움이 된다 하더라도, 장기적으로 상황을 변화시키지 못하며, 심지어 더 악화시키기도 한다. 고통을 줄이거나, 고통에서 벗어나려는 시급한 필요에 의해 주도되는 자동적, 습관적 반응들의 본질은 이러한 반응들이 사람들로 하여금 무엇이 존재하는지 명확하게 보지 못하도록 하고, 탈 중심화 된 마음챙김 관점에서 어떻게 최선의 반응을 할 수 있을지 현명하게 선택하지 못하도록 한다는 것이다(192쪽 네모 참고).

지도자들에게 있어 어떤 반응들은 유용한 것으로 입증될 것이고, 어떤 경우에는 놀라울 수 있기 때문에, 호기심과 열린 마음으로 이러한 활동에 접근하는 것을 중요하다. 잔인한 원을 식별하기 위해 유용하지 않은 반응들을 "찾는 것"은 자기비판을 촉발시키며 "당신은 잘못하고 있어요."라고 말하는 것처럼 들릴 수 있다. 그리고 보기에는 자명하게 유용하지 않은 것으로 나타나는 어떤 것이 구세주로 나타날 수 있다.

한 참여자인 알은 자살 충동 우울장애의 오랜 이력을 가지고 있었다. 그는 이혼했으며, 매우 사랑하는 10대 아들이 있었다. 특히 아들이 어머니와 머무를 때, 그는 술로 고통을 무감각하게 만들고자 했다. 그는 다음과 같이 말했다.:

> "내가 어디에 있는지 알기도 전에, 나는 내 머릿속 수렁에 빠지곤 했습니다. 온갖 생각과 정서들이 소용돌이 쳤습니다. 무언가 잘못되면, 나는 다시 도망치죠. 너는 실패자야, 왜 제대로 하지 못하는 거야? 나는 너무 좌절하고, 긴장된 나머지, 무엇을 해야 할지 모릅니다. 삶을 살아갈 가치가 없어 보이고, 아마도 내 아들이 집을 떠나게 되면, 떠나기에 좋은 때일지도 모른다고 생각하죠. 나는 그가 어쨌든 어머니와 더 잘 지낼 것이라고 생각해요. 이러한 생각을 하는 때가 바로 내가 술을 찾게 되는 때이죠. 한두 병 마시다보면, 모든 것이 사라져요. 깨어나면, 나는 지독한 숙취에 시달리지만, 최소한 나는 살아 있죠. 내가 밤을 버텨낸 거예요."

그는 "제대로 해야 한다는" 관점에서 잔인한 꽃에 반응했다.

알: 당신이 이야기하는 것은 우리가 잘못된 것을 하고 있고, 이러한 것들을 해서는 안 된다는 것이군요.

지도자: 아, 미안합니다. 내가 말하려던 것은 전혀 그런 뜻이 아니에요. 이러한 의견을 제시해줘서 고맙습니다. 어떤 때에, 이러한 것들 중 하나가 여러분의 목숨을 살릴 수도 있습니다. 따라서 이것은 실제로 이러한 반응들을 버리는 것의 문제가 아닙니다. 이것은 활에 또 다른 줄을 추가하는 문제입니다. 바로 여러분이 무슨 일이 일어나고 있는지 명확하게 보고, 어떻게 해야 최선으로 스스로를 돌볼 수 있는지 선택할 수 있도록 만들어주는 마음챙김 반응입니다.

여기에서 지도자는 고통이 극심한 순간들인 폭풍의 중심을 다루고 있다. 과제는 어떤 것도 없애지 않고, 대신 대안을 제시하고, 체화하는 것이다.: 바로 고통스러운 경험을 향한 마음챙김 자각과 자비, 무엇보다 이러한 순간들에, 가장 필요한 것은 상처를 향한 배려와 친절함, 다정함과 관대함이다.

4단계: 대안 반응으로서 마음챙김

종종 정신적 고통에 대한 오래된 대처 방식에 관한 질문들에 대한 많은 답들이 두 개의 큰 범주, 즉, 회피(예, 주의산만, 억제, 의도적 무감각)와 얽매임(예, 반추, 걱정, 스스로와 싸우기, 분석)으로 구분되는 일이 일어난다. 지도자는 이러한 것들을 강조함으로써 "잔인한 꽃" 논의를 요약하고, 마무리 할 수 있다(그림 11.3 참고).

> "이러한 반응들이 두 그룹으로 구분되는 것을 볼 수 있습니다.: 바로 '회피'와 '얽매임'입니다. [칠판의 한쪽에 '회피'라고 쓰고, 다른 한 쪽에는 '얽매임'이라고 쓴다. 이 사이에 수평선을 그린다] 우리 꽃에서 회피의 사례들은 무엇이었습니까? 그리고 얽매임은 무엇이었나요? [각각 한두 개의 사례를 가져온다] 이미 보았듯이, 불행스럽게도, 이러한 것들 중 어떤 것도 제대로 작용하지 않습니다. 단기적으로 몇 가지는 효과를 발휘하겠지만, 장기적으로는 어떤 변화도 가져오지 못합니다. 이제 여러분이 4주 동안 수행해 온 마음챙김이 중요합니다. 이것이 이러한 양쪽 반응들에 대안, 특히 여러분이 오늘 어려움을 의도적으로 향했던 수행을 제공하기 때문입니다. [수평선의 중심에서 아래로 수직 화살표를 그리고, 맨 끝에 'MBCT'라고 적는다] 마음챙김으로 자각을 할 때, 여러분은 어려움에서 벗어나거나, 통제하려하기보다 접촉하여 머무르고자 하게 될 것입니다. ['회피'를 가리킨다] 따라서 실제로 무슨 일이 일어나는지 명확하게 볼 기회를 갖게 됩니다. 그리고 이것은 여러분이 이러한 순간에 어떤 것이 여러분을 가장 잘 돌볼지 고려할 수 있는 더 나은 위치에 있게 된다는 것을 뜻합니다. 동시에 ['얽매임'을 가리키며], 여러분은 이미 충분히 괴로운 것에 또 다른 고통을 더하며, 어려움에 대해 반추하거나, 스스로와 싸우는 것 등에 얽매이지 않게 될 것입니다. 이러한 생각에 대한 여러분의 반응은 어떠한가요?"

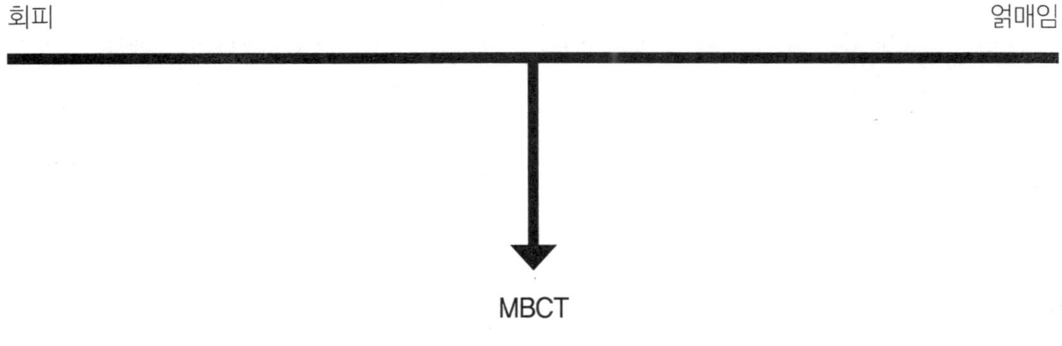

그림 11.3. 회피와 얽매임: 연속체

교통 체증

많은 사람들이 교통 체증에 막혀 보았다. 아마도 우리 뿐 아니라 전 인구가 드라이브를 하기로 결심한 것처럼 보이는 주말이 보통 그러할 것이다. 교통 체증으로 악명이 높은 영국의 한 마을에서, 다음과 같이 쓰여 있는 대형 포스터가 도로 옆에 걸렸다.: "당신은 교통에 **잡힌 것**이 아니라, 당신이 교통이다."

어려움에서 **빠져 나가는 길에 대해 생각하는 것은 이미 자동차들로 막힌 도로**에 또 다른 차량을 **추가하는 것과 같다.** 이러한 상황에서 아마도 우리의 초점을 신체나 호흡으로 향하거나, 단순히 상황을 있는 그대로 둠으로써, 동일한 문제를 더 추가하지 않겠다고 의식적으로 선택하는 것은 생각들이 (이를테면) 더 큰 자각의 공간에 머무를 수 있도록 한다.

어려움을 위한 공간 만들기

"괴로움과 함께하기" 수행과 이러한 활동들을 통해, 우리는 참여자들에게 원치 않는 경험에 대해 아드레날린을 기반으로 한 반응과 자동적인 문제 해결 과정에서 벗어나도록 권유한다. 우리는 이들에게 어려움이 이미 여기에 와 있으므로, 단지 멈추어서, 현재 지금 그대로 경험에 주목할 것을 당부한다. 이러한 과정을 얻을 수 있는 곳은 어디에도 없으며, 어떤 것도 변화하지 않는다. 필요한 것은 이 순간에 상황이 어떠한지에 대한 정보에 적극적으로 마음을 여는 것이다. 따라서 "향하는 것"은 정적인 과정이 아니라, 우리가 채택한 자세와 입장을 통해, 여기에 있는 것이 어떤 것이든, 이를 전체적으로 인정하고, 직접 경험하는 것이다.

이러한 접근 양식은 뇌의 신경 통로에서 회피/두려움을 기반으로 한 과정들 옆에는 존재할 수 없다. 우리가 접근함에 따라, 우리는 이러한 경험이 어떤 것이든, 외적으로, 혹은 내적으로 발생되었든, 경험들에 대한 궁금함, 호기심, 친근함의 자세를 육성하게 된다. 어려운 경험을 없애려고 하거나, 빠른 해결책을 찾으려는 자동적인 경향을 보내는 과정이 존재한다. 이는 오래된, 습관적인 행동들을 놓아버리고, 대신 다른 존재 방식으로 실험을 할 의지를 갖는 것이다. 직접적인 개인적 경험을 통해, 어려움과 고통스러움을 향하는 것의 가치와 안전에 대한 신뢰가 발전되며, 따라서 경험적 지식의 라이브러리가 만들어진다. 그리고 이것이 얼마나 직관에 반대되는 것으로 보이든, 절망으로 이어지는 경험과 관계를 맺는 새롭고, 지원적인 방식을 제공한다.

우리의 참여자들은 이러한 권유에 어떻게 반응하는가?

한 참여자인 크리스는 의자에 걸터앉아 이야기를 했다. 그녀는 놀란 것처럼 보였고, 5회기 동안 수행을 통해 자신의 고통과 함께 있었던 경험에 대해 설명하며 웃고 있었다.:

> "나는 허리에서 통증을 느끼기 시작했고, 곧바로 내가 어려운 경험에 대해 화를 내고, '사라져 버려!', '왜 지금이야, 왜 나야?"와 같이 분노하는 생각들을 가지고 있었다는 것을 알아차렸습니다. 그리고 나는 이것을 바라보았고, 나의 고통스러운 허리, 나의 생각, 나의 짜증, 이 모든 것들을 수용하기 위해 큰 컨테이너를 만드는 상상을 했습니다."

그녀는 이러한 이야기를 하면서, 크고 넓은 그릇의 형태를 만들기 위해 팔을 바깥쪽으로, 아래로 뻗었다. 그녀의 어깨는 낮아졌고, 편안해졌다.

두 번째 참여자인 존은 수행 이후 확고하고, 연결된 기반에 따라 흔들림 없이 앉아 있었다. 그는 보통 자신을 서사로 끌고 가는 자신의 생각들이 익숙하고, 정서적인 내용과 함께 어떻게 밀려들었는지 설명했다.

> "이번에 나는 정말로 명확하게 이를 보게 되었고, 내가 선택을 가지고 있다는 것을 깨달았습니다. 나는 바로 나의 몸으로 떨어뜨리기로 결심했습니다. [무거운 샌드백을 놓는 것과 같은 소리를 냈으며, 한 동안 침묵했다] 생각들을 사라지지 않았지만, 멀리서 들리는 라디오 소리 같았습니다. 생각들은 뭐라고 이야기하는지 내가 관여하도록 만들지 않고, 그곳에 있을 수 있었습니다."

그는 머리를 크게 원형으로 움직이며, 바로 옆에 있는 라디오를 묘사하는 몸짓을 취했다. 그는 자신이 휩쓸리지 않았으며, 대신 더 큰 공간에 자리 잡은 이 확고한 존재 주변에서, 경험의 일부가 되도록 내버려두었다는 것을 이러한 몸짓으로 보여주고 있었다.

세 번째 참여자인 베단은 어려움을 위해 그녀의 집 옆 산에서 보았던 호수처럼 느껴진 공간을 만든 경험에 대해 이야기했다. 그녀는 호수 아래 바위의 힘을 느꼈지만, 공간의 방대함은 모든 경험들을 위한 공간을 가지고 있었다.

항상 이와 같지는 않지만, 과거에 이러한 어려운 경험들을 가졌던 사람들이 바로 지금 나타나는 이러한 패턴들을 놓아버릴 수 있었다는 이야기를 듣는 것은 정말로 고무적이다. 이러한 참여자들의 경우, 경험을 위한 공간을 만드는 것이 어려움을 향하는 또 다른 차원을 추가하는 것이었다. 이것은 마치 물리적, 정서적으로 충분히 크고, 견고해서 이러한 경험의 모든 요인들, 심지어 환영 받지 못하고, 위협적으로 느껴지는 요인들까지 친절하게 수용할 수 있는 컨테이너나 공간이 우리 자신 안에 만들어지는 것처럼 보인다.

이러한 경험들이 설명될 때 비언어적 소통은 특히 신체 하부, 가슴, 들어 올린 턱, 보통 공간과 견고한 컨테이너의 느낌을 보여주기 위해 열리는 팔처럼, 신체의 확고함과 기반을 보여준다. 압도적인 주의가 느껴지는 경험은 더 이상 오래 머무르지 않으며, 대신 더 넓은 것을 보기 위한 탈 중심화 과정이 존재한다.

5 회기의 사건 순서들에 대한 선택

우리가 처음 자살 위험에 처한 사람들을 위해 MBCT를 적용했을 때, 우리는 표 11.1에 서술된 회기 구조를 따랐다. 그러나 뜻하지 않게 한 8주 과정에서 유용한 대안이 떠올랐다. 여러 명의 참여자들이 긴 정좌 명상(호흡, 신체, 소리, 생각, 열린 자각)이 소개되는 4회기에 참여할 수 없었다. 이들은 그 주 동안 이것을 집에서 연습했지만, 질의에 의해 제공되는 성찰의 공간과 함께, 그룹에서 경험할 기회를 갖지 못했다. 지도자는 4회기에서 긴 정좌 명상을 갖는 수업을 열고, 뒤이어 수행 질의와 가정 수행 검토를 하기로 결심했으며, 이러한 과정에서 어려움의 경험과 다양한 반응들이 자연스럽게 나타난다는 것을 발견했다. 그리고 다서 짧은 형식이기는 하지만, 호흡, 신체, 그리고 우리가 앞서 설명한 어려움에 초점을 맞추는 새로운 수행을 도입하는 것이 완전히 자연스럽고, 논리적이라고 느꼈다. 이후 이러한 포맷은 지도자들에게 대안적 선택이 되었다. 양쪽의 선택들이 표 11.2에 서술되어 있다. 선택 2에서의 차이는 이탤릭체로 표시되어 있다.

표 11.2. 자살 위험에 처한 사람들을 위한 MBCT: 5회기의 구조에 대한 선택들

선택 1	선택 2
30에서 40분간의 정좌 수행(호흡, 신체, 어려움과 어려움에 대한 신체 반응들 탐구)	*30에서 40분간의 정좌 수행(호흡, 신체, 소리, 사고, 선택이 없는 자각)*
질의	질의
가정 내 수행 검토	가정 내 수행 검토
	20분간의 정좌(호흡, 신체, 어려움과 어려움에 대한 신체 반응들 탐구)
	질의
정신적 고통: 절망의 영역 • 어떤 것이 참기 어렵게 만드는가? • 고통에 대한 반응 • 회피와 얽매임에 대한 대안으로서 마음챙김 자각	정신적 고통: 절망의 영역 • 어떤 것이 참기 어렵게 만드는가? • 고통에 대한 반응 • 회피와 얽매임에 대한 대안으로서 마음챙김 자각
3분간의 호흡 공간(추가 지시)과 질의	3분간의 호흡 공간(추가 지시)과 질의
루미(Rumi): "The Guest House"	루미(Rumi): "The Guest House"
가정 내 수행 할당: • 호흡, 신체, 소리, 사고, 선택 없는 자각에 대한 정좌 수행 • 매일 세 번씩 3분간의 호흡 공간 • 3분간의 호흡 공간 + 어려움이 발생한 경우 추가 지시	가정 내 수행 할당: • 호흡, 신체, 소리, 사고, 선택 없는 자각에 대한 정좌 수행 • 매일 세 번씩 3분간의 호흡 공간 • 3분간의 호흡 공간 + 어려움이 발생한 경우 추가 지시

마무리 글

5회기는 많은 취약한 참여자들에게 있어 가장 어려운 회기이며, 지도자들에게서도 이해 가능한 두려움을 만들어낼 수 있다. 우울장애가 있거나, 혹은 우울장애와 이에 수반되는 강렬하게 고통스러운 생각 및 정서들을 두려워하는 사람들은 어떤 식이든 가능하다면 이러한 경험들과 거리를 두고 싶을 것이다. 지도자로서, 우리 또한 거리감 생성을 가르치려는 목표를 가지고 있지만, 이것은 미묘하게 다른 방식으로, 회피나 밀어내는 것이 아닌 호기심으로 채워지는 거리감이다. 이러한 접근은 "거리두기"라기보다 "공간 만들기"에 관한 것이다. 즉, 사로잡히지 않고 가까이 다가가는 것을 배우는 것이다. "향하는" 경험은 사람들이 자신이 어떻게 어려움과 관계를 맺는지 의식할 수 있도록 하기 때문에, 이러한 태도의 변화가 일어나도록 장려한다. 이것은 지금 이 순간에, 자신이 얼마나 "열려 있기", "주변을 부드럽게 하기", 그리고 행복을 위협하는 것을 "떨어뜨리기"를 의식하는지에 대한 지표로 신체를 이용한다.

조금씩, 사람들은 최소한 매 순간에 경험을 향하는 자세를 갖기 시작하지 않고는, 경험의 순간적 "자르기"가 결코 일어날 수 없으며, 자신들이 이러한 자세를 인식하게 되고, 결과를 바라보고, 경험을 향한 지향을 변화시키는 선택을 가지고 있다는 것을 깨닫는다. 이러한 변화는 변화시키거나, 해결하려하기보다, 어려운 경험을 향해 직면하는 것, 가만히 있는 것(움직이려 하기보다), 그리고 친근한 궁금함과 호기심의 자세를 가지고 관대하게 어려움을 향하는 것을 수반하게 된다.

12장

6 회기 : 사실이 아닌 생각들

6 회기

어려운 상황들을 다루고, 탐구한 5회기 이후, 6회기는 생각들이 상황에 어떻게 기여하는지 더 긴밀하게 바라본다. 강의 계획, 각 요인의 의도, 연관된 가정 내 수행들이 표 12.1에 요약되어 있다.

생각들을 다루는 것은 일반적으로 가장 어려운 명상 수행들 중 하나로 인식된다. 이러한 어려움은 생각들이 매우 유해하고, 위험하다고 느낄 수 있는 취약한 사람들의 경우에 나타난다. 물론, 생각들은 프로그램 동안 반복해서 주목되어 왔다. 1회기의 건포도와 바디 스캔에서 마음의 방황, 2회기의 거리 걷기 활동에서 자동적인 해석들, 3회기의 즐겁고, 불쾌한 경험들의 요인, 4회기의 ATQ(부정적 사고와 우울장애의 영역), 또한 4회기의 인도되는 명상에서 소리와 관련된 생각들과 관계 맺기, 5회기에서 향한 유해한 생각들과 이미지들. 그렇다면 6회기에서는 초점을 맞출 무엇이 남아 있는 것인가?

초기 회기들(특히 2회기)이 정서적 느낌들에 대한 주요 기여요인으로서 생각들에 초점을 맞춘 반면, 6회기는 악순환의 다른 측면을 탐구한다.: 어떤 느낌들이 생각들을 야기하는가. 지도자는 이것들을 지나가는 정신적 사건들로 보며 전혀 신경 쓰지 않고, 단지 생각들로 바라보는 것이 얼마나 어려운지 분석한다. 이러한 것들은 얼마나 쉽게 위장되는가. 무슨 일이 일어나는지 깨닫지 못하고 얼마나 쉽게 개인적인 것으로 받아들이는가. 그리고 이들은 다른 관련되지 않은 상황들에 대한 해석에 어떻게 맥락을 제공하는가.

표 12.1. 여섯째 주: 수행들의 요약

회기 주제	수행과 활동들	습득하는 기술	수행으로 지지되는 통찰	가정에서의 수행
사실이 아닌 생각들	*정좌 명상*			*인도되는 짧은 명상*
목표: 참여자들에게 생각과의 동일시를 줄이고, 힘든 생각들을 포함한 생각들과 정신적 사건들로서 관계를 맺도록 장려한다.	생각들이 자각의 대상이 되는 명상(오디오 트랙 11[a]). 생각들은 추구되기보다 생겼다가, 사라지는 것으로 관찰된다. 이러한 과정은 생각들을 영화 스크린의 이미지들로, 혹은 하늘에 지나가는 구름이나 강물에 떠다니는 나뭇잎들처럼 상상하는 은유를 사용하여 뒷받침된다. 참여자들은 이후 의도적으로 어려운 생각들을 떠올리고, 열린 마음과 비판적이지 않은 자각의 동일한 태도를 채택하도록 권유 받는다. 발생하는 생각들은 매우 고통스럽기 때문에, 이것이 너무 어렵다는 것이 입증되는 경우, 참여자들은 지나가는 생각들의 경험에 다시 돌아가기 전에, 신체에 끼치는 생각들의 영향을 자각하고, 이러한 감각들을 관찰하도록 권장된다.	명상 수행 중 발생하는 힘든 생각들과 함께 머무르는 능력을 추가적으로 발전시킨다. 힘든 생각들에 대한 신체적 반응들을 자각하고, 억제하려는 시도나 힘든 생각들의 내용에 맞서는 것에 의존하기보다, 그라운딩의 형태로 이들에 주의를 기울이는 수행을 한다.	습관적이지만, 도움이 되지 않는 반응들을 이용하기보다 힘든 생각들과 함께 머무를 수 있다. 힘든 생각들과 머무르고, 탈중심화 관점에서 이러한 생각들을 관찰하는 것은 시간이 흐름에 따라, 이러한 생각들이 정서들을 환기시키는 역량의 감소를 초래한다.	참여자들은 일련의 인도되는 짧은 명상들(오디오 트랙 4, 7, 10, 13)을 제시 받으며, 일상생활에서 유지할 수 있는 유연한 수행을 구축하기 위해 이러한 것들을 혼합하고, 매치하도록 장려 받는다. 요가 수행과 걷기 명상 또한 참여자들이 유용하다고 여길 경우 이러한 정기 활동들에 포함할 수 있다. *호흡 공간* 참여자들은 정기적인 간격과 스트레스를 받는 시기마다 호흡 공간(오디오 트랙 8과 9)을 지속적으로 사용할 것을 권유 받는다. 호흡 공간은 어려움에 반응하는 데 있어 더 많은 선택과 유연성을 도입하는 반응으로 강조된다.

모호한 시나리오		
참여자들은 추가적으로 누군가가 너무 바빠서 사람들과 이야기를 할 수 없는 것에 관한 모호한 시나리오를 소개 받으며, 상관으로부터 긍정적인 칭찬을 받은 경우와 비교하여, 자신들이 직장에서 누군가와 언쟁을 벌인 경우 갖게 되는 여러 반응들을 탐구해 보도록 요청 받는다.	내적, 외적 맥락들이 사건과 경험들에 대한 반응들에 끼치는 영향에 대해 돌아보는 상위 인지 관점을 갖는다.	상황들에 대한 해석은 우리가 상황에 대해 갖는 정신적 상태와 맥락에 의해 크게 영향을 받을 수 있다. 마음챙김 지각은 우리가 상황들과 그 맥락을 더 명확하게 바라보고, 이에 따라 반응의 유연성을 증가시킬 수 있도록 한다.
재발 신호		
참여자들은 혼자서, 그룹으로, 혹은 짝을 이루어 우울함의 재발에 대한 자신만의 경고 신호들을 다룬다.	우울장애 재발에 대한 자기 자신의 경고 신호들에 익숙해진다.	

[a] 독자들은 www.guilford.com/williams6-materials에서 스트리밍, 다운로드를 통해 MBCT 프로그램에서 사용되는 인도되는 마음챙김 명상 수행들의 오디오 녹음들을 이용할 수 있다.

> 피오나는 피곤하고, 슬픈 모습으로 6회기의 시작에 들어왔다. 수업 중 그녀는 자신의 대가족에서 종종 일어나는 가족 싸움으로 인해 힘든 주를 보냈다고 설명했다. 분노의 순간 이루어진 가족 구성원들의 언급들은 피오나에게 익숙하고, 고통스러운 생각들을 촉발시켰다. 이들이 한 말들은 상처를 주었으며, 그녀는 이들이 말한 것을 믿는 자신을 발견했다. 이들이 그녀에 대해 제기한 비난들은 자신이 가지고 있던 의구심과 일치했으며, 자신의 자기비판적 경향을 반영했다. 피오나는 자신이 싸움에서 일어난 가족들의 말과 자신의 생각을 믿고 있다는 것을 깨달았다.: "상황이 나빠졌을 때, 나는 커다란 소용돌이로 빨려 들어가는 느낌을 받았고, 생각과 정서들이 소용돌이치는 그 안에서 길을 잃었으며, 너무 혼란스러워서 나갈 길을 찾을 수가 없었어요."

여기에서 피오나는 이러한 생각들의 힘을 느끼며, 심지어 이러한 생각들 속에서 "길을 잃는" 느낌을 인식하게 된다. 이것을 수업에서 이야기하는 것은 비록 정서가 이러한 생각들을 강력하다고 느꼈고, 내용이 익숙하게 느껴졌지만, 이러한 생각들이 실제로 사실이었는지 여부를 고려하려는 의지를 반영했다. 그러나 그녀가 경험이 매우 강한 소용돌이 속으로 쉽게 끌려 들어갔다는 것은 분명했다. 그룹의 도움을 요청하면서, 그녀는 새로운 가능성들을 탐구할 수 있었다. 이러한 것들에 대해 수업에서 이야기하며, 그녀는 이러한 고통스러운 생각을 바라보는 견고한 기반을 발견했다고 설명했다.

다음은 세갈 외 연구자들(2013, p. 310)이 이러한 과정에 대해 어떻게 설명했는지 보여준다.:

> 우리는 우리가 영화관, 혹은 극장에 있다고 상상할 수 있으며, 단순히 생각들이 스크린이나 무대에 나왔다가, 사라지는 마음의 영화나 연극처럼 지켜보기로 결심할 수 있다. 우리는 또한 마치 좌석 뒤 공중에서 들리는 속삭임처럼, 연극의 "뒤에서 나오는" 것처럼 생각들을 찾을 수 있다(예, "이것은 잘되지 않을 거야", "이렇게 하는 것은 아무 의미가 없어", "해결되지 않을 텐데, 왜 신경을 써?", "이 고통은 나를 죽일 거야", "이것은 너무 힘들어, 나는 결코 능숙해지지 않을 거야. 왜 항상 모든 것이 잘못 되는 거지?"). 이러한 것들은 우리가 지켜보는 "무대" 위에서 나타나지 않기 때문에, 정신적 사건들로 바라보기 어렵다.
> 따라서 지도자는 다른 "장소들"에서 나오는 생각들과 이러한 것들은 (비유를 바꾸어) "생각들을 관찰하는" 우리 수행의 "레이더 아래에" 걸릴 수 있다는 것에 대해 언급할 수 있다. 우리는 참여자들에게 극장을 "서라운드 음향"을 가진 것으로 생각하게 하거나, 강둑에 앉아있는 자신을 상상하는 경우, 쉽게 놓칠 수 있겠지만, 일부 나뭇잎들이 떠다니거나, 강의 일부분을 따라 흐를 수 있다는 것을 상상해보도록 권유할 수 있다. 그러나 우리는 또한 이렇게 하는 것이 쉽지 않으며, 초기 단계들에서 단 3분, 혹은 4분 정도로만 수행할 것을 언급한다.

여기에서 알아야 할 점은 참여자들이 때론 생각들이 정서에 의해 "위장"되어 있기 때문에, 정신적 사건들로 보지 못한다는 것을 더 명확하게 알게 되는 것이다. 강하거나, 약한 정서들은 부글부글 끓는 냄비에서 일어나는 기포처럼, 생각과 이미지들을 야기할 수 있다. 간혹 지속적이거나, 반복적인 생각들을 다루는 가장 능숙한 방법은 "표면 아래로 들어가서", 어떤 정서들이 이러한 생각들을 야기할 수 있는지 이해하는 것이다.

이제 우리는 왜 이 단계가 6회기까지 남겨져 있었는지 알 수 있다. 이것은 어떤 신체 감각들이 괴로움을 수반하는지 인식하는 연습들을(5회기와 이어지는 가정에서의 수행에서)돕는데 매우 유용하다. 이제 어떤 정서들과 수반되는 신체적 감각들이 여기에서 발견되는지 탐구하기 위해 신체에 주의를 가져가는 것과 동일한 방식으로 부정적인 생각과 이미지들을 다룰 수 있게 된다. 이것은 새로운 것들을 발견할 수 있는 가능성들을 열어준다.: 예를 들어, 분노에서 화가 나는 생각이 발생하지만, 또한 슬픔과 두려움이 존재할 수 있다. 이것을 더 명확하게 바라보는 것은 새로운 통찰을 만들어내며, 또한 과거에 유사한 상황들로 괴롭혔던 자동적 반응들을 다소 "놓게 되면서", 새로운 방식들로 반응하는 자유를 만들어낸다. 우리는 다음 주 동안 생각들에 다르게 접근하기 수행을 호흡 공간(오디오 트랙 9)에 포함시킴으로써 이를 구축한다(Teasdal 외, 2014, pp. 161-162).

생각을 정신적 사건으로 바라보기

제이슨은 이번 수행에서 자신이 이제 두려운 생각들과 다르게 관계를 맺을 수 있다는 것을 깨닫기 시작했다.

> "나의 상관은 이번 주에 내가 한 일에 대해 피드백을 주었습니다. 어떤 것은 좋았고, 어떤 것은 나빴죠... 그러나 나는 나쁜 피드백에 주목하기 시작했습니다. 그리고 이후 내가 얼마나 절망적인지, 사람들이 나를 어떻게 무능하다고 생각하는지에 대한 매우 익숙한 생각들이 떠오르기 시작했습니다. 나는 이번엔 이러한 생각들을 매우 빠르게 알아차렸고, 몇 주 전에 우리가 논의했던 것처럼, 스스로에게 이러한 것들은 단지 우울한 사고의 영역일 뿐이라고 말했습니다. 그리고 나는 이전 수업에서 "생각 버스들"이 지나가도록 놔두는 것에 대해 말했던 것이 떠올랐습니다. 이 버스가 단지 정류장에 멈춘다는 이유로 버스에 올라탈 필요는 없다는 것이었죠. 나는 내가 이 생각 버스들 중 하나에 탄다면, 나를 매우 어두운 장소로 데려가리라는 것을 알고 있었습니다. 만일 그랬더라면, 이것은 내가 원했던 곳과 전혀 다른 방향으로 갈 것이라고 알고 있던 버스에 타기로 선택한 것과 마찬가지였을 것입니다.

제이슨은 그가 성장하는 자각을 통해, 이러한 고통스럽고, 잠재적으로 위험한 사고 과정들에 대해 발견한 측면들에 대해 설명하기 시작했다. 이러한 자각으로 보면, 선택들을 이용할 수 있게 된다. 수업에 참여한 다른 사람들도 이러한 통찰에 반응했다. 이들은 습관적 패턴들의 힘이 매우 강했음에도 불구하고, 명확하게 바라보기 위해 일단 잠시 멈추어서, 친절하게 이러한 패턴들을 향할 용기를 갖는다면, 어떻게 이러한 패턴들을 붙잡고, 이에 반응할 수 있는지에 대한 다른 사례들을 보고하기 시작했다.

재발 방지 활동

MBCT의 주요 의도가 참여자들에게 좋은 상태를 유지하거나, 우울한 기분이 일어날 때 최소한 다르게 반응할 수단을 제공하는 것이라는 점을 고려할 때, 프로그램이 끝나갈 무렵 미래에 새로운 학습을 어떻게 이행할지 고려하는 것은 중요했다. 각 참여자는 현실적으로 실제 세상에서 지속적으로 사용할 수 있는 마음챙김 명상 수행의 형태를 확인한다. 수업들은 의학적이든, 심리학적이든, 다른 치료 접근 이상으로 우울장애가 다시는 결코 발생하지 않을 것이라고 보장하지 않기 때문에, 또한 앞을 내다보고, 어떤 신호들이 상황이 좋지 않다는 것을 보여주는지, 이러한 상황에 어떻게 잘 대응할 수 있는지 고려하는 공간이 주어진다.

원래 프로그램에서, 이러한 정보는 7회기에서 소개되었다. 우리는 저조한 기분에 대한 우리 환자들의 강렬하고, 빠른 반응을 고려할 때, 6회기에서 이 과정들을 시작하고, 이후 7과 8회기에서 이를 구축하는 것이 좋겠다고 느꼈다(이러한 변화는 MBCT 매뉴얼의 두 번째 판에 포함되었다. Segal 외, 2013. pp. 318-230).

우리는 두 개의 새로운 워크시트(활동지)를 개발했으며, 6회기에서는 참여자들이 개인적인 재발 신호들을 식별하도록 돕기 위해 설계된 첫 번째 워크시트에 초점을 맞추었다(두 번째는 재발 신호들이 발생했을 때 어떻게 반응하는 것이 좋은지 확인하기 위한 것으로, 7회기에서 소개될 것이다). 워크시트는 짧은 명상과 뒤이어 호흡 공간 활동을 하는 동안 소개되었다. 전체 사례가 그림 12.1에 제시되어 있다.

불행과 우울함에 현명하게 반응하기 (1)

명확하게 바라보기(우울장애의 첫 번째 신호 주목)

이 워크시트는 우울장애가 나타날 때 어떤 일이 일어나는지에 대한 여러분의 자각을 증가시키기 위한 기회를 제공합니다. 목표는 주의 깊게, 호기심을 가지고, 기분이 저하되기 시작했다고 말해 주는 생각, 정서, 신체 감각, 행동 패턴들을 조사하는 것입니다.

어떤 것이 우울장애를 촉발시킵니까?

- 촉발 요인들은 외적이거나(일어나는 일), 내적(예, 생각, 정서, 기억, 우려)일 수 있다.
- 큰 촉발 요인뿐 아니라 작은 촉발 요인들을 찾아본다. 간혹 매우 사소하게 나타나는 것이 기분을 저하시키도록 촉발할 수 있다.

남편과의 언쟁

너무 많은 일

피곤하거나, 몸이 좋지 않은 것

처음으로 기분이 저하된다고 느낄 때 어떤 종류의 생각들이 마음속에 떠오릅니까?

다시 시작이구나. 왜 나는 이것을 이해할 수 없는가?

나는 어떤 종류이든 스트레스를 다루는데 무능하다.

매번, 나는 이번이 마지막이라고 생각하며, 이후 다시 시작된다.

무슨 소용인가?

어떤 정서들이 발생합니까?

실망감, 좌절감

일어나도록 놔둔 것에 대한 죄책감

무망감

당신의 신체에는 무슨 일이 일어납니까?

가라앉는 느낌, 위의 불편함

(계속)

긴장, 특히 목과 어깨

짓눌림

무엇을 하거나, 혹은 하고 싶나요?

모든 사람들과 연락 끊기

이불을 머리 위까지 덮고 침대에 눕기

많이 마시기, 계속해서 커피와 단 것을 먹기

이것을 끝내고 싶은 생각

모르는 사이에 우울장애에 빠진 상태를 유지할 수 있는 사고나 행동의 오래된 습관이 있습니까 (예, 반추하기, 고통스러운 생각과 정서를 억제하거나, 관심 돌리기, 받아들이고, 탐구하는 대신 이러한 것들과 싸우기)?

생각이 멈출 때까지 어떻게든 정서들을 없애려는 노력

술 –단기적으로는 기분이 좋아지지만, 실제로는 도움이 되지 않는다. 언쟁을 벌이게 될 가능성이 높아진다.

스스로를 끔찍해하기 – 지속적인 비판과 비하

그림 12.1 참여자 워크시트, 6회기

참여자들은 수업에서 이 활동을 시작했고, 이어서 짧은 질의 이후 다음 주 동안 이를 성찰하고, 정교화 하는 것을 지속했다. 이 수행을 활성화하기 위해, 지도자는 다음과 같이 말할 수 있다.:

> "워크시트를 쉽게 발견할 수 있는 곳에 보관하는 것이 중요합니다. 질문들을 기억해두고, 일주일 동안 일어나는 다른 것에 주의를 기울이며, 기록합니다. 사람들이 자주 매우 유용하다고 발견하는 것은 잘 알고 있으며, 신뢰하는 누군가에게 하고 있는 일에 대해 이야기하는 것입니다. 이는 우리를 잘 알고 있는 사람들이 보통 우리가 인식하기 전에 상황이 나빠질 때, 신호들이 여전히 매우 미묘할 때 말해줄 수 있기 때문입니다. 따라서 이와 같은 사람이 있다면, 기분이 저하되기 시작할 때, 이 사람이 무엇을 알아차렸는지 물어보고, 신호가 나타나는 경우 어떻게 가장 유용하게 대응할 수 있는지에 관해 함께 생각하는 것이 매우 유용할 수 있습니다."

여기에서 우리는 프로그램의 궁극적 의도를 명확하게 하고자 한다. 즉, 우울장애 이후에도 좋은 상태에 머무르기. 참여자들에게 자각이 선택을 향한 첫 번째 단계이며, 가장 힘들고, 어려운 것을 향하는 것의 중요성에 대해 가르쳤던 이전 수행들과 마찬가지로, 우리는 조기 신호들이 나타날 때 현명하게 반응하기 위해서 명료하게 자각을 유지함으로서, 참여자들에게 추후 가능한 우울장애를 다루도록 권장한다.

마무리 글

2회기에서는 정서들에 대한 사고의 영향이 강조되었던 반면, 6회기에서는 사고에 대한 기분의 상호 영향, 특정 기분이 사고의 특정 패턴들을 어떻게 "야기하는지"에 초점을 맞춘다. 이러한 패턴을 상기시킴으로써, 우리는 참여자들에게 자신의 개인적 "재발 신호들", 즉, 상황이 좋지 않다고 이야기해주는 사고, 정서, 신체 감각, 행동들에 대해 탈 중심화 된 자각을 키우도록 권장하며, 명확하게 미래를 향한다. 관대하고, 친절하며, 용기 있는 자각은 내적 대화가 강해지고, 기분이 변화하기 시작할 때 견고하게 서있을 수 있는 새로운 장소를 제공한다.

13장

7 회기 : 나는 어떻게 스스로를 돌볼 수 있는가?

7회기는 표준 MBCT의 포맷을 따른다. 강의 계획, 각 요인의 의도, 연관된 가정에서의 수행들이 표 13.1에 요약되어 있다.

활동과 기분

수업 시작 시 정좌 수행(오디오 트랙 11)은 4회기에서 사용된 것을 기반으로 하지만, 참여자들이 더 긴 고요함을 스스로 수행할 수 있도록 한다. 평상시와 같이 가정 내 수행 검토가 이어지며, 이후 참여자들이 일반적인 평일에 하는 활동들의 목록을 만드는 활동으로 이어진다(이용 가능한 시간에 따라 지도자가 이들에게 얼마나 많은 것을 떠올리도록 권유하는가. 12-15개, 혹은 6-8개가 될 수 있다). 다음은 세갈 외 연구자들(2013, p. 338)이 이러한 수행에 대해 소개한 것이다.:

> 일상적인 평일 동안 해야 하는 것을 떠올리기 위해 잠시 시간을 갖는다. 하루의 대부분을 명백히 동일한 일을 하는데 보낸다면, 활동들을 더 작은 부분들로 세분화한다.: 즉, 동료와 이야기하기, 이메일 보내기, 커피 타기, 파일 정리하기, 문서 작성, 점심 먹기 등. 그리고 저녁과 주말은 어떠한가? 어떤 종류의 일을 하는 스스로를 발견하는가? 마음의 눈에, 혹은 종이에 목록을 적는다. 이제 목록에 있는 어떤 것들이 기분을 상승시키고, 에너지를 주고, 함양시키는지 알아본다. 그리고 목록의 어떤 것들이 기분을 저하시키거나, 에너지를 소모시키는가?

표 13.1. 일곱째 주: 수행들의 요약

회기 주제	수행과 활동들	습득하는 기술	수행으로 지지되는 통찰	가정에서의 수행
나는 어떻게 스스로를 잘 돌볼 수 있는가? 목표: 어떤 자각이 능숙한 행동을 인도하기 위해 사용될 수 있는지 탐구한다.	*정좌 명상(오디오 트랙 11[a])* 이것은 위에 서술된 포맷을 따른다.	명상 수행 중 발생하는 경험들에 주의를 기울이고, 함께 머무르고, 마음을 여는 능력을 추가적으로 발전시킨다.	저조한 기분이 발생하는 시기에 현명하게 대응하는 것과 반응하는 것 사이에 차이를 자각한다.	*자기 지시 수행* 참여자들은 자신이 습득한 모든 공식 명상 수행들에서 선택하고, 과정이 끝난 후 현실적으로 매일 사용하게 될 한두 가지를 결정한다.
	재발 신호 참여자들은 재발 위협이 발생할 때 무엇을 해야 하는지 논의하기 위해 그룹 활동을 한다.	공유되는 촉발 요인과 고유한 촉발 요인들을 알아보고, 얼마나 쉽게 만들어낸 기분에 빠져드는지 알아본다. 이러한 상황에서 스스로를 돌보기 위해 무엇을 할 수 있는지 알아본다(수업 전 면담 시 작성한 위기 카드를 유념한다).		*호흡 공간* 참여자들은 마음챙김을 일상생활에 통합하고, 어려운 경험들에 현명하게 반응하기 위한 조치를 취하는 수단으로 예정된 호흡 공간과 자발적 호흡 공간을 지속적으로 사용한다. .
	일일 활동들에 대한 성찰 참여자들은 일일 활동들을 열거하고, 이들을 기분을 상승시키는 것, 에너지를 주는 것, 함양시키는 것들과 기분을 저하시키고, 에너지를 소모시키는 것들로 구분한다.	기분과 행복을 위한 여러 활동들의 결과들에 대해 성찰한다.		*재발 방지 계획* 참여자들은 자신의 재발 방지 계획을 정교하게 만들고, 도움이나 지원을 제공할 수 있는 다른 사람들에 관한 정보를 포함시킨다.

참여자들은 단순히 회피하려하기보다 마음속에 살고 있는 어려운 측면들을 수용하면서, 함양시키는 활동들의 발생을 어떻게 증가시키는지, 그리고 에너지를 소모시키는 활동들의 발생을 어떻게 감소시키는지 소규모 그룹 활동으로 탐구한다.	어려운 상황에 대한 가장 현명한 반응이 진행 중인 경험에 마음챙김 자각을 채택하거나, 능숙한 조치를 취하는 것인지 여부를 탐구하기 위해, 저조한 기분일 때 호흡 공간을 사용한다.	
이후 참여자들은 습득의 느낌을 제공하며 기분을 상승시키고, 즐거움의 느낌을 제공하며 이렇게 하는 것들을 확인하며 함양시키는 활동들에 대해 성찰한다. 이들은 예를 들어, 호흡 공간을 갖고, 지금 상황이 어떠한지에 대해 돌아보고, 대응 방법에 대해 의식적으로 선택하는 것처럼, 발견한 것들을 어떻게 잘 활용할 수 있는지에 대해 성찰한다.	적합한 경우, 기분을 고조시키고, 저조한 기분일 때 습득이나 즐거움의 느낌을 제공하는 활동들의 발생을 의도적으로 증가시킨다.	우리 삶에서 함양시키는 활동과 소모시키는 활동의 균형과 이것이 어떻게 어려움을 회피하지 않고도 변화될 수 있는지 자각한다.

[a] 독자들은 www.guilford.com/williams6–materials에서 스트리밍, 다운로드를 통해 MBCT 프로그램에서 사용되는 인도되는 마음챙김 명상 수행들의 오디오 녹음들을 이용할 수 있다.

목표는 참여자들에게 우선 개인적으로, 이후 짝을 이루어 수행하고, 마지막으로 전체 수업에서 어떤 활동들이 함양시키고, 어떤 활동들이 에너지를 소모시키는지 성찰하도록 권장하는 것이다. 이들은 함양시킨다고 느끼는 활동들 옆에 문자 N을 놓고, 소모시킨다고 느끼는 활동들 옆에 D를 놓는 것이 유용하다는 것을 알게 될 수 있다. 이러한 것들을 다루며, 지도자는 이후 함양시키는 가능성을 증가시키는 법에 대한 논의를 도입하고, 소모시키는 활동 및 상황들을 능숙하게 다루며, 함양시키는 여러 형태의 활동들 사이에 차이를 탐구한다.: 습득 활동들(M)과 즐거운 활동들(P). 이러한 것들은 우울장애에 대한 인지행동 이론 및 치료를 조사한 수십 년간의 연구를 기반으로 하며, 7회기의 교육에서 중요한 측면들이다. 많은 미묘한 교육 문제들이 탐구되어야 하며, 교훈적으로보다 상호적으로 전달되어야 한다. 그리고 우리는 인지 행동 전통들에 익숙하거나, 편하지 않은 많은 마음챙김 지도자들이 이러한 것들의 의미를 완전히 이해하기 힘들어한다는 것을 발견한다. 이러한 문제들은 티즈데일 외 연구자들의 연구(2014, pp. 171-179)에서 신중하게 제시되므로, 우리는 여기에서 더 추가적으로 이를 분석하지는 않을 것이다(또한 Segal 외, 2013. pp. 339-343 참고). 활동들은 호흡 공간으로 이어질 수 있으며, 이것이 끝나갈 무렵에는 작은 것일지라도, 함양시키는 것과 소모시키는 것의 균형이 함양시키는 것으로 우세하게 변화하는 측면들에 대해 떠올려 보도록 권유한다.

미래 준비하기

이 활동이 완료되면, 지도자는 참여자들이 집에서 해온 현명하게 반응하기(1) 워크시트로 돌아간다(그림 12.1). 처음에는 짝을 이루어 논의하고, 이어서 전체 그룹에서 논의한다. 보통 참여자들 사이에 공통적으로 공유되며, 또한 각 개인에게 고유한 저조한 기분을 촉발시키는 요인들에 대해 많은 논의가 존재한다. 그리고 두 번째 워크시트가 소개된다(그림 13.1 참고).

> "이러한 촉발 요인들이나, 우울장애의 조기 경고 신호들에 주목할 때 어떻게 가장 유용하게 반응할 수 있는지 고려해봅시다. 호흡 공간으로 시작하죠. [호흡 공간을 리드한다] 그리고 호흡과 신체에 주의를 기울이며 앉아 있음에 따라, 이러한 질문들이 자각에서 공명하도록 놔두고, 마음에서 어떤 일이 일어나는지 주목해보세요. [워크시트에서 질문들을 읽고, 참여자들의 마음속에 대답들이 떠오르도록 잠시 시간을 갖는다] 이제 눈을 뜨고, 시트를 보죠. 질문들을 고

려함에 따라 떠오른 것이 무엇이든 적어보세요."

적어 내려갈 때, 지도자는 참여자들에게 짝을 이루어 함께 협력하고, 아이디어와 경험들을 공유하고, 조기 경고 신호들과 이러한 신호들에 어떻게 잘 반응할 수 있는지에 대한 그림을 개선시키기 위해 서로 돕도록 권유할 수 있다. 이러한 활동은 다시 한 번 가정 내 수행의 부분이 될 수 있으며, 시트에 대한 마지막 검토는 8회기의 부분이 될 수 있다. 특정 순간에 일어날 모든 것을 예측하거나, 도움이 될 수 있는 모든 것을 식별하는 것은 불가능하기 때문에, 이러한 요약들과 계획들은 결코 완성되지 않는다는 것을 명확히 하는 것이 중요하다. 따라서 참여자들이 어떻게 좋은 상태를 유지할 수 있는지 발견하는 것은 친절함과 지혜로 스스로를 다루는 지속적인 활동이며, 새로운 문제들에 열린 마음, 호기심, 자비심으로 반응하는 것을 배우는 것이라는 점을 인식하는 것이 유용하다.

마무리 글

우리는 절차들이 우울장애에 대한 MBCT의 두 번째 판과 워크북에 잘 설명되어 있기 때문에, 이 회기를 의도적으로 짧게 설명했다. 자살에 취약한 사람들의 경우, 필연적으로 기분의 하향이 나타날 때 이것에 현명하게 반응하는 법을 준비하는 것은 매우 중요하다. 각 참여자는 초기 단계에 위기 카드를 작성했으며, 프로그램이 끝을 맺음에 따라 7회기의 학습을 유용한 연락처가 열거된 이 카드와 다시 연결할 기회가 찾아왔다. 지도자들은 항상 의도들을 약화시키며 발생하는 생각들을 인식하고, 어떤 것들이(사고, 정서, 상황들) 현명한 조치를 하지 못하도록 막는지 조사하며(짝을 이루어, 그리고 전체 수업에서) 7회기를 마무리하는 시간을 보내는 것이 특히 유용할 수 있다. 이것은 어떤 장애물들이 나타날 수 있는지 예측함으로써 가정 내 수행에서의 어려움에 대해 준비시켰던 1회기에서의 수업과 명확하게 연결될 수 있다.

8주 프로그램의 임박한 종료에 대한 느낌은 뚜렷해지며, 따라서 앞을 내다보는 것은 이 시점에서 중요하면서, 슬플 수 있다. 어떤 것이 지원하고, 함양시키는지에 대한 회기의 초점은 과정을 넘어 삶과 직접 연결된다. 함양시키는 활동들(아침에 가장 먼저 커피 한 잔의 풍미를 느끼는 일, 자연에서 걷는 시간을 갖는 것)의 평범함은 쉽게 접근할 수 있도록 만든다. 특별한 사건들을 찾을 필요는 없다. 현명하게, 마음챙김 자각으로 선택된 일상은 신체와 정신을 함양시키기에 충분하다. 때로는 사기나 기분이 저하되는 되는 경우에도, 단순히 활동을 수행하는 것이 중요하다. 평소에 가장 중요한 것은 무엇이 되었든, 활동으로 현재에 머무르는 것이다. 이것은 경험이 전개됨에 따라 보살핌과 지원을 제공하며, 순간마다 주목하고, 반응하는 역동적이고, 반응적인 과정이다. 이것이 바로 작용하는 마음챙김 자각이다.

불행과 우울함에 현명하게 반응하기 (2)

우울장애의 첫 번째 신호들을 알아차릴 때 스스로를 돌보기

6회기에서 보았던 인쇄물에서, 여러분은 어떤 것이 기분의 저하를 촉발시키는지, 기분이 저하된다는 어떤 신호들(예, 사고, 정서, 신체 감각)을 알아차리게 되는지 적었습니다. 이 시트에서, 우리는 여러분이 이러한 상황에 있다는 것을 발견할 때 어떻게 능숙하게 반응할 수 있는지 고려할 것입니다. 이것은 여러분의 과정을 돌아보고, 무엇을 했는지 상기시키고, 도움이 될 수 있는 것을 발견했는지 여부를 알아보는데 도움이 될 수 있습니다.

과거에, 우울해졌을 때 무엇이 도움을 준다는 것을 느꼈나요?

특히 엄마, 가까운 친구처럼 누군가에게 얘기하기

GP에게 가는 것 – 나는 약을 먹고 싶지는 않지만, 전문적이고, 나의 삶에 관련되지 않은 누군가에게 이야기하는 것은 좋다.

즐길 수 있는 일을 하는 것, 특히 야외로 나가기

천천히 하기

삶에서 좋은 것들을 상기시키기

우울장애의 고통에 대한 능숙한 반응은 무엇이 될 수 있을까요? 당신은 상황을 악화시키기 않고, 사고와 정서들의 혼란에 어떻게 반응합니까? (수업에서 배운 것들을 포함하여)

상황이 너무 악화될 때 정지 버튼을 누르기 위해 호흡 공간을 지속적으로 활용한다.

아무 변화를 느끼지 않더라도, 누워서 하는 스트레칭을 매일 수행한다.

스스로에게 친절하기 – 나는 내가 아끼는 사람이 이런 식으로 느끼는 경우, 어떻게 다룰 것인가?

(계속)

과정 폴더와 나 자신의 노트를 읽는다. – 배운 모든 것과 어떤 것들이 나를 변화시켰는지 상기한다.
무슨 소용인가?

어렵고, 고통스러운 시기에 어떻게 스스로를 잘 돌볼 수 있을까요?(예, 당신을 진정시키는 것들, 함양시키는 활동들, 연락할 수 있는 사람들, 고통에 현명하게 반응하기 위해 할 수 있는 작은 일들)

따뜻한 물에 목욕하기 – 준비가 되도록 좋은 냄새가 나는 특별한 것을 넣는다.
정원일 하기 – 손을 더럽히고, 무언가를 재배하는 것이 좋다.
고양이 돌보기
수에게 전화하기 – 그녀는 나를 웃게 만들고, 기분 좋게 한다.
엄마에게 내가 어떻게 느끼는지 이야기하기
필요한 경우, 완화시키는데 도움을 줄 수 있는 명상 받아들이기
필요한 경우, 취소하고, 이불 속에서 하루를 보내기 – 자동적 파일럿에 따른 것이 아니라, 의식적 결정이라면 괜찮다.
운동하기 – 수영이나 걷기
매일 긴 명상 수행으로 돌아가기 – 그리고 잘 해내지 못하는 경우 스스로에게 엄격해지지 않기

자격이 없다고 느낄 때에도, 스스로에게 친절하기
어려운 시기에 필요한 것이 과정을 통해 이미 여러 번 수행한 것과 다르지 않다는 것을 상기시키는 것은 도움이 될 수 있습니다.

그림 13.1. 참여자 워크시트, 7회기

14장

8 회기 : 새로운 학습의 유지와 확대

8 회기

8회기는 우울장애를 위한 마음챙김 기반 인지 치료(Minfulness-Based Cognitive Therapy for Depression, Segal 외, 2013)의 패턴을 긴밀히 따르며, 따라서 우리는 여기에서 세부사항을 자세히 들여다보지는 않을 것이다. 강의 계획과 각 요인의 의도가 표 14.1에 요약되어 있다(가정 내 수행은 과정이 끝난 후 참여자들 스스로가 추구하는 것을 결정한다).

바디 스캔(Segal 외, 2013. pp.365-378)과 간략한 질의 이후, 재발 방지 실행계획이 다시 논의된다.

참여자들은 자신들의 현명하게 반응하는 실행계획에 무엇을 넣기로 결심했는지 서로에게서 발견한다(7회기. 13장 참고). 그 주 동안, 이들은 가족 구성원이나 친한 친구와 함께 워크시트를 논의할 시간을 가질 수 있으며, 이러한 논의들에 따라 계획의 어떤 측면이 변화했는지 알아보기 위해 서로 짝을 이루어, 혹은 소규모 그룹을 이루어서 검토하는 것이 유용할 수 있다.

재발 방지 활동을 파악하기 위해, 우리는 참여자들에게 잠깐 동안 호흡과 신체에 초점을 맞추며, 고요함 속에 정좌 수행을 하는 것에 다시 주의를 기울이고, 마음속에 떠오르는 질문에 답하도록 요청했다.;

표 14.1. 여덟째 주: 수행들의 요약

회기 주제	수행과 활동들	습득하는 기술	수행으로 지지되는 통찰	가정에서의 수행
새로운 학습의 유지와 확대	*바디 스캔(오디오 트랙 3[a])*			
삶의 균형을 유지하는 것은 정기적인 마음챙김 수행으로 도움을 받는다. 훌륭한 의도들은 수행과 스스로를 돌보려는 긍정적 이유들을 연관시킴으로써 강화될 수 있다.	앞서 설명한 것과 같음	여러 신체 감각들에 주의 초점을 맞춘다. 자각에서 무엇이 발생하든 열린 마음을 유지한다.	수행에 대한 경험과 반응은 새로운 학습에 비추어 시간 흐름에 따라 변화했을 수 있다.	어떤 것이든 참여자들은 과정 이후 가정 수행을 스스로 결정한다.
	성찰			
	참여자들은 혼자서, 혹은 짝을 이루어서, 수업에 오게 된 처음 의도들, 자신들이 배운 것, 수행을 지속하는 것에 있어 잠재적 장애물들에 대해 성찰한다.	참여자들은 매우 짧은 시간만이라도, 일일 수행을 목표로 하도록 권장 받으며, 오랜 휴식 이후에도 항상 수행을 다시 시작할 수 있는 초보자의 마음을 소개 받는다.		
	피드백			
	참여자들은 수업에서의 경험들에 대해 문서 피드백을 제공한다.			
	종료			
	마지막 정좌는 자신과 서로에 대한 작별인사로 이어진다.			

[a] 독자들은 www.guilford.com/williams6-materials에서 스트리밍, 다운로드를 통해 MBCT 프로그램에서 사용되는 인도되는 마음챙김 명상 수행들의 오디오 녹음들을 이용할 수 있다.

"여러분이 수행한 활동에서, 여러분이 좋은 상태에 머무르도록 돕는 것 중, 무엇보다 유념하고 싶은 단 한 가지가 존재한다면, 그 한 가지는 무엇이 될까요?"

대답은 대규모 그룹에서 공유될 수 있다. 다음은 우리 수업 참여자들이 제시한 일부 사례들이다.:

"아무 일도 일어나고 있지 않은 척 하지 마라, 지금 그것을 해야 한다"
"스스로에게 친절 하라"
"계속해서 수행하라"
"'나는 쓸모 있다.'와 '자, 내가 쓸모 있다고 생각하자' 사이에는 큰 차이가 존재한다."
"함양시키는 활동들을 일상생활의 부분으로 만들어라 – 특히 기분이 좋지 않을 때"
"당신을 아끼는 사람들이 존재한다. 이들에게 도움을 요청하는 것을 두려워 말라"
"호흡 공간을 사용하라"

이러한 활동 이후, 마무리 회기에서는 무엇을 배웠는지, 앞으로의 학습은 어떻게 지속할지에 대한 피드백의 시간을 허용하는 것이 중요했다. 짧은 명상을 통해 성찰이 소개되었으며(218쪽 네모 참고), 여기에서는 고요함에 "빠져들며" 질문들이 허용되었다. 이러한 성찰들에서 나온 것은 많은 다른 마음챙김 수업들의 마무리와 거의 다르지 않았다.; 즉, 마음챙김은 관련된 모두에게 어려운 것이었다. 참여자들이 수업들 사이에 발생할 수 있는 어렵고, 고통스러운 소재를 향하는 기회들을 갖는 데에는 용기가 필요했다. 수행되어야 하는 더 많은 탐구에 대한 "미완성"의 느낌도 존재했다. 이러한 것에도 불구하고, 이 접근이 새롭고, 타당하며, 고통스러운 경험과 관계를 맺는 매우 다른 방식을 제공하는 혁신적 변화의 가능성을 가졌다는 것을 보여주는 많은 스토리들이 존재했다. 참여자들은 자신들의 태도와 스토리를 통해, 위험한 마음 상태를 온화하고, 친절하고, 자신 있게 수용하며, 스스로를 돌보기 위한 토대를 구축하기 시작했다는 것을 보여주었다.

일부 참여자들은 지금은 이렇게 이해가 잘 되는 이러한 접근을 수년 전에는 몰랐다는 것에 속상한 느낌이 든다고 설명했다. 어려운 경험 자체가 개인을 파괴할 수 없다는 것을 발견하게 된 것은 종종 MBCT 과정을 통해 배운 강력한 학습으로 불렸다. 이것은 바로 회복력과 힘에 대한 새로운 발견이었다. 일단 경험하게 되면, 가장 어두운 경험에도 공간을 만들어주고, 이러한 경험을 향하는 것이 이해된다(전에는 가지지 않았던 측면에서).

명상과 성찰
(혼자서 5분간, 이후 짝을 이루어 10분간)

앉은 상태에서 호흡에 집중하며, 다음 질문들을 허용한다.:

"여기에 왜 왔는가?"

"무엇을 발견했는가?"

"마주쳤던 장애물들은 무엇이었나?

"이러한 장애물들을 어떻게 다루었는가?"

"가장 없애고 싶다고 바라는 것은 무엇인가?"

마무리 글

이러한 장들에서, 우리는 매우 취약한 사람들에게 마음챙김을 제공할 때 나타나는 특정 문제들을 탐구했으며, 이들이 도움을 받을 수 있도록 8주 MBCT 프로그램에 변화를 가했다. 앞서 말했듯이, 압도적인 어려움과 다시 재발하는 경향을 능숙하게 다루려는 계획들이 항상 배경에 있다. 미래에 일어날 수 있는 모든 것을 예측할 수는 없다. 마음챙김 교육은 커리큘럼을 시행하는 것만큼 열린 마음을 유지하는 것에 관한 것으로, 이점은 참여자들뿐 아니라 지도자들에게도 그러하다. 미래의 문제들을 마주하는 것은 진행 중인 학습 과정의 부분이며, 마음의 습관, 정서와 감각의 변화하는 흐름을 지속적으로 탐구하고, 미래의 우울장애와 절망까지 따뜻함, 호기심, (무엇보다) 자비로 반응하는 역량을 발전시킨다.

이러한 작업의 중심에 있는 주제는 참을 수 없는 것으로 나타나는 고통과 괴로움에 현명하게 반응하는 법이다. 지도자들 자신의 수행과 자살 충동 우울장애에 대한 명확한 이해, 이를 만들어내고, 유지하는 과정은 이러한 취약한 그룹을 위한 과정을 신뢰하는데 있어 중요했으며, 주간 감독참여 그룹(Weekly cosupervision group)은 우리가 새로운 관점을 바라보고, 가장 어려운 상황들을 다룰 때 낙담하지 않을 수 있도록 만들어주고 있다. 우리는 자체 지도자들과 자체 훈련에 의해 세워진 토대로 반복해서 상기시켰다. 우리는 MBCT를 가르치는 법에 있어 철저한 기본 교육이 중요하다는 것을 깨달았지만, 그 자체로 충분하지 않았다. 이러한 높은 위험에 처한 사람들에게서 발생하는 특정 문제들에 반응하는데 있어, 지속적으로 진행되는 발전과 지원의 필요성 또한 매우 중요했다. 우리는 16장에서 이러한 문제들에 대해 다시 논의할 것이다. 우선 15장에서 우리는 한 참여자의 경험에 초점을 맞춤으로써 전체 프로그램이 어떻게 전개되는지 느끼게 해줄 것이다.

15장

MBCT는 어떻게 변화를 가능하게 하는가? :

제인의 이야기

상당한 역경으로 고통을 받고, 이에 따라 우울장애 및 자살 충동에 취약해진 사람들의 경우, 현재 순간의 경험에 마음을 기울이는 것의 고통은 극심할 수 있다. 프로그램 자체는 참여자들을 삶의 나머지 부분을 회피하고자 노력하며 보내는 패턴들과 긴밀하게 접촉시킨다. 교육 과정은 이러한 민감하고, 어려운 작업을 어떻게 지원하는가?

II부의 이전 장들에서, 우리는 참여자들이 직면하는 위험들에 대한 우리의 자각을 더 선명하게 만들기 위해 사용되는 평가 절차들에 대한 개요를 설명했으며, 이들이 프로그램에 참여하도록 돕는 실제 문제들을 해결하기 위해 수업 전 면담에 변화들을 가했다고 설명했다. 우리는 우리의 취약한 참여자들의 요구를 더 효과적으로 충족시키고자, 프로그램 자체에 가한 변화들에 대해 설명했으며, 높은 위험에 처한 사람들에 대한 8주간의 MBCT 교육 과정을 따르는 과정 동안 공통적으로 나타나는 문제들에 대해 논의했다. 이 장에서, 우리는 교육의 상호적인 질의 측면들을 지도자가 어떻게 인도하는지에 특별한 초점을 맞추며, 이러한 변화들과 문제들이 특정 참여자와 이 참여자가 속했던 그룹의 경험에서 어떻게 전개되는지 보여줄 것이다.

MBCT에서 질의

MBCT와 MBSR에서 질의를 뒷받침하는 과정과 원칙들에 대해 설명하는 잘 개발된 실무자 문헌이 존재한다(R. Crane, 2009; Felder, Dimidjian, & Segal, 2012; McCown 외, 2010; Santorelli, 1999; Segal 외, 2013). 이 문헌에서 질의 순서는 다음의 포괄적 방식에서 발생하는 것으로 설명된다.

명상 수행 이후, 지도자는 참여자들에게 수행 동안 무엇에 주목했는지 물음으로써 대화를 시작한다. 지도자들은 참여자들의 경험에 대한 성찰과 탐구를 장려하고자 이를 수행한다.: 무엇이 발견되었는지 알아보기 위해 이러한 관찰들에 대한 대화를 통해 협력하고, 이러한 관찰 및 발견들을 프로그램의 학습 주제와 연계시킨다. 질의의 목표는 자동적이고, 인식되지 않았던 사고와 정서의 습관 및 패턴들을 밝히고, 자각하게 하며, 사고 및 정서의 일부 특성들을 알리고자 하는 것이다.

따라서 경험에 몰입하는 방식, 지도자 그리고 관계 과정들은 모두 마음챙김 사고방식의 특징들에 대한 체화를 제공하고자 한다. 이것은 참여자들이 자기 자비의 증가된 수준, 인지 반응의 감소된 수준, 그리고 현재 순간에 존재하는 어떤 경험이든, 문제 해결 대신 “허용” 하는 역량의 발전을 포함하는 경험과 관련된 마음챙김 방식을 내재화하도록 지원한다는 것이 제시되었다.

이것이 바로 이론적으로 작용하는 방식이지만, 실제로는 어떻게 느껴지는가? 우리가 가르친 8주간의 교육과정으로 돌아가, 한 참여자인 제인의 여정을 따라가 보자. 그녀가 프로그램을 거침에 따라, 간혹 다른 참여자들의 경험들 또한 보게 될 것이다. 우리는 특히 제인이 탐구하고, 분석하고, 자신의 경험과 삶에 접근하는 방식에서 변화를 만드는데 있어 질의가 어떻게 도움이 되었는지에 초점을 맞출 것이다.

MBCT 과정을 통한 제인의 여정*

제인은 48세로, 여행사에서 일하고 있다. 그녀는 혼자 살고 있지만, 장성한 딸과 사위, 3살짜리 손녀딸이 근처에 살고 있다. 그녀는 4살 때, 어머니의 갑작스럽고, 예상치 못한 죽음 이후 할머니에 의해 키워졌다. 그녀의 아버지는 중증 정신 질환을 가지고 있었고, 어린 시절 동안 거의 접촉을 하지 않았으며, 현재는 그녀의 인생에서 멀어져버렸다. 그녀의 할머니는

* 이 장에서 이어지는 대화 속에 모든 환자 사례들은 가상이거나, 구성되었으며, 혹은 신원을 확인할 수 없도록 충분히 위장되었다.

물리적으로는 잘 돌보았지만, 정서적으로는 가깝지 않았으며, 제인은 부끄러움이 많고, 불안하며, 과민한 아이였다. 그녀는 20살에 딸을 출산한 직후 첫 번째 우울장애 삽화를 경험했다. 이제 그녀는 아기를 잃게 되는 것은 아닌지 반복적으로 반추하게 되었다. 그녀는 자신이 딸을 실망시켰다고 느꼈으며, 연관된 죄책감, 슬픔, 후회의 파도를 경험했다. 이것은 첫 번째 삽화 이후 이어진 재발성 우울장애와 동반된 자살에 대한 생각과 충동의 강한 파도로 더욱 심화되었다. 제인은 이러한 생각들에 따라 행동할 경우 자신의 딸에게 얼마나 많은 고통을 초래하게 될지 알고 있었으며, "이렇게 이기적인 생각을 하는 것"에 대해 스스로를 강하게 비난했다. 그녀는 스스로에게 높은 기준을 세워놓고, 굉장히 생산적으로 일을 했기 때문에 직장에서 좋은 평가를 받는다. 그녀는 매우 정리된 삶을 살고, 자신의 모습에 긍지를 가지고, 집과 정원을 꼼꼼하게 정돈하기 위해 굉장히 열심히 살아가고 있다. 이제 우리는 수업 전 면담으로 시작하여, 하나씩 수업을 거치며 제인의 여정을 따라갈 것이다.

수업 전 면담

수업 전 면담 동안 지도자는 18개월 전에 일어난 마지막 삽화를 초래한 과정들의 특정 순서를 조사함으로써, 제인의 우울장애를 초래하고, 유지시킨 패턴들을 "분석"하도록 그녀를 지원했다. 제인은 자신이 "생각할 시간이 없을 때" 더 잘해낸다는 것을 알고 있었기 때문에 어떻게 항상 바쁘게 일을 하는지에 대해 설명했다. 그녀는 특히 자기비판과 비판적 생각들의 강한 파도로 괴로웠기 때문에("특별한 이유 없이"), 몇 개월의 기간에 걸쳐 자신을 밀어붙였다. "해야 할" 일이 없는 경우에는 긴 시간 동안, 힘들게 운동을 했다. 이러한 전략들은 한동안 그녀의 기분이 저하되는 것을 방지했지만, 특정 시점에 그녀는 신체적 피로와 질병으로 무너졌으며, 결국 멈추어야만 했다. 그녀는 직장에서 아픈 시간을 보내야 했으며, 집에서는 스스로를 고립시켰다. 이럴 때면 그녀는 생각들의 치명적 힘에 의해 압도되었다. 그녀의 기분은 급격히 저하되었으며, 우울장애의 삽화에 휩쓸렸다.

지도자는 우울장애가 어떻게 촉발되고, 영속화되는 것으로 이해되는지에 대한 더 넓은 공식을 따라 제인이 자신의 경험을 돌아볼 수 있도록 했다. 이는 제인이 자신의 우울장애를 촉발시키고, 유지시키는데 있어 반추와 회피(행동적이면서, 경험 회피)가 어떤 영향을 끼쳤는지 이해하도록 도왔다. 지도자는 이러한 문제를 함께 탐구하면서 그림 15.1에 있는 다이어그램을 공유했다.

참여자들이 이러한 더 넓은 이해에 연결될 수 있도록 돕는 것은 수업 전 면담의 중요한 측면이다. 이를 통해, 이들은 과거에 이러한 극심한 고통을 초래한 해당 경험을 향하는 표면적으로 위험하고, 충격적인 아이디어 뒤에 숨은 의도를 바라보기 시작한다. 제인은 정신적 고통에 대처하기 위해 사용한 전략들이 한동안 효과가 있었지만 지속되지 않았으며, 이러한 전략들이 자신과 자신의 삶에서 즐거움을 누릴 가능성 사이를 막고 서 있다는 것을 알고 있었기 때문에, 과정 뒤에 있는 논리를 바라볼 수 있었다. 그러나 그녀는 또한 이것이 매우 위험한 영역이며, 잘못할 경우의 대가가 굉장히 크다는 것을 알고 있었기 때문에, 매우 조심스러워했다. 그녀는 자신에게 장기적인 완화를 제공할 수 있는 방법을 찾는 것에 매우 동기 부여가 되어 있었다. 이것은 투자할만한 가치가 있다고 그녀를 확신시키는데 있어 프로그램의 근거는 그녀를 충분히 이해시켰다.

지도자와 제인은 이러한 쟁점들을 함께 탐구했으며, 제인이 이러한 민감하고, 어려운 과제에 착수하는 동안 지지되고, 견고하다는 느낌을 받을 수 있도록 전략들을 세웠다. 이것은 제인이 확인되는 특정 지원 출처를 가질 수 있도록 위기 카드 작성을 포함했다(5장 참고). 제인이 이야기할 필요가 있거나, 취약한 느낌을 받는 경우 회기 밖에서도 지도자에게 연락을 할 것이며, 지도자는 염려되는 경우 제인에게 연락할 것이라고 함께 합의했다. 제인은 또한 자신이 교육과정에 참여하고 있으며, 이것이 어려운 시간이 될 수 있다는 점을 딸에게 알려주기 대화하는 것에 합의했다. 이것은 자체적으로 새로운 방향으로의 중요한 단계였다. 그녀는 내부에서 절망감을 느낄 때에도 세상에 "나는 대처할 수 있다는" 메시지를 제시하려는 경향을 가지고 있었다.

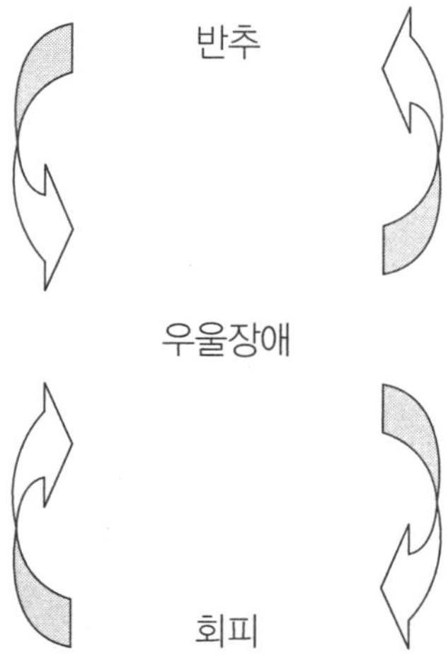

그림 15.1. 우울한 기분을 유지시키는 반추와 회피의 악순환

1 회기: 자각과 자동적 파일럿

열흘 후, 다른 7명의 참여자들과 함께, 제인은 MBCT 과정의 1회기에 들어왔다. 그녀는 불안함을 느끼며, 문 옆에 자리를 잡았다. 지도자는 그녀에게 수업 전 면담에서 프로그램이 그녀가 보통 피하고자 하는 경험의 측면들을 조사하도록 반복적으로 권유한다는 것을 이야기했다. 논리적으로 제인은 이를 이해했지만, 실제로는 큰 위험을 무릅쓰는 것처럼 느끼며 수업에 앉아 있었다. 그녀는 지난 12개월 동안 우울장애가 없었으며, 마음에 우울장애에 대한 경험을 가져오는 것이 "위험한" 생각들을 촉발시키는 것은 아닌지 두려웠다.

제인은 직장에서 자신 있게 나서서 말하는 편이었지만, 자신의 삶에서는 우울장애에 대한 경험들을 숨기기 위해 가능한 사람들을 멀리하고자 노력했다. 그녀는 자신이 수업에서 떠올리는 것과 바라는 것을 다른 참여자, 그리고 전체 그룹과 공유하는 것에 대해 불안감을 느꼈다. 그러나 다른 사람들이 자신에게 익숙한 경험들에 대해 설명하는 것을 듣는 것은 본질적으로 어느 정도의 안도감을 주었다. 그녀는 그룹과 연결됨에 따라 안전하다는 느낌과 소속감이 발전하기 시작했다.

건포도 수행 이후 질의 동안, 제인은 자동적 파일럿의 주제와 강하게 연결되었다 자신이 얼마나 성급하고, 주의가 산만한지, 그리고 이에 따라 마음이 연쇄적인 생각들에 따라 떠나가며, 어떻게 직접적인 경험과 분리되는지 깨달았다. 그녀는 자신이 어떻게 일상의 실제 활동 대부분을 자동적 파일럿에 따라 수행했는지 볼 수 있었으며, 따라서 마음의 활동이 자동적인 습관적 패턴들에 따라 이끌릴 수 있다는 것을 이해하게 되었다. 제인은 자신이 활동적인 마음을 가지고 있지만, 이전에는 이것을 영향력을 가진 과정으로 보지 않았다는 것을 알게 되었다. 삶에서 처음으로 그녀는 이러한 활동의 세부적인 내용에 의도적으로 주목하는 것을 선택했다. 그녀는 바디 스캔 동안 너무 약해서 누울 수 없다고 느꼈으며, 따라서 의자에 앉기로 선택했다. 수행 이후 이어진 질의에서 제인과 지도자는 다음과 같은 대화를 나누었다.:

제　인: 나는 정말로 좌절감을 느꼈어요.

지도자: 좌절했군요.

제　인: 나의 위는 뒤틀렸고, 심장은 너무 뛰었어요. 나는 나중에 쇼핑을 가서 무엇을 살지 생각하는 것처럼, 할 수 있는 모든 것들이 떠올랐어요. 당신이 끝내주기를 정말 바랬죠. 계속 생각했어요. "대체 언제 끝나는 거지?"

지도자: 그랬군요... 그렇다면 당신의 주의는 이것이 얼마나 오래 갈지, 나는 얼마나 이것을 하고 싶지 않은지, 내게 할 수 있는 일들이 얼마나 많은지에 대한 생각에 많은 시간 사로잡혀 있었겠군요.

지도자는 제인의 경험을 인정하고, 이후 사고하는 마음의 "현상"을 부각시켰다. 이것은 회피에서 접근을 지향하는 호기심으로의 변화를 권유한다.

제　인: 정말 그랬어요. 당신은 허리 아래 부분으로 들어가고 있었고, 나는 생각했죠. 맙소사, 이제 겨우 절반밖에 못했다니!*(그룹의 공유하는 웃음소리, 지도자는 둘러보며, 공유되는 경험의 인식을 몸짓으로 인정한다)*

지도자: 그리고 이런 식으로 생각하는 것이 당신에게 익숙하다는 느낌이 들었나요?

제　인: 네.*(다시 한 번 그룹의 공유되는 웃음소리)*

이 순간 공유되는 친화적 웃음소리의 가벼움은 중요하다. 이것은 함께 "우리의" 마음의 패턴을 보게 되는 방식이다. 이것은 탈 중심화 관점과 관찰되는 현상의 공유되는 (개인적이라기보다) 특성에 대한 인식을 지지한다. 이렇게 보는 것은 스스로와 타인들에게 더 큰 자비심을 발전시키는데 있어 중요한 요인이다. 이러한 패턴들이 인간의 공통되는 취약성의 부분이라는 것을 명확하게 보게 된다. 크게 말로 옮겨지는 서로의 경험들을 듣는 것에는 큰 힘이 존재한다. 사람들은 이러한 경험들을 가졌다는 것에 대해 다른 사람들을 비판하지 않는 것이 얼마나 당연한지 알게 되며, 따라서 스스로를 비판하는 경향이 느슨해진다.

이후 지도자는 전체 그룹에게 제인과의 이러한 대화에서 나타난 몇 가지 교육 주제들을 제시했다. 개인적 탐구에서 일반적 주제를 부각시키는 것으로의 변화를 지지하기 위해, 지도자는 "우리"라는 단어를 사용하기 시작했으며, 눈을 마주치기 위해 전체 그룹을 향했다. 그녀는 명상에서 나타나는 것이 우리의 일상생활에서 나타나는 것과 어떻게 다른지 부각시켰다. 차이는 수행의 경우 처음에는 이러한 익숙한 생각들을 다루는 새로운 방식들을 명확히 보기 시작하고, 이후에는 이를 실험할 기회를 갖는다는 점이다. 이러한 것들이 일상생활에서 나타날 때, 우리는 너무 바빠서 이러한 패턴들이 무엇인지 보지 못한다. 이것은 어려운 과정이지만, 또한 우리가 이러한 것들을 인식하고, 이러한 것들을 다루는 새로운 방식들을 탐구할 수 있기 때문에 풍부한 잠재력을 갖는다.

수행에서 나타나는 주제들은 과거의 차원을 가지고 있으며, 제인의 경우, 특정 사고 패턴들은 어린 시절의 상황을 통해 만들어졌으며, 시간이 흐름에 따라 습관적 패턴으로 확립된 것이다. 수업에는 이러한 생각들의 힘에 대한 친절한 인식이 존재하지만, 주의는 주로 현재 순간에 이러한 생각들을 다루는 새로운 방식을 어떻게 발견하는지에 놓여진다.

이후, 지도자는 전체 그룹으로 어려움 주제와의 관련성을 확대시켰으며, 몇 분 동안 짝을 이루어 다음 주 가정 수행과 관련하여 발생할 수 있을 것으로 예상되는 어려움들에 대해 함께 공유할 것을 권유했다. 참여자들이 어려움을 원치 않는 장애물보다는 과정의 일환으로 바라보는 것에 대한 강조는 특히 이들의 이력으로 인해 고통스러운 생각 및 정서들에서 후퇴하는 것에 민감한 이러한 그룹에 있어 중요하다(C. Crane & Williams, 2010). 어려움과 고통이 다루어질 수 있다는 메시지는 다수의 수준들에서 자발적으로 전달된다. 하나는 대화의 명확한 내용이다. 또 다른 하나는 편안한 상태에서, 수행에 대한 모든 반응들을 공평하고, 따뜻하고, 무비판적으로 받아들이는 지도자의 역량이다.

> 마음챙김 접근은 마음의 많은 패턴들이 어린 시절 역경의 경험에서 나올 수 있다는 것을 인식한다. 그러나 이것은 이러한 패턴들 자체의 기원을 조사하지는 않으며, 대신 이러한 것들이 어떻게 현재의 상황에 대한 반응들에 영향을 끼치는지에 초점을 맞춘다.

지도자는 경험되는 어려움에 관해 짝을 이루어 논의한 주제들을 공유해 볼 것을 그룹에 권유했다. 이러한 것들은 시간 내기, 집에서 공간 찾기, 수행 중 나타날 수 있는 어려운 생각 및 정서들 다루기를 포함한다. 핵심 메시지는 수행이 특별한 정서를 만들어내려는 것이 아니므로, '잘못된' 수행의 경험은 존재할 수 없다는 것이다. 의도는 이미 존재하는 것을 더 명확하게 바라보고, 관심을 갖도록 지원하는 것이다. 동기부여를 지원하고, 수행에 대한 참여를 장려하기 위해, 지도자는 우울장애 예방과 수행에서 더 명확하게 생각들에 주목하는 활동 사이에 연관성을 만드는 것으로 더 나아갔다. 그녀는 이를 위한 출발점으로 제인의 경험을 사용하여, 제인이 바디 스캔 동안 가졌던 것으로 설명한 모든 생각들이 "상황이 달라지길 원하는" 생각들이었으며, 이러한 것들은 고통스러운 정서들을 도출하는 경향이 있다는 지적했다. 이러한 탐구의 의도는 어떤 것이든, 상황에 대해 더 편안해 질 수 있는지 여부를 알아보기 위한 것이다.

2 회기: 우리의 머리로 살아가기

그룹은 일주일 후 2회기에서 만났다. 회기 시작에 바디 스캔과 이에 대한 질의를 수행한 후, 지도자는 참여자들이 지난 주 동안 가정에서 바디 스캔을 수행하며 어떤 경험을 했는지 분석하기 위한 자리를 마련했다. 제인과 지도자는 다음과 같은 대화를 나누었다.:

제 인: 나는 정말 고군분투했어요.

지도자: 아, 그랬군요. 우리가 이를 좀 더 탐구해 봐도 괜찮을까요?

참여자들의 비언어적 신호를 "읽는" 것에 따라, 함께 조사로 들어가기 전에 명확하게 허락을 구하는 것이 중요할 수 있다.

제 인: 괜찮아요. 내가 처음으로 바디 스캔을 했을 때, 끝난 후 침대에서 움직일 수 없었고, 결국 서게 되었을 때, 몸이 마치 젤리처럼 느껴졌어요. 나는 이런 느낌이 싫었어요. 그래서 많은 날들을 수행을 하지 않았죠. 그러나 창문을 열고, 새소리, 자동차 소리, 일상생활의 부산한 소리를 들으며, 침대에 누워 더 많은 시간을 보냈습니다.

지도자: 그리고 어떤 느낌이 들었나요?

제인은 힘든 경험 이후 수행을 회피한 것과 더 많은 것들에 주목하며 의도적으로 멈추어 있었던 경험을 공유했다. 지도자는 처음에 이러한 것들을 살피기로 선택하고, 질의를 이어 나갔다.

제 인: 좋았어요.

지도자: 무언가 새로운 느낌이었나요?

매번 가르치는 순간마다 선택들이 존재한다. 지도자는 감각, 사고, 정서들의 현상에 대한 관점에서 "좋았던 것"을 분석해보기로 선택할 수 있다. 그러나 참여자가 "좋았다는" 단어를 강조하며 이미 이러한 경험의 새로운 느낌을 전달함에 따라, 지도자는 참여자를 따르며, 우리가 주의를 기울일 때 경험이 어떻게 다르게 느껴지는지 탐구하기로 선택하였다.

제　인: 네, 나는 보통 느끼지 못했어요! 그리고 이후 샤워를 하러 갔을 때, 실제로 물을 느낄 수 있었어요. [경험의 즐거움에 대한 비언어적 전달]

지도자: 아, 그러면 실제로 즐거운 것들을 수행하며, 경험에 주목하는 것을 선택했군요.

제　인: 나는 이번 주에는 다른 새로운 것들에 주목하고자 노력했어요.

지도자: 그렇다면 더 많은 것에 주목하려는 매우 의식적인 의도를 가지고 있었군요. 이것에 대해 어떤 느낌이 들었나요?

제　인: 나는 내가 얼마나 평상시에 보지 않았는지 깨달았어요. 놓치고 살았죠.

지도자: 아, 그렇군요.

이 순간에 이르러 방은 조용하게 멈추어 있었다. 때로는 질의로 이어지는 것보다, 자리를 제공함으로써 참여자들의 경험을 단순히 인정하고, 동의하는 것이 직관적으로 적합하다고 느껴진다. 지금은 경험과의 연결을 놓친 것과 관련된 날카로운 감각이 존재했다. 지도자는 차후에 제인이 바디 스캔 이후 너무 편안해진 느낌을 좋아하지 않았다고 얘기했던 주제로 돌아갔다.

지도자: 바디 스캔을 했을 때, 이후 움직일 수 없었다고 설명한 것에 호기심이 생기네요. 그것은 어떤 느낌이었나요?

제　인: 돌과 같았어요.

지도자: 무거웠군요.

제　인: 네, 그리고 따뜻하면서, 간질간질 했어요. 마치 너무 웃긴 것 같았어요. 나는 일어날 수 없었어요. 침대에서 긴장을 푸는 것이 단지 나 같지가 않았어요. 나는 아침 6시면 일어나서 일을 가죠.

지도자: 그렇다면 당신은 무거움, 따뜻함, 간지러움을 느꼈군요. 이것은 당신의 전신에서 그랬나요, 아니면 특정 부위에서 느껴졌나요?

제　인: 나의 전체 몸에서 느꼈어요.

지도자: 그리고 이러한 감각들과 함께 나타난 정서나 생각들이 있었나요?

제　인: 나는 정말 패닉 상태였죠.

지도자: 특정 시점에 그랬나요, 아니면 줄곧 그랬나요?

제　인: 끝에 그랬어요. 나는 하고 있는 도중에는 괜찮았죠. 그냥 수행을 하고 있었어요. 그리고 끝 무렵이 되자, 당신의 목소리가 멈추었고, 나는 갑자기 내가 얼마나 무거운지 느꼈고, "움직일 수 없어"라는 생각이 들었어요.

지도자: 이제 당신이 경험을 어떻게 주목하는지 알게 되어서 기쁘네요. 그렇다면 당신은 단지 적응하고, 괜찮다고 느끼다가, 이후 끝나갈 무렵 누운 채로 갇혀 있다는 느낌을 받았군요.

지도자는 경험의 여러 측면들에 주목하는 것에 대해 참여자의 기술을 인정했다. 제인이 실제 경험을 설명하고, 신체적 감각의 관점에서 이를 "분석"하고(제인이 시작한 곳이므로, 여기에서부터 시작하여), 이러한 것들이 사고와 정서에 어떤 영향을 끼쳤는지 분석하면서, 이러한 특정 순간, 즉, 갇혀 있다고 느낀 순간을 마음에 떠올리도록 질의가 어떻게 돕고 있는지에 주목하자.

제 인: 네, 일종의 덫에 걸린 느낌이었죠.

지도자: 덫에 걸린 느낌이요?

제 인: 네, 정말로 이상했어요. 나는 그렇게 편안해지는 것을 좋아하지 않았죠. 나는 통제할 수 없는 느낌이었어요. 마치 움직일 수 없는 것처럼 느껴졌죠.

지도자: 그리고 당신의 사고하는 마음은 "나는 이것을 좋아하지 않아, 나는 움직일 수 없어"라고 말하기 시작했군요?

제 인: 네

지도자: 그리고 움직일 수 있었나요?

제 인: 아 네, 그렇지만 마치 젤리처럼, 이상한 느낌이 들었어요.

지도자: 아, 그렇다면 당신의 생각들은 움직일 수 없다고 말하고 있었지만, 움직이고자 노력하자, 움직일 수 있다는 것을 발견했군요?

제 인: 네, 그런 것 같아요.

지도자: 그러나 이러한 편안한 느낌은 약간 특이하고, 약간 이상하네요. 당신의 사고하는 마음은 이런 느낌을 비판하기 시작했고... 따라서 우리의 경험에 관한 생각들이 우리의 실제 경험과 어떻게 매우 다를 수 있는지 주목하는 것은 우리 모두에게 흥미로운 것입니다.

지도자가 보편적으로 학습 초점들과 관련된 더 넓은 그룹 주제들을 부각시키기 위해, 한 참여자와의 질의 한 가운데에서 어떻게 잠시 멈추는지에 주목해보자.

지도자: *(제인을 향하며)* 그리고 당신의 생각들이 "나는 움직일 수 없어"라고 말할 때 정서적으로 당신은 어떤 느낌이 들었나요?

제 인: 패닉이요, 일종의 두려움이었어요.

지도자: 그리고 당신은 신체에서 어떤 느낌을 받았나요?

제 인: 일종의 뜨거움이 나를 관통하는 것 같았어요. *(신체의 몸통 주위에서 손으로 몸짓을 보이며)*

지도자: 그리고 또 어떤 것이 있었나요?

제 인: 심장이 방방 뛰었죠. *(가슴을 손으로 가볍게 두드리는 몸짓)*

지도자: 이것은 정말로 좋은 주목이네요... 당신은 이번 주에 우리가 주의를 기울일 때 우리의 경험이 어떻게 변하는지 주목했습니다. 비록 너무 편안한 정서의 "새로움"이 통제할수 없는 느낌, 신체의 강한 감각 및 정서들에 대한 생각들을 촉발시켰지만, 당신은 평상시에 놓쳤던 것들을 주목하는 즐거운 경험도 가졌네요.

경험은 제인에게 너무 혐오스러운 것이었기 때문에, 그녀는 이후 그 주 동안 집에서 바디 스캔을 수행하지 못했다. 그룹의 다른 사람들처럼, 그녀는 위협적으로 인식되는 내적 경험에 대해 높은 경계심을 가지고 있었다. 많은 사람들에게 있어 편안하다는 느낌은 즐거운 것이지만, 제인에게 있어 이것은 통제력을 상실하는 느낌과 연관되었다. 상실과 정서적 인정이 결핍되었던 어린 시절로 인해, 그녀는 표현을 억제함으로써 정서 및 사고의 강도와 거리를 둘 수 있다는 것을 이른 나이에 배웠다. 그녀의 "보호 장치"는 편안해지는 것을 통해 느슨해질 때, 압도될지 모른다는 느낌이 강렬해진다. 통제 상태에 머무르기 위한 그녀의 주요 전략은 신체적으로 긴장 상태를 유지하고, 활동에 몰두함으로써 마음을 산만하게 만드는 것이었다. 이러한 전략들이 방해를 받자, 두려움의 연관된 정서들에 따라 갇혀 있다는 느낌이 나타난 것이다.

결국, 마음챙김 수행은 우리가 생각, 감각, 정서들을 통제할 수 없지만, 우리가 이러한 것들과 어떻게 관계를 맺는지에 따라 다음에 일어나는 일에 영향을 끼칠 수 있다는 것을 가르친다. 지도자는 제인이 언제 앞으로 나아가서, 새롭지만 어려운 가능성들을 시험해 볼 것인지, 언제 익숙한 영역으로 다시 돌아올 것인지 선택할 수 있도록, 수행 참여 조절 방식을 그녀와 함께 탐구했다. 주의 분산은 우리가 11장에서 논의한 바와 같이, 선택들을 없애는 것이 아니라, 전략들의 레퍼토리를 확장하는 것에 관한 유효한 전략이라는 것을 인정하는 것이 중요하다.

마음챙김 활동은 선택들을 없애는 것이 아니라, 전략들의 레퍼토리를 확대하는 것이다.

제인과의 이러한 대화 이후, 지도자와 나머지 그룹(또한 유사한 경험을 한)은 실용적인 측면들에서, 수행의 어려움으로 향하는 것과 동시에 익숙한 전략들로 돌아오는 유효한 선택 가능성을 열어두는 것 사이에서 어떻게 유용한 균형을 찾을 수 있는지 탐구했다. 때때로 수영을 배우는 것에 대한 비유가 사용된다. 전에 물에 들어가 본 적이 없다면, 처음에는 물가에 앉아 발로 물을 차는 연습을 할 것이다. 잠시 후에는 물에 들어가서 전신으로 물을 느껴볼 수 있다. 그리고 서서히 수영하는 기술을 쌓아갈 것이다. 단, 항상 다시 물가로 돌아와 밖으로 나갈 수 있다는 것을 알고 있다. 여기에서 쟁점은 수행을 하기 전이나, 하는 동안 "나는 이것을 할 수 없어"와 같은 생각이 떠오를 때 무엇을 해야 할지에 대한 특정 사례에 고정되었다(제인은 불안한 이완을 경험했기 때문에, 이를 자신의 우세한 생각으로 확인했다). 이것은 회기의 주제, 즉, 우리 마음의 소리가 일상생활에 대한 우리의 반응들을 어떻게 통제하며, 우리가 깨닫지도 못하는 사이에, 생각들이 어떻게 우리가 조치를 취하도록 몰고 가는지 혹은 달리 취할 수 있는 조치를 막는 지에 대한 것이었다. 참여자들은 첫 번째 단계로 생각을 생각으로서 주목하고, 뒤이어 신체의 감각들에 귀를 기울이도록 권유 받는다. 또한 경험에 대한 비판에서 주의 깊고, 호기심 어린 태도로 변화하는 것에 대한 권유도 존재한다.

이러한 질의 동안 다수의 학습 과정들이 작용했다. 제인과 그룹은:

- 경험의 구체성을 추적하고, 질의하는 과정으로 훈련을 받게 된다.
- 학습은 이러한 직접적 경험에서 바로 나온다는 것을 알게 된다.
- 경험을 그 자체로 인정하고, 이렇게 함으로써 올바른/잘못된 생각에서 벗어나, 탐구로 들어간다.

지도자들이 이들의 기술을 발전시킴에 따라, 이들은 자연스럽게 교육 과정 내에서 강조 및 탐색에 중요한 분야들에 대한 "식별 능력"을 발전시키게 된다. 특정 주제들은 과정의 여러 단계들에서 우세하게 나타난다. 각 수업의 준비에서, 이러한 것들을 마음에 떠올리고, 이후 실제 교육에서 직접적인 참여자들의 경험을 우선시하며, 자연스럽게 나타나는 주제들과 연결시키는 것이 중요하다.

일상생활에서 경험들을 더 의도적으로 주목하는 것에 대한 제인의 실험들은 그녀에게 마음챙김에 대한 고무적인 일말의 가능성을 제공했다. 그녀는 새로운 방식으로 편안해지는 작은 순간들을 즐기고 있었다. 그러나 그녀에게 공식 수행들은 더 강한 도전으로 다가왔다. 이는 공식 수행들이 그녀가 회피하고 싶은 경험으로부터 스스로를 보호하는데 사용했던 회피 및 도피에 대한 욕구와 직접 접촉하도록 만들었기 때문이다. 회기가 끝날 무렵, 지도자는 그녀를 개별적으로 확인했으며, 그녀에게 그 주 동안 다시 접촉해보도록 격려했다.

제인은 학습 과정으로 인해 어려움을 느꼈지만, 동시에 탐구에 대한 호기심과 기꺼이 머무르려는 의지를 가지고 있었다. 그녀는 비록 재발성 우울장애와 자살 충동으로 수년간 고통을 겪었지만, 취약함의 특성에 대해 체계적으로 분석해본 적이 없었다. 그녀 자신의 과정에서 나타난 쟁점들과 전체 그룹에서 나타난 쟁점들에 대해 그녀는 생생한 공감을 느꼈다.

3 회기: 흩어져 있는 마음 모으기

제인은 자신이 마음챙김 움직임 수행에 더 쉽게 몰두할 수 있다는 것을 발견했다. 여전히 어려웠지만, 바디 스캔은 그녀에게 생생한 감각 경험의 구체성에 주의를 기울이는 주제를 소개했다.

그리고 그녀는 움직임에 따라 이러한 학습을 신체에서 느끼는 감각으로 전환할 수 있게 되었다. 나중에, 이것은 그녀가 불안을 느낄 때, 그리고 가만히 앉아서 수행을 하기 어려울 때 마음챙김으로 들어가는 중요한 관문이 되었다.

그녀는 자신의 경험이 다른 참여자들, 특히 첫 번째 3회기(마음챙김 움직임) 이후 자신의 경험을 공유한 페니의 경험과 공명된다는 것을 발견했다.

페　니: 나는 바디 스캔에서 했던 것보다 스트레칭에 더 쉽게 집중할 수 있다는 것을 발견했어요.

지도자: 어떤 것에 주목했나요? 어떤 것이 당신의 주의를 사로잡았나요?

지도자는 페니가 경험에 대한 설명을 구체적인 "주목"에 고정하도록 지원하고 있었다.

페　니: 나는 이곳을 완전히 느꼈어요. 내가 움직이고 있었기 때문에 나의 마음은 다른 곳을 방황하지 않았어요. 나는 어떤 것이 느껴지는지 집중했지만, 바디 스캔의 경우에는 다소 마음이 떠나갈 수 있어요.

지도자: 그렇다면 움직이는 것에 주목했군요. 움직이는 감각에 어떤 차이가 만들어진 것일까요? 알려줄 수 있나요?

다시 지도자는 페니를 구체적인 유형의 감각으로 데려간다.

페 니: 나는 감각을 더 가깝게 만들어주었고, 따라서 나는 오늘 이러한 감각들을 더 잘 인식하게 되었다고 생각해요. 이전에 나는 정말로 각 발가락이나 모든 것에 대해 생각해야 했어요. 그리고 오늘 그렇게 할 필요가 없었죠.

지도자: 아, 움직임의 감각은 당신의 마음에 더 명확한 초점을 제공했군요.

지도자는 페니에게 경험에 대한 기억을 "전개하도록" 지지하면서, 페니 및 그녀의 경험과 연결을 유지하고 있다.

페 니: 네, 나는 편안함을 느꼈지만, 매우 유연하지는 않았어요. 나는 무릎이 아파서, 모든 움직임을 할 수는 없다는 것을 알게 되었어요.

페니가 탐구의 꽤 중립적인 부분으로 시작했으며, 이제 다른 측면으로 옮겨가고 있는 것에 주목하자. 안전함에 대한 느낌은 질의 내에서 연결을 통해 구축되며, 과정은 참여자들을 경험의 구체성과 다시 연결시킨다. 이후 질의는 수행의 신체적 한계를 다루는 과정과 이러한 것들을 어떻게 신체가 할 수 있는, 혹은 해야 하는 것에 대한 생각들과 접목시키는지, 그리고 이러한 노력들에서 발생하는 정서들을 탐구하는 것으로 이어졌다.

그 주의 수행 동안 제인의 경험으로 다시 돌아가서, 그녀는 자신이 경험의 어려운 측면들(특히 차이 기반의 "상황은 달라져야 한다는" 생각들)에 주목할 수 있고, 짧게나마 이러한 측면들에 주의를 기울일 수 있으며, 이후 신체 감각들에 주의를 다시 기울이는 순간들이 존재한다는 것을 발견했다. 가정 내 수행을 검토하는 동안 그녀는 자신이 경험한 몇 가지 문제들과 의구심을 공유했다. 자각의 높은 수준은 일부 즐거움을 가져오고 있었다. 그녀는 이전에 자신의 삶을 느끼기 위한 시간을 결코 가져본 적이 없었지만, 그 주 동안 그녀는 자신의 온실(광활한 전원이 뒤로 펼쳐져 있는)에 앉아 경치를 감상하며 즐겼다. 유사하게, 그녀의 손녀딸은 그녀에게 굉장히 소중했으며, 특별한 일 없이도 손녀딸과 함께 시간을 보내는 것의 새로운 즐거움을 발견하고 있었다. 그러나 이와 함께, 그녀는 별다른 이유 없이 눈물이 나는 것을 느꼈으며, 불안의 강한 파도를 경험했다. 그녀는 이것이 다시 한 번 그녀에게 통제력이 상실되는 느낌과 이러한 경험들이 고조될 수 있으며, 자신의 기분이 저하될 수 있다는 두려움을 안겨주었기 때문에, 불안해졌다. 그녀는 그 주에 자신의 우려와 두려움에 대해 이야기하기 위해 지도자에게 연락했다. 지도자는 그녀의 경험을 탐구하고, 인식하며 시간을 보냈다. 제인의 경우, 불쾌한 생각들과 정서들을 불러일으킨 위협에 대한 느낌이 굉장히 강했다. 이는 이러한 것들이 자신의 가장 절망적인 시기들과 강하게 연관되었기 때문이다. 지도자와 함께, 그녀는 자신에게 무엇이 가능한지 한계까지 가보는 주제를 추가적으로 분석했으며, 이는 차후에 회기에서 신체의 물리적 한계들을 다루는 것과 관련하여 이루어진 논의에서 도움이 되었다. 지도자는 제인과 함께 그녀가 명상 수행에 어떻게 머무를 수 있는지 탐구했지만, 다양한 방식으로 사고하는 마음의 노출 강도를 조절했다.

> 갇혀 있게 되는 것에 대한 두려움이 강한 경우, 참여자들이 명상 수행에 몰두하는 방식에 관한 선택들을 하는 것에 관한 한, 자신들이 "운전석"에 앉아 있다는 것을 알도록 하는 것이 특히 중요하다.

참여자의 특정 한계에 반응하는 방식으로 수행을 조절하는 법에 관한 상세한 대화는 간혹 그룹 상황이 아닌 외부에서 갖는 것이 더 쉬울 수 있다. 참여자들에게 수행의 수련을 유지하도록 장려하는 것과 유연하게 대처하도록 지원하는 것 사이에 미묘한 균형이 존재한다. 특히 수업 이후 대화에서, 제인이 현재 자신에게 보이는 것에 대한 "감각의 문"이 자리 잡았다는 것을 발견한 것으로 나타났으며, 따라서 수행 동안 눈을 뜨고 수련을 해도 완벽히 괜찮다는 것을 아는 것이 유용하다는 것을 발견했다. 또한 그녀는 더 짧은 정좌 명상 수행들과 마음챙김 움직임 수행들을 더 접근 가능한 것으로 느낀다는 것이 명확해졌고, 따라서 그녀는 이러한 짧은 수행들을 우선시하기로 결심했다. 마지막으로, 그녀는 자신이 움직임에 따라 신체에 주의를 기울이는 경험이 가능하다는 것을 발견했으며, 따라서 그녀는 이러한 활동을 위해 걷기에 더 많은 시간을 허용하기로 결심했다. 이와 함께 그녀는 특히 어렵다고 느꼈지만, 물러서서 접근 가능하다고 느껴지는 순간에 수행으로 전환함으로써 스스로를 돌볼 수 있다는 알게 된, 더 긴 공식 "신체 정지" 수행들을 지속하기로 계획했다. 수업 중에 지도자와 제인은 인도되는 수행 도중 그룹에서 나와, 창 옆에 의자를 두고 앉는 것을 선택할 수 있도록 처리했다. 따라서 제인에게 있어, 수행에 어떻게 참여할지에 대해 선택을 하게 될 때, 자신이 "운전석"에 있다는 것을 아는 것이 특히 중요했다.

4 회기: 회피하는 것 인식하기

반응과 회피를 다루는 주제는 이 회기에서 탐구의 중심에 있었다. 40분간의 정좌 명상이 처음으로 회기 시작에 도입되었다. 이번 수행은 바깥의 건설 현장 기계 소음을 포함했으며, 이어서 지도자는 질의를 열었다.

> "자, 이번 수행을 돌아보는 시간을 가집시다. 이번 대화 시간으로 옮겨가면서 여러분은 자신의 직접적인 경험에 매우 가까운 상태를 유지하십시오. 따라서 이것은 자신의 경험을 돌아보고, 순간마다 자신이 어떠했는지에 주목하는 기술을 발전시키는 또 다른 명상 수행과 같을 것입니다. 여러분이 이야기를 하든, 이야기를 경청하든, 단지 여러분에게 상황이 어떻게 전개되는지 열린 마음을 유지하십시오. 자, 이번 수행은 어땠나요? 어떤 것에 주목했나요?"

지도자가 그룹에게 어떻게 마음챙김 기술을 삶의 다른 측면들, 즉, 대화하고, 공유하는 과정에 적용해보도록 권장하는지 주목하자. 참여자들은 다양한 방식으로 일상생활의 구조에 마음챙김을 가져오는 실험을 해보도록 권유 받으며, 이것은 수업 내내 친절하게 주의를 기울이는 것을 지속하도록 권장하는 것에 의해 체화된다. 제인은 잠시 놔두고, 또 다른 참여자인 수지가 밖에서 공사 인부들이 내는 소리와 싸웠던 경험을 어떻게 공유하는지 살펴보자.

수 지: 나는 바깥에서 들리는 소음 때문에 완전히 긴장했어요. 매번 이런 순간이 찾아올 때마다, 나는 이렇게 말하죠. "오, 제발"

지도자: 그렇군요.

수 지: 그리고 소음은 멈출 것이고, 나는 거의 잠이 드는 순간에 빠져들겠지만, 소음은 다시 들릴 것이고, 나는 다시 "오, 제발"이라고 생각할 것이며, 편안해질 수 없게 될 것입니다.

지도자: 그렇다면 소리가 들렸을 때, 이러한 즉각적인 생각, 즉 이 소리를 정말 원하지 않는다는 의식이 존재했나요?

수 지: 네, 그랬어요.

지도자: 그리고 몸에서 이러한 것이 어떻게 나타나는지 주목했나요?

지도자는 참여자–관찰자 입장에서, 경험의 다른 요인들과 이러한 요인들이 어떻게 상호 작용하는지(즉, 자발적으로 경험의 내부에 존재하고, 무엇인지 보게 될 수 있는) 보는, 경험의 상위 자각을 권유하고 있다.

수　지: 네, 나는 마치 나비처럼, 조마조마한 긴장의 느낌을 받았습니다. 그리고 "이 소리는 정말 나를 화나게 하는 군"이라고 생각하며, 집중해야 했지만, '소음으로 인해 집중할 수 없기 때문에' 점점 더 긴장하게 되었죠... 그리고 소음은 멈출 것이고, 이어서 다시 시작될 것이며, 나는 다시 긴장하기 시작할 것이고, 나비들이 다시 찾아오겠죠.

수지가 자신의 신체에서의 일부 경험에 대해 설명하며 시작했지만, 생각들에 대해 설명하는 익숙한 영역으로 되돌아가고 있는 것에 주목하자. 지도자는 그녀에게 구체적인 감각들에 주목하는 것을 기반으로 삼도록 장려한다.

지도자: 그렇다면 나비들은 어디에 있었나요?

수　지: 여기에 있었던 것 같아요. *(복부 부위를 가리킨다)*

지도자: 여기군요*(몸짓을 따라하며)*. 그렇다면 느낌에 대해 얘기해줄 수 있나요?

수　지: 마치 여기에서 어떤 것이 움직이고 있는 것처럼 느껴졌어요. 좀 징그럽게 들리네요. *(웃음소리)*

지도자: 움직인다...

수　지: 네, 거품이 뽀글뽀글 올라오는 것 같은 느낌이었어요.

지도자: 네, 그리고 소리가 사라지면, 여기에는 무슨 일이 일어나나요. *(배에 손을 놓는다)*

수　지: 사라질 거예요. 그러나 나는 소리가 다시 찾아오길 기다리는 나 자신을 발견하겠죠.

지도자: 좋아요. 그리고 기다리는 동안 무슨 일이 일어나나요. "이것이 언제 다시 시작될까?"와 같은 생각인가요, 아니면 신체의 느낌에 더 가깝나요?

수　지: 당연히 생각이죠. "다시 시작될 것이고, 나는 편안해지기 위해 노력하게 될 거야"

지도자: 그러면 당신은 신체보다 생각을 더 많이 인식하는군요?

수　지: 아, 네.

지도자: 그리고 당신이 말한 것에 무언가 흥미로운 것이 있네요, 수지. 소리가 시작되면,

소리에 관한 생각이 찾아오고, 그러면 이것이 존재하고*(배에 손을 올린다)*, 이어서 "나는 편안해지기 위해 노력할 거야"와 같은 다른 생각들이 존재하죠. 이러한 추가 생각들은 어떤 효과를 끼치나요?

수 지: 이러한 생각들은 나를 더 긴장하게 만들어요. 나는 너무 노력하는 나머지 편안해질 수 없죠. 대신 나의 경험에 주목하면서, 나는 바깥에서 일어나는 일에 더 많이 집중하고 있는 나 자신을 발견해요.

지도자: 아, 당신은 매우 흥미로운 말을 했어요. "나는 너무 열심히 노력해서 편안해질 수 없게 된다." 이처럼 생겨나는 추가 생각들이 우리에게 어떻게 영향을 끼치는지 보는 것은 놀랍지 않나요? *(그룹을 돌아본 후, 다시 수지에게 향한다)*

수 지: 정말 그래요. 나는 편안해지기 위해 노력하고, 수행에 경청하기보다 생각들에 경청하고, 결국 이러한 생각들은 내가 쉬는 것을 방해하죠. *(웃음소리)*

"교육 초점"으로 바로 이동하기보다, 지도자는 수지가 이러한 생각들과 자신이 이들에 주의를 기울이는 방식이 어떻게 자신에게 영향을 끼치는지 인식하며, 자신만의 발견을 하도록 자리를 제공하는 것에 주목하자. 그리고 지도자는 전체 그룹을 위한 학습으로 다시 구성한다.

지도자: 네, 그리고 당신의 주의는 이러한 생각들에 더 기울어져 있고, 이에 따라 신체에서의 느낌과는 잘 접촉하지 않았네요. *(그룹을 향하며)* 이것이 바로 우리가 목표를 가지고 있을 때 일어나는 것입니다. 우리는 여기에 앉아서, *(명상 중에 앉아 있는 모습을 보이며)* 명상을 시작하고, "나는 편안해질 거야"라는 계획이 존재하며, 이어서 바깥에서 소음이 시작되죠. 그리고 편안해지려는 우리의 목표를 방해하게 됩니다. 따라서 나는 여기에 있지만 *(그녀가 앉아 있는 자리를 가리키며)*, 나는 저기에 있어야 한다는 *(방의 바깥쪽을 가리킨다)* 느낌이 존재합니다. 그리고 이것은 방해를 하죠. 이것이 여기에서 당신이 경험한 것과 연결되나요? *(다시 수지를 향하며)*

수 지: 네, 정말 그래요. 나는 나의 생각들이 어떻게 지배하는지 볼 수 있어요. *(웃음-그룹의 웃음)*

지도자: 수행에서 특정 방식으로 상황이 나타나기를 바라는 이러한 패턴을 발견한 사람이 더 있나요?

이후 질의는 다른 참여자들이 어려웠던 광범위한 경험들을 공유하는 것으로 이어졌다. 제인은 "나는 이것을 할 수 없어"와 "나는 이것을 할 수 있어야만 해"와 같은 생각들과 싸우는 자신의 경험을 공유했다. 이것은 그녀가 처음에 바깥에서 겪는 원치 않는 경험(예, 소리, 직장에서 화가 나는 일), 혹은 생각(예, "나는 이것을 할 수 없어")으로 내적 반응의 동일한 패턴이 나타나는 것을 보는데 굉장히 도움이 되었다. 이것을 통해, 그녀는 삶을 거치며 그녀가 싸우는 익숙한 반응 패턴들과 스스로에 대한 분노에 관심을 가지고, 그리고 아마도 약간의 자비심을 가지고 실제로 주목하기 시작했다.

5 회기: 허용하기와 내버려두기

경험과 "다투는" 주제는 5회기에서 뚜렷하게 나타났다. 제인과 지도자는 첫 번째 정좌 명상(어려운 경험을 향해 주의를 돌리고, 이러한 경험을 둘러싼 생각, 감각, 정서들을 탐구하는 것에 대한 권유가 존재하는) 이후, 다음과 같은 대화를 나누었다.:

제　인: 나는 정말로 고군분투했어요. 나는 스스로를 꽉 붙들고 있었죠. 결국 손에 감각이 없어져버렸죠.

지도자: 아, 그렇다면 정말로 힘들었겠군요. 좀 더 얘기해보겠어요?

제　인: 나의 마음은 지속적으로 방황했어요. 나는 오늘 좋은 상태가 아니에요. 마음이 계속해서 떠나고 있어요. 호흡에 집중하라고 말했을 때, 나의 마음은 온 사방에 있었어요. 그리고 편안히 쉬라고 말했을 때, 나의 마음은 끔직한 것들을 생각하고 있었죠.

제인이 호흡으로 돌아오라는 지도를 "집중하라는" 지시로 해석했으며, 자신이 편안해져야 한다는 생각을 가진 것에 주목하자. 이러한 것들은 지도의 부분이 아니었다. 이것은 상황이 어떠해야 하며, 무엇이 달성되어야 하는지 목표를 만들어내는 습관적 경향을 보여준다.

지도자: 그렇다면 이번 수행에서 당신은 많은 어려운 생각들을 경험했나요?

제　인: 네, 내가 지금 이것을 할 수 없다는 것에 관한 정말 끔찍한 생각들과 생각하고 싶지 않은 과거의 기억들이 표면화되었죠.

지도자: 아, 그러면 이번 수행에서 바로 지금 이것을 어떻게 다루었나요?

제인은 말을 하는 동안 취약한 상태였다. 불안정함과 분노가 목소리 뒤에 존재했다. 지도자는 그녀의 의자 앞으로 움직인 후, 잠시 멈춤과 고요함을 통해 공간을 제공했고, 탐구의 전개를 지원하며 머물렀다.

제 인: *(몸짓 – 주먹을 꽉 쥐고, 얼굴에 긴장이 가득하다)*

지도자: 그리고 이것과 함께 나타나는 정서들이 있었나요? *(제인의 몸짓을 따라하며)*

제 인: 나는 단지 내 마음이 얼마나 많은 고통을 초래하는지, 내가 얼마나 이를 없애고 싶어 하는지에 대해 분노를 느껴요. 나는 이렇게 하고 싶지만, 할 수 없어서 정말로 화가 나죠. 나는 내 마음이 생각하는 것을 멈출 수 없어요.

지도자: 네, 네. 당신이 이를 원한다는 것이 정말 이해가 가요. 나는 여기에 있는 우리 각자가 당신이 말하는 것과 관련될 것이라고 생각해요.

지도자는 잠시 멈추고, 수업을 둘러본다. 다시 그룹은 인간이 평화로운 마음에 대한 갈망과 이것을 의지력으로 가져올 수 없을 때 느끼는 좌절감의 보편성을 강조하는데 있어 중요하다.

제 인: 나는 삶에서 좋은 시간을 가지고 싶지만, 내 안에 천사와 악마가 존재하는 것 같아요. 이들은 항상 다투고, 나는 이들에게 “닥쳐, 나중에 얘기해”라고 말하죠.

지도자: 그렇다면 이것은 제인 대 마음의 싸움이군요.

제 인: 네, 나는 현재 순간으로 돌아오고, 당신의 얘기를 듣기 위해 나의 마음과 싸우고 있죠. 나는 스스로에게 “단지 말하는 것에 집중해”라고 말하고, 이어서 나는 생각하죠. “아, 이 부분을 놓쳐버렸어”, 그리고 나는 수행하지 못한 것을 놓아버리지 못하죠.

지도자: 따라서 당신의 생각들은 스스로에게 비판적이 되라고 명령하고, 당신은 이들을 무시하고, 내쫓고, 수행을 “하기” 위해 노력하고 있군요. 따라서 많은 좌절과 분노가 존재하고 있고, 당신은 몸에서 실제로 긴장감을 느끼고 있어요.

제 인: 네, 힘든 시간이에요.

지도자: 그리고 당신이 이러한 것을 원하지 않는다는 것을 이해할 수 있어요.

제 인: 네, 원하지 않아요!

지도자: 이번 수행에서 계속 진행하면서 당신에게 벌어진 싸움은 어땠나요?

제　인: 단지 점점 더 강해졌어요.

지도자: 그러면 당신은 이러한 싸움에 갇혀버린 것이군요?

제　인: 네, 그리고 나는 나가기로 했어요. 그래서 여기에 앉아 계속해서 일에 대해 생각하며 마음을 바쁘게 만들고 있죠.

지도자: 아, 이것은 주목하기에 정말 흥미로운 것이네요. 나는 마음과 싸움을 벌이는 것과 주의를 돌리는 것에 의해 이 싸움에서 나가고자 하는 것 사이에 이러한 움직임이 익숙한 것인지 궁금하네요.

제　인: 네, 바로 내가 하는 일이죠. *(웃음소리)*

지도자: 다른 사람들에게도 이것이 익숙한가요? *(그룹을 둘러본다)* 이것은 싸움에 갇힌 후, 벗어나고자 노력하는 것이죠. *(그룹에서 들리는 속삭임과 미소 – 인정의 의미이다)*

지도자는 싸움을 제인의 삶의 많은 영역에서 그녀에게 작용하는 전략으로 확인했다. 그녀는 일종의 "척척 진행해야 하는" 사람이다. 이것은 그녀가 실제 과제들을 달성하도록 돕는다. 문제는 그녀가 이러한 동일한 전략을 사용하여, 자신의 원치 않는 생각과 정서들을 해결하고자 할 때 나타난다. 탐구는 마음의 탈출 양식에 의존하여, 효과가 없을 때 "갇혀 있는 싸움"을 초래하지 않고, 경험에 머무르도록 허용하는 방식으로, 고통스러운 생각 및 이미지들(자살을 포함하여)과 어떻게 관계 맺기가 가능한지에 초점을 맞춘다(2장 참고). 큰 고통, 급박함, 그리고 이러한 정신적 고통이 나타날 때 수반되는 통제력 상실과 압도되는 느낌을 인정하는 것이 매우 중요하다.

지도자는 이후 수행이 우리에게 실험해보도록 권유하는 가능성, 즉, 생각에 몰두하지 않고(싸움이나 반추에 의해), 생각들에서 도망치고자 하지 않으며(주의 돌리기나 억제에 의해), 대신 이들을 단순히 마음속에서 발생하고, 사라지는 생각들로 바라보고, 반복해서 신체의 감각들에 주의를 기울이는 가능성을 그룹에 상기시켰다. 그리고 그녀는 이것이 어떻게 실제로 수행될 수 있는지 탐구하기 위해 다시 제인에게로 향했다. 강조하려는 의도는 서서히 작용 가능하도록, 고통스러운 경험과 "함께 관대하게 존재하는" 방식을 탐구하는 것이다.

지도자: 따라서 이번 수행에서, 당신이 이러한 생각들과의 싸움에 갇히고, 분노를 느꼈을 때, 당신의 몸에서 어떤 느낌이 들었는지 얘기해 줄 수 있나요?

제　인: 이와 같아요. *(주먹을 꽉 쥔다)*

지도자: 그리고 이것은 어떤 느낌인가요? *(주먹을 따라하며)*

제　인: 나는 손톱이 내 손바닥을 파고들고, 여기가*(팔을 가리키며)* 조이는 것을 느낄 수 있었고, 내 얼굴이 경직되었죠.

지도자: 아, 그렇다면 이것은 어떤 느낌인가요? *(얼굴 주위를 몸짓으로 가리키며)*

제　인: 딱딱하고...*(주목하기 위해 약간 멈추며)* 약간 떨림도 있어요.

지도자: 딱딱하고, 떨린다... 또 다른 것이 있나요?

제　인: 턱이 아파요. 전에는 알지 못했던 것이죠.

지도자: 네, 보통 귀 기울이지 않았던 많은 느낌들이 신체에 존재한다는 것을 주목하는 것은 흥미로운 일이죠. 그렇다면 손, 팔, 얼굴, 신체의 다른 부분들에 느낌이 있나요? *(몸 주위를 가리키는 몸짓을 하며)*

제　인: 음...*(잠시 멈추며)* 나는 마치 의자에서 나 자신을 밀어 올리려는 것처럼, 지금 스스로를 어떻게 붙들고 있는지 느낄 수 있어요.

지도자: 아, 그렇군요. *(그룹을 향하며)* 그렇다면 우리는 모두 여기 의자에서 몸의 느낌에 주목할 수 있을 것입니다. 잡고 있는 것, 조임, 혹은 아마도 부드러움이 존재할 것입니다... *(이러한 미니 수행을 위한 공간을 제공하기 위해 잠시 멈춘 후, 다시 제인에게로 향한다)* 의자에 앉아 있는 당신 몸의 느낌과 함께 머무르면서 어떤 것이 주목되나요?

제　인: 나는 조임이 내 발 바로 아래로 내려가는 것을 알 수 있어요... *(웃음소리)*

지도자: 그렇다면 이것은 정말로 좋은 주목이네요. 따라서 이것이 바로 수행이 우리에게 권유하는 것이죠. 즉, 생각들에 주목하지만, 있는 그대로 놔두고, 몸에 존재하는 느낌들로 들어가는 것이죠.

제　인: 네.

지도자: 생각들에 사로잡히는 것과 이후 다시 돌아오는 것 사이에 이러한 움직임이 존재할 거예요. 단지 잠시 동안의 호흡을 느끼고, 다시 사로잡히더라도, 항상 다시 돌아올 수 있는 이러한 가능성이 존재하죠. 그리고 실제로 이것은 싸움이 아닙니다. 그냥 단순하게 받아들이는 것이죠. 쉽다는 의미에서는 단순하지 않지만, 다시 돌아오는 것이 싸움일 필요가 없다는 점에서는 단순한 것입니다.

지도자는 이러한 탐구를 회기 초기에 정좌 명상에서 소개된 주제와 연결시켰다. 지금까지 권유는 지속적으로 발생하는 경험의 다른 측면들에 주목하는 것이었지만, 이제 마음을 다시 감각에 대한 구체적 초점으로 불러오는 것이다. 이제 의도적으로 중심 단계에 어려움을 허용하고, 이를 탐구할 시간을 제공하는 것에 대한 추가 가능성이 제시된다. 지도자는 이러한 "싸움"의 느낌이 생각과 정서들의 작용에 주목하고, 이어서 의도적으로 신체의 조임, 긴장, 고정의 느낌들을 향해 주의를 기울임으로써, 어떻게 어려움이 자체적으로 수행에서 다루어질 수 있는지에 대한 좋은 사례가 된다고 지적했다.

> 수행이 권유하는 가능성은 하나의 측면에서, 또 다른 측면으로, 수업에서 반복적으로 다시 돌아오는 것이 필요할 수 있다는 것이다. 이러한 가능성이 무엇인가? 한편으로 사고에 몰두하지 않고(싸움이나 반추에 의해), 다른 한편으로 이러한 사고들에서 벗어나려고(주의 돌리기나 억제에 의해) 하지 않는 것의 중도를 탐구하는 것이다. 대신 권유는 이러한 것들을 단순히 마음에서 발생하고, 사라지는 생각들로 바라보는 것이다. 이것이 어떻게 수행되는가? 이는 신체의 나머지 감각들에 반복적으로 주의를 기울임으로써 수행된다.

흥미롭게도, 회기 후반에 가정 내 수행을 검토 중, 제인은 원치 않는 경험을 없애고자 하는 것의 반대 측면에 대한 경험을 공유했다. 바로 원하는 경험을 추구하고자 한 것이다.

제　인: 일이 잘 풀려갈 때, 나는 이것을 즐기죠. 수행에서 편안함을 느끼는 순간들이 있었고, 이건 정말 좋은 느낌이었어요. 나는 다시 그 느낌을 느끼고 싶어요.

지도자: 역시 당신이 말한 것은 우리 모두와 관련될 수 있는 것 같네요. *(주위를 둘러보면, 이러한 패턴의 자연스러움을 인정하는 그룹에서의 끄덕거림)*... 따라서 우리 모두가 이런 즐거운 경험들이 찾아올 때 이 순간들을 즐기고, 휴식을 취하면 됩니다. 그러나 우리는 여기에서 즐거운 느낌들을 쫓지는 않습니다. 우리는 무슨 일이 일어나든, 괜찮으며, 다룰 수 있고, 순간마다 순간을 이행하며, 따라서 분노가 여기에 있다면, 분노가 여기에 존재하는 것이고... 편안함이 여기에 있다면, 편안함이 존재하는 것입니다.

이것은 보통 참여자들이 여전히 마음챙김 기술을 개발하는 초기 단계에 있지만, 이미 이러한 학습과 가장 어려운 경험들과의 관련성을 탐구하게 되는 어려운 단계이다. 이 회기의 후반에 그룹은 저조한 기분과 자살 충동 사고 및 정서들이 존재하는 매우 어려운 시기에 발생하는 사고, 감각, 정서들의 패턴들을 조사했다. 제인은 이러한 과정을 매우 어려워했지만, 동시에 이러한 어려운 시기들에 대해 그룹에서 나타나는 반응 패턴들의 유사성에 깊은 인상을 받았다.

지도자에게도, 이것은 어려운 과제이다. 우리 모두에게 내재되어 있는 취약성에 연결하지 않고는 이를 가르칠 수 없다. 우리는 종종 프로그램의 이러한 단계 도중 우리가 더 넓은 삶에서 더 민감하고, 취약하다는 것을 발견하게 된다. 따라서 우리가 우리 삶에서, 그리고 가르치는 방식에서 이러한 취약함을 기꺼이 열린 마음으로 다루는 한, 이것이 과정을 뒷받침하고, 우리가 가르치는 동안 용기와 확신의 수준을 강화시켜준다는 것을 발견했다. 지도자가 수업 내에서 문화를 형성하는 주요 책임을 가지고 있는 것은 명확하지만, 우리는 우리가 참여자들의 배움이 완벽한 지도자에게 달려 있는 것이 아니라, 취약함과 불완전함이 과정 내에서 어떻게 수용되는지에 달려 있다는 것에 대해 더 넓은 신뢰를 가질 때 가르침이 더 능숙해지고, 효과적이 된다는 것을 발견했다.

6 회기: 사실이 아닌 생각들

이 회기의 주제는 제인이 학습 과정에서 가장 고군분투했던 것의 중심에 놓여 있었다. 처음에 그녀는 명상 수행들이 실제로 생각의 크기를 증가시킨다고 생각했지만, 이제 사고의 지속적인 흐름이 항상 존재하며, 자신의 자각을 넘어, 이러한 사고가 더 넓은 경험에 영향을 끼친다는 것을 인식하게 되었다. 실제로, 그녀는 이제 생각들을 막기 위해 자신이 얼마나 많은 에너지를 습관적으로 쏟아 붓는지 볼 수 있었으며, 자신이 사용한 특정 전략들과 무엇이 이러한 것들을 이끌었는지 더 많이 인식하게 되었다. 그러나 이러한 경향들을 바라보고, 다루는 것은 고통스럽고, 어려운 일이었다. 그녀가 생각들이 마음에 들어가도록 허용하는 실험을 하게 됨에 따라, 그녀는 이러한 생각들의 강력한 정서적 영향을 강하게 인식하게 되었다. 몸통에서 경험한 감각들의 파도, 그리고 신체를 통해 전해오는 조임의 물결과 함께 현재에 머무르는 것은 어려운 일이었다. 그럼에도 불구하고, 이것은 그녀가 사고의 연쇄에 휩쓸릴 때마다 주의를 고정할 장소를 제공했으며, 서서히 점점 더 자연스러워졌다. 그녀는 자신의 주의를 신체 경험에 반복적으로 다시 향하게 함으로써 반응의 주기를 끊고, 이렇게 함으로써 부정적 주기들의 영속화를 멈추는 법을 배우게 되었다.

첫 번째 수행 이후 질의에서 제인과 지도자는 다음의 대화를 나누었다.:

제 인: 내가 자연스럽게 그냥 무시할 수 있는 생각들이 존재하지만, 다른 생각들은 그렇게 할 수 없으며, 우리는 이러한 생각들에 집착하죠. 그리고 이러한 집착은 며칠 동안 이어질 수 있어요.

지도자: 맞습니다. 그렇죠. 따라서 이것은 주목해야 하는 중요한 점입니다. 일부 생각들은 인정하고, 내버려두기에 더 쉽지만, 다른 생각들을 훨씬 더 그러기가 어렵죠. 그리고 우리는 이러한 생각들에 얽매이게 됩니다. 우리가 지난 몇 주에 걸쳐 탐구한 바에 따르면, 이러한 힘든 생각들은 우리가 정서적, 신체적으로 어떻게 느끼고, 무엇을 하는지에 강한 영향을 끼칩니다. 이번 수행에서 이러한 집착하게 만드는 생각들에 대해 무엇을 주목했나요?

지도자가 어떻게 제인의 "무시"를 "인정하고, 내버려 두는 것"으로 다시 재구성하는지 주목하자. 질의 과정은 참여자들이 경험과 관계를 맺는 더 관대하고, 더 자비로운 양식으로 변화하도록 지원하는 기회를 제공한다. 지도자는 일반적인 방식으로 반응하며, 이러한 주제를 강조하지만, 이러한 현상의 구체적 사례를 분석하는 것에 질의의 초점을 맞춘다.

제 인: 나는 오늘 팀원 한 명에게 힘든 이 메일을 보냈을 때, 내가 그녀에게 "답장"을 누르는 대신 "모두에게 답장"을 클릭했다면, 나는 이제 전체 팀원에게 무슨 말을 해야 할 것인가 하는 생각이 갑자기 들었어요.

지도자: 그리고 이러한 생각은 당신에게 어떤 영향을 끼쳤나요?

제 인: 이것은 많은 생각들을 시작하게 만들었죠. "나는 어떻게 이렇게 멍청할 수가 있을까", "모든 사람들이 나에 대해 어떻게 생각할까", "나는 어떻게 내가 초래한 손상을 원상태로 돌릴 것인가." 물론 나는 이게 사실인지조차 몰라요. 집에 가서 확인해봐야 하죠.

제인이 상상한 시나리오는 그녀를 자신이 실패했다고 인식했던 때 삽화의 정서적 기억들과 연결시켰으며, 이러한 과거 시기와 연관된 수치심 및 죄책감의 "생생한" 정서들이 다시 돌아왔다.

지도자: 네, 이러한 생각들이 강한 효과를 가지고 있다고 생각하는 순간에, 이들이 사실인지 여부에 주목하는 것이 흥미롭네요. 따라서 생각들의 홍수는 당신이 실수를

저질렀을 수도 있다는 이러한 생각을 촉발시켰습니다. 당신의 몸이 어떻게 느끼는지 주목했나요?

제 인: 글쎄요. 나는 주목하고자 했지만, 마음을 집중시킬 수가 없었어요. 나는 계속해서 생각으로 다시 돌아갔어요.

지도자: 그렇군요. 이것은 매우 자연스러운 거예요. 그렇다면 당신의 신체에 주의를 기울였을 때 무엇에 주목했나요?

지도자는 방황하는 마음의 자연스러움을 강조한다. 이것은 방황하는 것이 실수가 아니라는 것을 상기시킨다.

제 인: 아픈 느낌이 들고, 심장이 뛰었어요. 나는 조마조마했고, 가서 확인해보고 싶었어요.

지도자: 그렇다면 당신의 주의는 이러한 생각들 사이를 뛰어다니고 있었고, 당신은 신체의 감각들에 주목하면서, 움직이고 싶은 충동이 들었군요?

제 인: 네, 그랬던 것 같아요.

지도자: 신체를 느끼는 순간에 마음이 떠나가 버리기는 했지만, 어떤 차이가 생겼는지 느껴졌나요?

제 인: 과거에 나는 여기에 있지 못했을 거예요. 나는 나가버렸겠죠. 최소한 내가 아직도 여기에 앉아서 대화를 하고 있다는 것 자체가 달라졌다고 할 수 있죠. *(웃음소리)*

지도자: 아, 큰 차이이네요. 당신은 생각에 따라 즉시 행동할 필요가 없다는 것을 발견했군요!

제 인: 네, 그리고 나의 생각들은 평상시처럼 극단적이 되지 않았어요.

지도자: 더 얘기해보세요.

제 인: 이러한 생각은 보통 빠르게 정말 끔찍한 내용으로 이어질 수 있거든요.

지도자: 치명적이고, 비판저인 생각들 말이죠?

제 인: 네, 나 자신을 공격하는 생각들이죠. 아직도 존재하기는 하지만 예전같이 심하지 않고, 이제 나는 그러한 생각을 너무 심각하게 받아들이지 않아요.

지도자: *(전체 그룹을 향하며)* 우리가 신체에 주의를 기울일 때마다 우리가 사고하는 마음을 중단시켰다는 것에 주목하는 것이 정말 중요합니다. 사고하는 마음은 다시 시작될 수 있지만, 그 순간에 잠시 멈춤이 존재하죠... 그리고 또한 제인이 끔찍

한 생각들이 존재하지만 사실로 받아들이지 않는다는 것에 주목한 것과 같은 가능성이 존재합니다.

> 무엇을 생각할지 계획할 수 없으며, 또한 원치 않는 생각들을 멈출 수도 없지만, 신체의 감각들에 주의를 다시 향하게 함으로써, 그리고 이러한 순간에 스스로에게 관대한 친절함을 가져옴으로써, 이러한 생각들과 어떻게 관계를 맺는지에 영향을 끼칠 수 있다.

따라서 제인은 자신의 생각들을 키우지 않는 방식에서 이러한 생각들과 관계를 맺는 방법을 배우기 시작했다. 이것은 쉽지 않으며, 전체 교육에 자비심을 불어넣는 것은 과정의 중요한 부분이다. 위험한 생각들의 홍수가 쏟아지는 힘들고 고통스러운 시기를 거칠 수 있도록 하는 것은 스스로에 대한 친절함이다. 이러한 많은 것들이 지도자에 의해 수행의 체화를 통해, 그리고 수업에서 만들어지는 분위기를 통해 함축적으로 전달된다. 이러한 자비로운 분위기는 참여자들 마음의 내적 분위기와는 매우 다르며, 이것은 서서히 자라날 수 있는 가능성을 향한다. 무엇을 생각할지 계획할 수 없으며, 또한 원치 않는 생각들을 멈출 수도 없지만, 신체의 감각들에 주의를 다시 향하게 함으로써, 그리고 이러한 순간에 스스로에게 관대한 친절함을 가져옴으로써, 이러한 생각들과 어떻게 관계를 맺는지에 영향을 끼칠 수 있다.

7 회기: 어떻게 스스로를 잘 돌볼 수 있는가?

제인은 과정의 시작부터 자신이 일상생활에 마음챙김 기술들을 어떻게 가져올 수 있을지 탐구해왔다. 5회기에서 회피의 패턴을 탐구한 이후 지난 2주에 걸쳐, 그녀는 의도적으로 반응의 행동 패턴들에 주목해왔다. 그녀는 대체적으로 수년 동안 친구들과 연락을 끊고 지냈지만, 지난주 옛 학교 친구들이 한 잔하자는 모임 초대에 의식적으로 "좋아"라고 말하기로 선택했다. "나는 몇 년 동안 현실을 외면하고 있었어요, 나는 이제 달라지고 싶고, 새로운 것들을 시도해보고 싶어요." 그녀는 이러한 결정이 자신에게 어려운 정서, 사고, 감각들을 향하도록 어떻게 요구하는지 인식할 수 있었지만(그녀는 불안감을 느꼈고, 자신에 대해 친구들이 어떤 생각을 할지에 대해 생각했다), 이러한 것들을 이겨내기 위해 마음챙김 기술들을 이용할 수 있었다. 이번 회기에 일일 활동에 대한 더 명확한 분석과 마음챙김으로 선택들에 영향을 끼칠 수 있다는 가능성은 이 분야에서 가능성에 대한 그녀의 의식을 확장시켰다.

미래 우울장애 삽화에 대한 제인의 가장 큰 위험 요인은 과도한 일과 스스로에 대해 밀어붙이는 너무 많은 압박감으로 인해 극도로 피로해지고, 소진된다는 것이었다. 지속적으로 일을 하고, 성취를 이루도록 밀어붙이는 패턴의 주요 동력은 자신의 생각들을 멀리하고, 스스로에 대해 세운 높은 기준들을 맞추려는 시도, 그리고 이러한 패턴의 자동적인 습관적 특성이었다(2장과 완벽주의가 어떻게 일부 사람들을 실패로 해석될 수 있는 것에 대해 더 민감하게 만드는지에 대한 논의 참고). 마음챙김 수행은 그녀가 이러한 동력들을 이해하고, 인식할 수 있도록, 그리고 더 자주 자동적인 습관적 패턴에서 벗어나도록 도왔다. 그녀는 능숙한 조치를 지원하기 위해 이러한 인식들을 사용하는 방법을 배우는데 있어 초기 단계에 있었다. 그러나 의미 있는 것은 그녀는 이제 호기심을 갖고, 적극적으로 실험을 할 의지가 있으며, 활동과 관련된 자신의 선택들이 외적, 내적으로 상황에 어떻게 영향을 끼치는지 주목하는데 관심을 갖게 되었다는 점이다.

특히 그녀는 자신의 경험이 얼마나 다양한지에 깊은 인상을 받았다. "지난주에 하루는 정말 불안감을 느꼈고 다음 날에는 차분해지는 것을 느꼈어요. 또 다른 날에는 두통이 있었고, 피곤함을 느꼈죠." 과거에 그녀는 그녀가 무엇을 느끼든, 스스로에 대해 동일한 기준을 적용했다. 그녀의 기분은 피곤함에 대한 성급함이 화를 초래하는 순간들에 급격히 저하되었으며, 이는 반응 행동들을 초래하고, 비판적 생각들의 흐름 및 관련된 정서들을 초래했다. 그녀는 이제 자신의 "내부 날씨(기분)"을 고려하는 것의 중요성을 인식하게 되었다. 재발 방지 실행계획을 개발하는 활동 중에, 그녀는 이러한 것들에 자신의 반응들을 맞추도록 더 잘 준비하기 위해 이러한 변화들을 인식하는 법을 조율할 수 있었다.

8 회기: 새로운 학습의 유지와 확대

마지막 회기의 후반기에, 재발 방지 계획을 추가적으로 개발하는 시간이 주어졌다. 소규모 그룹에서의 활동 이후, 각 참여자는 "이러한 어려운 시기들에 특히 자신에게 중요하다고 느끼는" 한 가지를 공유하도록 권유 받았다. 응답들은 마음챙김 기술들이 내적 경험의 측면들에 대한 행동 선택 및 반응들에 영향을 끼친다는 것을 보여주었다. 즉, 참여자들이 생각, 감각, 정서들과 어떻게 관련을 맺는지 보여주었다. 다음은 그룹에서 나온 이러한 사례들이다.:

"나는 정말 피곤할 때 기분이 저하되는 경향이 있기 때문에, 충분히 수면을 취해야 한다... 그러나 또한 피곤할 때 나 자신에게 관대함을 가져야 한다."
"나는 스스로에게 밀어붙이는 압박을 줄여야 한다."
"내가 규칙적으로 먹는지 확인하는 것이 중요하다."
"나 자신에게 하루 중 잠깐 멈출 수 있는 자리를 더 많이 제공해야 한다."
"나는 스스로를 더 받아들이고자 노력하고 있다. 나는 스스로를 가장 잘 받아들일 수 있는 만큼 변화할 수는 없으며, 있는 그대로의 나라도 괜찮다."
"나는 기분이 저조할 때 얼마나 사람들과의 접촉을 멀리 하고자 하는지 주목하고, 접촉을 유지할 수 있는지 알아보고 싶다."
"특히 나의 정원에 있는 것처럼 내가 사랑하는 것들과 더 많은 시간을 보내는 것"
"나 자신을 돌보는 것이 이기적인 것이 아니라는 점을 스스로 상기시키는 것이 중요하다."

중요한 것과 얼마나 잘 접촉을 유지하는가에 대한 탐구는 제인에게 특히 중요했다. 그녀는 긴 정좌 명상에 몰두하기 위해 지속적으로 고군분투하고 있었지만, 자신에게 가능한 것으로 느껴졌던 광범위한 수행들을 실행했다. 지도자는 후속 회기까지 다음 4주에 걸쳐 지속 가능하다고 느껴지는 수행의 형태에 자리 잡도록 그룹에 권장했다. 제인은 배움이 새롭게 느껴졌고, 반응 패턴에서 물러나는 것이 강력한 효과를 갖는다는 것을 인식했기 때문에, 수업 과정이 끝나는 것에 대해 약간의 두려움을 가지고 있었다. 지도자는 이것이 단지 탐구의 시작일 뿐이라는 것을 강조했다. 열쇠는 정기적인 수양(이 단어는 라틴어 discipulus에서 유래된 것으로, 배우는 사람을 뜻하며, 스스로에게 엄격한 것을 의미하지 않는다)을 발전시키는 것이었다. 따라서 추가 수행은 "배우는 사람이 되는 것"에 관한 것이었으며, 학습과의 연결이 지속적으로 살아있도록, 일상생활에서 수행을 실행하는 것에 대해 탐구했다. 여기에서 중요한 것은 스스로가 이것을 만드는 것이며, 학습이 전개되는 것에 열린 마음을 가지는 것이다. 마지막 라운드에서 제인은 며칠 동인 저조한 기분을 느꼈던 지난주에 무슨 일이 일어났는지에 대한 관찰을 공유했다. 비록 제인에게는 크게 느껴지지 않았을 수 있지만, 이것은 그룹에게 깊은 인상을 주었다. 이는 저조한 기분이 압도하고자 위협할 때 자신을 돌보려는 그녀의 여정에서 중요한 진보를 보여주었다. 다음은 그녀가 남긴 말이다.: "나는 우울한 기분을 가졌지만, 우울한 기분은 나를 갖지 못한다."

제인은 두 번의 후속 회기들에 참석했다(프로그램이 끝난 후 1개월째와 6개월째). 그녀는 계속해서 적극적으로 마음챙김 기술과 자신의 경험 사이에 접점을 탐구하는데 몰두하고 있었다. 그녀는 기분이 저하될 때 약간 어려운 시간들을 보냈다. 그러나 의미 있는 것은 이러한 시기들을 억지로 끝내려고 하기보다, 마음을 진정시키고, 의도적으로 자신을 돌보았다는 점이다. 이것은 그녀에게 직관에 반대되는 것으로 느껴졌다. 더 취약하도록 스스로에게 허용하는 것이 자신을 덜 취약하게 만든다는 것이 이상하게 보였다.

이 장이 다루고 있는 질문은 "MBCT는 어떻게 변화를 가능하게 하는가?"이다. 프로그램을 통한 제인의 여정은 참여자들이 만드는 변화가 보통 꽤 미묘한 것이지만, 큰 효과를 끼친다는 것을 보여준다. 지향과 관점에서 표면적으로 작은 변화일지라도, 행동 패턴 및 경험과 관계를 맺는 방식에 심오한 영향을 끼칠 수 있다.

마무리 글

MBCT 지도자의 관점에서, 이것은 또한 어려운 작업이다. 지도자들은 학습 과정 내에서 힘든 긴장감들을 가지고 있다. 한편으로, 이들은 현재의 증거 기반을 존중하며, 참여자들에게 의도한대로 프로그램을 제공해야 한다. 다른 한편으로, 이들은 또한 특별한 순간에 특정 참여자들의 즉각적인 반응 및 요구에 민감하게 주의를 기울여야 한다. 이들은 또한 특히 어려운 시기에 자신의 필연적 반응들을 인식해야 하며, 이러한 것들에 어떻게 잘 반응할 수 있는지 현명하게 선택해야 한다. 따라서 8주간의 과정을 이끄는 것(특히 자살 충동의 우울장애 위험에 처한 사람들과 함께)은 힘든 과정이며, 높은 수준의 마음챙김 자각, 공감, MBCT가 기초로 하는 두 개의 전통들(고대 명상 수행과 현대 과학)에 내포된 이론적 지식, 임상 기술을 요구한다.

이러한 맥락 내에서, 능력이 있다는 것은 무엇을 의미하는가? 우리는 어떻게 의도된 대로, 그리고 우리 참여자들이 마땅히 받아야 하는 높은 수준으로 프로그램을 이행하고 있다는 것을 알 수 있는가? 이러한 질문은 실험에 대한 우리의 연구 내내, 그리고 MBCT를 가르치기 위해 타인들을 훈련시키는 진행 중인 작업 내에서 반복되었다. 먼저 III부의 두 장은 특히 "우리는 우리가 볼 때 능숙한 교육을 어떻게 인식하는가?"라는 질문을 분석함으로써, 그리고 교육 과정 내에서 지도자의 내적 관점으로 쟁점들을 다룸으로써 이 부분에 초점을 맞춘다.

Ⅲ부
지도자 교육과 능력 규정

16장

MBCT 교육의 완전성 :

마음챙김 기반 교육 기술 평가

MBCT 내에서 학습 과정에 대한 책임의 큰 부분은 참여자에게 놓여 있다. MBCT 수업을 듣기로 선택하는 것은 종종 개인적으로 어려운 학습 과정에 참여하려는 의지와 시간에 대한 투자를 수반한다. 따라서 참여자들의 학습 깊이와 정도는 이들이 프로그램에 전념하고, 몰두할 수 있는 정도와 깊이에 의해 강하게 영향을 받는다. 이것은 참여자들 내부의 요인들과 참여 당시 삶이 상황들에 의해 영향을 받는다. 또한 바로 수업 전 면담에서, 수업 지도자는 격려의 촉매 기능을 하는 중요한 역할을 한다.

카밧진(Kabat-Zinn)의 MBSR과 이것을 차후에 적용한 MBCT를 포함하여, 마음챙김 기반 중재(MBI)를 개발해 온 수년에 걸쳐, 어떤 학습 환경이 참여라는 (종종 힘든) 도약을 이루고, 학습 과정어 머무르는 참여자들에게 최적의 조건을 제공할 수 있는가에 대해 상당한 생각과 보살핌이 제공되어 왔다. 우수한 마음챙김 기반 교육은 어떤 모습인가, 그리고 교육생들이 핵심 기술들을 발전시킬 수 있도록 제공해야 하는 것은 어떤 교육 프로그램인가에 관한 질문은 상당한 논쟁과 논의의 문제였다. 마음챙김 기반 지도자가 되는 일은 상당히 개인적인 것이기 때문에, 이러한 것들은 어려운 질문들이다. 교육은 참여자들이 직접적 경험과의 마음챙김 연결로 변화하는 것이 주로 바로 이런 식으로 경험에 몰입하는 지도자들의 역량에 의해 활성화된다는 전제를 기반으로 한다. 이것은 친밀한 내적 작업으로, 따라서 이는 환원주의로 보일 수 있으며, 어떤 면에서는 조작화하려는 시도를 무시하는 것으로 보일 수도 있다. 그럼에도 불구하고, 이러한 질문들은 가능한 명확한 답을 요구한다. 어떤 특정 교육 기술들이 필요하며, 이러한 기술들은 어떻게 개발하는가에 대해 명확성이 존재하는 경우에만 접근은 효과적으로 개발되고, 보급될 수 있다.

진델 세갈(Zindel Segal), 마크 윌리엄스(Mark Williams), 존 티즈데일(John Teasdale)이 접근의 개발 중 MBCT의 초기 버전을 예비 실험했을 때, 이들은 인지 행동 치료(CBT)의 익숙한 영역으로 되돌아가려 하는 자신들의 기본적인 경향에 대해 설명했다(3장 참고, Segal 외, 2013, pp. 45-49). 참여자들이 어려움에 대한 탐구로 옮겨감에 따라, 세갈, 윌리엄스, 티즈데일은 때때로 마음챙김 모델에 대한 자신감을 잃었으며, 자신들이 이전에 배우고, 익숙해졌으며, 효과를 경험한 CBT 개념 및 치료 방법들에서 위안을 구하려는 유혹을 느꼈다. 수년에 걸쳐, 우리의 마음챙김 기반 지도자 양성 작업에서, 우리는 비슷한 현상이 반복적으로 일어나는 것을 보았다. MBCT/MBSR 지도자가 되기 위해 교육을 받기 이전에, 자신들이 참여했던 교육의 특성이 무엇이었든 간에, 교육 수행 동안, 특히 힘들어질 때, 익숙한 영역으로 되돌아가려는 경향이 존재한다. 이러한 회귀는 학습자에게 익숙한 또 다른 치료 지향, 혹은 또 다른 명상 수행 형태가 될 수 있다. 배우고, 수행하게 되는 모델 및 수행에 충실함을 유지하는 것의 중요성이 우리에게 점차 명확해졌다. 중심이 되는 순간들이나 어려움의 시기들에 지도자가 확신을 잃고, 다른 모델 및 수행들로 바꾸는 경우, 가장 필요한 바로 그 순간에 접근에 대한 확신을 심화시키도록 참여자를 도울 기회를 잃게 된다. MBCT의 수행과 이를 뒷받침 하는 모델은 이론 개발과 경험적 실험의 반복되는 주기들을 통해 철저하게 평가되어 왔다. 이것은 다른 모델 및 수행들보다 "더 우수하다는" 것을 말하는 문제가 아니라, 특정 모델의 효능이 핵심 요인을 고수하는 것에 달려 있다는 이야기를 하는 것이다. 즉, 교육의 완전성에 대해 이야기하는 것이다.

이 장에서 우리는 레베카 크레인(Rebecca Crane)이 이끌고, 뱅고어(Bangor), 엑서터(Exeter), 옥스포드(Oxford) 대학들의 마음챙김 센터들에서 수행된 연구를 설명할 것이다. 이 연구는 이 책에서 설명된 연구와 병행하여 실행되었으며, 의도는 마음챙김 기반 교육 완전성의 핵심 특징들을 설명하고, 이를 평가하는 방법론을 개발하는 것이었다. 결과는 "마음챙김 기반 중재: 교육 평가 기준(Mindfulness-Based Interventions: Teaching Assessment Criteria)" (MBI;TAC; Cranem Soulsby 외, 2012)으로, 온라인에서 자유롭게 접근할 수 있다(http://mindfulness teachersuk,org,uk/pdf/MBI-TACjune2012.pdf). 우리는 또한 많은 사람들이 정의에 따라 불가능하다고 고려하는 것, 즉, 마음챙김 기반 교육의 완전성과 질을 정의하고, 평가할 수 있는 도구 개발을 시도한 것이 어떠했는지에 대해 설명할 것이다.

우리가 어떻게 절차들을 개발했는지에 대한 상세한 논의에 착수하기 전에, 의도는 MBCT

에 독점적인 평가 도구를 만들려던 것이 아니었으며, 오히려 MBCT처럼 핵심 MBSR 구조와 교육 과정을 기반으로 하는 모든 마음챙김 기반 프로그램들의 완전성을 평가하는 수단을 만들려던 것이었다는 점을 밝히는 것이 중요할 것이다. 확실히, MBCT의 요인들은 우리가 II부의 장들에서 설명했던 우울장애와 절망의 인지에 대한 초점처럼, 심리학적 뿌리에서 직접 비롯되었다. 그러나 MBCT는 또한 많은 커리큘럼을 MBSR과 공유하며, MBSR로부터 개발되었다. 우리가 이 장에 포함시킨 MBI:TAC의 측면들에서 명확히 보이는 것처럼, 교육 방식과 경험적 학습 과정에서도 공통점을 가지고 있다. 따라서 MBCT는 우리의 취약한 환자들에게 사용한 접근이기 때문에, 이 장에서 주요 초점이 되겠지만, 그럼에도 불구하고 다른 마음챙김 기반 중재들을 기반으로 한 교육 및 훈련 방식을 가진 독자들은 논의가 본인들이 하고 있는 것과 직접 관련된다는 것을 발견하게 될 것이다.

중재의 완전성이 무엇인가?

"중재의 완전성"은 중재가 의도된 대로 실행되는 정도를 설명하는데 사용되는 용어이다. 넓게 볼 경우, 이 개념은 세 개의 차원을 갖는다.: 바로 고수, 차별화, 능력이다.

- "고수"는 지도자/치료자가 적합한 시점에 적합한 "요인들"을 적용하고, 접근의 부분으로 인식되지 않는 방법들과 커리큘럼 요인들의 도입을 삼가는 정도를 뜻한다.
- "차별화"는 접근이 다른 접근들과 구별될 수 있는 정도를 뜻한다.
- "능력"은 더 복잡한 차원으로, 중재를 전달하는 지도자의 기술을 뜻한다.

왜 MBCT 교육의 완전성 문제를 고려하는 것이 중요한가? 접근의 완전성에 대한 확인은 다수의 이유들로 인해 중요하다.:

- MBCT 연구 실험들에서, 교육을 의도된 대로, 충분한 양질로 전달하는 것은 결과들을 해석하는데 있어 핵심 변수이며, 참여자들의 결과에도 영향을 끼친다. 이를 확인하기 위해, 고수, 차별화, 능력의 수준들을 평가하기 위한 시스템들이 연구 실험 통제 방식에 내포되어야 한다.
- 이러한 쟁점들은 연구 실험 맥락으로 국한되지 않는다. 훈련 맥락에서도, 개발되는 특

정 기술들과 관련된 명확성이 존재해야 하며, 또한 훈련이 목표를 달성하는데 있어 효과적이 되도록 보장하기 위한 시스템들이 존재해야 한다.

- 대학의 검증된 석사 과정 MBCT 지도자 양성 프로그램들(영국의 뱅고어, 옥스포드, 엑서터 대학들에서 제공되는 것들과 같은)의 맥락에서, 학점 부여를 위해 교육 방식에 대한 공식 평가가 필요하다. 이러한 목적을 위해, 평가 기준과 평가 과정이 전체적으로 명확하고, 투명해야 한다.
- 교육의 완전성을 점검하는 시스템들은 또한 성공적인 실행에 있어 중요한 요인이다. MBCT는 점차 영국 보건성 및 다른 환경들에서 의뢰 및 시행되고 있다. 유망한 접근 시행을 주도하는데 있어, 접근이 전개됨에 따라 완전성이 희석되는 경우 유망함을 야기하는 바로 그 요인들을 잃게 되는 위험이 존재한다. 교육 준비상태를 평가하는 국가적으로 합의된 기준과 관리구조는 연구에서 실무로 이행되는 동안 핵심 모델에서 질의 저하가 발생하지 않도록 보장하는데 도움을 준다(Rycroft-Malone 외, 2014).
- 지도자들은 또한 프로그램이 이용 가능한 증거에 따라, 높은 수준의 완전성으로 전달되도록 보장해야 할 임상 및 윤리적 책임을 가지고 있다. 감독은 이를 지원하는데 있어 핵심적인 역할을 하며, 현재 많은 지도자들이 이러한 맥락 내에서 성찰 수단으로 MBI:TAC를 이용하고 있다(Evans, Crane 외, 2014).

따라서 우리는 우리 연구의 다양한 분야들 내에서, 교육의 완전성을 능숙하게 다루는 방법에 대한 어려운 질문이 계속해서 반복되고 있다는 것을 발견했다. 우리는 우리의 석사 프로그램들 내에서 어떻게 신뢰 있고, 유효하게 학생들의 교육 기술을 평가할 수 있는가? 우리는 연구 프로젝트의 일환으로 수행되는 수업들 내에서 교육의 완전성을 어떻게 평가할 수 있는가? 보건 서비스 내에서 MBCT를 시행하기 위한 지침을 개발하는데 있어 교육의 완전성에 대한 문제는 어떻게 다루어질 수 있는가? 2009년에 우리는 이 문제에 더 체계적으로 다가가기 위한 단계를 수행했다. 뱅고어,엑서터, 옥스포드 팀들은 마음챙김 기반 교육의 범위와 깊이를 어떻게 가장 잘 설명할 것인지, 그리고 이를 어떻게 평가 도구로 개발하기 위한 기반으로서 사용할 것인지에 대한 문제를 더 심도 있게 탐구하기 위해 함께 협력했다.

우리는 능력의 주제에 대해 개별 센터들에서 나타난 경험들을 모으는 것으로 시작했다. 흥미롭게도, 우리가 마음챙김 기반 교육 영역들의 체크리스트를 사용하여 석사 프로그램들 내에서 수행한 초기 평가 연구에서, 우리는 이중 채점(두 명의 교육자들이 개별적으로 교육 결과물에 점수를 매기는 것)이 매우 신뢰 있다는 것을 발견했다. 확실히 잘 확립된 기준을 사용하여 학업 과제를 채점할 때 달성했던 것만큼 좋았다. 따라서 우리의 교육 팀들이 인식할 수 있는 교육 과정의 일관된 측면들이 존재한다는 것은 확실했다. 그러나 이 시점에, 우리는 인식한 것을 말로 설명하기에 능력이 다소 부족했다. 교육의 구체적이고, 명확한 측면들은 비교적 기술하기 쉬웠지만, 다른 측면들은 기술하기가 다소 어려웠다. 우리의 교육자들은 이러한 덜 정의된 측면들을 말로 표현하도록 압력을 받았을 때, 다음과 같은 말을 했다.: "회기 내에 적합한 요인들은 모두 존재하며, 지도자는 따뜻하고, 유쾌한 방식을 가졌지만, 내게 남은 것은 생기가 없고, 평범한 느낌뿐이다.", 혹은 "그룹에게 지도자를 따르고, 함께 분석하도록 권장되는 것으로 보이는 분위기에 무언가 존재했다." 우리가 직면한 문제는 간혹 정의하기 어려운 것으로 나타나는 것들을 포함하여, 마음챙김 기반 수업에서 동시에 작용하는 다수의 과정들을 설명해 줄 평가 도구를 개발하는 것이었다.

MBI:TAC 개발

마음챙김 기반 교육학은 지도자들의 함축적인 이해와 개인적 마음챙김 수행을 매우 강조하지만, 이것이 영향력을 가지고 있다면, 교육 내에서 전달되어야 한다는 것은 확실하다. 따라서 우리는 이러한 내적 활동이 어떻게 지도자의 행동을 통해 보이고, 들리고, 느껴지게 되는지 인식하고, 설명하는 것에 관심을 갖게 되었다. 우리의 의도는 능숙한 교육에 참여할 때, 무엇이 보이고, 들리고, 느껴지는지 설명해 줄 평가 도구를 개발하는 것이었다. 우리는 평가자들의 관찰과 이들의 직접적인 교육 경험에 초점을 맞춤으로써 교육의 완전성을 조작화하는 것을 목표로 했다. 따라서 관찰과 경험은 평가자들이 무엇을 보고(행동, 비언어적 전달), 무엇을 느끼고(본능적인), 무엇을 들으며(언어), 이러한 '데이터'가 어떻게 결합되어 전체 교육 경험이 되는지에 초점을 맞춘다.

이에 따라 MBI:TAC의 개발은 뱅고어,엑서터, 옥스포드 대학들의 마음챙김 센터들에서 지도자를 교육하는 사람들의 그룹에 의해 수행되는 마음챙김 기반 교육의 긴밀한 분석을 수반했다. 18개월의 기간에 걸쳐 이루어진 일련의 회의들에서, 우리는 교육 회기들의 시청각 기록들을 지켜보기 위해 만났으며, 우리가 개발한 도구를 사용하여 이를 평가했다. 우리는 교육 과정과, 이를 설명하기 위해 사용한 언어의 세부사항들을 파악해야 했기 때문에, 상세하고, 종종 열정적인 논의들을 가졌다. 회의들 사이에 우리는 개별 센터들에서 교육을 평가하기 위해 도구를 시험했으며, 이 메일과 전화 회의로 경험들을 공유했다. 우리는 영역 명,

기술어, 능력 수준들을 구축함에 따라, 개별적 의미와 합의된 의미를 탐구했다. 시간이 흐름에 따라, 이러한 영향들을 통해, 우리는 도구에 변화들과 수정들을 가하게 되었다. 이는 영역과 능력 수준들의 수를 조정하고, 구체성을 증가시키기 위해 우리가 사용한 언어를 개선하는 것이었다.

이러한 개발과 예비 단계는 아이디어들이 명확하게 정의되고, 인식 가능한 구성체들로 형성되기 전에, 느껴지는 감각, 느껴지는 의미와 교육과정의 세부사항들에 열려 있는 질의 과정 내에서 틀을 갖추게 되었다. 우리는 도구를 개발하는 것의 어려움이 마음챙김 기반 교육에서 실제로 일어나는 것의 "평가를" 주장하는 것이라는 착각은 전혀 하지 않는다. 우리는 참여하고 있는 작업이 개발 팀의 각자가 기초로 하는 패러다임을 연결하려는 노력의 일환이라고 인식했다. 한편으로는 측정, 결과, 평가에 초점을 맞추는 서구 과학 방법론의 연구 패러다임, 그리고 다른 한편으로 분투하지 않고, 내버려 두며, 순간의 과정에 몰두하는 마음챙김 기반의 패러다임이 존재한다. 이 과정에는 내재된 긴장들이 존재했다. 우리는 우리 자신의 의혹, 그리고 전 세계에 있는 마음챙김 지도자 동료들의 회의론에 대한 우리의 두려움을 다루어야 했다. 우리는 개발 중인 도구가 단순히 마음챙김 기반 교육을 "수행"하는 방법에 대한 "체크 박스", 혹은 복잡한 과정에 대한 환원주의 접근이 아니라는 것을 우리 스스로가 이러한 사람들에게 확인시켜 주고 싶어 한다는 것을 발견했다. 우리는 또한 견고한 방법론, 즉, 실제로 숙련된 교육자들이 신뢰 있고, 유효하게 교육의 완전성을 평가할 수 있도록 하는 방법론을 개발하고 싶었다. 우리가 여정에 착수함에 따라, 우리는 우리가 어디로 가게 될지, 혹은 노력이 실제로 가능한 것인지 알지 못했다. 우리는 교육과 연구 맥락에서 실용적이고, 사용 가능하며, 마음챙김 기반 교육 구성체의 완전성을 정확하게 평가하고, 평가자들에 의해 신뢰 있게 사용될 수 있는 도구를 개발할 수 있는 것인가? 지도자가 마음챙김 기반 과정을 전달하는데 있어 얼마나 잘 수행하고 있는지 정량화할 수 있는가? 따뜻함과 연결 같은 관계된 특성들이 평가될 수 있는가? 분투하지 않고, 현재 순간에 초점을 맞추는 것처럼, 체화되고, 경험적으로 느껴지는 특징들은 어떠한가? 우리는 할 수 있는 한 최선을 다해, 이 여정이 우리를 데려가는 곳에 대한 열린 마음의 호기심을 과정에 가져왔다.

MBI:TAC 개선

기준을 개발하는 것은 약 18개월이 걸렸으며, 이 무렵 우리는 MBI:TAC의 운용 버전을 만들어냈다. 이후 우리는 세 개의 마음챙김 지도자 석사 교육 프로그램들 내에서 이를 실행했으며, 이러한 맥락 내에서 사용될 경우의 신뢰성과 유효성에 대한 연구도 수행했다(아래 연구 섹션 참고). 짜여 있는 옷의 날실과 씨실처럼, 우리는 마음챙김 기반 교육의 다수의 영역 및 측면들과 상호작용하는 다수의 능력 수준들에 대해 설명했다. 도구를 개발하는데 있어 우리에게 핵심 질문은 다음과 같았다.: 얼마나 많은 능력 수준들과 얼마나 많은 영역들이 동시에, 그리고 시간이 흐름에 따라 관찰될 수 있는가?

우리는 15개의 영역으로 시작해서, 서서히 시간이 흐름에 따라 6개로 줄였다. 도구의 초기 버전에서는, 영역들 사이의 구분이 어려웠기 때문에, 평가자들 사이에 합의는 낮았다. 따라서 우리는 영역들의 수를 줄이기로 결심했으며, 다양한 측면들을 설명하고, "분석하는" 주요 특징들을 정의함으로써, 각각의 다면적 특성을 인정했다. 실제로, 교육 과정의 완벽하게 개별적인 요인들이나 측면들을 식별하는 것은 매우 어렵다(그리고 결국 불가능하다). 그럼에도 불구하고, 우리는 영역들 사이에 상호연관성을 인정하는 한편, 최소한의 중복으로 교육 과정의 개별 측면들을 파악하는 것을 목표로 했다.

특별히 중요한 원칙은 MBI:TAC가 양에 대한 것이 아니라, 질에 대한 초점을 필요로 한다는 것이었다. 우리는 단순히 정교한 고수 체크리스트가 아닌, 능력의 세부측면들을 평가하는 도구를 원했다. 따라서 단순히 평가하는 대신, 지도자가 참여자들과 어떻게 관계를 맺었는지를 통해 얼마나 자주 지도자가 "연결과 수용을 표현했는지" 평가하는 것처럼, 우리는 지도자가 이러한 특징들을 얼마나 잘 전달했는지 평가하려는 시도가 중요하다고 느꼈다. 이는 우리에게 각 영역 내에서 능력 수준들을 설명하는 체계적 방식을 찾도록 요구했다. MBI:TAC 능력 수준은 드레퓌스(Dreyfus)와 드레퓌스(1986) 기술 습득 모델을 기반으로 하며, 샤플리스(Sharpless)와 바버(Barber) (2009)에 의한 이 연구의 재해석을 기초로 한다. 광범위한 분야들(비행기 파일럿, 체스 선수, 자동차 드라이버, 제 2언어를 습득하는 성인)에서 기술 습득에 관한 드레퓌스와 드레퓌스의 기념비적인 연구는 능력의 발전이 계속해서 미묘한 변화들을 거치는 평생의 노력이라는 것을 입증했다. 이들은 사람들이 보통 능력을 발전시킴에 따라 특징적 단계들을 거친다고 제시했다. 우리 자신과 우리 교육생들의 경우, 마음챙김 기반 교육 기술의 습득에 대한 체계적 관찰을 통해, 우리는 이러한 단계들을 인식했으며, 마음챙김 기반 교육 능력에 대한 발전 접근을 설명하는 도구를 개발하는 것에 가까워졌다(R. Crane & Kuyken, 2012). 우리는 올바른 조건들(즉, 교육 기술의 정기적인 수행, 매일 개인적 마음챙김 수행 몰입, 피정(retreat) 참여, 적합한 훈련, 양질의 감독)을 고려할 때, 교육 기술들이 시간 흐름에 따라 자연스럽게 발전할 것이라고 예측했다. 그렇지만, 물론 시간 흐름에 따라, 동일한 회기 내에서조차 교육의 질에 변화가 있는 것 또한 자연스러운 일이다.

지도자들의 마음챙김 "체화" 평가: 특별한 도전

우리는 MBI:TAC가 양이 아닌, 질에 초점을 맞추어야 한다는 것이 우리의 의도라고 언급했다. 우리는 명확한 커리큘럼 요인들과 주제들의 주위에서, 교육 자체를 통해 전달되고, 전체 학습 과정만큼 중요한 함축적 "커리큘럼들"이 상호 연관되어 있다는 것을 정확하게 인식했다. 따라서 많은 학습이 체계적으로 교육되기보다 "포착"된다. 파커-파머(Parker-Palmer)(1983)는 이것을 "숨겨진 커리큘럼"이라고 적절하게 이름 붙이며, 이것이 의도적으로 설계되어야 하며, 명확한 커리큘럼만큼 관심을 받아야 한다고 주장한다. 숨겨진 커리큘럼은 포착하기 미묘하면서도, 강력하다. 우리가 *어떻게* 가르치는지를 통해 전달되는 메시지들은 스스로 내포되며, 거의 말로 옮겨지지 않는 방식으로 태도, 동기, 행동들에 영향을 끼친다.

따라서 잠시 멈추어서, MBCT 교육과 학습이 가진 함축적 측면들의 특성을 떠올려보자. MBCT 학습 과정은 "추구적 행위"에서 존재로 마음의 양식을 변화시키는 법을 배우는 참여자들을 기초로 한다(4장 참고). "존재 양식, 현재 순간, 비판단적" 지향에 있는 동안, 내적, 외적 경험의 상호작용과 직접적으로 연결되는 것을 통해, 마음의 패턴들에 대한 새로운 탐구가 가능해진다. 마음챙김 기반 교육 방법론들은 참여자들이 존재 양식을 육성하고, 이를 내적 경험을 탐구하는 지향으로 사용하는 조건들을 정확하게 만들어내기 위해 개발되었다. 이러한 방법론의 대부분은 강의실 환경, 혹은 분위기 자체가 마음챙김의 경험을 제공하는 것이다. 이러한 환경을 만들고, 지속하는 주요 책임을 지는 것은 바로 지도자이며, 지도자는 자신의 가르치는 존재 내에서 마음챙김의 특징들을 체화하는 능력을 통해 이러한 책임을 달성한다. 교육 과정 내내 마음챙김의 원칙들을 "체화하거나", 혹은 이러한 원칙들에 따라 "살아가며", 지도자들은 참여자들에게 학습이 "배어들 수" 있도록, 마음챙김 환경에 존재하는 유형의 경험을 제공한다. 학습 주제들은 주로 교육 과정을 통해 함축적으로 전달된다. 마음챙김을 체화하는 강력한 능력을 가진 지도자는 함축적 학습 주제와 명시적 학습 주제 사이에 동조를 전달할 것이며, 따라서 참여자들이 학습과 연결되는 것을 더 가능하게 만들어줄 것이다.

따라서 체화는 모든 마음챙김 기반 교육의 필수적인 측면이며, 우리 평가 도구의 6개 영역들 중 하나가 되었다. 그러나 MBI:TAC를 개발하는데 있어, 우리가 특정 기술어들을 통해 포착하기 가장 어려운 것으로 발견한 영역이 바로 체화 영역이었다. 우리는 지도자들이 마음챙김으로 경험과 연결하는 내적 활동을 할 때 무엇이 "보이고, 들리고, 어떻게 느끼는지", 그리고 이러한 내적 활동이 언어와 비언어적 행동으로 어떻게 반영되는지 설명하는 방식들이 필요했다. 우리가 도달한 체화 영역의 핵심 특징들과 이러한 것들을 설명하는 MBI:TAC의 발췌본이 표 16.1에 제시되어 있다.

다시 확인하자면, 마음챙김은 내적 과정으로, 경험과의 관계로 존재하는 특별한 방식이다. 이것을 참여자들에게 성공적으로 전달하기 위해, 지도자들은 이러한 과정을 스스로 체화해야 한다. "체화"라는 용어는 본질적으로 마음챙김 수행의 이러한 내적 활동이 MBCT 강의실 분위기에 영향을 끼치며, 어떻게 함축적으로 지도자의 존재와 행동에서 반영되는지 설명한다. 즉, 체화는 지도자들이 자신들의 경험과 마음챙김으로 연결되는 정도, 그리고 이러한 지도자, 그룹, 개별 참여자들, 그리고 교육과정 사이에 접점을 반영한다.

MBI:TAC의 실행

MBI:TAC의 6개의 능력 수준과 6개의 영역들이 표 16.2와 16.3에 제시되어 있다(R. Crane 외, 2012).

표 16.4는 영역들과 능력 수준들이 어떻게 함께 상호작용하는지 보여주는 샘플 페이지를 보여준다. 각 영역은 유사한 페이지를 가지며, 뒤이어 각 핵심 특징과 관련된 평가자들의 지침 노트가 이어진다(또한 온라인 전체 버전 참고: http://mindfulnessteachersuk.org.uk/ pdf/MBI-TACJune2012.pdf).

표 16.1. MBI:TAC의 영역 3: 마음챙김의 체화

핵심 특징	요약 기술
(i) 현재 순간 초점 – 행동 및 언어와 비언어 소통을 통해 표현된다.	지도자는 현재 순간 초점의 시연을 제공하며, 따라서 이것은 지도자들의 행동 및 언어와 비언어 소통을 통해 관찰할 수 있다. 체화의 표현은 특히 지도자의 신체를 통해 느껴질 수 있다. 즉, 지도자들의 자세, 신체적 기반과 안정성, 편안함, 차분함, 각성에 대한 신체적 감각, 목소리 톤의 리듬과 높이 등.
(ii) 내적 및 외적 경험에 대한 현재 순간 반응	언어, 신체적 표현, 행동을 통해 나타나는 각성, 활기, 활력과 함께, 편안한 차분함으로 입증된다. 개인의 직접 경험에 대한 지도자의 민감성은 그룹 내에서 이들의 선택을 직접 알려준다. 지도자는 매 순간 "인도된"의 느낌과 현재 무엇이 필요한지에 대한 느낌을 체화한다. 지도자는 교육 내에서 여러 순간들에 넓은 각도와 좁은 각도의 방식으로 자신의 주의력 기술들을 사용할 것이다.
(iii) 차분함과 활력 – 동시에 안정성, 편안함, 무반응, 각성을 전달한다.	지도자가 생동감 있는 활력과 함께 안정성과 차분함을 가져오고, 순간에 대한 반응에 주의를 기울이는 것의 증거가 존재한다.
(iv) 강의실에서 만들어지는 분위기를 통해 마음챙김 수행의 자세 토대들을 전달한다. – 비판단적, 인내심, 초심자의 마음, 신뢰, 분투하지 않음, 수용, 놓아주기	프로그램 내에 내재하는 자세의 특징들은 마음챙김 기반 교육과정 내내 체화되는 과정을 통해 가르쳐지며, 간혹 양방향 교육을 통해 언어적으로 전달된다. 참여자들은 지도자가 제공하는 모델링을 통해 새로운 방식들로 경험과 함께 존재하는 방식을 배운다.
(v) 지도자라는 개인 – 학습은 지도자의 존재 방식을 통해 전달된다.	지도자는 자신의 존재 방식을 통해 학습 과정의 본질을 전달한다. 이것은 개인으로서 지도자 자신에 의해 이루어진다. 이것은 순간에 직관적으로 반응하기, 어려움과 함께 하기, 참여자들과의 만남에 생생한 경험 가져오기 능력을 포함한다.

표 16.2. MBI:TAC 능력 수준

전체 능력 수준에 대한 포괄적 정의	능력 밴드	밴드 번호
핵심 특징들이 입증되지 않는다. 지도자는 일관된 실수를 하고, 질이 낮으며, 받아들여지지 않는 교육을 보여준다. 이는 실제, 혹은 잠재적인 부정적 치료 결과들을 초래한다. 지도자가 MBI 교육 과정의 기본원칙들을 이해했다는 어떤 실제 증거도 존재하지 않는다.	무능력: *핵심 특징들의 결여, 혹은 매우 부적합한 성과*	1
대부분의 영역들에 최소한 하나의 핵심 특징이 존재하지만, 수많은 실질적 문제들과 전체적인 일관성 결여는 상당한 추가 발전을 필요로 한다.	초급: *입증되지만, 상당한 문제가 명백하게 나타나는 능력의 측면들*	2
대부분 영역들의 능력 수준에서 최소한 두 개의 핵심 특징들이 나타지만, 추가 발전을 필요로 하는 하나 이상의 주요 문제들 및 상당한 모순이 존재한다. 지도자는 참여자들의 정서적, 신체적 안전을 적절히 돌본다. 지도자는 공동 지도자/감독을 받는 지도자로서 "수행에 적합한" 것으로 고려되는 매우 기본적 수준에 있을 것이다. 참여자들은 피해를 입지 않을 것이며, 학습의 기회를 가질 가능성이 있다.	중급: *일부 능력에 대한 증거, 그러나 수많은 문제와 일관성의 결여*	3
잠재적으로 우수한 특징을 가진, 대부분의 핵심 특징들이 모든 영역들에 존재하지만, 다수의 문제들 및 일부 모순이 존재한다. 지도자는 작용 가능한 수준의 능력을 입증하며, 확실하게 "수행에 적합하다."	만족스러움: *능숙하지만, 일부 문제 및 모순이 존재함*	4
극소수의 작은 모순들 및 우수한 능력과 기술에 대한 증거와 함께, 모든 핵심 특징들이 모든 영역들에 존재한다. 지도자는 MBI 교육 측면들의 범위에 걸쳐 일관되게 이러한 기술들을 입증할 수 있다.	능숙함: *극소수의 작은 문제들 및 모순으로 입증되는 지속적인 능력*	5
예상되는 핵심 특징들이 상당한 능력의 증거와 함께 존재한다. 교육은 특히 영감을 주며, 뛰어나다. 지도자는 더 이상 규칙, 지침, 혹은 격언을 사용하지 않는다. 지도자는 문제들에 대한 깊은 암묵적 이해를 가지고 있으며, 원래 방식과 유연한 방식으로 일할 수 있다. 기술들은 어려움에 직면했을 때에도 입증된다(예, 그룹에서 나타나는 문제들).	뛰어남(고급): *우수한 교육 수행, 혹은 참여자들의 어려움에 직면해서도 매우 우수한 수행*	6

표 16.3. MBI:TAC 영역들의 요약 개요, 중요한 영역 기술어, 이들의 핵심 특징

영역	기술어	핵심 특징
1. 회기 커리큘럼의 범위, 속도, 조직	지도자는 회기의 커리큘럼 내용을 적절하게 다룬다. 이는 개인, 그룹의 욕구와 과정의 교육 요건 사이에 능숙한 균형 생성을 수반한다. 교육은 쉽게 이용 가능한 관련 교육 자료들과 보조 교재로 잘 구성되어 있으며, 강의실은 그룹을 위해 적합하게 준비된다. 회기는 커리큘럼과 관련하여 적절히 "시간이 관리된다." 회기는 확장성, 안정성, 시간 압박이 없는 것에 대한 느낌에 따라 보조를 맞춘다. 이탈은 능숙한 솜씨와 편안함에 따라 회기 커리큘럼으로 다시 향하게 된다.	(i) 회기 커리큘럼을 준수하는데 있어 반응과 유연성 (ii) 프로그램의 형태와 주제 및 커리큘럼 내용의 범주에 대한 고수 (iii) 주제와 내용의 적합성(프로그램 단계와 참여자들에 대한) (iv) 지도자, 강의실, 교재의 조직 수준 (v) 회기가 흘러가고, 적합하게 보조를 맞추는 정도
2. 관계 기술	지도자가 참여자들에게로 가져오는 특징들과 교육 과정은 참여자들이 MBI 프로그램 중 자신을 불러오기 위해 배우는 태도 특징들을 반영한다. 마음챙김은 특별한 방식으로, 의도적으로(지도자는 회기에서 참여자들과 관계를 맺을 때 의도적이며, 초점을 맞춘다), 현재 순간에(지도자는 진심으로 참여자들과 함께 존재하려는 의도를 가지고 있다), 비판단적으로(지도자는 참여자들에 대한 관심, 깊은 존중, 수용의 정신을 갖는다) 경험에 주의를 기울임으로써 나타나는 자각이다.	(i) 진실성과 가치 – 순수하고, 정직하고, 신뢰 있는 것으로 나타나는 방식으로 관계 맺기 (ii) 수용 – 참여자들과 이들의 현재 순간 경험에 적극적으로 주의를 기울이고, 연결되며, 이에 대한 정확하고, 공감 있는 이해를 다시 전달한다. (iii) 자비와 따뜻함 – 참여자들의 경험에 대한 깊은 자각, 민감성, 인정, 열린 마음을 전달한다. (iv) 각 참여자의 취약성, 한계, 프라이버시 요구를 존중하며, 각 참여자와 참여자 경험에 순수한 관심을 전달한다. (v) 상호관계 – 상호 협력적 관계로 참여자들과 관계를 맺는다.

(계속)

표 16.3. (계속)

영역	기술어	핵심 특징
3. 마음챙김의 체화	마음챙김 수행은 지도자에게 스며들며, 체화에 대한 두 개의 상호 연관된 측면들을 통해 표현된다. 바로 "현재 순간에 대한 초점"과 순간마다의 경험에 마음챙김의 자세 토대를 가져오는 것이다. 마음청김의 체화는 지도자가 지속적인 연결과 순간마다 발생하는 반응(자신, 개인들, 그룹 내에서), 이 모든 것에 마음챙김 수행의 핵심 자세 토대들을 가져오는 것을 수반한다. 이러한 자세들은 비판단적 인내심, 초심자의 마음, 신뢰, 애쓰지 않음, 수용, 내려놓기를 포함한다. (Kabat-Zinn, 1990).	(i) 행동과 언어 및 비언어 소통을 통해 현재 순간 초점과 마음챙김 수행의 자세 토대들에 대한 표현 (ii) 내적, 외적 경험에 대한 현재 순간의 반응 전달 (iii) 안정성, 차분함, 편안함, 무반응, 각성과 활력을 동시에 전달 (iv) 지도자의 존재 양식을 통해 마음챙김 수행의 자세 토대들 전달 (v) 마음챙김 주의를 경험에 기울이는 과정에서 신뢰와 확신을 "현재 순간에" 전달(결과에 초점을 맞추기보다)
4. 마음챙김 수행의 인도	지도자는 참여자가 수행에서 하도록 권유받는 것에 대해 정확하게 설명하고, 이러한 수행에 필요한 모든 요인들을 포함하는 지침을 제공한다. 지침은 참여자들이 방황하는 마음과 능숙하게 관계를 꽺을 수 있도록 한다. 지침은 수행 내내 자신을 이끌고 경험을 실천하는 태도들을 제시한다. 수행은 정확성과 확장성의 균형을 잡는다. 언어의 능숙한 사용은 이 모든 것을 전달하는데 있어 핵심이다.	(i) 언어는 확장성과 분투하지 않음을 전달하는 동안 확실하고, 정밀하고, 정확하고, 접근 가능해야 한다. (ii) 지도자는 참여자들이 이용할 수 있는 각 수행에 대한 주요 학습을 만드는 방식으로 수행을 인도한다. (iii) 각 수행을 인도할 때 고려해야 할 특정 요인들이 적절하게 제시된다.

(계속)

표 16.3. (계속)

영역	기술어	핵심 특징
5. 양방향 질의와 교훈적 가르침을 통해 과정 주제 전달	이 영역은 과정 주제들이 참여자들에게 전달되는 것을 통해 과정을 평가한다. 이러한 것들은 때때로 명확하게 제시되며, 지도자에 의해 뒷받침된다. 다른 경우에는 과정 내에서 함축적으로 나타난다. 영역은 질의, 그룹 대화, 스토리와 시의 활용, 그룹 활동 촉진, 참여자들의 회기/과정 주제들 지향, 교훈적 가르침을 포함한다.	(i) 참여자들이 직접적 경험과 상호작용의 여러 요인들에 주목하고, 설명하도록 지원한다. 교육 주제들은 이러한 직접적 경험과 지속적으로 연관된다. (ii) 내용보다는 과정에 대한 우세한 초점을 가지고, 질의 과정 내에서 여러 층들(직접 경험, 직접 경험에 대한 성찰, 더 넓은 학습과의 연계)을 탐구한다. (iii) 주제에 대한 가르침은 뒷받침하는 이론적 원칙들에 대한 이해를 전달한다. (iv) 교육 기술 – 교육은 간결하고, 명확하고, 참여적이고, 즐겁고, 생생하고, 반응적이며, 교구들을 능숙하게 사용한다. (v) 유능함 – 지도자는 편안함, 익숙함, 자료에 대한 자신 있는 지식을 전달한다.
6. 그룹 학습 환경 보유	전체 교육 과정은 그룹의 맥락 내에서 일어나며, 그룹은 효과적으로 활성화되는 경우, 탐구 아래 과정들의 보편성을 효과적으로 전달하는 수단이 된다. 지도자는 교육이 효과적으로 일어날 수 있는 "컨테이너", 혹은 학습 환경을 만들어 낸다. 지도자는 그룹의 기분 및 특징들의 변화에 대해 적합하게 "조율하고", 연결하고, 반응할 수 있다.	(i) 그라운드 규칙, 한계, 비밀보장 같은 문제들에 대한 세심한 관리를 통해 안전하게 만들어진 풍부한 학습 컨테이너를 만들고, 지속한다. 그러나 이것은 동시에 참여자들이 탐구하고, 위험을 무릅쓸 수 있는 장소이다. (ii) 8주에 걸쳐 그룹 발전 과정들에 대한 명확한 관리, 특히 시작, 그룹 내 문제들, 종료에 대한 특별한 관리 (iii) 지도자는 그룹 수준에서 학습 과정들을 일관적으로 고려하고, 이에 반응한다. (iv) 참여자들에게 지도자의 관점을 부과하지 않고, 권한과 힘을 입증하며, 지속적인 "유지"를 제공하는 리더십 스타일

표 16.4. 영역과 능력 수준이 어떻게 상호작용하는지 보여주는 MBI:TAC의 샘플 페이지

능력 수준	사례
	영역: 3 마음챙김의 변화
무능력	체화가 전달되지 않는다. – 예를 들어, 현재 순간 초점의 일관된 결여. 태도와 특징들은 증거로 제시되지 않는다.
초급	최소한 한 개의 적합한 핵심 특징. 일관된 현재 순간 초점의 결여, 혹은 차분함, 편안함, 각성이 존재하지 않는 지도자, 혹은 증거로 명확하게 제시되지 않는 태도와 특징들 – 예를 들어, 지도자는 비판적 사고와 문제 해결 마음을 통해 상황을 보고, 다루거나, 목표 지향적 방식으로 일을 하는 경향이 있다. 탐구 정신 결여.
중급	여러 개의 핵심 특징들이 능숙한 수준으로 존재한다. 지도자는 교육 과정 내에서 마음챙김 수행의 여러 원칙들의 체화를 증명한다. 그러나 일관성이 결여되어 있거나, 혹은 지도자가 능숙한 현재 순간의 내적, 외적 연결을 보여주지만, 이것이 내내 지속되지 않는다.
만족스러움	대부분의 핵심 특징들이 허용 가능한 수준의 기술 및 일부 작은 모순과 함께 존재한다. 지도자는 일반적으로 언어, 신체 표현, 행동의 분야들에서 마음챙김 수행의 태도와 특징들을 자신의 "존재 양식"을 통해 전달하는 능력을 보여주며, 대부분 현재 슨간에 초점을 맞춘다.
능숙함	우수한 수준의 기술과 함께 모든 핵심 특징들이 존재한다. 매우 작은 모순들이 있지만, 과정 내내 마음챙김 태도와 특징들의 범위를 보여주고, 교육을 통해 현재 순간 츠점 수준을 지속적으로 유지한다.
뛰어남(고급)	지도자는 교육 과정 내내 현재 순간에 대한 매우 높은 수준의 자각과 반응을 보여준다. 혹은 내적 외적 연결의 높은 수준을 가지고 일한다. 마음챙김의 태도와 특징들이 특히 영감을 불러일으키는 방식으로 제시된다.

평가자들은 능력 수준에 대한 6점짜리 연속 수식어(continuous adjectival) 도구를 이용하여 각 6개 영역들을 평가한다. 총점은 6개 영역 점수들의 평균으로 계산될 수 있지만, 보통 도구는 교육생 발전을 지원하기 위해 사용되며, 이 경우 각 6개 영역들에 걸쳐 점수의 프

로필이 제시된다. 우리가 영역들을 개발했기 때문에, 각각이 교육 과정의 개별 측면들을 나타낸다는 것이 명확했다. 이 중 특정 영역이 존재하지 않는 경우, 교육은 상당한 결점과 격차들을 갖게 될 것이다. 일부는 다른 것들보다 더 실질적이고, 다면적이며, 이에 따라 우리는 더 많은 핵심 기술어 특징들을 사용하여 이러한 것들을 정의했다. 그러나 마음챙김 기반 교육의 어떤 측면들이 참여자의 결과를 예측하는데 있어 중요한지에 대해 거의 알려진 바가 없다는 것을 고려할 때, 일부가 다른 것들보다 더 중요한지 여부는 덜 확실하다. 이것은 추가 연구에 있어 중요한 쟁점이다.

발전 단계 동안, 우리는 평가자들이 평가를 위해 광범위한 접근 및 방법들을 사용한다는 것을 발견했다. 일부는 전체 교육회기에 직접 "참여"했고(수업에 참석한 것처럼 비디오를 지켜보며), 반면 다른 사람들은 더 "객관적 관찰자" 입장을 활용했다. 우리의 판단은 이러한 다양성이 평가자 간 신뢰도를 감소시킬 가능성이 있다는 것이었다. 따라서 우리는 접근의 일관성을 보장하기 위해 평가 과정 참여 방법에 대한 지침을 개발했다. 평가는 다음에 의해 이루어진다.:

- 교육에 참여(스스로 참여자 관점에 몰입하기)
- 교육의 전체 관점을 포착하기 위해, 전체 능력 기술어들을 기반으로 하는 전체 능력 평가
- 각 영역과 각 영역 내 각 핵심 특징이 평가에서 나타나도록 보장하기 위해, 핵심 특징 기술어들과 능력 수준 기술어들을 기반으로 하는 개별 영역 평가
- 서로와 함께 전체 점수와 세부 점수 검토, 교육 기록으로 다시 향함으로써 차이들 확인
- 요약 점수 시트에 점수 기록하기

따라서 평가 과정의 여러 지점들에서 평가자들은 의도적으로 "마음의 존재 양식"(교육에 대한 직관적 경험)을 우선시 하는 것과 "마음의 행위 양식"(범주화, 비판, 차별 능력)을 우선시 하는 것 사이에서 이동해보고, 자신들의 주의를 좁은 초점과 넓은 초점 사이에서 의도적으로 전환해보는 것이 장려된다. MBI:TAC를 이용하는 평가자들은 마음챙김 기반 과정들을 가르치는 것에 매우 숙련되어 있어야 한다. 이것은 특정 중재에서 능력의 특성을 이해하는 것이 접근을 전달하는 훈련과 경험을 통해 가장 잘 발전되기 때문이다. 또한 평가자들은 자신들이 표준화된 방식으로 사용하고 있다는 것을 보장하기 위해 도구 사용에 대한 훈련이 필요하다. 마지막으로, 평가되는 것이 지도자의 수행에 대한 대표적인 샘플이 되도록 보장

하기 위해, 가능한 많은 교육 회기들이 검토되어야 한다.

치료의 완전성에 대한 문헌은 일반적으로 고수와 차별화 평가가 접근 전달에 대한 경험을 필요로 하지 않는다는 것을 보여준다. 이는 이러한 평가들이 중재 구성요인의 존재와 부재에 대한 비교적 단순한 확인을 포함하기 때문이다. 그러나 MBI:TAC는 고수, 차별화, 능력의 평가를 통합하기 때문에, 전체 과정에 대해 지도자 경험을 갖춘 평가자들이 필요하다. 이들은 프로그램에 대한 철저한 고수로부터 이탈한 것이 적합한지, 실제로 필요한지 여부를 판단할 수 있도록(예, 순간의 직접성에 반응하는 것이 공식 커리큘럼을 따르는 것보다 우선시된다), 무엇보다 충분한 경험이 필요하다.

MBI:TAC는 현재 마음챙김 기반 교육의 완전성이 중심 문제인 맥락들의 범위에서 사용되고 있다. 이러한 것들은 기준이 훈련생들에게 명확한 피드백을 제공하고, 발전의 초점을 식별하기 위한 발전 도구로서 사용되는 훈련 프로그램과 감독, 즉, 교육의 완전성에 대한 신뢰 있고, 유효한 평가들이 중요한 대학 검증 훈련 프로그램들, 연구 실험을 위한 지도자들의 선택과 평가들을 포함한다. 또 다른 사람에 의한 평가에 대한 이러한 사례들뿐 아니라, 도구는 또한 자기 성찰 도구로서 소중하며, 지도자들의 전문지식 수준이나 발전 단계에 상관없이, 자기 개발을 지원한다.

그러나 문제들이 존재한다. 교육의 완전성을 적절하게 평가하기 위해서는 상당한 노력과 자원이 필요하다. 그러나 우리의 경험은 평가를 위해 자신의 교육을 제출하는 사람들에게 있어 이것은 귀중한 학습 과정이며, 지금까지 개발된 것들 중, 교육 질의 수준을 구별하는 가장 명확한 방법을 제공한다는 것을 보여준다.

MBI:TAC에 대한 연구

MBI:TAC는 MBSR과 MBCT 교육의 완전성을 평가하기 위해 개발된 첫 번째 도구이다. 심리 측정 특성들에 관한 예비 발견들은 고무적이다(상세한 보고에 대해, R. Crane 외, 2013 참고). 도구의 신뢰도는 학생 교육 수행의 부분이 두 명의 교육자에 의해 개별적으로 평가되는 뱅고어, 엑서터, 옥스포드 대학의 세 개 석사학위 프로그램에서 정규 평가 수행 중 평가되었다. 평가자 간 신뢰도를 측정하는 전체 수업 간 상관 계수(ICC)는 우수한 수준의 일치를 보여주었다($r = .81$, $p < 0.1$). 평가자들이 하나의 영역에서 불일치했을 때조차, 도구 발전의 이 초기 단계들에서 가능했던 타당성에 대한 평가들은 고무적이었다.

MBI:TAC의 신뢰도와 타당도를 명확히 밝히기 위해서는 광범위한 맥락들에서 추가 연구가 필요하다. 교육의 완전성과 참여자 결과 사이에 관계, 그리고 핵심 기술들을 발전시키기 위해 교육 프로그램들에서 사용되는 방법들의 효과에 대한 연구가 필요하다. 지난 15년간에 걸쳐 마음챙김에 대한 연구의 놀라운 확대는 주로 마음챙김 기반 과정들의 결과를 평가하는 것에 초점을 맞추었다. 이러한 결과들이 달성되는 교육/학습 과정들에 대한 연구는 거의 존재하지 않았다. 이러한 과정들이 다면적이고, 복잡하며, 미묘하다는 것을 고려할 때, 이것은 아마도 놀라운 일이 아닐 것이다. 그러나 어떻게 긍정적인 결과들이 나오는지에 대한 더 높은 이해를 발전시키는 것은 추가 발전들을 인도하는데 있어 큰 가치를 가질 것이다.

마무리 글

수행에서 MBI:TAC를 이용하고, 이를 사용하는 사람들의 이야기를 듣고, 회의 및 워크숍에서 피드백을 얻는 것을 통해, 우리는 이것이 우수 관행을 촉진하는데 중요한 기여를 한다는 것을 믿도록 장려 받았다. 이러한 발전은 마음챙김에 대한 관심이 크게 확대되는 시기에 이루어졌으며, 발전들의 완전성을 뒷받침하기 위해 시스템 내에 확인 절차들이 존재하는 것이 중요하다. 우리는 연구와 발전의 다음 단계들이 발견들로 가득할 것이며, 이는 MBI:TAC의 개선된 버전들, 특정 문제 분야들 및 참여자들의 그룹에 적용된 마음챙김 프로그램들 및 특정 맥락들을 위해 개발된 버전들로 이끌 것이라고 생각한다. 우리는 또한 MBI:TAC의 한계들도 인식하고 있다. 현상에 대한 기술들은 그저 기술들일 뿐이다. 즉, 달을 손가락으로 가리키는 것이 달이 되는 것은 아니다. MBI:TAC는 도구로서, 다른 모든 도구들처럼 유용한 응용을 가지고 있으며, 특정 업무들에 유용하다. 예를 들어, 우리는 도구가 교육 내에서 자리를 잡게 되지만, 이것은 훈련생들에게서 자신의 교육이 어떤 모습이어야 "하는지"에 관한 생각들을 쉽게 촉발할 수 있다는 것에 주목했다. 그리고 이것은 현재 이루어지는 교육의 우세한 훈련 주제와 상반된다.

또한 MBI:TAC가 마음챙김 기반 교육 발전들의 전체적인 완전성을 보장하는 것에 상당한 기여를 하지만, 자체적으로 이것이 전체 스토리는 아니라는 것을 인식하는 것이 중요하다. 최근에는, 다른 기여들이 중요한 차원들을 추가했다. 예를 들어, 마음챙김 기반 지도자들에 대한 모범 관행 지침이 미국과 영국에서 발표되어 왔다(Santorelli, Goddard, Kabat-Zinn, Kesper-Grossman, & Reibel, 2011; UK Network for Mindfulness-

Based Teacher Trainers, 2011). 이것은 지도자 능력이 성장할 수 있는 조건들에 대해 설명한다. MBCT와 관련된 영국 모범 관행 지침의 특정 측면들은 지도자가 다음을 갖도록 요구한다.;

- 심리적 과정들, 연관된 연구, 증거 기반 수행의 기저를 이루는 관련 지식
- 임상 상황에서 전달하는 경우, 그룹을 구성하는 인구와 관련된 적합한 전문적 임상 훈련

마음챙김 기반 교육의 질은 분야에서 중요한 주제이다. 또한 발전 과정 동안 모든 마음챙김 기반 지도자에게 발생하는 매우 개인적인 질문이기도 하다. 학습 과정의 개인적이고, 친밀한 특성으로 인해, 우리 자체의 능력에 관해 필연적으로 발생하는 의혹들은 고통스럽게 정곡을 찌르는 것으로 느껴질 수 있다. 지도자로서 우리는 내부에서 어떻게 교육과정을 경험하는지에 대한 내용이 다음 장에서 분석될 것이다.

17장

MBCT 지도자가 되는 경험

16장에서, 우리는 MBCT를 능력 있게, 의도된 대로 전달하는 것의 중요성을 강조했으며, 이러한 우선순위들에 대한 신뢰 있는 평가를 가능하게 하는 측정의 개발에 대해 설명했다. 우리 모두는 우리 참여자들에게 명확성과 진실성을 가져다주는 마음챙김을 경험할 기회를 제공하는 것에 관심을 가지고 있기 때문에, 이러한 입장의 가치를 지지한다. 그러나 증거 기반 접근 내에서 가르칠 때, 모범 관행에 있어 소중한(그리고 실제로 중요한) 것으로 나타나는 것은 제대로 수행해야 한다는 압박처럼, 다소 다르게 경험될 수 있다. 이러한 압박감은 마음챙김 기반 접근들에서 육성되는 수용과 분투하지 않는 것의 정신과는 먼 곳으로 우리를 데려갈 수 있다. "나는 제대로 해야 해"라는 생각이 표면화될 수 있다. 이러한 문제들은 특히 교육이 연구 실험 분야 내에서 수행될 때, 그리고 참여자들이 우울장애와 절망에 취약한 경우일 때 부각된다.

이 장에서, 우리는 관찰되는 "생생한 경험" 안에서 이러한 문제들 중 일부를 탐구할 것이다. 긴밀한 관찰 아래에서 이루어지는 교육은 어렵지만, 또한 지속적이고, 현실적인 성찰에 대한 기회를 제공한다. 그리고 이것은 결국 모든 마음챙김 교육의 자질과 특성에 대해 증대되는 이해에 기여할 수 있다. 특히, 이 장은 마음챙김 지도자들이 최선의 교육을 제공하기 위해 스스로를 어떻게 지원할 수 있는지 고려한다. 지도자들이 발전하는데 도움이 되는 상황과 자세는 무엇인가? 교육 기술들을 발전시키고, 개선시키기 위해, 달리 방해가 될 수 있는 인간의 경향들을 어떻게 가장 능숙하게 다룰 수 있을까?

무엇이 능숙한 교육을 만드는가? 마음의 행위와 존재 양식

마음챙김 교육에 대한 학습과 마음챙김 수행은 특정 시점에 얼마나 잘 반응할 수 있는지에 관한 선택 및 이해를 지지하는 많은 과정들을 공유한다. 경험적, 개념적 지식을 기반으로 한 성찰적 수행은 이해가 지속적으로 발전할 수 있는 관점의 깊이와 넓이를 제공한다. 이것은 어떻게 이루어지는가?

영국에서, 마음챙김 기반 중재 지도자들은 마음챙김 지도자가 되어, 지속하기 위해 필요한 지식, 사고, 경험의 범위를 규정하는 "모범 관행 지침"(http://mindfulnessteachersuk.org.uk) 내에서 활동한다. 숙련된 지도자들에 의해 지원을 받는 지도자 자신의 명상 수행은 지도자의 삶에 뿌리를 내리고, 삶의 한 부분으로 자리 잡는 시간을 고려할 때, 중요한 토대를 제공한다. 모든 마음챙김 지도자 훈련 프로그램들은 이러한 수행을 타인들에게 제공하고자 고려하기 전에, 장기간의 확립된 개인적 수행을 요구한다. 이러한 요건은 숙련된 교육이 오직 개인적 수행에서만 발생한다는 공유되는, 확고한 신념을 반영한다. 마음챙김 명상 수행의 직접적 경험은 마음챙김, 자기 자신, 그리고 세상에 대한 지도자들의 이해에 있어 필수적이다. 시간은 이러한 이해들이 순수하게 이론적 인식을 넘어서서, 체화되고, 이에 따라 지도자 존재의 필수적인 부분이 될 수 있도록 한다. 카밧진(Kabat-Zinn)(2013, pp. 21-30)에 의해 확인된 태도 특징들 및 경험과 마음챙김 관계의 발전, 매일 수행을 지속하는 것은 정기적인 개인적 수행에서 직접 비롯된다. 이러한 수행이 없는 경우, 아무리 많은 독서, 강연 듣기, 혹은 실용적 워크숍에 참석한다 하더라도 충분하지 않을 것이다. 그러나 개인적 수행을 갖는 것 자체로는 충분하지 않다. 명상 수행으로 타인들을 인도하거나, 혹은 마음챙김 수행으로 성찰하는 사람들의 그룹을 유지하는 것은 정기적인 개인 수행으로 함양한 것들에 대한 통찰과 여러 가지 추가적인 기술들을 요구한다. MBCT는 현혹될 정도로 단순해 보이지만, 또한 쉽게 오해되는, 신중하게 선택된 인지 활동들을 가르치는데 있어 자각과 세부적인 기술들을 요구한다.

우리가 16장에서 설명했듯이, MBI:TAC는 미국과 영국 내 교육 기관들과의 광범위한 논의, 그리고 나머지 유럽 동료들과의 논의를 통해 발전했다. MBI:TAC는 다수의 영역들에 특징적인 이름을 붙였으며, 이에 따라 능숙한 교육을 지원하고 있다. 이는 주로 커리큘럼 전달의 측면들과 관련된다.: 바로 교육의 "무엇(what)"과 "언제(when)"이다. MBCT 커리큘럼을 고수한다는 것은 8주간의 과정에 걸쳐 전개되는 신중하게 정해진 일정 순서에 따라, 그리고 신중하게 선택된 언어로 주어진 활동과 수행들을 전달한다는 것을 뜻한다. 부분적으로, 그룹은 이처럼 명확하게, 심사숙고하여 설계된 구조에 의해 지지되고, 육성되며, 이는 지식, 기술, 자비를 습득하고 좋은 상태를 유지하는데 필요한 것으로 여겨지는 태도를 수용하는 과정의 궁극적 의도를 향한 논리적 진행을 반영한다.

"무엇"과 "언제"는 또한 참여와 그룹 발달, 그리고 이러한 특별한 학습 기회에 대해 참여자들을 환영하기 위해 준비되는 강의실과 지도자 양쪽에게 필요한 조직적 기술들을 장려하는 것처럼, 교육의 실질적 측면들을 다룬다. 어떤 의미에서, 지도자는 "행위" 마음을 충분하고, 적절하게 활용한다(4장). 즉, 회기에서 무엇이 다루어져야 하는지의 관점에서 충족되어야하는 목표들이 존재한다는 인식, 시간에 대한 자각, 올바른 강의실 구성과 인쇄물 준비 보장 등이 이에 포함된다.

MBI:TAC에서 설명되는 기타 영역들은 마음챙김 교육의 "어떻게(how)"와 "왜(why)"를 반영한다. 이러한 것들은 관계 기술, 지도자들이 경험적 학습을 탐구하고, 권유하는 방식, 지도자 자신의 수행이 질의 과정에서 어떻게 관계를 맺고, 잠시 멈추거나, 혹은 질문들을 선택하는지에 따라 관찰 가능한 체화되는 방식을 포함한다. 이러한 것들은 마음챙김 교육의 "존재" 측면들이며, 이는 지도자들이 가르침의 기초로 삼는 확립된 마음챙김 수행을 가지고 있지 않는 경우 명확하게 나타나지 않을 것이다. 확실히, 교육의 행위 양식과 존재 양식은 중복되며, 연결된다. 이러한 미묘하고, 복잡한 혼합이 어떻게 능숙한 교육을 지원하고, 학습 기회들을 만들어내는지 이해하는 것은 마음챙김 공동체에서 지속적으로 진화하며, 발전하고 있다. 교육 기술과 지도자 및 교육자들에 의해 각 영역에 주어지는 강조 사이에 상호 관계는 추가 탐구를 위한 매력적인 분야로 남아 있다.

예를 들어, 훈련생이 마음챙김 교육을 배우는 경우, 처음에는 지도자 훈련생의 마음과 실제 훈련 자체에서 교육의 "행위"측면들이 보통 더 우세하게 나타난다. 새로운 지도자들은 알고 싶어 한다.: "나는 무엇을 해야 하는가? 나는 언제 그것을 해야 하는가? 이는 얼마나 오래 걸리는가? 그리고 나는 어떻게 실제로 이것을 할 수 있는가?" 이들은 교육의 "무엇"과 "언제"에 관심을 기울이게 되며, 아마도 특정 방식과 특정 표준에 따라 수행해야 하고, 노력해야 한다는 의식으로 기울이게 될 것이다(물론 여기에는 실제로 일부 진실이 존재한다). 지도자 훈련생은 정해진 구조와 시간 내에서, 이야기 되어야 하는 것을 표현하는 다양한 방식들을 탐구하고, 특정 활동 및 수행을 전달하는 방법에 대해 배운다. 이들은 8주 내내, 수업에 걸쳐 커리큘럼의 순서를 배운다. 예를 들어, 이들은 2회기가 일반적으로 30-40분 동안 지속되는 바디 스캔으로 시작되고, 이후 10-15분간의 질의를 진행하고, 뒤이어 가정에서의 수행 검토와 참여자들이 사고와 정서 사이에 관계를 이해하도록 돕기 위해 설계된 첫 번째 활동이 이어진다("거리 걷기", Segal 외, 2013, p. 160).

교육의 왜(why), 어떻게(how), 누구(who)를 명확하게 이해하는 것은 마음챙김 교육에 대한 성장하는 지식과 더 구체적 측면들에 대한 확신에 따라 서서히 일어나는 연결을 발전시키기 위해 보통 오래 걸리는 경향이 있다. 이러한 것들은 보통 교육자 훈련 과정의 마지막 단계에서 다루어진다. 동일하게, 지도자로서 내가 누구인지 발견하고, 진실한 가르침의 목소리를 발전시키기 위해서는 시간과 확신이 필요하다. 많은 새로운 지도자들은 수행이 강력하고, 잘 확립되어 있을 때에도, 자신의 개인적 마음챙김 수행을 강의실로 가져오는 것에 있어 갖게 되는 초기의 어려움에 대해 설명한다. 개인적 수행을 강의실로 가져오는 것은 "자신의 수행에 대한 이야기"를 가져와야 한다는 것을 뜻하지 않는다. 오히려 이것은 명상 수행의 경험과 발견, 기쁨과 위기가 지도자로서의 자신을 포함하여 강의실 내 모든 사람들에 의해 공유된다는 의식을 전달한다. 스스로를 위한 마음챙김과 타인들에게 마음챙김을 제공하는 것 사이에 격차를 메우는 것은 의미 있는(그리고 때때로 예기치 못하게 어려운) 과정이다.

> 조는 지도자 훈련 교육과정에 오기 전 5시간 동안 매일 개인 수행에 전념했다. 그녀에게 있어 교육 수행의 초기 기간은 매우 어려웠다. 그녀는 수행에 대해 느낀 자신만의 경험이 전달될 수 있는 언어를 사용하여 수행을 인도하는 것이 놀라울 정도로 어렵다는 것을 발견했다. 그녀는 목소리가 매우 조용해지거나, 마음챙김이 낯선 초보자들에게 거의 의미가 없는 언어를 사용하는 경향이 있었다. 조의 질의 수행들은 다른 문제들을 가져왔다. 치료자로 일했던 그녀의 배경은 현재 발생하는 경험을 탐구하기보다 과거에 대한 생각들이 어떠한지에 대한 질문들을 하도록 만들었다.

조가 경험한 것은 이전에 주로 함축적이었으며, 말없이 내적 경험으로 느끼던 것을 말로 옮겨야 하는 것의 어려움이었다. 그리고 이러한 어려움은 특히 지도자가 또 다른 전통을 바탕으로 한 치료자, 혹은 숙련된 명상 및 요가 수행자로서 오랜 경험을 쌓은 경우 강렬하게 느껴진다. 이러한 양쪽 모두의 경우가 조에게 해당되었다. 수년 동안 수백 명의 환자들을 자신있게 치료하고, 피정을 통해 수백 시간을 명상하며 보냈음에도, 왜 마음챙김 커리큘럼을 가르치는 것이 이토록 어렵게 느껴지는 것일까? 그녀는 매우 좌절했다. 확실히 치료자로서 그녀의 경험은 그녀가 대부분 형태의 고통과 괴로움을 가장 잘 다루는 법에 대해 명확하게 알고 있었어야 한다는 것을 뜻한다. 그러나 세갈 외 연구자들(2013)은 우울장애를 위한 MBCT

저서에서 하나의 영역에 대한 전문지식은 또 다른 영역에서 필요한 것에 대해 무지하게 만들 수 있다는 고통스러운 명확성에 대해 자세히 설명한다. 조의 경우, 그녀를 이중으로 좌절시킨 것은 수년에 걸쳐 수행을 해왔던 피정이 바로 그녀의 생명줄이었기 때문이었다. 그녀는 수많은 멋진 지도자들과 함께 피정으로 명상을 하며 보냈다. 그렇다면 어째서 명상수행을 이끄는 것이 이토록 어려운 것인가? 그녀는 자문했다. 이것은 새로운 지도자들인 우리에게 가장 혼동되는 일이다. 그러나 아마도 이것은 그리 놀라운 일이 아닐 것이다. 연주회에 가서 위대한 바이올리니스트의 연주를 듣는 것은 음악에 대한 우리의 감상을 깊이 있게 만들어주고, 아마도 배우고 싶다는 동기를 불러일으킬 수 있을 것이다. 그러나 불행히도, 이것은 우리에게 악기를 연주하는 기술을 제공하지는 않는다.

새로운 지도자들은 보통 처음에 마음의 양식들 사이에 기계적, 인위적 전환을 느낀다고 설명한다. 실용적인 행위 마음에서 더 깊게 느껴지는 현재 순간의 감각으로 전환하는 것은 이러한 전환이 능숙한 일이라는 것을 인식하고 있음에도 불구하고, 어려울 수 있다. 교육에서의 수행, 그리고 또한 더 많은 수행이 필요하다.

> 한나는 자신이 처음에 바디스캔을 인도했을 때에 대해 설명했다. 그녀는 인도할 때 자신의 경험에서 나오는 설명을 하기 위해, 신체 감각들과 접촉할 수 있도록 눈을 감았다. 그러나 또한 시간을 확인하고, 목소리 음량이 충분히 나오는지 살펴보고, 자신이 인도하는 그룹의 참여자들과 접촉하기 위해 때때로 눈을 떠야 했다.
> 처음에, 그녀는 "확인하는 일"이 자신이 인도하는 것을 방해한다고 느꼈다. 그리고 그녀는 영상으로 자신이 강의하는 것을 본 후, 그녀가 "내부에서" 방해 받는다고 느낀 "스위치"가 영상에서 나타난 "체감된 자질"에서는 인식되지 않는다는 것을 깨달았다. 그녀는 자신이 "확인하는 일"에 대해 걱정하는 생각들이 실제로 확인하는 것보다 더 방해를 하고 있었음을 깨달았다. 서서히, 그녀는 눈을 뜨고, 감을 때 마음의 양식에 존재하는 능숙한 스위치에 대해 설명할 수 있었으며, 이러한 것들이 능숙한 교육을 뒷받침하는 명확하게 다른 방식이라고 느끼게 되었다.

교육의 경험이 성장함에 따라, 수업을 제공하는 이러한 두 가지 방식들은 절대적으로 유효하고, 필요하지만, 서로 다른 방식에서 더 쉽고, 더 유능하게 접근된다. 수업에서 발생하는 상황 및 경험들에 어떻게 잘 반응할 수 있는지 선택할 수 있게 되며, 이는 기술 및 가능성들의 확장된 레퍼토리에서 도출된다. 보게 되겠지만, 특히 보통 혼자서 가르치는 경우 진행되는 교육은 계속해서 진행되는 감독이나 감독참여(cosupervision)를 필요로 하게 된다.

감독의 역할

감독은 모든 유형의 마음챙김 교육에서 우리를 지원하는 중요한 역할을 하지만, 훈련 중인 지도자이거나, 혹은 우리의 경우처럼 교육이 연구 실험의 일환인 경우, 교육 평가에서 중요한 역할을 하게 된다. 교육에 대한 연구 동안, 감독은 다양한 방식들로 참여하게 된다. 교육 집단으로서, 우리는 수업의 녹화 영상 시청을 기반으로, 전주의 수업 동안 우리의 교육에 대한 마크의 평가를 듣기 위해, 화상 회의를 통해 매주 1시간에서 1시간 30분 동안 "만났다." 지리적인 여건상 우리는 자주 직접 만나지는 못했지만, 교육 팀의 일원으로서 8주간의 과정 동안 세 번에 걸쳐 직접 만났다. 각 경우에, 반나절 동안의 성찰과 감독은 우리가 프로토콜 준수를 유지하도록 보장했으며, 지도자로서 우리의 발전을 뒷받침했다. 마지막으로, 우리는 또한 교육의 특정 측면들과 성찰, 문제 해결, 지원적 지도에 대해 분석하기 위해 별도로 각 장소에서 만났다. 이것은 우리 자신의 교육, 혹은 교육 팀에 속한 다른 사람들의 교육에 대한 영상 기록들을 지켜봄으로써 뒷받침되었다. 또한 이러한 과정들은 연구 교육 팀 외부에 확립된 정기적 감독 과정들로 뒷받침되었다.

인스키프(Inskipp)와 프록터(Proctor) (1995)는 감독의 세 가지 역할에 대해 설명했다.:

- 회복 역할(지원적 역할 – 필요한 경우 정서적, 도구적 지지 제공)
- 형성 역할(교육적 역할 – 기술의 발전과 유지 지원)
- 규범 역할(윤리적 역할 – 고수 및 능력에 대한 기준 유지)

대부분의 감독 상황들에서, 한 명의 감독자가 이 모든 역할들을 맡으며, 여러 지점들에서 여러 기능들 사이를 이동하고, 특정 지점에서 필요로 하는 혼합을 만들어낸다. 그러나 일부 상황들에서, 이러한 역할들은 단 한 명의 감독자가 모두 맡기에는 적합하지 않을 수 있다. 감독을 받는 사람이 공식적으로 평가되는 경우, 많은 교육기관들은 평가자가 또한 감독자가 되어서는 안 된다고 요구한다. 이것은 회복 역할과 규범 역할의 잠재적 대립을 인정한다. 따라서 연구 교육 팀은 우리의 교육에서 고수와 능력을 모니터링 하는 과정을 책임지지 않으며, 연구 실험의 외부에 있는 감독자를 두여야 한다고 느꼈다. 이것은 감독자와 평가자의 역할이 구분되는 영국의 훈련 과정들과 유사하다.

이러한 경계에도 불구하고, 평가되는 것은 우리가 현재 탐구하고 있는 다수의 문제들을 제기하기 때문에 잘 가르쳐야 한다는 압박감을 느끼는 지도자에 의해 마음의 양식이 수업으로 흡수된다. 그렇다면 수업에서 어떤 일이 일어날 수 있는지 몇 가지 특정 사례들을 검토해보자.

무엇이 능숙한 지도자를 만드는가?

당신이 지도자라면, 다음 시나리오에 어떻게 반응하겠는가?

> 8주 MBCT 과정의 2회기에서, 당신의 교육 능력을 평가하기 위해 당신의 모습이 비디오로 녹화되고 있다. 평상시대로, 비디오카메라는 당신을 향하고 있으며, 참여자들을 향하지 않는다. 이것은 단지 당신 스스로가 당신의 자각에 따라 설치했기 때문일 것이다.
> 한 참여자인 브론웬은 바디 스캔 가정 수행을 하기 위해 시간을 내는 것이 매우 어렵다고 설명한다. 그녀는 이러한 많은 시간을 내는 것은 누구에게나 불가능한 것이며, 지도자가 이를 기대하는 것은 완전히 불합리한 것이라고 불만을 제기하며, 매우 분노한 상태로 이에 대해 이야기한다.

잠깐 동안 시간을 갖고 이 장면을 상상해보자. 그리고 당신의 반응이 표면화되도록 놔두어보자... 당신은 무엇을 이야기하고 싶은가? 어떤 것이 떠올랐든, 이것이 지도자로서 "평가를 받고 있다는" 느낌과 연관되는지, 혹은 당신이 참여자의 비판을 받고 있다는 느낌이나, 현재 상황이 달라지길 바라는 느낌과 연관되는지 주목해보자. 신체 감각, 특히 수축이나 불편함에 주목해보자. 당신이 어떤 마음과 신체의 반응들에 주목했든, 이러한 반응들은 즐거운 것인가, 아니면 불쾌한 것인가, 혹은 둘 중 어떤 것에도 속하지 않는가? 잠깐 동안 시간을 갖고, 친절하고 관심 어린 방식으로 당신의 반응들을 인식해보자.

수업 중에는 항상 다수의 선택들이 존재한다. 그러나 선택이 마음의 행위 양식에서 나오는지, 혹은 존재 양식에서 나오는지 여부에 따라, 매우 동일한 선택도 다르게 "느껴질" 수 있다. 지도자로서 불안감을 느낄 때, 행위 양식은 쉽게 추구적 행위로 변할 수 있다. 마음의 추구적 행위 양식에서, 지도자는 가능한 많은 수행을 이행하도록 만들기 위해, 그룹의 요구에 높이 초점을 맞춘 상태가 됨으로써 반응할 수 있으며, 결국 "이것은 일주일에 6일 동안 수행되어야 한다. 그렇지 않으면 사람들은 도움을 받지 못할 것이다."라는 생각을 하게 될 수 있다. 이후 초점은 아마도 수행이 이루어지도록 최적의 시간과 장소들에 관한 제안들을 제공함으로써, 이러한 어려움을 해결하는 것에 맞추어질 것이다. "하면 된다"는 메시지는 강하게 들어올 것이며, 브론웬은 다음 주에 수행을 위한 시간을 내기 위해 얼마나 더 열심히, 혹은 더 효과적으로 노력해야 하는지에 관한 생각들에 빠져버릴 수 있다.

다른 한편으로, 마음의 존재 양식에서 지도자는 처음에 수행이 얼마나 어려운 것인지에 동의할 수 있으며, 가정 수행을 시도한 것에 대해 그녀를 칭찬할 수도 있다. 이후 그 주 동안 가정 수행을 실행하는 것에 대한 생각이 떠올랐을 때 주목한 과정들에 대해 브론웬과 탐구한다. 이것은 그녀에게 어떤 일이 전개되는지 주목하고, 호기심을 가질 수 있도록 안전한 공간을 만들어준다. 시간을 들이며, 지도자는 브론웬에게 일어난 일에 대해 "분석"하도록 온화하게 권유하고, 동시에 이러한 경험을 분석하는 바로 이 순간에 일어나는 그녀의 경험에 긴밀하게 주의를 기울이도록 권유할 수 있다. 이러한 또 다른 종류의 학습에서는 다음이 발생할 수 있다.:

브론웬: 내가 수행을 하기 위해 일정을 세웠다는 것이 떠올랐어요. 그러나 나는 해야 할 일이 너무 많았죠.

지도자: 고마워요, 브론웬. 당신이 인도되는 명상에 대해 고려하기 시작한 순간을 인식했던 것처럼 들리네요. 그렇다면 곧바로, 해야 할 일들이 당신의 마음에 어떻게 떠올랐나요? 나는 당신이 이 순간에 신체에서 무언가에 주목했는지 궁금하네요.

브론웬: 나는 조임을 느꼈고, 해야 할 필요가 있는 모든 일들에 대해 생각하고 있었어요.

지도자: 그렇다면 일에 대한 생각들이 떠올랐고, 당신의 몸이 조이는 것을 느꼈군요. 지금 이것을 이야기하면서, 당신의 머리는 아래를 향하고 있고, 팔짱을 끼고 있네요. 그곳이 당신이 조임을 느낀 곳인가요?

브론웬: 네, 그랬어요. 무거운 짐이 나를 누르는 것처럼, 무겁고, 가슴이 조이는 걸 느꼈어요. 그리고 나는 이미 삶이 매우 바쁜 상황에서 또 다른 해야 할 일을 받았다는 것에 화가 났어요. 나는 스스로에게 말했어요. "나는 이것을 할 수 없어. 무언가를 더 하려고 한다면 무너져버릴 거야, 이건 그냥 불가능해."

지도자: 아, 그랬군요. 당신이 설명한 것은 바로 마음챙김에서 스스로에게 하도록 요구하는 것이죠. 즉, 우리의 경험을 인식하고, 어떻게 전개되는지 주목하는 것입니다. 당신은 발생하고, 전개되는 이러한 생각, 신체 감각, 정서들에 주목했기 때문에 마음챙김을 수행하고 있었던 것입니다. 이러한 생각과 정서들이 바로 당신이 인식했던 것들인가요?

브론웬: 아, 네. 나는 종종 이렇게 느껴요. 일이 너무 많고, 짐을 더한 사람들에 진저리가 나요.

지도자: 그러면 당신이 진저리가 난다고 느낄 때, 무거움과 조임의 느낌은 어떻게 되나요?

브론웬: 점점 더 커지고, 나는 너무 긴장해서 아무것도 할 수 없게 되요.

지도자: 고마워요, 브론웬. *(전체 그룹을 향하며)* 이것은 어떻게 우리의 명상 수행이 마음의 오래된 익숙한 패턴들이 나타나는 실험실과 같은지를 보여주는 좋은 사례네요... 여러분은 스스로에게서 이런 것을 인식하나요? 우리는 어려움이 나타날 때, 수행은 가장 흥미로워진다고 말할 수도 있습니다... 이것은 보고, 탐구해야 할 것들이 많기 때문이죠.

이 지점에서 참여자들에게 정기적인 수행의 중요성에 대해 상기시키는 것이 중요할 것이다. 그러나 이제 이것은 지도자로서 수행이 위태롭다고 느꼈을 때 이전에 가졌던 비판적 반응에서 나오지 않는다. 단지 가정에서 수행을 하라는 *지시*는 이것이 쉽다는 것처럼 들리게 만들며, 죄책감과 거부감을 만들어낸다. 수행 과정에 대한 질의중에 나오는 경우, 다음 주의 가정수행은 쉬울수 있지만 잠재적인 장애물에 대해 더 탐색해볼 것을 *권유*하는 것으로 나타난다. 이제 가정에서의 수행은 어렵기 때문에 더 중요하게 여겨진다. 이러한 문제들은 커리큘럼을 약화시키기보다, 커리큘럼이 *된다.*

MBI:TAC의 여러 영역들은 명확성과 자비를 가르치기 위해 필요한 행위와 존재 기술들을 식별한다. 특정 순간에 수업에 존재하는 지도자들, 이들의 경험, 고유한 환경들은 교육이 얼마나 많이 연결과 전달의 행위 및 존재 양식들을 향하는지에 영향을 끼칠 것이다. 많은 지도자들은 선택이나 설계에 의해 일어나는 것만큼 우연히 일어나는 것으로 보이는, 잘 가르친 시기들에 대해 설명한다. 보이는 것처럼, 뜻하지 않게 다수의 요인들 모두가 합쳐지고, 이에 따라 능숙한 교육이 이루어질 수 있게 된다.

발견의 순간들에 대한 반응

행위 및 존재에 대한 유사한 지향이 참여자들의 긍정적 경험들에 대한 반응으로 나타날 수 있다.

5회기에서, 그룹이 마음에 어려움을 떠올리도록 권유 받는 정좌 수행 이후, 엘레노어는 이전보다 자신의 신체에서 더 명확하게 감각들에 주목하게 된 것에 대해 설명했다. 그녀는 또한 어

> 려운 상황을 마음에 가져온 것만큼 강렬하게 발생한 감각들에 대해 설명했지만, 그녀는 지도를 따랐으며, 이러한 지도 내에서 제공되는 선택들에 대해 들었고, 자신의 가슴 부위에서 느껴지는 열, 조임, "불빛"과 함께 머무를 수 있었다. 그녀는 삶의 문제들로부터 발생하는 강력한 정서들에 대해서도 물러서서 바라볼 수 있다는 느낌에 놀라워했다. 즉, 압도되지 않고도 이것을 느낄 수 있었다.

다시 한 번, 당신이 지도자라면, 어떻게 반응할지 상상하는 시간을 가져보자. 당신의 반응들이 표면화되도록 허용할 수 있는가? 무엇이 떠오르든, 참여자가 잘해내고 있으며, 칭찬을 받아야 한다는 것에 대해 "안심하게 되는" 느낌과 연관되는지 여부에 주목하자. 신체 감각에도 주목해보자. 당신이 주목한 마음과 신체의 반응들이 무엇이든, 이러한 반응들이 즐거운가, 아니면 불쾌한가, 혹은 어떤 것에도 속하지 않는가? 잠깐 동안 당신의 반응들을 인식해보라.

이것은 지도자가 모르는 사이에 유용하고, 적합한 행위 양식에서 목표 지향적인 "추구적 행위 양식"으로 넘어갈 수 있는 지점이다(4장). 추구적 행위 양식으로 기울게 된 지도자는 엘레노어가 "습득한 것"에 대해 안도감으로, 고마워하며 들을 수 있다. 지도자는 엘레노어가 말한 것에서 일련의 유용한 교육 초점들을 인식할 수 있으며, 전체 그룹에 강조될 수 있을 때까지 이러한 초점들을 보유한다(아마도 빠르게 명명되지 않는 경우, 잊어버리게 되는 것에 대한 우려 및 조급함에 따라). 마음속에서, 지도자는 기뻐할 수 있다.: "카메라에 찍히다니 굉장하군! 얼마나 좋은 기회야!" 그리고 아마도 이러한 생각들이 떠오름에 따라, 지도자는 엘레노어가 정확히 어떻게 자신의 경험을 설명하고 있는지 주의를 기울이며 듣는 것을 중단했을 것이다. 가능한 빠르게 예의를 차리며, 지도자는 그녀에게 감사를 표할 수 있으며, 이후 다음과 같이 나아갈 것이다.: "정말 고마워요, 엘레노어. 이것은 정말 좋은 사례네요. 당신은 우리가 어떻게 경험들과 함께 머무르는지 너무 잘 설명하고 있어요. 우리는 이러한 경험들을 다르게 볼 수 있을 거예요."

이러한 순간에 태도가 어떻게 스스로에 관한 것을 드러내는지 보는 것은 정말 흥미로운 점이다.: 지도자로서 "열린 마음과 수용"으로 생각하는 것은 쉽게 *조건부*의 열린 마음이 될 수 있다. 즉, 참여자들이 발전하는 동안은 열린 마음을 갖게 될 것이다! 자신이 얼마나 많이 열려 있는지 *좋아할 것이며*, 이것은 참여자들이 이야기하는 것을 좋아하지 않는 때와는 매우 다르게 느껴질 것이다. 이러한 긍정적인 양식에서는 "카메라를 향해 미소 지으며" 그룹을 위한 다른 학습을 계속해서 지정할 수 있게 된다. 즉, 잘해내고 있는 것이다!

그룹은 학습을 듣고, 충분히 이해하게 될 수 있지만, 아마도 신체에서 그 순간에 느끼는 자기 자신의 경험과 연결되는 것을 통하기보다 *아이디어*로서 이해하게 될 것이다. 그러나 이와 같은 경험을 가지지 않은 참여자들에게 있어 경험과 "함께 머무르는" 것은 도대체 무엇을 뜻하는가. 이들에게 있어, 경험들과 "함께 머무르는 것"을 통해 "상황을 다르게 보는 것"은 아무런 의미가 없다. 지도자는 자신의 의식하지 못한 행위 양식("달성되는 목표"와 "완수되는 일"을 좋아하는)에서 발생하는 안도감에 따라, 축하로부터 완전히 배제되었다고 느낄 위험이 있는 다른 참여자들의 고통은 고려하지 않은 것이다.

마음의 존재 양식에서 이러한 탐구는 완전히 다르게 느껴질 수 있다. 지도자는 경험을 위한 자리를 만들고, 그룹에서 학습이 나타나도록 허용하며, 엘레노어가 무엇을 말하고, 어떻게 이야기하는지 주의 깊게 들을 수 있다. 이렇게 하는 것에 대한 확신은 학습이 실제로 나타날 것이라는 신뢰, 자신의 방식으로 이렇게 하도록 허용하는 인내심, 그리고 호기심에 달려 있다.: 이러한 고유한 전개는 바로 지금, 수업에서 어떻게 구체화될 것인가?

존재 양식에서는 엘레노어가 이야기함에 따라, 지도자로서 엘레노어가 전달하려는 것을 주의 깊게 듣게 된다. 이러한 발견의 순간을 축하해줄 준비를 하면서, 실제로 마음 뒤편에서 행위 양식에 대해 인식할 수 있다. 행위 양식이 존재한다는 것을 깨닫게 되지만, 괜찮으며, 실수가 아니라는 것을 명확히 보게 될 것이다. 항상 축하할 무언가가 존재하지만, 기다려야 한다. 즉, "아직은 아니라는" 느낌이 존재한다. 따라서 지도자는 전체 그룹이 그녀의 경험을 어떻게 받아들이는지에 열린 마음과 주의를 유지하기로 결심한다.

수행의 이러한 전환점에서 순간마다, 자신의 신체에서 무엇을 주목했는지에 관해 엘레노어와 추가 질의를 한 이후, 이를 인정하며 미소를 짓고, 고개를 끄덕이는 그룹 구성원들이 존재하는 것을 보게 된다. 그룹에 있는 모든 사람들이 엘레노어가 말하는 것에 관심을 보인다. 지도자는 논의를 확대할 수 있다고 느끼게 된다. 다음은 어떻게 전개될 수 있는지를 보여준다.:

지도자: 다른 사람들은 이러한 경험을 인식했나요? *(사람들이 고개를 끄덕이고, 미소를 짓는다)* 나는 이것에 대한 여러분의 느낌이 어떤지 궁금하네요. 이러한 지점들에서 무슨 일이 일어나나요? *(전체 그룹에게 묻는다)* 더 많은 것을 이야기 해줄 사람이 있나요?

아만다: 나에게 이것은 기분이 좋지 않은 것에 대한 두려움을 놓아주는 것입니다. 내가 이미 상처를 받았을 때 두려움을 더하지 않는 것은 나의 몸에서 매우 다르게 느

껴집니다.

그녀는 이것을 이야기하며, 크게 한숨을 쉬었고, 더 편안해 보인다.

안 나: *(아만다의 얘기에 고개를 끄덕이고, 미소를 보인다. 손바닥으로 무언가 가상의 것을 잡으려는 것처럼 손을 뻗은 후, 손바닥이 위로 가게 손을 돌리고, 마치 무언가를 놓는 것처럼 손가락을 푼다)* 네, 조이는 느낌을 놓아버리는 것은 정말 좋은 것 같아요.

리차드: 나의 경우에는 조금 달라요... 여기 앉아 있는 나의 몸의 느낌과 그냥 마주하는 것은 *(몸을 고정시키고, 손으로 연결하는 몸짓을 보이며)* 계속해서 "왜 나는 이처럼 느끼는 것인가? 나는 어떻게 이것을 사라지게 만들 수 있는가? 나한테 무엇이 잘못되었는가? 나는 이것을 참을 수 없어!"라고 생각을 거듭하던 평상시의 방식에 비해 안도감을 줍니다. *(그의 손은 이제 머리 위에 있으며, 그를 위해 이러한 과정의 분주함을 전달하며 빠른 원형의 움직임을 만든다)*

그룹은 서로 이러한 경험들을 명명하고, 이러한 경험들이 말로 전해지는 것만큼 비언어적으로 전달되는 방식을 지켜본다. 차분함, 놀라움, 그리고 강의실에서 끓어오르는 일종의 흥분이 존재한다.

지도자: 궁금하네요... 바로 지금 무엇에 주목하고 있나요?

엘레노어: 내가 고통스러운 경험들이 나타날 때 이러한 것들을 관리할 수 있다고 느끼는 것이 흥분 되요... 마치 손을 불 속에 넣었는데 화상을 입지 않는 것 같아요! 나는 내가 이것을 할 수 있으리라는 것을 몰랐어요. 나는 미래에 대해 정말로 희망을 느껴요!

지도자: 감사합니다... 그리고 다른 경험을 한 사람이 있나요?

지도자는 아직 이야기를 하지 않은 사람들의 경우 명상이 매우 다른 경험을 가져왔을 수 있다는 것을 인식한다. 어려움과 문제들에 대한 질의가 원칙적으로 더 "긍정적"으로 보이는 경험들에 대한 질의와 동일하다는 것에 주목하자.: 신체, 생각, 정서, 그리고 행동하려는 충동에서 무엇을 주목했는가? 그룹으로, 혹은 짝을 이루어서 어려움들에 대해 기꺼이 이야기하려는 상태는 이미 많은 참여자들에게 있어 중요한 용기 있는 행위이다. “기꺼이 경험하려는 의지”는 여기에서 칭송받는 특징이다. 이것은 마음챙김 수업에서이든, 혹은 우리의 개인적 수행에서이든, 우리 각자는 결과가 아닌, 오직 투입에 대해서만 책임을 진다는 것을 상기시킨다.

지도자는 루미(Rumi)의 “게스트 하우스(Guest House)”를 읽고, 마음챙김 수행에서 일어나는 가능성에 대해 언급하는 것으로 이 질의를 끝낼 수 있다. 삶에서 우리에게 문제가 되는 상황들과 새로운 방식으로 관계 맺기를 배우는 것은 어려울 수 있지만, 우리가 괴로운 상태에 있다는 것을 주목할 때, 순간마다 어떤 특정 감각들이 신체에서 발생하는지에 대해 호기심을 갖는 것처럼, 우리가 할 수 있는 무언가가 존재한다는 것을 배움으로써 도움을 받는다.

다른 마음챙김 기반 중재들과 마찬가지로, MBCT 교육에서, 강의실을 준비하고, 사람들을 한데 모으고, 명상을 지도하고, 참여자들이 수업과 가정에서의 수행에 대해 성찰하는 것을 주의 깊게 듣고, 경험에서 만들어지는 발견들을 이끌어내고, 또한 실질적인 질문들에 직접 답하고, 가정 내 수행 과제물을 가지고 갈 때 추가 관찰을 권유함에 따라, 우리는 우리의 모든 다양한 마음의 양식들에 접근할 수 있다. 동일한 커리큘럼 요인(예, 위 사례들에서 질의)는 지도자의 경험, 기질과 마음 상태, 그룹의 고유한 특성 등과 같은 다양한 요인들에 따라, 많은 방식들로 전달될 수 있다. 커리큘럼 자체의 특성은 또 다른 중요한 요인이다.

커리큘럼의 역할

마음챙김 기반 중재의 얼마나 많은 커리큘럼이 명시적인지, 혹은 함축적인지 여부에 관한 일부 논쟁이 존재했다. 맥카운(McCown) 외 연구자들(2010)은 마음챙김이 전달되는 주요 방식인 마음챙김의 체화에 필요한 MBSR의 “비구조화된 커리큘럼”에 대해 설명한다. 이러한 맥락에서 “비어 있는” 것은 특정 그룹의 학습을 위해 커리큘럼이 가장 적합한 순간에 소개될 수 있도록 교육 내용을 전달하는 방식에 대해 설명하는 것이다. 이런 식으로, 활동, 혹은 정보의 소개는 프로토콜에 의해 주로 인도되는 지도자보다 그룹에 의해 학습이 가장 잘 받아들여질 수 있는 MBI 프로그램의 특정 지점에서 제공될 수 있다. 이는 예를 들어, 이러한 요인의 소개가 수업에서 경험으로 나타나고 있는 학습과의 단절을 초래할 것이라고 지도자가 느끼는 경우, 커리큘럼의 요인을 전달하기 위해 다음 주까지 기다리는 것을 선택할 수 있다는 것을 뜻한다.

이것은 기초 MBI 커리큘럼(Kabat Zinn의 MBSR, 2013)의 본질적 구조가 30년 이상 동안에 걸쳐 시도되고, 테스트 되어 왔다는 깨달음과 함께, 유념해야 할 정말 중요한 것이다. 맥카운 외 연구자들(2010, p. 137)은 수년에 걸쳐 나타난 MBSR의 많은 적용들이 주로 그 구조와 핵심 수행들을 유지한다고 서술한다(MBCT의 경우 이것은 사실이다). 새로운 지도자들과 숙련된 지도자들은 이러한 구조에 의해 제공되는 구조틀, 그리고 8주간에 걸쳐 매우 능숙하게 전개되는 방식을 신뢰한다. 구조틀은 편안함과 자신감, 안전하게 유지된다는 느낌을 불어넣는다.

MBCT는 또한 프로그램의 필요한 구성요인들을 전달하도록 설계되며, 현재 효과에 대한 증거 기반 베이스에 대한 근거를 형성하는 정의되고, 구조화된 커리큘럼을 제공한다. 핵심 요인들은 8주간의 교육과정에 걸쳐 명확하게 배치되고, 주마다 의도적으로 전개된다. 학습은 과거의 학습을 기초로 하며, 교육과정 내내 이러한 특정 내담자 그룹에 학습을 탐구하고, 발전시킬 기회들을 제공하기 위해 교육 내용들은 경험과 명확한 이론적 이해를 바탕으로 설계된다. MBCT의 구조와 매뉴얼 화된 커리큘럼은 일부 사람들에게 새로운 경험 주도 학습이 MBCT에서 낮게 우선시된다고 가정하도록 초래했다. 실제로 지도자들은 예를 들어 자신들이 과정 및 질의 과정 동안 인지 요인들을 제공하게 되는 경우, 이러한 학습도 경험과 상호작용을 통해 일어날 수 있다는 것을 깨닫기보다, 너무 쉽게 교훈적인 강연 방식으로 전환하려할 가능성이 높다. 지도자들에게 있어 가르치는 순간에 수행이나 활동의 의도에 대해 명확히 하는 것은 중요하지만, 현재 이용할 수 있는 학습을 명시적으로 지정하거나, 너무 빨리 이를 수행하고자 하는 욕구는 강조하는 것이 경험적 발견에서 멀어지고, 개념적 학습으로 너무 치우칠 수 있다.

따라서 이것은 단순히 구조화된 커리큘럼, 혹은 비구조화된 커리큘럼의 양자택일 문제인 것인가? 아마도 실제로 그림은 더 복잡한 것인가? 비구조화된 커리큘럼은 반드시 교육이 그룹에서 발생하도록 한다거나, 혹은 구조화된 커리큘럼은 이러한 과정을 저해할 것이라고 말하는 것은 지나치게 단순한 것일 수 있다. 일부 지도자들은 가르치는 마음의 존재 양식을 고정시키는 정의된 커리큘럼의 보장이라고 반응하며, 덜 구조화된 커리큘럼에 의해 이의가 제기될 수 있다. 아마도 행위와 존재 양식 양쪽의 교육에서 이러한 구조와 유연성의 역동적 균형은 각 지도자에게 있어 고유한 과정일 것이다. 커리큘럼이 구조화되거나, 더 유연해지는지 여부, 그리고 특정 경험을 탐구하는 특정 개인들 사이에서 수업 중 무엇이 발생하는지는 순간마다 나타나며 공유할 것이다. 지도자의 연결과 반응은 계획되거나 예정될 수 없다. 많은 지도자 훈련생들은 이것을 질의 과정에서 두드러지는 도전이라고 부른다. 사람들이 자신의 경험에 대해 무엇을 말할지 모르는 상태에서, 이것을 기초로 한 규정된 계획을 갖는 것은 불가능하다. 여기에서 지도자는 알지 못하는 수행과 의지에 따른 채, 경험을 탐구함에 따라 무엇이 나타나는지 보기 위해 기다려야 할 것이다. 그러나 마음챙김 기반 영역의 전체 지도에 대해 아는 것이 중요하다. 이는 보편적인 측면과 특정 측면을 포함한다.: 보편적 고통은 스스로 어떻게 나타나며, 우리 모두는 어떻게 무심코 이를 유지하는가. 이러한 고통을 현명하게, 가장 변혁적인 방식으로 탐구하도록 우리를 돕는 이러한 프로그램의 특정 지점에서 사용되는 수행의 특정 의도는 무엇인가?

연구 실험에서 교육의 통제

우리가 의도적으로 MBCT의 범위를 확장하는 연구 실험에서처럼, 긴밀히 감독되는 교육은 커리큘럼 고수에 대한 특정 초점을 요구한다. MBCT 증거 기반의 토대를 형성하는 연구되는 요인들로 인해 변화를 허용하는 것이 가능한 경우 변수들을 제한하는 것이 중요하다. 가르치는 것은 MBCT 커리큘럼에서 인식 가능해야 하며, 적합한 기준으로 가르쳐야 한다. 그렇지 않을 경우 긍정적이든, 혹은 부정적이든, 결과를 해석하기 어려울 것이다.

긴밀한 감독 아래에 있기 때문에 고수하는 상태를 유지하고자 노력하면서, MBCT를 가르치는 많은 다른 맥락들에서보다 완벽하게 시간을 맞추고, 모든 정확한 커리큘럼 요인들이 존재하도록 보장하는 것을 더 크게 강조하려는 유혹이 들 수 있다. 확실히 커리큘럼의 필요한 요인들을 포함하는 것이 보장되어야 하며, 커리큘럼 요인들의 시간을 배정하는 것이 한 명의 연구 지도자와 또 다른 연구 지도자에게서 광범위하게 유사한 것이 이상적일 것이다. 그러나 지도자들이 실제로 순간마다 하는 것은 이렇게 제약을 받을 수 없다. 수행 지도에서 언어의 특정 선택, 주요 학습 초점들을 이끌어내기 위한 소수의 광범위한 질의 대 더 적은 질의들 사이에 균형 등, 이 모든 변수들은 지도자가 순간마다 수업이 바로 지금 필요로 하는 것을 파악함에 따라, 지도자의 통제 아래에 놓이게 된다.

스포트라이트를 받는 교육

연구와 대학 검증 훈련 양쪽의 경우, 평가를 위해 필요한 정보를 수집하는 것은 미래의 참조를 위해 관찰자와 지도자에 의해 유지되는 기록과 함께, 교육의 관찰을 필요로 한다. 이러한 과정은 비디오 녹화, 오디오 녹음, 혹은 때때로 직접 관찰하는 사람을 수반할 수 있다.

보통 지도자들의 발전을 지원하기 위해, 이러한 기록들은 또한 지도자 스스로가 이용할 수 있으며, 이는 교육에 대한 성찰 과정에서 협력을 가능하게 한다. 정보를 알리고, 기술과 강점들을 인식하고, 필요한 발전을 지원하기 위해 고수와 능력에 대한 평가 과정은 기준점을 형성한다.

교육이 평가될 때, 우리 대부분에게 있어 흥미로운 압박감이 존재한다. 우리가 뱅고어 대학에서 실험을 위해 연구 교육을 시작했을 때, 우리는 행운을 빌어주는 사람들로 인해 깜짝 놀랐다. 사람들이 행운을 빌어줄 때에는 무언가 있다는 뜻이다! 전에 우리가 다른 상황들에서 가르친 많은 다른 수업들 경우에는 결코 이런 적이 없었다. 이번 교육은 우리 뿐 아니라, 또한 주위에 다른 사람들에게 있어 다른 중요한 의미를 가졌다. 스포트라이트를 받는 마음챙김 자체(그리고 교육 팀)에 대한 의미가 존재했다. 바로 학습의 잠재력과 마음챙김 공동체에 있어 이 연구의 중요한 추가 이해였다.

자격인정 및 인증의 형태를 향하는 교육은 유사한 중요성의 느낌을 가질 수 있다. 이러한 관찰과 평가의 과정들은 거의 필연적으로 취약함, 혹은 심지어 위협을 불어넣는다. 우리가 더 나은 지도자가 되기를 원한다는 사실, 그리고 우리가 관찰, 평가, 피드백이 이러한 과정의 중요한 부분이라는 것을 알고 있다는 사실이 덜 위협적으로 만들어주지 못한다. 마음챙김 교육은 자주 고립된 상태로 일어난다. 지도자들은 자주, 혹은 빈번하게 다른 사람들이 가르치는 것을 관찰하거나, 공동으로 지도할 수 없다. 이들은 교육의 경험에 대해 감독자들과 이야기를 나눌 수 있으며, 심지어 감독 그룹에 속할 수도 있지만, 이것은 감독자(들)가 이들의 교육을 직접 경험하고, 관찰하게 되는 것을 수반할 수는 없다. 승인과 소속에 대한 인간의 욕구를 고려하라 때, 교육의 관찰은 큰 취약함의 정서를 촉진할 수 있다. 이러한 취약함에 대한 느낌은 아마도 마음챙김 교육이 순간마다 마음챙김 수행자로서, 그리고 인간으로서 지도자의 진실한 존재를 요구한다는 사실로 인해 고조된다. 이러한 것들은 교육에서 중요한 자원들이다. 따라서 교육의 평가는 단순히 지식과 기술에 대한 평가가 아니라, 인간으로서의 지도자를 평가하는 것처럼 보일 수 있다.

평가된다는 문제에 능숙하게 반응하기

개인의 교육이 갖는 특성과 질에 대한 객관적이고, 지속적인 느낌을 만들어내고, 유지하는 것은 어려우며, 이는 특히 수반되는 요인들의 범위와 관찰되는 교육으로서 가능한 많은 대안적 관점들을 고려할 때 그러하다. 잘해내기를 원하고, (최소한) 능력 있는 것으로 보이고 싶은 것은 연약함의 느낌, 교육이 현재 있을 수 있는 위치와 어떻게 위치해야 하는지 사이에 차이에 대한 불확실성을 만들어낸다. 불확실성과 취약성은 교육에 어떤 영향을 끼치는가? 이러한 어려운 상황들 아래에서도, 잘 가르칠 수 있도록 이러한 과정들을 어떻게 관리할 수 있는가? 대부분의 마음챙김 지도자들에게 있어 어려운 일이 될 수 있는 다음의 상황을 고려해보자.

> 당신은 수업을 녹화하고 있거나, 혹은 숙련된 지도자가 당신이 교육하는 것을 지켜보고 있다. 한 참여자인 코니는 자신이 어렸을 때 힘들었던 부모와의 관계에 대해 상기해 왔다. "적합하게 수행하지 못하는" 것에 대한 생각들이 그녀가 실패를 느꼈던 다른 시기들과 연결되었다. 바로 지금, 여기 강의실에서 그녀의 기억들과 연결되는 생각들은 생생하게 존재하고 있다. 그녀는 그룹에게 자신의 아버지가 자신에게 "쓸모없다고" 말했던 일련의 경우들에 대한 상세한 이야기를 하고 있다. 그녀는 당황하고 있으며, 이러한 기억들이 재연되는 익숙한 스토리 속에서 길을 잃는 것으로 보인다. 그녀는 최소한 두 번의 이전 수업들에서 이러한 동일한 이야기들을 말했다.
>
> 당신이 코니에게 바로 지금 신체와 마음에서 무슨 일이 일어나고 있는지 말하도록 권유하기 위해 하는 질문들은 듣지 못한 것처럼 보이고, 그녀는 또 다른 사례를 이야기하기 시작한다. 나머지 그룹은 점점 인내심을 잃어가고 있다. 이것은 그룹이 익숙해진 코니의 패턴이다. 이들은 당신을 쳐다보며 이것에 대응하고, 수업을 지속하기를 바라고 있다. 당신은 이것이 상당한 시간이 걸린다는 것을 잘 알고 있으며, 수업에 허용된 시간 내에 필요한 커리큘럼을 완수할 수 있을지 걱정된다.
>
> 전체 그룹이 이러한 상황에서 배울 수 있는 가능성은 명백하게 보일 수 있지만, 바로 지금 능숙하게 대응하는 방법은 찾기 어려워 보인다. 아마도 당신은 마음챙김을 통하더라도, 그녀의 이야기를 중단시키는 것이 그녀의 자기비판과 괴로움을 더하는 것은 아닐지 우려하고 있는 것일까?

잠시 시간을 갖고 이것을 상상해보자. 이러한 상황에서 당신에게는 무슨 일이 일어날 것인가? 당신이 혼자서 가르치고 있는 경우, 공동으로 가르치고 있는 경우, 혹은 평가되는 경우에 이러한 반응은 달라질 것인가? 그리고 만약 그러하다면, 무엇이 이러한 차이를 만드는 것인가? 지금 현재 당신의 관심의 가장 중심에 카메라/녹음/관찰자는 얼마나 많이 존재하고 있는가? 이러한 질문들에 대한 답은 당신이 어떻게 반응하는지에 상당한 차이를 만들어낼 수 있다. 관심의 가장 중심에 관찰자가 있는 경우, 당신은 잘해내는 것과 이 상황을 제대로 바로 잡는 것, 달성하는 것에 초점을 맞추게 될 수 있다. 관찰자에게 주어지는 의미, 그리고 아마도 관찰자 자신은 이러한 상황들에서 경험되는 반응에 상당한 영향을 끼칠 수 있다. 만일 관찰과 관찰자에게 초점을 맞추는 대신, 이들의 존재를 인정하지만, 자각의 중심에 두기보다 배경에 놔두는 것이 가능하다면, 그 자리는 마음챙김 수행, 수업, 전개되는 과정에 연결하기 위해 이용할 수 있게 될 것이다. 어떻게 가장 잘 반응할 것인지의 어려운 문제는 나타나는 현재 순간을 더 명확하게 볼 수 있도록 허용하며, 마음챙김 자각에 따를 수 있다. 결국 마음챙김 자각은 어떻게 반응할 것인지에 대한 현명한 선택을 의식할 가능성을 열게 된다. 여기에서 창의력과 유연성은 발휘될 수 있는 최고의 기회를 갖게 될 것이다. 그리고 이것이 바로 MBCT의 변화 의도이다.

지도자의 다음 반응들 중 어떤 것이 적합한 것으로 인식되는가?

> "코니, 지금 너무 많은 것이 일어나고 있는 것처럼 들리네요. 당신에게 이 모든 것에 대한 한 가지 질문을 해도 괜찮을까요? 이러한 기억들은 언제 당신에게 다시 돌아오며, 당신은 신체에서 무엇이 일어나는 것에 주목하게 되나요?... 이것은 바로 지금에도 일어나고 있습니까?"

> "[수업에 말하며] 코니의 경험은 우리가 다시 찾아오는 기억의 홍수에 빠지게 될 때, 그리고 너무 압도적으로 여겨질 때 어떻게 대처해야 하는지에 관한 다수의 쟁점들을 제기했습니다... 우리는 짝을 이루어서, 이러한 상황에서 우리 각자가 무엇을 할 수 있는지(혹은 할 수 있는 것처럼 느껴지는지) 고려할 수 있습니다. 우선 짧은 호흡 공간 수행을 해 봅시다."

> "이러한 크고, 고통스러운 기억들이 이렇게 빠르게 다시 찾아오는 경우 너무 힘들어집니다. 실제로 해야 할 가장 중요한 것은 이러한 기억들을 없애거나, 특정 방식으로 고정시키는 것으로 나타나죠... 불가능한 것처럼 보이는 어려운 접근을 탐구하는 호흡 공간을 해봅시다."

"너무 고마워요, 코니. 이야기 할 것이 정말 많네요. 아마도 우리는 수업 후에 이것에 대해 이야기해볼 수 있을 거예요.[혹은 '나중에 다시 해 보죠'] 당신은 이러한 것이 얼마나 익숙한지 언급했고, 나는 이렇게.. 이해하고 싶네요, 우리 모두가 상황을 명료하게 만드는데 도움이 될 수 있는 일부 수행들이 존재합니다. 다음 수행 때 이러한 것들을 더 긴밀하게 탐구해봅시다."

이러한 선택들을 제시하는 것조차 "가르쳐야할 올바른 방식이 존재할 것이야"라는 생각을 불러일으킬 수 있다. 이것은 우리가 뜻하고자 하는 바가 아니다. 다양한 수업들을 다루는 많은 다양한, 동일하게 능숙한 방법들이 존재하며, 각각은 고유한 결과들을 가질 것이다.

지도자의 의혹들

이것은 학습이라는 기술이 종종 능력에 대한 강한 의혹들로 피해를 당하는 것으로 인식되는 현상이다. 어떤 경험을 하든, 학습에 열린 마음을 유지한다면, 때때로 당신의 수행에 대해 문제를 제기하는 스스로를 발견하게 되는 것은 적합하다. 그러나 지속적인 문제 제기는 또한 당신을 후퇴하게 만들 수 있다. 팔머(Palmer, 1997)는 "때때로 심각한 손상을 끼치는 기만의 느낌"이 일어날 수 있다고 설명한다. 의혹과 불안정은 새로운 기술을 발전시키는 과정에서 나타나는 전체적으로 정상적인 단계이다. 대부분의 마음챙김 지도자들에게 있어 문제는 많은 사람들이 전문적이고, 개인적인 삶의 다른 분야들에서 능력을 얻은 후 오래 지나서 이러한 기술들을 습득하고 있다는 점이다. 처음으로 수학을 배우거나, 악기를 연주하는 법을 매울 때 숙련되지 못한 느낌을 받는 것에 익숙할 수 있지만, 능력이 있는 것으로 "가정될 때" 이러한 느낌들을 경험하는 것은 다른 문제이다. 실제로 염려되거나, 심지어 분노를 느낄 수 있다. 그리고 교육이 관찰과 평가의 스포트라이트에 놓여 있을 때, 이러한 자연스러운 과정들은 필연적으로 날카롭게 대두될 수 있다.

이러한 정서들은 교육에 대한 장애물인가, 아니면 동맹이 될 수 있을 것인가? 평가되는 교육에 몰두하게 됨에 따라 발생할 수 있는 내적 과정들은 MBCT 과정 참여자들에 의해 다루어지는 과정들에 대한 소중한 통찰을 제공할 수 있다. 쉽게, 반복적으로 당신을 끌어들이는 높은 정서적 소재를 가진 생각들을 경험하는 것처럼 유사한 과정이 존재한다. 관찰되는 것에 대해 갖게 되는 생각들, 그리고 이러한 생각들과 관계를 맺는 방식을 통해 어떻게 평가

된다는 압박감을 상당히 더하게 만들 수 있는지 느끼게 될 것이다. 자기비판, 비판적 견해는 마음챙김 지도자들에게 익숙하다. 우리는 이것을 너무나 잘 알고 있다. 이것은 스스로 이러한 경험을 향하고, 수행을 통해 자신을 뒷받침할 수 있는 기회이다.

생각의 왜곡은 스스로 모습을 드러낸다.:

> "평가자는 이것이 충분히 좋지 않다는 생각을 할 것이다." *(예언자적 미래 예측하기)*
> "이것은 아마도 이들이 *여태껏 본 최악의 교육일 것이며, 모든 사람들이 이렇다는 것을 알게 될 것이다."* *(파국화)*
> "나는 가르칠 수 없다!" *(과일반화)*
> "이것은 끔직한 수업이었다." *(문제가 되는 측면들에 머무르고, 수업의 능숙했던 측면들을 놓치는 마음)*

마음챙김 수행을 통해, 경험의 모든 측면들에 대해 나타나는 명백히 연속적인 의견과 판단의 흐름을 인식하게 되는 것이 가능하다. 때때로, 이러한 독백은 유효하고, 도움이 되지만, 보통 판단들은 습관적이고, 편향되어 있으며, 불친절하고, 낡은 것이다. 우리가 바로 지금 예상하도록 요청했던 시나리오로 돌아가 보자. 당신의 교육이 존경하는 누군가에 의해 평가되고 있다고 상상했을 때 어떤 것이 마음에 떠올랐는가? "아, 좋아. 나는 확실히 많은 것을 배우게 될 거야."라는 생각이 들었는가, 아니면 "오, 이런, 그들이 내가 충분히 잘하지 못한다고 생각하면 어쩌지?"라는 생각이 들었는가. 당신 내부의 비판적인 생각과 다른 생각하는 습관들이 존재하고, 활동하는 정도, 이야기 하게 되는 것들의 종류는 물론 다수의 요인들에 의해 영향을 받을 것이다. 인지 이론이 제시하듯이, 교육에 대한 생각들(우울한 생각처럼)은 기분, 기억, 더 일반적 관점에서 자신에 대한 믿음, 스스로 발견하는 상황들의 의미에 달려 있을 것이다.

> 자신의 마음챙김 교육에 대한 피드백을 경험하는 것에 대해 열린 마음을 갖는 것은 기술을 더 완전하게 발전시키는데 도움을 줄 것이다. 성찰 과정은 개인적 수행과 교육 수행 양쪽을 지원하는 새롭게 보고, 자각하는 방식들의 구축을 수반한다.

옥스포드 – 뱅고어에서의 실험과 함께 우리의 연구에서, 우리는 또한 우리 자신의 교육을 지켜보고, 관찰되는 것과 피드백을 받는 것이 우리의 내적 비판에 상당한 힘을 제공할 수 있다는 것을 발견했다. 자신의 교육을 녹화는 기회들을 환영한다고 누가 정직하게 말할 수 있겠는가? 이것은 자주 회피적 경험으로 설명된다. 모두가 위협의 요인이 존재하는 문제를 경험하는 것과 마찬가지로, 우리 모두에게서 회피가 일어날 수 있다. 그러나 우리는 시간이 지남에 따라, 충분히 밀접하고, 지속적으로 상세하게 교육을 보기 위해 주의를 기울이며, 매 분마다 녹음을 지켜보려는 우리의 의지가 실험에서 교육 기간 동안 경험한 노출을 통해 발전했다는 것에 주목했다. 상세하게 기록된 노트들이 이것을 명확하게 반영한다. 호기심의 수준, 교육에 대해 묻게 되는 질문들, 어떤 상황들이 능숙했고, 어떤 기회들을 놓쳤는지에 대한 자각 등, 이 모두는 우리 스스로가 교육하는 모습을 지켜보는 것의 불편함에 대한 인내 수준이 증가되는 것에 따라 상당히 발전했다. 성찰과 피드백의 효과에 대한 자각은 이러한 대부분의 기회를 만들고, 적극적으로 관여하려는 우리의 의지를 뒷받침했다.

교육을 지켜보는 것에서 무엇을 배울 수 있는가?

다른 사람들, 혹은 자신의 모습을 녹화한 비디오를 지켜보는 것을 통해 얻게 되는 피드백은 막대한 교육의 발전 가능성들을 제공한다. 교육에 대한 정보에 열려 있는 자세는 교육이 완전하게 발전하도록 돕는다. 성찰 과정들은 개인적 수행에 반영되고, 이를 뒷받침하는 자각의 길과 보는 방식들의 구축을 수반한다. 시간이 지남에 따라, 이러한 성찰 과정들과 이들로부터 나타나는 배움은 교육 이후보다, 점점 더 교육을 하는 동안 접근할 수 있게 된다. 지도자들에게 있어 자신의 어려운 경험들을 적극적으로 다루는 기회들은 큰 가르침을 알려주며, 마음챙김 수행에 대한 신뢰를 강화시키는 경험적 지혜를 발전시킨다. 이러한 경험들은 교육에서 일반적으로, 그리고 특별하게 어려움을 다룰 때 의지할 수 있는 경험적 지식의 라이브러리를 만들게 된다. 다음은 교육을 지켜보는 것에서 배울 수 있는 여러 측면들이다(또한 아래 네모 참고).

확고함과 균형에 대한 신체 초점에 따른 그라운딩

폭풍 같은 순간들에 되돌아가야 할 정신적 지주로 신체를 신뢰하는 것은 이러한 순간에 대한 지지되는 연결을 제공한다. 이를 통해 사고 과정을 명확하게 바라보는 탈 중심화의 힘을 반복적으로 목격할 수 있다. 이러한 것들과 긴밀하게 연결된 생각들과 정서들, 신체 감각들과 행동을 단순히 관찰하는 수행을 이용할 수 있는 많은 기회들이 존재한다. "교육하는 사고"를 소재에 사로잡히지 않고, 탈 중심화 된, 관찰하는 관점에서 명확하게 바라볼 수 있게 된다.

단지 생각에 불과한 생각들

우리는 정서적 특징이 강하다 하더라도, 생각들의 이야기를 따르지 않도록 선택할 수 있다는 것을 배운다. 우리는 바로 지금 발생하는 이러한 생각들의 힘과 끄는 에너지를 느끼지만, 우리는 이것을 친절함과 자신감으로 바라보게 된다. 이러한 생각들은 매우 익숙해질 수 있으며, 단순히 우울한 생각의 영역에 있는 것과 마찬가지로 평가되는 생각들의 영역에 놓일 수 있다. 물론 이러한 상황들이 주어짐에 따라 이와 같은 것을 느끼게 될 것이다. 누가 그러지 않겠는가? 이것은 단지 있는 그대로 놔두어야 한다.

전체 그림을 수용하는 관점의 확대

교육에 대한 일부 개선들이나 변화들이 도움이 되거나, 혹은 필요한 것은 사실일 수 있

조시의 경험

조시는 마음챙김 지도자가 되기 위해 훈련을 받고 있다. 그녀는 대학의 석사 프로그램 동안 자신의 교육을 녹화하는 것에 대한 스트레스를 어떻게 관리했는지에 대해 설명했다.

조시: 그 순간에 "나는 이에 관한 스트레스를 느껴서는 안 된다."라고 생각하고 있다는 것을 알게 되었고, 혼자 미소를 지었다. 이것은 나에게 중요한 변화로 느껴졌다. 그 순간에 나는 이러한 상황들을 고려할 때, 스트레스 이외에 다른 것을 느끼는 것이 불가능했다는 것을 명확하게 보게 되었다. 나는 나의 바람이 어떻게 현재의 상황과 내가 원하는 상황 사이에 차이를 지켜보도록 초래할 수 있는지 지켜보았다. 나는 다른 학생들에게 이야기했고, 이들은 모두 동일한 것을 느끼고 있었다. 수용은 실제로 내가 거부하고, 나의 불편함을 악화시키는 것을 멈출 수 있게 만들었다. 내 수업을 녹화하는 것에 대해 두려운 생각들을 가지고 있다는 것을 주목하게 된 상황에서, 내게 필요한 것은 단지 나의 긴장된 신체와 마음속의 반추하는 생각들에 친절해지고, 현명하게 반응하는 것이었다.

지만, 교육의 일부 긍정적인 측면들 또한 명백히 존재하는 것 또한 마찬가지로 사실이다. MBI:TAC는 강점들과 학습 요구들이 기록되는 요약 시트를 가지고 있으며, 이는 교육이 검토됨에 따라 자각에 양쪽을 수용하는 것의 중요성을 뒷받침한다.

스스로에게, 그리고 스스로의 패턴과 반응에 친절한 주의를 제공하는 것의 선택

마음챙김 지도자로서 당신은 마음챙김이 문제가 되는 경험들을 "고정하는 것"이 아니라, 종종 강하게 나타나는 불편함을 느끼지 않으려는 바람과 욕구를 가진 인간에 관한 것이라는 점을 알고 있다. 이것은 상황이 정확히 현재 이와 같이 때문에, 어려운 시간 동안 할 수 있는 한 최선을 다해 스스로를 편안하게 하고, 돌보면서, 수용과 자기 자비를 수행할 수 있는 기회이다.

교육의 다른 측면들을 바라보기

옥스포드 – 뱅고어 대학 실험에서 연구 교육을 하던 중, 우리는 운 좋게도 우리 교육에 대한 DVD 녹화를 보고, 다시 검토할 수 있는 시간과 자극이 존재했다. 이 연구에서 우리가 동료들과 얘기했을 때, 공유되는 경험들이 존재한다는 것은 실제로 흥미로운 놀라움이었다. 한 가지 놀라운 점은 수업 당시 우리 교육을 우리가 바라보는 것과 카메라에 포착된 외부의 객관적인 바라보기가 보통 일치하지 않는 것으로 나타났다는 것이었다.

우리는 지도자이자, 훈련생으로서의 우리의 역할에서도 유사한 것을 발견한다. 특히 교육 발전 초기에, 많은 지도자들은 가르치면서 자신의 마음속에 생기는 분주함에 대한 느낌을 설명한다. 동시에 자각으로 받아들여야 하는 많은 것들이 존재한다. 수업 커리큘럼의 시기, 과정의 이러한 부분에 대한 주제들, 그룹에서 이야기되어야 하는 경험들, 받게 되는 비언어적 정보,. 그리고 물론 유용하거나 그렇지 않은 자신의 내적 의견이 존재했다. 이러한 내적인 분주함은 너무 생생해서 참여자들과 관찰하는 지도자들에게도 명백하게 나타나는 것으로 보인다. 마음이 바쁘기 때문에, 강의실에서 바쁘게 보이는 것이라고 가정하기 쉽다. 유사하게 모든 지도자들에게 수업에서 나타난 견해에 어떻게 반응해야 할지 모르는 상황에 처하거나, 혹은 자신이 마음챙김으로, 혹은 능숙하게 반응하지 않았다고 느끼는 경우들이 발생한다. 이러한 순간들은 매우 정서적으로 고조된 것으로 느껴질 수 있으며, 이에 따라 이를 볼 수 있는 모든 사람들에게도 명확하게 보이는 것처럼 느낄 수 있다.

놀랍게도(그리고 안심이 되는 것은), 교육이나 수업에서의 과정에 대한 내적 느낌이 시각적, 청각적 피드백에 의해 확인되지 않는다는 것을 종종 발견하게 될 수 있다. 이러한 분주한 순간들에 지도자의 내부에 존재하는 느낌들보다 외부에는 상당히 더 넓은 시각이 존재한다는 것을 발견할 수 있다. 당시에 오랫동안 지속되는 것처럼 느껴졌던 "무엇을 말해야 할지 모르는" 순간은 대신 유용한 멈춤으로 보일 수 있다. 우리처럼, 당신은 불확실성의 순간들에 느끼는 정서나 위기가 믿는 것보다 훨씬 덜 명백하게 나타난다는 것을 관찰할 수 있을 것이다.

이것은 상황에 대한 내적 느낌이 전체적으로 신뢰할 수 없는 것이라고 말하려는 것이 아니라, 교육이 엉망이 되었다고 보이는 경우들에 대해 경계하는 경향이 존재한다고 말하는 것이다. 상황이 어떻게 진행되고 있는지에 대한 느낌이 실제로는 편향적일 수 있다는 경험적 지식은 불안과 의혹이 약간 해소될 수 있도록 하며, 심지어 더 강한 확고함이 발생하게 된다. 이것은 생각들이 실제로 사실이 아니라는 것을 알게 되는 기회이다.

녹화된 교육을 지켜보는 것은 또한 교육에 대한 지각과 판단이 시간이 흐름에 따라 어떻게 변화하는지에 대한 자각을 가능하게 한다. 종종 마음속의 검토자와 함께 있는 수업 자체에서는, 교육에 대한 판단을 예상하는 생각들이 발생하게 된다. 잘 진행되지 못했다고 느껴지는 교육의 측면들은 수업이 어떻게 진행되었는지에 대한 관점을 지배한다(우리가 어떤 식으로든 알고 있는 것처럼). 이것은 "나는 이번 수업에서 제대로 가르치지 못했어."와 같은 요약적 판단을 초래할 수 있다. 당연하게도, 생각들이 그러하듯이, 이러한 "엄격한" 판단은 연결된 정서가 분위기를 더하며, 이러한 "실패"의 의미와 예상되는 결과들을 정교하게 만드는 일련의 사고 과정들을 촉발하는 경향이 있다. 우리는 이러한 상황에서 열의를 잃게 될 수 있으며, 한밤중에도, 모든 것을 포기하는 것처럼 느낄 수 있다.

수업을 하루, 혹은 이틀 후에 지켜보는 것은 놀라운 경험이 될 수 있다. 상황은 믿었던 것만큼 나쁘지 않았던 것으로 보인다. 흥미롭게도, 이 지점에서 느끼는 안도감은 판단이 과도하게 긍정적이 되고, 녹화로부터 배울 수 있는 교육의 측면들을 놓치게 될 수 있다는 것을 의미할 수 있다. 따라서 결과는 동일하게 편향된 관점이 될 수 있지만, 이번에는 무분별하게 긍정적인 관점일 것이다. 최소한 가끔씩, 단일 교육회기에 대한 여러 번의 검토가 이루어지는 경우가 존재하며, 이에 따라 교육을 다시 다르게 바라보는 기회가 존재하게 된다. 마침내 보이는 내용의 범위에 대한 더 넓어진 자각과 함께, 훨씬 더 균형적인 관점이 나타날 수 있다. 더 확고하고, 덜 위협적인 입장은 상황을 더 명확하게, 더 탈 중심화 된 관점에서 바라보는 탐구의 기회를 가능하게 한다. 녹화는 교육의 세부사항들을 살펴보기 위해 반복적으로 재생될 수 있다. 이는 입장의 심오한 변화를 가져올 수 있다. 당신이 보게 되는 것은 나의 교육이 아니라, 가르침이 된다. 이것은 결국 잠시 멈추어서, 이해를 변화시켰거나, 새로운 가능성들을 열어준 무언가가 수업에서 일어난 부분들을 볼 수 있게 만들어준다. 이러한 생생한 자각은 실제로 다음 회기에서의 교육을 지원하게 되며, 이전 회기의 전체 흐름에서는 접근할 수 없었던 새로운 이해를 제공하게 된다. 이러한 과정은 우리가 이전 장에서 제시했듯이, MBI:TAC를 자기 성찰의 도구로 사용함에 따라 강화될 수 있다.

> 최소한 가끔씩, 단일 교육회기에 대한 여러 번의 검토가 이루어지는 경우가 존재하며, 이에 따라 더 균형 잡힌 관점이 나타날 수 있다. 더 확고하고, 덜 위협적인 입장은 상황을 더 명확하게, 더 탈 중심화 된 관점에서 바라보는 기회를 제공한다. 이는 관점의 심오한 변화를 가져올 수 있다. 당신이 보게 되는 것은 나의 교육이 아니라, 가르침이 된다.

또 다른 지도자(객관적 타인)가 교육을 지켜보는(그리고 아마도 완전성과 질을 평가하는) 기회는 이러한 긴 과정을 피할 수 있게 한다. 지켜보게 되는 내용에 대한 동일한 정서적 연결 없이, 교육에 대한 명확한 관점이 더 빠르게 평가될 수 있다. 타인은 거의 확실하게 약간 다른 관점이나 견해를 제공할 것이며, 이는 교육의 더 많은, 혹은 다른 측면들을 바라봄에 따라 지도자 자신의 이해에 넓이와 깊이를 더하게 될 것이다. 개인의 교육이 관찰되는, 혹은 평가되는 위기는 이로부터 얻게 되는 확실한 혜택들로 균형을 이루게 된다.

마무리 글

평가되는 교육은 어려운 수행이다. 어떻게 이러한 과정을 통해 스스로를 지원할 수 있는가? 관찰과 평가에 대한 위협과 불안한 생각들, 촉발되는 회피에 대한 욕구, 거부감, 혹은 발생할 수 있는 정교화에 빠지는 것을 어떻게 관리할 수 있는가? 어떻게 창의력을 유지하고, 마음의 존재 양식이 제공하는 소중한 자원들과 연결을 유지할 수 있는가?

교육 수행은 개인적 수행과 마찬가지로, 친절함과 민감성, 가능한 현명하게 반응하기에 충분한 공간을 만들어내도록 상기시키는 것들에 따라 경험들을 수용하는 방식들을 제공한다. 반복되는 수행, 그리고 이후에 이러한 수행에 대한 성찰은 선택들을 이용할 수 있도록 만들고, 도움이 되지 않는 생각들과 비디오카메라를 관심의 중심에 있지 못하도록 할 수 있다. 일어날 수 있는 것에 대한 것이 아니라, 실제로 현재 순간에 존재하는 것에 초점을 맞출 수 있게 된다. 서서히, 교육에 대한 성찰 과정이 어려운 경험들의 존재를 자각으로 수용하고, 허용하며, 이들을 학습과 수행의 기회로 환영하는 것을 발견하게 될 것이다. 비록 편안하다 하더라도, 우리가 상황들을 단지 "괜찮은" 것으로 인식한다면, 이것은 이해와 기술을 탐구하고, 추가적으로 발전시킬 동기를 거의 육성하지 않을 것이다. 마음챙김을 가르치는 것에 대한 학습은 특별한 특권이며, 한계를 시험해보는 것을 수반한다. 이는 어려울 수 있지만, 보통 이러한 "한계들"은 더 높은 자각이 열릴 수 있도록 하고, 새로운 수평선을 볼 수 있도록 만들어준다.

IV부

MBCT - 결과들

18장

실험 중인 마음챙김 :

MBCT는 어떻게 자살 위험에 놓인 사람들을 돕는가?

이 책의 초점은 우리가 어떻게 반복되는 우울장애 삽화로 고통 받는 사람들과 이러한 삽화들 동안 극심한 자살 충동을 느끼는 사람들의 괴로움이 감소되도록 도울 수 있는지에 맞추어져 왔다. 우리는 이러한 그룹의 사람들이 최종적인 자살이나 심각한 자살 행동의 가장 높은 위험에 놓여 있다는 것을 보았다. 이들을 위험에 빠뜨리는 다수의 요인들이 존재한다.: 이들의 우울장애는 가족 내에서 작동될 가능성이 높다(Kendler, Gardner, & Prescott, 1999). 이들은 어린 시절의 역경과 학대로 고통을 당했을 가능성이 높다(Brodsky 외, 2001). 그리고 이들에게 도움을 주는 법에 대해 의사들이 가진 불확실성을 반영하며, 평생에 걸쳐 다수의 여러 정신 질병의 진단들을 받았을 것이다(Oquendo 외, 2005). 그러나 이러한 그룹에서 어떻게 자살 위기를 방지해야 하는지에 대해서는 거의 알려진 바가 없다.

이전에 우울장애를 겪었던 사람들 중 재발률이 50% 이상이라는 것을 고려할 때, 우울장애는 보통 만성적인 재발성 상황이 되며, 이것은 특히 우울해질 때 자살 충동을 갖게 되는 사람들에게 문제가 된다. 옥스포드에서 진행된 우리의 초기 연구는 자살 관념화가 우울장애의 한 삽화 동안 발생하는 경우, 다른 중요하지 않은 우울장애 증상들보다 이후 삽화들에서 더 지속적인 특징이 된다는 것을 보여주었다(Williams 외, 2006). 자살에 대한 생각들의 습관적 반복은 기분이 저하될 때 이러한 생각들에 더 접근하기 쉽게 만든다(Joiner 외, 2005). 이는 특히 우울장애가 재발될 때 습관적으로 자살 충동을 갖게 되는 환자들의 경우 우울장애의 재발을 어떻게 방지해야 하는지의 문제를 특히 시급하게 만든다.

I부에서 우리는 우리의 초기 연구가 어떻게 자살 충동을 더 잘 이해하도록 도왔는지에

대해 설명했다.: 우리는 “해결책을 보지 못하는 상태”라고 불리는 현상을 지적했으며, 일부 사람들이 이러한 마음 상태에 매우 취약하다는 것을 제시했다. 일부 사람들의 경우, 기분이 저하되기 시작할 때, 패배감과 막다른 길에 갇혀 있다는 느낌을 가져오며, 참을 수 없고, 회복 불가능하다는 느낌에 따라, 가시적인 수단인 자살이나 자해로 이를 마감하려 하는 심각한 정신적 고통을 불러오는 오래된 사고와 정서의 패턴들이 다시 나타나게 된다. 이것이 바로 고통의 외침이다. 우리가 본 것은 갑작스러운 자신감의 붕괴, 후퇴, 흔한 문제들을 해결하고, 바로 생각하는 능력의 결핍, 매우 심한 피로감, 포기하고 싶다는 깊은 욕구이다. 우울장애는 이미 개인을 이러한 패턴의 여러 측면들(특히 피로감, 낮은 에너지, 집중하지 못하는 어려움, 평상시 즐겁고, 활기를 주던 일들에 대한 즐거움 결여)에 취약하게 만들기 때문에, 우울장애의 삽화들 동안 이러한 갇혀 있다는 느낌, 자해, 자살 충동이 일어나는 것은 매우 일반적이다.

대부분 사람들의 경우, 자살에 대한 생각과 이미지들은 매우 고통스러운 것이며, 이러한 것들을 피하기 위해 무엇이든 할 것이다. 그러나 소수의 사람들은 이러한 것들로부터 편안함을 얻는다. 이들은 고통에서 벗어나는 것이 가장 원하는 일이라고 생각한다. 캐서린 크레인은 이러한 자살 생각들의 “편안한” 측면들에 대한 특별한 연구를 했다. 그녀는 이러한 이미지와 생각들을 가장 편안함을 주는 것으로 보고한 사람들이 과거에 더 심각한 자살 충동과 행동을 경험했다는 것을 발견했다. 그러나 이러한 과거의 요인들을 고려할 때조차, 연구 초기에 자살에 대한 생각이 편안함을 준다고 발견한 사람들은 다음 12-18개월에 걸쳐 최악의 자살 충동 재발을 경험했다. 편안함은 막다른 길에 갇혀 있다는 극심한 정신적 고통에 대한 보호 장치가 되지 못한다(C. Crane 외, 2014).

우울장애 재발 방지에 관한 이전의 연구들

항우울제 약물요법은 우울장애에 대해 가장 널리 사용되는 치료이지만, 약물을 중단한 이후 재발이나 반복의 높은 위험은 우리가 우울장애 방지에 대한 새로운 접근을 찾으려는 가장 동기부여가 되는 요인이었다. 우리가 자살 충동의 우울장애를 이해하고, 예방하려는 옥스포드 연구 프로그램을 시작하기 전에, 유일한 한 가지 실험은 환자가 차도를 보일 때 제공되는 MBCT가 일반적인 치료보다 예방 접근으로서 더 효과적이라는 것을 보여주었으며(Teasdale 외, 2000), 또 다른 연구는 현재 출판 준비 중이다(Ma & Teasdale. 2004).

그러나 이러한 두 가지 연구들의 결과들에는 명확하게 풀리지 않은 문제가 존재했다. 두 연구는 무작위로 할당하기 전에 참여자들이 경험한 과거 우울장애 삽화의 횟수에 따라(두 개 대 세 개 이상) MBCT를 받는 그룹, 혹은 일반적인 치료("평상시 치료(TAU)"라고 불리는)를 받는 그룹으로 나누었다. 이것은 "층화"라고 불렸으며, 이렇게 한 이유는 실험의 각 그룹이 치료에 반응적이거나, 혹은 반응적이지 않을 수 있는 취약한(혹은 취약하지 않은) 사람들을 대략 동일한 비율로 포함하도록 보장하기 위한 것이었다. 이러한 연구들은 과거에 더 많은 삽화를 가진 사람들이 재발에 더 취약하다는 것을 예측했으며(그리고 실제로 확인되었다), 따라서 무작위 이전에 이전 삽화 수에 따른 층화는 타당한 것으로 나타났다. 대부분의 심리치료에 대한 연구들은 심리 문제의 가장 긴 이력과 더 많은 우울장애 삽화들을 가진 사람들일수록, 새로운 치료에 가장 덜 반응한다는 것을 발견한다. 이러한 것들이 이들에게 효과를 발휘하지 않는 경향이 있다는 것이다. 즉, 과거에도 효과를 발휘하지 않았고, 미래에도 그러하리라는 것이다. MBCT의 경우, 결과들은 이와 정반대로 나타났다.

양 연구들은 MBCT가 세 개 이상의 이전 삽화들을 가진 환자들에게서 재발 위험을 감소시켰지만, 두 개의 이전 삽화들을 가진(실험에 모집되기 위해 필요한 최소 삽화 수 – 표본 중 약 4분의 1) 환자들의 경우 TAU에 비해 MBCT 이후 우울장애 재발의 증가가 나타났다는 것을 발견했다. 이러한 증가는 어떤 연구에서도 통계적으로 신뢰 있는 것이 아니었지만, 메타분석에 의해 결합될 때, 약간 유의미한 것으로 나타났다($p=0.07$; Piet & Hougaard, 2011). 따라서 MBCT의 예방 효과에 대한 차후 연구들은 오직 세 개의 이전 삽화들을 가진 환자들에게만 초점을 맞추었다. 이것은 간단하고, 타당한 것으로 보이지만, 실제로 상황은 그리 명확하지 않다. 마(Ma)와 티즈데일(Teasdale)(2004)은 삽화들의 수는 자체적으로 사실상 이러한 그룹들 사이에 가장 중요한 차이가 아닐 수 있다고 결론을 내렸다. 그러나 이전 삽화들의 수가 취약성에 대한 중요한 결정인자가 아니라면, 대체 무엇인가? 우리가 이 문제를 명확히 밝히지 않는 한, 우리는 누구에게 MBCT가 가장 효과적인지 발견하지 못할 것이다.

우리가 말했듯이, 티즈데일 외 연구자들(2000), 그리고 마와 티즈데일(2004)은 이전 삽화들의 수치라는 변수가 재발과 반복에 대해 알려진 예측인자라는 것을 바탕으로 하여, 자신들의 표본을 이전 삽화들의 수에 따라 계층화했다. 그러나 양 연구들은 그룹들 사이에 존재하는 다수의 *다른* 중요한 차이들을 발견했다. 첫째, 세 개 이상의 삽화들을 경험했던 환자들은 첫 번째 주요 우울장애의 시작이 더 이른 나이였으며, 따라서 이들의 총 우울장애 병력 기간은 단 두 개의 이전 삽화들을 가진 환자들에 비해 상당히 더 길었다(20년 대 5년). 둘째, 오직 두 개의 이전 삽화들을 가진 환자들의 경우 우울장애가 재발했다면, 이는 주요 생활사건에 따라 이어졌을 가능성이 더 많았다. 대조적으로, 세 개 이상의 이전 삽화들을 가진 환자들의 경우 재발을 촉발시킨 생활사건을 찾아내지 못할 가능성이 컸다. 즉, 자동적이었다. 이러한 데이터는 우울장애에 대한 진행 중인 취약성이 비교적 작은 기분 저하에도 재 활성화되는 부정적 사고의 패턴들에 달려 있다고 가정한(Ingram, Miranda, & Segal, 1998; Segal, Gemar, & Williams, 1999), 우울장애 재발에 대한 인지적 취약성 모델에서 개발된 MBCT의 원래 의도와 일치했다(Segal 외, 1996, Teasdale 외, 1995).

그러나 여기에서도 중요한 것은 단지 삽화들의 수만이 아니었다. 켄들러(Kendler), 쏜튼(Thornton), 가드너(Gardner)(2001)는 일부 사람들은 첫 번째 삽화 이전에도 취약하다는 것을 제시한다. 즉, 유전적 취약성, 혹은 어린 시절이나 청소년기에 겪은 역경과 외상의 이력으로 인해, 첫 번째 주요 우울장애 삽화를 촉발시킬만한 주요 생활 사건들을 덜 필요로 하는 일부 사람들이 존재한다. 이러한 결과들은 전체적으로 새로운 가능성을 제시했다. 반복되는 우울장애 삽화들을 통해서 저조한 기분에 대해 높은 반응이 발생하는 것이 아니라, 유전적/기질적 요인들로 인해, 혹은 역경이나 외상 과거로 인해 아동기와 청소년기 이후 반응(그리고 이에 따른 취약성)이 존재했던 사람들에게 MBCT가 효과를 발휘한다는 것이다.

이러한 발견과 일치하여, 마와 티즈데일(2004)은 세 개 이상의 삽화들을 가진 사람들이 아동기와 청소년기에 상당히 더 많은 역경을 가졌다는 것을 보여주었다. 임상 면담들 동안 기록된 환자들의 학대 경험에 대한 심리학자의 평가들에 대해 검증된 양육 방식 척도(Measure of Parenting Style, Parker 외, 1997)를 이용함으로써, 마와 티즈데일은 세 개 이상의 이전 삽화들을 가진 환자들이 16세 이전에 부모로부터 받은 더 많은 학대와 무관심을 보고했다는 것을 발견했다. 실험 전 오직 두 개의 이전 삽화들을 가진 사람들은 "우울장애를 전혀 경험하지 않은" 통제 그룹의 양육 방식 보고와 차이를 보이지 않았다. 마와 티즈데일(2004)은 이러한 두 그룹들(두 개 대 세 개 이상의 이전 삽화들)이 단순히 우울장애 반복에 대해 인생의 여러 시점들에 도움을 의뢰하게 된 우울장애 환자들의 동일한 인구집단 구성원들이 아니라, 생물학적 차이들, 혹은 어린 시절 경험의 차이들로 인해 전혀 다른 우울장애 유형들을 나타낼 수 있다는 결론을 내렸다.

이례적인 결과들은 우리가 우리의 연구 프로그램에 착수함에 따라 계속되었다. 벨기에에서 연구하는 고드프린(Godfrin)과 반 헤링겐(van Heeringen) (2010)은 MBCT 이후 12개월에 걸쳐 68%에서 30%로 재발이 감소한 것을 발견했으며(세 개 이상의 삽화를 가진 사람들에 대해 TAU와 비교하여), 본돌피(Bondolfi) 외 연구자들(2010)은 이러한 결과들을 복제하지 못했다. 이들의 스위스 연구는 평상시 치료를 받는 "통제 그룹"이 앞선 실험들에서 보고한 것(66%, Teasdale 외, 2000 연구에서; 78%, Ma & Teasdale, 2004 연구에서)에 비해 후속 기간에 상당히 더 낮은 재발 위험(34%)을 보였다는 것을 발견했다. 이러한 낮은 "자연스러운" 재발률에 따라, MBCT가 차이를 만들어내기에는 매우 어려웠을 것이다. 이것이 바로 이들이 발견한 것이다.: MBCT가 19주까지 새로운 우울장애 삽화의 시작을 지연시켰지만, 1년의 후속 기간이 끝나갈 무렵, MBCT 이후 재발한 인구 비율 대 TAU 통제 그룹의 재발 비율 사이에 전체적인 차이는 존재하지 않았다. 본돌피 외 연구자들은 자신들의 통제 그룹에서 평상시보다 더 나은 결과를 스위스가 정신 건강 치료의 높은 접근성과 이용 가능성을 가졌다는 것을 고려할 때, 우울장애에 대한 표준 치료 프로토콜의 발전들로 인한 것이라고 설명했다. 대안적 설명은 이들이 연구한 코호트가 세 개의 이전 삽화들을 경험했음에도 불구하고, 단순히 이전 연구들의 코호트만큼 취약하지 않았다는 것이었다. 패턴이 나타나기 시작하고 있었다. MBCT를 통해 어떤 이유로 인해 자연스럽게 높은 위험을 갖게 된 사람들에게 효과를 끼칠 수 있는 것으로 나타났다.

토론토에서 우리의 동료들에 의해 수행된 또 다른 중요한 연구는 곧 이러한 패턴을 확인시켜주었다. 세갈 외 연구자들(2010)은 자신들의 연구에서 *덜* 취약한 환자들(즉, 약물요법에 반응하여 *안정적인* 차도를 보이는 사람들)에 대한 지속적인 항우울제 약물요법의 경우, 혹은 MBCT의 경우 재발률에서 어떤 전체적인 개선도 없었다고 보고했다. "차도"는 질병의 증상들이 약해지지지만, "회복"을 확신할 정도로 길게 약해지지는 않는 기간을 뜻한다. 세갈 외 연구자들의 연구에서, *불안정한* 차도는 한주는 증상들이 사라진 것으로 나타났다가, 다음 주에는 다시 증상들이 나타나는 것을 뜻했다. 이들 연구의 모든 환자들은 세 개 이상의 이전 삽화들을 가지고 있었지만, 차도는 일부 환자들의 경우 불안정했고, 다른 환자들의 경우에는 안정적이었다. 불안정한 차도의 패턴을 가진 사람들은 더 높은 위험이나 재발을 보였다.

이러한 결과들은 흥미로웠다. 항우울제에 따른 처음의 성공적인 치료 이후 안정적인 차도를 보인, 그러나 어떤 추가적인 치료도 받지 않은(위약 조건) 환자들의 재발률은 대략 50%였으며, MBCT나 지속적인 항우울제 치료는 추가적인 차이를 만들어내지 않았다. 그러나 불안정한 차도를 보인 환자들의 경우, 어떤 효과적인 치료도 받지 않은 환자들의 재발률은 원래 연들의 발견에 근접했으며(71%), 이는 이러한 환자들이 더 취약한 환자들이라는 것을 확인시켜주었다. 이러한 더 취약한 환자들의 경우, MBCT와 항우울제 양쪽 모두 상당한 예방 효과를 가졌으며, 약물요법과 MBCT의 경우 각각 우울장애 재발률은 27%와 28%로 감소했다.

다섯 개의 다른 연구들로부터 나온 결과들의 이러한 패턴은 제시되는 것보다 MBCT의 적용 가능성을 상당히 제한했을 것이다. 제시되는 것은 MBCT가 가장 효과적인 유형이 보통 도와주기가 가장 어려운 유형의 사람들이라는 것이다. 즉, 어린 시절에 우울장애가 시작되었고, 더 많은 과거의 우울장애 삽화를 가진 사람들, 불안정한 차도를 보이는 사람들, 그리고 역경과 외상의 과거를 가진 사람들이다.

우리 자체의 연구 프로그램 내에서, 우리는 이제 MBCT가 자살 위험을 가진 사람들에게서 우울장애 위험을 감소시키는지 여부를 조사할 기회뿐 아니라, 이러한 네 가지 취약성의 측면들이 또한 이러한 환자들에 대한 MBCT의 효과에 영향을 끼쳤는지 여부를 알아볼 기회를 가졌다. 우울장애가 심각한 자살 행동의 약 80%에 있어 최종적인 공통 경로라는 증거에 비추어 볼 때, 우리는 우리의 관심 초점을 MBCT가 주요 우울장애의 또 다른 삽화 위험을 감소시키는지 여부에 맞추어 보기를 원했다. 우리가 우울장애 위험을 줄일 수 있다면, 우리는 높은 위험에 놓인 이러한 사람들에게 희망을 제공할 수 있을 것이다. 그러나 사람들이 우울해질 때 자살에 대한 생각들이 재활성화 되는 것에 대한 우리의 관심을 고려할 때, 우리는 또한 MBCT 이후, 참여자들이 미래에 우울한 기분을 경험하더라도, 자살과 자해의 오래된 패턴들을 다시 만들어내지 않고, 우울한 기분을 느낄 수 있는지 여부를 알아보고 싶었다. 많은 임상의들과 연구자들의 경우, 이것은 자살 연구의 "성배"와 같다. 왜 그러한가? 우리는 가장 취약한 환자들이 다시 우울해지지 않을 것이라고 보장할 수 없기 때문이다. 우리가 사람들이 슬퍼지거나, 기분이 저조해지거나, 우울해지더라도, 자살 충동을 느끼지 않고 이러한 우울장애를 느낄 수 있는 방법을 찾을 수 있다면 중요한 돌파구가 만들어질 것이다. 그러나 MBCT의 결과들이 논의될 때 종종 제기되는 또 다른 문제가 존재했다.: 우리는 어떻게 마음챙김이 유효 성분이라는 것을 어떻게 알 수 있는가?

마음챙김 명상은 실제로 결정적인가?: 유효한 통제 치료에 대한 필요성

전 세계에 MBCT가 취약한 환자들에게서 우울장애를 방지할 수 있다는 것을 보여주는 많은 연구들이 존재함에도 불구하고, 어떤 연구도 아직 다루지 않은 MBCT의 한 측면이 존재한다.: 바로 비 특이성 요인의 문제이다. 비 특이성 요인들은 어떤 치료가 제공되든 존재하는 중재의 측면들이다. 즉, 치료자나 지도자의 지원, 유사한 경험을 가진 사람들로 이루어진 그룹의 지원, 일반적으로 정신 건강 문제와 특별하게는 우울장애에 대한 심리학 교육이 이에 해당한다. 어떤 연구도 지도자와 그룹 지원에 대한 노출, 우울장애에 대한 심리학 교육,

그리고 수반되는 수업들이 이를 충족시키는 방법에 대해 MBCT를 매치시키는, 그룹 중재 비교 조건을 사용하지 않았다. 따라서 어떤 연구도 MBCT의 유익한 효과가 이러한 더 비 특이성 요인들보다는 특이성 요인들에 있다는 것을 명확하게 밝히지 못했다.

비교 조건의 선택

"통제" 치료를 선택할 때 여러 선택들이 존재한다. 우리는 MBCT "패키지"를 비교 가능한 그룹 참여와 과제물 할당을 수반하는 그룹 기반 CBT처럼, 대안적인 그룹 기반 패키지와 비교할 수 있었다. 우리가 왜 이러한 선택을 거부했는지 두 가지 이유가 존재한다. 첫째, CBT와 같은 치료들은 재발 방지보다는 극심한 우울장애를 치료하기 위해 설계되었으며, 예방 접근으로 사용되는 경우 재발 방지에 별로 효과가 없는 것으로 나타났기 때문이다(Bockting 외, 2005). 둘째, 이러한 비교의 결과가 무엇이든, 우리는 다음과 같은 우리의 주요 과학적 질문에 답할 수 없을 것이기 때문이다.: MBCT의 어떤 요인이 성공에 있어 결정적인가? 우리는 비교 치료가 MBCT와 동일하지만, 명상 훈련이라는 결정적 요인을 제거한 "해체" 패러다임을 사용하기로 결심했다. 우리는 우리의 비교 치료를 인지 심리교육(cognitive psychoeducaion–CPE)이라고 불렀다. CPE에서, 참여자들은 MBCT에서와 마찬가지로 동일한 회기 수치 및 기간을 갖게 되며, 따라서 동일한 그룹과 지도자 지원을 받지만, 명상 훈련 대신 우울장애에 대한 정보를 받을 것이며, 회기 내, 그리고 회기들 사이에 배우고 있는 것을 적용하도록 권유하는 실용적 활동들을 수행한다. 그룹 논의들은 MBCT의 심리교육 요인들을 다룰 것이다.: 즉, 우울장애에 대한 학습, 생각과 정서 사이에 연결, 임박한 재발에 대한 신호들의 자기 모니터 방법을 다룰 것이다.

뱅고어의 도움 요청

이제 이 책을 읽으면서 확실해졌겠지만, 옥스포드 대학 연구 그룹은 이러한 연구를 단독으로 수행할 수 없었다. MBCT가 현재 차도를 보이고 있지만(더 나은 기분을 느끼는), 모두 세 번 이상의 삽화들을 경험했던 환자들에게서 우울장애를 감소시킬 수 있는지 여부를 시험하기 위해, 우리는 무작위 통제 실험에서 약 300명의 환자들을 필요로 했다. 마크 윌리엄스(Mark Williams)는 자신의 다음 Wellcome Trust–funded oxford program에 대한 연장을 형성할 두 센터에서의 실험을 운영하는데 협력해 줄 수 있는지 알아보기 위해, 웨일스 뱅고어 대학의 Institute of Medical and Social Care Reserch의 소장으로, 자신의 후임자인 이안 러셀(Ian Rusell) 교수, 그리고 뱅고어의 Center for Mindfulness Research and Practice의 소장인 레베카 크레인(Rebecca Crane)에게 연락했다. 옥스포드와 뱅고어팀들을 함께 연결하는 것은 영국에서 MBCT의 초기 시행을 공유한 많은 동료들 및 친구들과 함께 일하는 것이 마크에게 있어 명백히 매력적인 요인라는 것을 넘어 많은 장점들을 가지고 있었다. 이안 러셀은 무작위 통제 실험의 전문가였다. 그와 그의 아내인 다프네 러셀은 실험 통계전문가이자, 대부분의 심리학자들이 교육의 일환으로 배우는 통계를 훨씬 넘어선 매우 특별한 분야의 전문가들이다. 레베카 크레인이 이끄는 뱅고어의 Center for Mindfulness Research and Practice는 유럽을 넘어서는 MBCT 교육의 최고 기관이 되었다. 이것은 마음챙김의 수행과 교육을 육성하고, 확장하고, 심화시키는데 헌신했으며, 또한 마음챙김에 대한 증거 기반이 훨씬 더 성장하도록 돕는데 전념한 숙련된 마음챙김 교육자들이 집중된 것이었다. 옥스포드에서, 멜라니 펜넬과 토르스텐 반호퍼는 수업들을 가르칠 것이며, 캐서린 크레인과 다니엘 듀건은 일일 기반으로 실험을 감독 및 관리할 것이다. 실험 자체의 경우, 우리는 앤 해크먼(Ann Hackmann), 케이트 브레넌(kate Brennan), 드루비 샤(Dhruvi Shah), 케이트 뮤즈(Kate Muse), 아델 크루셰(Adele Krusche), 이사벨 루돌프 본 루어(Isabelle Rodolf von Ruhr)를 포함시키며 옥스포드 연구 팀을 확장시켰다. Bangor에서는, 레베카 크레인과 사라 실버스톤(Sarah Silverstone)이 지도자로서 팀에 합류했고, 마리엘 존스(Mariel Jones)와 일라인 웨덜리-존스(Elaine Weatherley-Jones)가 모집 담당자로, 캐트린 에임즈(Catrin Eames)와 숄토 래드포드(Sholto Radford)가 연구 평가자들로 합류했다. North Wales Organisation for Randomised Trials in Health(NWORTH)는 컴퓨터 알고리즘을 사용하여 참여자들의 무작위화를 책임질 것이며, 이후에 크리스 휘태커(Chris Whitaker)와 용종 선(Yongzhung Sun)이 1차 분석이 완료될 때까지 결과들을 전혀 모르는 상태로 유지하며 주요 연구 팀을 참조하지 않고 데이터를 분석하는 복잡한 업무를 시작했다. 이후 다프네와 이안 러셀은 최종 통계 분석 수행을 도왔다.

우리는 누구에게 실험에 참여하도록 권유했는가?

우리는 1차 의료 및 정신 건강 클리닉에서 의뢰를 통해 참여자들을 모집했다. 이들의 우울장애 이력을 평가하기 위해, 우리는 "황금 기준(gold standard)" 진단 면담인 SCID(Fisrt 외, 2002)를 사용했다. 실험 자격을 갖추기 위해, 참여자들은 다음과 같아야 했다.:

- 18세에서 70세 사이 연령
- 주요 우울장애의 최소 3개의 이전 삽화들의 이력을 가지고 있어야 하며, 이 중 2개는 최근 5년 이내에 발생했고, 1개는 최근 2년 이내에 발생했어야 한다.
- 지난 8주 동안 좋은 상태 유지("차도를 보이는 상태")
- 정보에 입각한 동의를 제공하고, 참여에 대해 1차 의사의 허가를 얻어야 한다.

다음 진단 이력을 가진 경우 후보 참여자들이 포함되지 못했다.: 조현병, 분열 정동 정신병, 양극성 장애, 기질적 정신 장애, 혹은 자폐증. 그리고 강박 장애, 혹은 섭식 장애의 1차 진단을 받았던 경우, 현재 알코올이나 기타 약물 남용을 가지고 있거나, 혹은 자살 충동 사고와 연관되지 않은 정기적인 자해를 하는 경우(예, 칼로 베기, 혹은 화상 입히기). 재발 위험을 감소시키는 것에 대한 CBT의 알려진 효과로 인해, 우리는 또한 CBT 치료를 받았으며, 치료 이후 우울장애 재발을 겪지 않은 사람들을 제외했다. 이들은 CBT 치료를 받았지만, 이후 재발된 경우에만 실험에 참여시켰다. 참여할 수 없는 다른 이유들은 (1) 현재 한 달에 한 번 이상 심리 치료, 혹은 상담을 받는 경우, (2) 정기적으로 명상을 수행하는 경우(즉, 한 달에 한 번 이상), 혹은 (3) 영어를 하지 못하거나, 시력 손상, 혹은 인지 장애로 인해 연구 평가들을 작성할 수 없는 경우였다. 이에 따라 모집된 참여자들의 수는 274명이었다(310쪽 네모 참고).

실험 참여자들

- 모집된 274명의 참여자들
- 평균 연령 43세, SD = 12세(18세에서 68세)
- 여성 198명(72%)
- 스스로를 백인이 아니라고 설명한 13명(5%)
- 분석된 수 = 255/274(93%)
    - MBCT; N = 99
    - CPE; N = 103
    - TAU; N = 53
- MBCT: 네 번 이상의 회기들을 완료한 참여자들 중 89명(90%)
- CPE: 네 번 이상의 회기들을 완료한 97명(94%)
- 참석한 치료 회기들의 중앙값 수치는 양 치료 부문에서 8번 중 7번이었다.

우리가 실험이 시작되기도 전에 우리의 데이터에서 찾은 첫 번째 것들 중 하나는 우리 표본에서 주요 우울장애가 처음 시작된 연령이었다. Zisook과 동료들(2007)은 미국에서 수행된 대규모 연구에서 우울장애 치료를 위해 클리닉을 찾은 성인들에 대한 주의 깊은 면담에서 주요 우울장애가 시작되는 가장 일반적인 연령이 13세에서 15세 사이라는 것을 밝혀냈다. 이들의 면담은 사람들이 우울함을 느낄 때 찾는 장소에서 이루어졌으며, 따라서 결과들이 기분에 따라 편향되었을 수 있는 가능성이 존재한다. 많은 사람들은 기분이 저하되는 것을 느낄 때, "나는 항상 이런 식이었어."라고 말하는 경향이 있으며, 따라서 사람들의 슬픈 기분은 우울장애의 첫 시작을 과장하게 만들었을 수 있다. 우리는 과거에 우울장애를 겪었지만, 현재는 괜찮은 사람들을 모집했다. 우리는 기억을 편향시킬 가능성이 적은 기분일 때에도 동일한 결과를 발견할 것인가? 그림 18.1은 우리의 결과들을 보여주고 있으며, 이는 사실상 Zisook의 결과와 동일하게 나타났다.

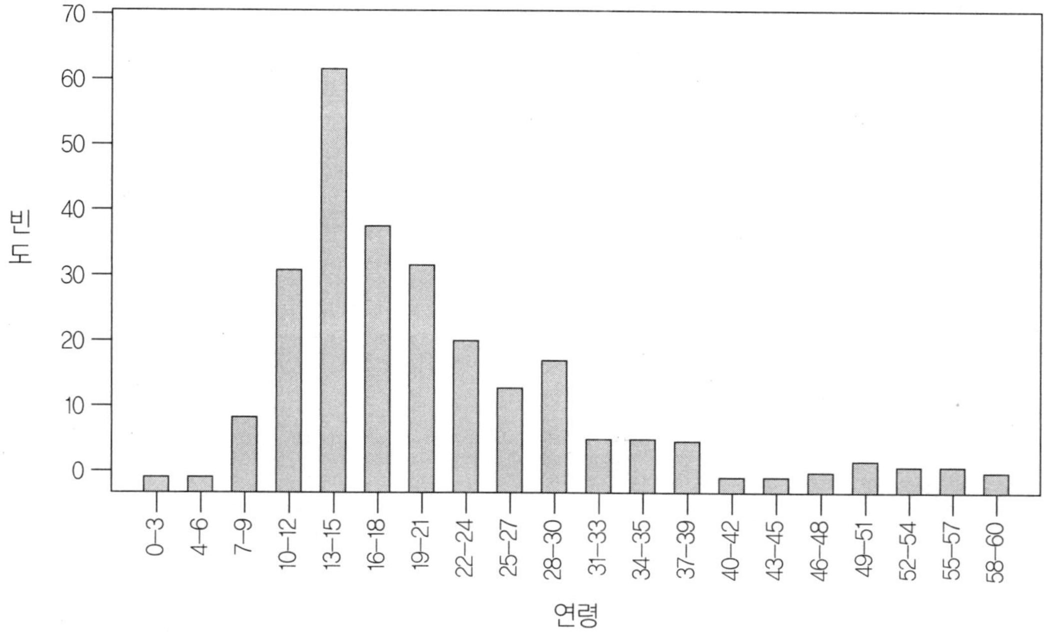

그림 18.1. 주요 우울장애의 첫 번째 삽화 시작 연령. Williams 외 (2012). 저자들의 허가로 복제됨.

치료의 신뢰성

임상 실험들에는 참여자들이 타당하다고 여기며, 고통을 초래한 원인과 이를 해결하는 최상의 방법에 대한 자신의 생각과 맞는 치료를 받을 때 더 나아지는 경향을 보이는, 잘 알려진 현상이 존재한다. 이것은 두 개의 다른 치료들을 비교하는 경우 실제로 중요하다. 하나의 치료가 다른 치료에 비해 더 타당성 있다고 인식되는 경우, 두 치료 사이에 차이들은 실제로 더 효과 있는 치료로 인한 것이 아니라, 단순히 더 신뢰 있어 보인다는 사실 때문일 수 있으며, 따라서 사람들이 과정에 더 참여하고, 머무르도록 동기를 부여한다.

이를 고려하여, MBCT나 CPE를 할당 받은 모든 참여자들은 2회기가 시작될 때, 0에서 10까지 세 개의 척도들을 사용하여 자신이 할당 받은 치료의 신뢰성을 평가했다. 점수들의 패턴은 CPE가 MBCT보다 약간 더 신뢰를 받는다는 것을 보여주었지만, 그렇게 유의미한 차이는 아니었다(312쪽 네모 참고). MBCT와 CPE 사이에 차이가 없는 것은 하나의 치료가 다른 치료에 비해 더 효과적이라는 것을 입증했으며, 이것이 신뢰성의 차이로 인한 것일 가능성은 없다는 것을 제시한다.

치료 신뢰 질문들
(0–10점)

1. 치료 성공에 대한 예상 (MBCT = 7.3, CPE = 7.9)
2. 타당성 (MBCT = 6.2, CPE = 6.6)
3. 이 치료를 친구에게 추천할 것인가? (MBCT = 6.7, CPE = 7.1)

우리는 무엇을 발견했는가?

우리의 1차 결과는 다음 12개월에 걸쳐 주요 우울장애의 재발이 일어날 때까지의 시간이었다. 우리는 "재발"을 최소한 2주 동안 주요 우울장애에 대한 관련 진단 기준을 충족시키는 것으로 정의했다. 참여자들은 치료 전후로 면담을 했으며, 후속 기간 동안 3개월마다 네 번을 추가로 면담했다. 우리가 우울장애의 재발을 정확하게 평가하고 있는지 확인하기 위해, 두 명의 독립적인 정신과의사들이 재평가를 위해, 91명의 후속 임상 면담들의 표본에 대한 오디오 녹음을 들었다. 이들은 동일한 수의 "재발"과 "재발하지 않음" 면담들을 평가했으며, 우리는 재발이 일어났는지 여부에 대해 매우 높은 수준의 일치를 발견했다(87%).

연구 팀이 데이터를 보기 전에, 통계전문가들이 계획된 분석을 수행했다. 이들은 받은 치료와 상관없이, 예측된 대로 일부 참여자들이 다른 참여자들에 비해 재발할 가능성이 더 높다는 것을 발견했다. 불안정한 차도를 보이는 상태로(즉, 여전히 우울장애의 잔여 증상을 경험하는) 연구를 시작한 사람들과 어린 시절 외상의 과거를 지닌 사람들이 바로 재발 가능성이 높은 참여자들이었다. 그러나 이 단계에서도, 통계전문가들은 다른 연구들이 이전에 발견한 것과 동일한 패턴을 볼 수 있었다. 즉, 두 개의 유효한 치료들은 전체적인 재발 감소를 만들어내지 않았다는 것이다. 후속 데이터에서 255명 참여자들의 원 재발률은 한 그룹의 경우 46%였으며, 또 다른 그룹은 50%, 세 번째 그룹은 53%였다. 이러한 차이들은 통계적으로 무의미했다. 그러나 통계전문가들은 또한 이전 실험들에서 취약성에 대한 지표들(이전 삽화들의 수, 첫 번째 우울장애 삽화 시작 연령, 불안정한 차도, 어린 시절 외상)이 치료 A, 혹은 치료 B(어떤 것이 어떤 치료인지 알지 못하는 상태)가 취약한 사람들에게 더 효과를 발휘했는지 여부에 영향을 끼치는지, 그리고 어떤 요인이 가장 중요한지 확인할 수 있는지 여부를 알아보기 위해 계획된 분석을 수행했다.

결과들은 매우 명확했다. 이들은 취약성의 지표들 중 세 개(우울장애 삽화 시작 연령, 삽화들의 수, 실험 시작 시 잔여 증상들로 평가된 차도의 불안정성)가 치료의 효과를 결정하는 것에 전혀 영향을 끼치지 않았다는 것을 발견했다고 팀에 보고했다. 모든 요인들을 분석에 넣었을 때, 단 하나의 요인이 두드러졌다. 바로 어린 시절의 외상이었다. 유효 치료들 중 하나는 외상의 수준에 따라, 다른 치료보다 훨씬 더 큰 효과를 발휘했지만, 어떤 통계전문가나 연구 팀도 이것이 어떤 치료인지, 즉 CPE인지 MBCT인지 알지 못했다. 이것은 분석이 적합한 실험 수행을 위해 지시된 대로, 통계전문가들에 의해 "맹검"으로 수행되었으며, 연구자들은 분석에 전혀 참여하지 않았기 때문이었다.

우리는 전체 결과들의 패턴이 검토되는 실험 운영위원회 회의를 개최했다. 우리는 상호작용을 볼 수 있었지만, 어떤 결과들이 배경에 있는지는 알지 못했다. 우리는 어떤 그룹이 어떤 패턴을 보이는지 아직 밝힐 수 없었지만, 대신 통계전문가들에게 맹검 데이터를 계속해서 분석해줄 것을 부탁하기로 결정하는 특별한 조치를 취했다. 그러나 이번에는 높은 어린 시절 외상과 낮은 어린 시절 외상으로 그룹을 나누었으며, 따라서 우리는 각각의 외상 수준에 대해 각 치료의 결과 패턴을 볼 수 있었다. 우리는 무슨 일이 일어났는지 보기 위해 3주 후에 다시 만나기로 합의했다.

따라서 우리의 동료들은 추가 탐구 분석을 수행했으며, 표본을 중앙값의 어린 시절 외상 점수(중앙값 = 39.00)에서 높은 점수(n=126), 혹은 낮은 점수(n=129)로 나누었고, 각 하위 표본의 재발 위험에 대한 치료 그룹(A 혹은 B)의 효과를 분석했다.

다시 만났을 때, 우리는 그림 18.2의 데이터를 보았다. 우리는 어떤 그룹이 TAU 그룹인지 알 수 있었으며(참여자들의 수가 절반이었기 때문에), 가장 취약한 참여자들의 경우 잘해내지 못했다는 것을 알 수 있었다. 그림 18.2의 그래프는 "생존 곡선"으로, 각 하향 편향은 또 다른 우울장애의 재발을 나타낸다. 맨 아랫줄은 어떤 그룹이든 가장 최악을 보여주는 것으로, 우울장애로 다시 돌아가는 재발의 가장 높은 확률을 가진 것이다. 맨 윗줄에 있는 사람들은 가장 적은 재발을 보였다. 일부 명확한 차이들이 나타나고 있었다.

우리는 어떤 것이 어떤 치료 그룹인지 밝힐 시간이 되었다고 결정했다. 크리스 휘태커는 지금까지 분석의 책임을 맡았으며, 그는 우리 모두에게 어떤 것이 MBCT이고, 어떤 것이 CPE인지 밝혀줄 봉인된 봉투를 가져왔다. 일단 봉투가 열리고, 암호가 풀린 후, 우리 모두는 어린 시절 외상 이력을 가진 가장 취약한 사람들의 경우, 재발을 감소시키는데 가장 높은

(a) 어린 시절 외상 수준이 높은 경우

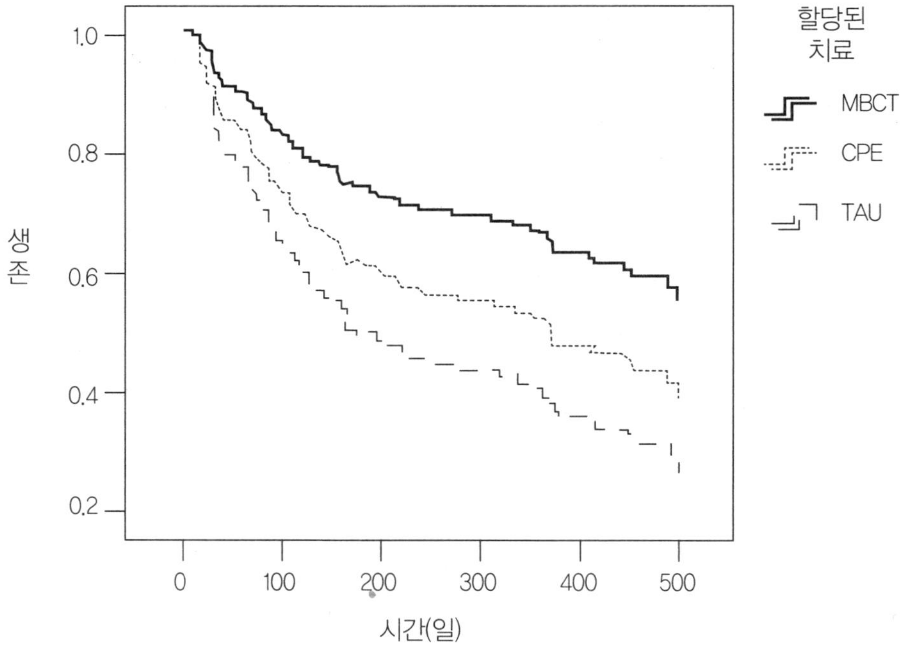

(b) 어린 시절 외상 수준이 낮은 경우

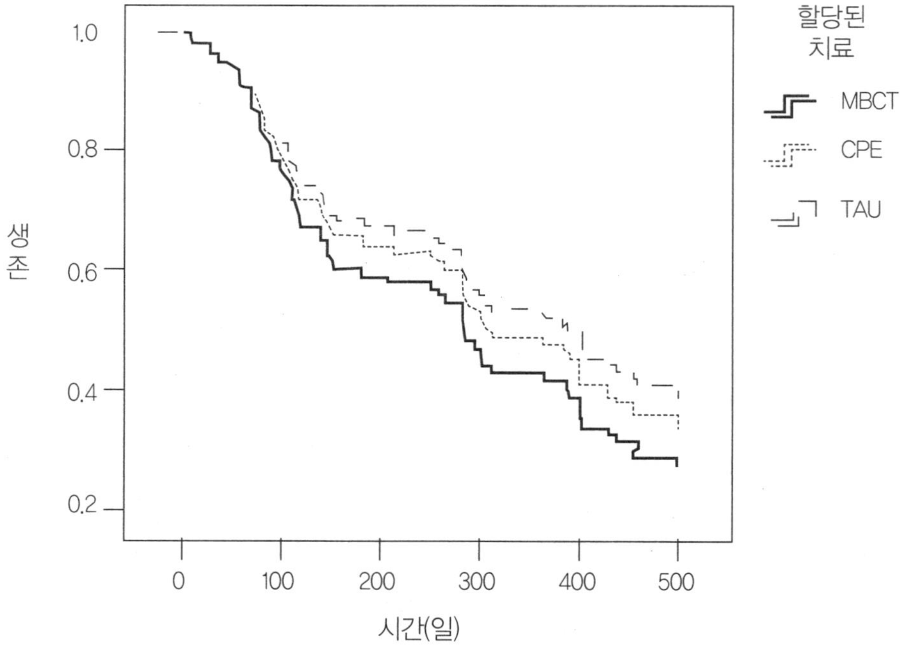

그림 18.2. **후속 기간 동안** (a) 아동기 외상 질문지 점수가 높은 환자들과 (b) 낮은 환자들 중 재발하지 않고 생존한 환자들의 비율. TAU: 평상시 치료, CPE: 인지 심리교육 + TAU, MBCT: 마음챙김 기반 인지 치료 + TAU.

효과를 보인 것이 MBCT라는 것을 알게 되었다. 이러한 참여자들의 경우, MBCT 대 TAU의 패턴이 처음의 티즈데일 외 연구자들(2000)의 실험 결과들을 거의 정확하게 복제했다. 특히, 심각한 어린 시절 외상을 가진 사람들의 경우, MBCT를 받은 사람들 중 41%가 재발을 했으며, 이에 비해 TAU를 할당 받은 사람들은 65%의 재발률을 보였다. CPE의 결과들은 거의 정확히 중간에 위치했다. 즉, 54%였다. 어린 시절 외상을 경험하지 않은 사람들의 경우, 재발률은 서로 차이를 보이지 않았다. 즉, MBCT, CEP, TAU의 경우 각각 51%, 45%, 43%였다(그림 18.2b).

우리가 재발의 위험률을 계산했을 때("위험률"은 후속 기간에 걸쳐 나타나는 위험 지수로, 후속 기간이 모두에게 동일한 경우 위험률은 동일하다), 우리는 MBCT를 받는 환자들의 경우 위험률이 오직 TAU만을 받는 환자들에 비해 0.43이며, CPE를 받는 환자들에 비해 0.61이었다. 이는 MBCT가 평상시 치료에 비해 57%로 재발 기회를 감소시키며, 인지 심리교육에 비해 39%(1 빼기 0.61)로 감소시킨다는 것을 뜻한다. 이는 어린 시절 외상의 심각성이 고려될 때, 전체 MBCT가 CPE와 평상시 치료 양쪽에 비해 주요 우울장애의 재발을 방지하는데 있어 더 효과적이라는 것을 의미한다. 이러한 결과들은 상세하게 Journal of Consulting and Clinical Psychology에 보고되었다(Williams 외, 2014; www.oxfordmindfulness.org. science 참고).

우울장애와 자살에 대한 생각 및 욕구의 연결 해제

우리의 연구 프로그램이 기반으로 한 자살 충동 반응의 "차별화되는 활성화" 양식이 I부에서 설명되었다. 이론은 자살의 관념화가 원래 초기 우울장애 삽화들 동안 부정적 사고의 특징으로 발생한다고 제시한다(Williams 외, 2005). 이러한 삽화들 동안, 우울해지는 기분, 무망감, 절망, 그리고 자살에 대한 생각들 사이에 연관성이 형성된다. 이제, 기분이 우울해지는 다른 기간들에도(어떤 식으로든 우울장애가 유발되는) 이러한 사고의 패턴들이 다시 활성화 된다. 이런 식으로, 자살 충동을 느끼는 절망은 연관성과 피드백 고리의 패턴으로 마음과 신체 내에 내포되며, 차후의 각 우울장애 삽화에 따라 재활성화 되고, 준비된다. 우리는 여러 개의 자살 충동 우울장애의 삽화들 이후, 저조한 기분의 복귀, 심지어 매우 약한 기분의 저하조차 이러한 습관적 (자살 충동의) 패턴 및 욕구들을 회복시키기에 충분하다는 것을 제시한 증거를 검토했다(Williams 외, 2005, 2006).

우리는 분석들을 통해 자살 충동의 경향이 치료에 따라 감소되었는지 여부를 탐구했다. 이러한 분석은 다시 우울해진 사람들도 포함했다. 또한 우리는 어떤 치료들이 저조한 기분과 자살 사이에 오래된 습관적 재활성화의 연결을 해제하는 효과를 가졌는지 여부를 알아보는 것에 관심을 가졌다. 이 후자의 목적을 위해, 우리는 특히 치료가 끝나갈 무렵 경도에서 중등도의 증상들을 보여준 사람들에게서 관계를 살펴보았다. 우리는 사랑을 받지 못함, 무력함, 낮은 고통 감내의 관점에서 자살 충동의 절망을 정의한, 데이비드 루드(David Rudd)의 SCS(자살인지척도, 5장 참고)를 이용했다.

결과들은 명확했다.: MBCT는 우리가 우울장애의 수준들에서 특정 변화들을 고려했을 때조차, 다른 두 그룹들에 비해 자살 충동의 절망을 감소시키는데 있어 더 큰 효과를 가졌다. 더 중요한 것은, 우리가 보통 자살 충동 인지를 촉발시킬 가능성이 높은 증상 수준을 가진 환자들에게서 우울장애 증상들과 자살 충동 인지 사이에 관계를 조사했을 때, CEP와 TAU 그룹들의 경우 우울장애 증상들의 강도와 자살 충동 인지 사이에 유의미한 상관관계가 존재한 반면, MBCT 그룹의 경우에는 그렇지 않다는 것을 발견하게 된 점이다. 이것은 중요한 결과이다. 이는 MBCT를 받은 이후, 우울장애 증상들이 다시 발생함에 따라 자살 충동 인지가 증가될 가능성이 적다는 것을 보여준다.

정기적인 수행의 역할

실험의 주요 목표는 명상 수행이 재발 위험을 감소시키는데 있어 결정적으로 중요한 요인이라는 가정을 시험하는 것이었다. 우리는 어떤 명상 수행도 포함하지 않는다는 점을 제외하고, 모든 측면들에서 MBCT와 유사한 치료(CPE)를 제공했다. 우리는 이러한 치료가 전체 MBCT만큼 효과적이지 않다는 것을 발견했다.

실제 명상 수행이 중요하다면, 이것은 전체 MBCT 그룹들 내에서조차, 많은 환자들이 수행에 참여할수록, 이러한 많은 참여자들이 재발 위험을 줄이게 된다는 것을 함축한다. 참여자들은 매주 7일 중 6일 동안 수행을 하고, 일기를 쓰도록 요청받았다. 우리는 치료 단계 동안 일주일에 최소한 3일 동안 공식 가정 수행을 했다고 보고한 참여자들이 3일 미만으로 공식 수행을 했다고 보고한 사람들의 거의 절반만큼 재발 가능성을 줄였다는 것을 발견했다. 일주일에 3일 이상 수행한 사람들 중 39%가 후속 기간인 12개월 이내에 재발했으며, 이에 비해 일주일에 3일 미만으로 수행한 사람들 중 58%가 후속 기간에 재발했다. 또 다시, 우리의 발견들은 수행이 중요하다는 것을 명확하게 제시했다. 그러나 수행의 양과 우울장애에 대한 영향 사이에 이러한 상관관계를 해석하는데 있어 문제가 존재한다. 연구는 더 많은 수행을 하는 것이 더 나은 결과와 연관된다는 것을 발견했지만, 이는 제 3요인에 의해 초래되었을 수 있다.: 바로 마음챙김에 대한 참여자의 열정이다. 치료 연구에서, 보통 배경이 되는 이론을 신뢰하기 때문에 더 나은 동기를 가지고 있으며, 따라서 중재에 대한 높은 기대를 가지고 있는 참여자들은 더 나은 결과들을 갖는 것으로 발견된다. 이것은 가정 수행이 수반되었는지 여부와 상관없이 그러했다. 치료가 신뢰 있다는 것을 믿는 높은 기대는 자체적으로 치유할 수 있다. 따라서 높은 기대를 가지고 MBCT를 받으러 온 사람들은 어쨌든 더 나은 결과들을 가질 수 있다. 만일 그렇다면, 이들은 더 많은 가정 내 수행을 했을 것이며, 수행과 결과 양쪽에 영향을 끼치는 숨겨진 요인은 높은 기대가 될 수 있을 것이다. 우리가 참여자들의 기대를 평가했던 것을 상기해보자(위에 "치료의 신뢰성" 참고). 이것은 참여자들의 MBCT에 대한 기대가 사람들이 얼마나 성공적일지 예측할 수 있는지 여부, 그리고 치료 신뢰성에 대한 높은 추정을 가진 사람들이 더 많은 가정 내 수행을 했는지 여부를 확인해볼 수 있다는 것을 뜻한다. 결과들은 매우 명확했다. 예상 외로, 더 높은 기대를 가진 MBCT 참여자들은 8주 동안 더 많은 가정 내 수행을 하지 않았으며, 이러한 초기의 기대와 최종 결과 사이에는 어떤 연관성도 없었다. 이것은 *참여자가 과정 초기에 MBCT에 대해 얼마나 열정적인지에 상관없이, 정기적인 공식 가정 내 수행의 실제 양이 중요하다는 것을* 보여준다.

성찰

우리는 현재까지 가장 큰 규모의 MBCT 대 TAU의 실험을 수행했으며, 처음으로 MBCT를 유효한 심리적 통제 치료와 비교했다. 연구의 강점은 치료 회기들에서 매우 높은 참석률이 나타났다는 점으로, 이전 실험들이 치료의 적합한 최소 "양"으로 판단한 4번 이상의 회기를 완수한 참여자들이 90% 이상이었다. 또한 단 7%의 참여자들이 후속 데이터를 제공하지 못함에 따라, 실험은 낮은 중도 이탈 비율을 보였다. 우리가 5장에서 주목했듯이, 이것은 우리 예비 연구에서의 30% 이탈 비율과 매우 큰 차이를 보이는 것으로, 우리는 참여자들이 바로 실험에 들어갈 수 있도록 도운 전체 팀의 노력을 치하할 수 있었다.

더 취약한 참여자들이 어린 시절 외상의 과거를 가진 사람들이며, MBCT로부터 도움을 받은 사람들이 이 그룹이라는 발견들은 MBCT 실험들의 이전 결과들과 일치한다. 우리의 결과들은 *MBCT가 특히 재발이나 반복의 가장 높은 위험에 처한 사람들에게 도움이 된다고* 부각되는 모습과 맥락을 같이 한다. 우리의 연구는 의도적으로 자살 관념화 및 행동의 과거를 가진 사람들에게 초점을 맞추었으며, 이러한 집단에서는 어린 시절의 외상이 특히 두드러지는 위험 요인이라고 알려져 있다(Williams 외, 2012). 따라서 우리는 취약성의 결정적 측면은 항상 어린 시절의 외상이 될 것이라고 주장할 수 없다. 정확히 어떤 환자들이 가장 취약한 환자들인지는 여러 연구들에 걸쳐 차이를 보이며, 틀림없이 전 세계 여러 지역들의 클리닉마다 차이를 보일 것이다. 일부 사람들은 이른 나이에 우울장애 삽화가 시작되었기 때문에, 다른 사람들은 더 많은 수의 우울장애 삽화들을 경험했기 때문에 취약할 것이다. 그러나 또 다른 사람들은 "임상적으로" 우울하지 않을 때조차 기분이 불안정하기 때문에 취약할 것이다. 그리고 어떤 사람들은 어린 시절의 외상으로 고통을 겪었기 때문에 취약할 것이다. 여러 연구들에서 나온 현재까지의 증거는 연구자들과 임상의들이 먼저 자체 클리닉에서 어떤 참여자들이 더 취약한지 파악해야 한다고 제시한다. 이것은 이러한 사람들이 MBCT로부터 가장 도움을 받을 가능성이 높은 사람들이기 때문이다.

영향

이 실험에 따라, 자살 충동의 우울장애를 이해하고, 마음챙김 훈련이 우울장애를 예방하는 방법을 제공하는지 여부를 알아보기 위한 10년간의 연구 프로그램을 끝마치게 되었다. 미래를 바라볼 때, 우리의 결과들은 이론적, 실용적으로 다른 마음챙김 응용들에 대해 어떤 영향을 갖는가?

첫째, CPE의 효과들이 MBCT와 TAU 사이에서 중간 정도라는 사실은 MBCT의 일부 효과가 MBCT와 CPE 양쪽에 의해 제공된 심리 교육과 그룹 지원에 의해 설명될 수 있다는 것을 제시한다. 그러나 우리의 결과들은 단순히 수업에 오는 것으로는(그룹 환경, 우수한 지도자, 심리 교육을 경험하는) 충분하지 않다는 것을 보여준다. 마음챙김은 공식 및 비공식 마음챙김 수행을 매일 실천하는 것을 통해 육성되어야 한다. 자각하는 것의 혜택은 단지 좋은 아이디어에 그치지 않고, 경험되고, 함양되어야 한다. 참여자들이 과정 동안 실천한 명상 수행의 양이 1년의 후속 기간 동안 이들이 재발되는지 여부와 유의미하게 관련되었다는 사실은 이 점을 추가적으로 강조한다.

둘째, 우리가 재발성 자살 충동 우울장애의 예방을 연구하고 있었으며, 따라서 이러한 결과들은 다른 취약한 사람들의 그룹들로 일반화될 수 없다는 점에 주목해야 한다. 그럼에도 불구하고, 결과들의 패턴은 만성 통증 환자, 암 환자, 만성 불안을 가진 사람들, 혹은 만성 질환을 가진 사람들에게 마음챙김 기반 중재들이 제공되는지 여부, 그리고 "어린 시절 외상을 겪은 우리 환자들에게도 적합한가요?"라는 질문에 더 자신 있게 답할 수 있다는 것을 제시한다. 이것은 단지 우리의 결과들이 이러한 방향을 가리키기 때문이 아니다.: MBCT가 우울장애 재발을 방지한다는 것을 발견하는 모든 실험들은 특히 오랫동안 정신적 문제들(보통 아동기 및 청소년기의 외상 경험과 연관되는)을 가졌던 사람들에게 특히 도움이 된다는 사실을 가리킨다.

셋째, 결정적인 것은 단지 이전 삽화들의 수가 아니라, 작은 기분의 변화들에도 높은 반응을 보이는 것에서 나오는 취약성이라는 것에 주목해야 한다. 이는 이러한 과정들이 조기에(우울장애의 첫 번째 삽화가 시작되기도 전에) 동일시 될 수 있다면, 마음챙김이 아마도 완전히 다른 궤도로 나아가도록 사람들을 도울 수 있다는 것을 함축한다. 이러한 생각과 부합하여, 최근 청소년들을 위해 학교에서 보편적 중재로 전달된 마음챙김에 관한 두 개의 탐구 실험들은 우울장애의 감소와 행복감의 증가(Kuyken 외, 2013), 그리고 우울장애의 새로운 시작을 절반으로 줄였다는 것을 발견했다(Raes, Griffith, Van der Gucht & Williams, 2014).

마지막으로, 우리는 중요한 누락을 고려해야 한다. 재발성 우울장애에 대한 우리의 초점에서 나온 한 가지 결과는 우리가 긍정적인 정서들과 "현재 순간의 향유(savoring)"에 대해 평가하지 않았다는 것이다. 한 중요한 연구에서, 게슈빈트(Geschwind)는 경험 표본추출을 사용하여 이것에 대한 평가를 포함했다. 이 경험 표본추출 실험에서 사람들은 하루 중 무작위로 정해진 시간에 무엇을 하고 있는지, 그것이 즐거운지, 그것을 즐기고 있는지 여부에 대한 몇 가지 질문들에 답하도록 상기시키는 메모를 받는다(Geschwind, Peeters, Drukker, van Os, & Wichers, 2012). 잔여 증상들을 가진 환자들에 대한 연구에서, 그녀는 MBCT가 이러한 긍정적인 경험들을 증가시켰으며, 이러한 유익한 효과를 갖는 정도는 임상 결과를 예측한다는 것을 발견했다. 우리는 우리 연구에서 이것을 평가하지 않았기 때문에, 현재 마음챙김의 매우 중요한 측면을 놓쳤을 수 있다고 느낀다. 우리는 마음챙김이 단지 사람들이 과거의 부정적 측면들을 "놓아 줄 수" 있도록 하고, 경험의 부정적 측면들에 대해 더 탈집중화 된 자세를 가질 수 있도록 할 뿐 아니라, 사람들이 삶에 다시 몰두하도록, 즉, 오랫동안 삶에서 사라진 것으로 보였던 작은 순간들의 아름다움과 즐거움에 친밀하게 연결되는 느낌을 되찾도록 돕는다는 것을 알고 있다. 사람들은 더 깨어 있으며, 더 살아 있다고 느낀다. 우리는 이들이 우울함을 덜 느꼈는지 여부를 평가했지만, 미래 연구들은 게슈빈트의 사례를 따라야 하며, 또한 사람들의 행복, 이들의 "살아 있는 것에 대한 경험"을 평가해야 한다. 이는 또한 우리에게 다음 역설에 대한 답을 제공할 수 있을 것이다.: 바로 MBCT는 이러한 임상 연구들에서 확실히 가장 취약한 사람들을 돕는 것으로 나타나지만, 덜 취약한 사람들에게는 그렇게 효과적이지 않다는 점이다. 여기에서는 무슨 일이 일어나고 있는 것인가?

취약하지 않은 사람들을 위한 MBCT

이것은 역설이다.: 임상 우울장애의 이력을 가진 사람들의 경우, 정신 건강 클리닉을 통해 MBCT를 받을 때, 어려움이 가장 심각했던 참여자들에게 가장 효과적인 것으로 나타난다. 그러나 수천 개의 MBCT와 MBSR 수업들은 전 세계에서 우울장애 삽화, 외상, 혹은 심각한 정신적 문제를 전혀 경험하지 않은 사람들에게 제공되고 있다. 그리고 이러한 사람들은 큰 효과를 보고하고 있다(예, Krusche, Cyhlarova, King, & Williams, 2012, Krusche, Cyhlarova, & Williams, 2013 참고). 이것이 어떻게 가능한 것인가?

여기에는 한 가지 가능한 대답이 존재한다. 재발성 우울장애에 대한 대부분의 실험들에서, 높은 취약성을 가진 많은 사람들이 수업에 존재한다. 이 경우, 많은 관심이 기분의 불안정과 외상 기억들의 침투에서 발생하는 높은 반응에 대한 논의로 쏠리는 것은 필연적이다. 우울장애가 덜 심각한 참여자들, 혹은 우울장애가 큰 "생활사건"에 대한 정상적 반응인 참여자들은 이러한 심각한 반추-반응 문제들을 가지고 있지 않으며, 따라서 이러한 문제에 대한 초점은 이들과 별로 관련되지 않는다. 또한 이처럼 매우 취약한 많은 사람들이 수업에 존재할 때, 삶의 소소한 아름다움이나, 즐거움에 대한 몰두 및 재발견에 적은 시간을 보내게 되는 것은 게슈빈트의 결과들이 실제로 상황을 명확히 하는데 도움이 될 수 있는 경우이다. 대조적으로, 덜 취약한 사람들이 대다수인 수업에서는 단순히 "깨어나는 것"의 놀라운 힘을 보여주는 마음챙김의 측면들에 초점을 맞출 더 많은 기회가 존재한다. 덜 취약한 사람들에 대한 수업들에서, 초점이 맞추어지는 마음의 패턴들은 너무 위험해서 어떤 순간이든 사람을 압도할 위협을 가진 패턴들이 아니라, 순간마다 완전히 만개하는 삶에 몰입하는 것을 방해하는 패턴들이다. 이는 현재 오직 잠정적인 가설일 수 있지만, 미래 연구가 밝혀야 할 중요하고, 매우 실용적인 쟁점일 것이다.

마무리 글

이제 우리의 이야기를 끝맺을 때가 왔다. 우리의 결과들을 요약하자면, 옥스포드 – 뱅고어 협력 연구는 사람들이 좋은 기분일 때 제공되는 MBCT는 주요 우울장애의 미래 삽화들을 예방하는데 있어 유익한 효과를 가질 수 있으며, 특히 가장 높은 재발 위험을 가진 사람들에게 관련될 수 있다는 것을 보여주었다. 특별히 중요한 것은 MBCT가 보통 환기되는 자살에 대한 생각들 및 욕구들과 기분의 "연결을 해제"한다는 우리의 발견이었다.

전체 Wellcome 프로젝트는 작은 기분의 변화에 의한 자살에 대한 생각과 행동의 재활성화는 왜 사람들이 자살 충동 우울장애에 취약한 상태로 남아 있는지의 중심에 있다는 생각을 가지고 2003년에 시작되었다. 이런 식이 되어서는 안 된다는 것을 알게 되기 시작한 우리 환자들의 경우, 위험한 생각 및 정서들의 폭포를 만들어내지 않고, 슬픔이 왔다가, 사라질 수 있는 실제 경험을 갖게 되는 것은 그 자체로 매우 자유로워지는 것이다.

우리는 옥스포드에서 이루어진 모든 우리 연구들에 참여한 참여자들, 그리고 옥스포드 – 뱅고어 협력 연구에 참여한 사람들에게 깊은 감사를 보낸다. 우리가 자신감을 가지고 앞으로 나아갈 수 있는 것은 이들의 기꺼이 참여하려는 의지 덕분이다. 이들의 노력 덕분에, 마음챙김 지도자로서 우리는 과거에 가장 어려운 사건들을 가졌던 사람들에게 마음챙김 훈련에 참여하도록 권유하는 것을 두려워할 필요가 없으며. 도움을 청하는 사람들은 가장 힘든 삶의 경험을 가지고 있다 하더라도, 더 이상 안을 쳐다보며 삶의 바깥에 머무를 필요가 없다는 것에 대해, 그리고 현재 이곳은 자신들이 진정으로, 자유롭게 이용할 수 있는, 살아갈 가치가 있는 삶이라는 것에 대해 깊은 확신을 가지고 마음챙김을 수행할 수 있게 되었다.

추가 저서와 자료

어떻게 가르치는가?

현재 책은 지도자들이 마음으로 마음챙김을 수행하는 것에 대해 쓰여 있지만, 아직 이것을 가르칠 능력이 없다고 느낄 수 있으며, 필요한 경험을 어떻게 얻을 수 있는지 궁금해 할 수 있을 것이다.

이 섹션에서, 우리는 세갈 외 연구자들(2013)의 연구 내용을 반복할 것이다.

자신만의 마음챙김 시작하기

세갈 외 연구자들(2013)의 연구에서 중심 메시지는 이러한 작업을 수행하기 위해, 치료자들은 스스로 마음챙김을 수행해야 한다는 것이었다. 가장 좋은 방법은 숙련된 명상 지도자와 직접 대면하여 배우는 것이다. 그러나 먼저 스스로 시도해보고 싶다면, 가장 좋은 방법은 8주에 걸쳐 The Mindful Way Workbook(Teasdale 외, 2014)을 공부하며, 여기에 포함된 명상 지침 다운로드를 이용하는 것이다. 지침은 정기적인 수행을 확립하도록 도울 뿐 아니라, 프로그램에서 참여자들에 의해 사용되는 활동들의 직접적 표본을 제공한다(다른 자료들의 경우, http://oxfordmindfulness.org/learn/resources, 혹은 www.bangor.ac.uk/mindfulness/ books.php.en 참고). 그리고 이후에 프로그램의 배경이 되는 과학과 수업에서 회기별로 가르치는 방식에 대한 상세한 설명의 경우 세갈 외 연구자들(2013)의 연구를 참고한다.

지도자 찾기

세갈과 동료들은 명상의 많은 다양한 형태들이 존재하며, MBCT의 지도자로서 스스로 준비하기 위해서는 정신과 형식에서 MBCT 프로그램과 양립하는 전통과 지도자를 선택해야 한다고 지적한다.: 즉, 명상 수행에 대해 서구화된 통찰에 대해 이야기한다. 이러한 센터들에 관한 정보는 다음에서 얻을 수 있다. 북미의 경우, 매사추세츠 Barre의 Insight Meditation Society(www,dharma.org), 혹은 캘리포니아 Woodacre의 Spirit Rock(www.spiritrock. org). 유럽의 경우, 영국 Devon의 Gaja House(www,gajahouse.co,uk). 그리고 호주의 경우 www.dharma.au가 있다. 이 외에, 마음챙김 지도자들을 교육시키는 센터들에서 지도자를 찾을 수 있다(아래 참고).

MBCT 지도자들을 위한 교육 지침

스스로 마음챙김의 표본을 수집한 후, 정신 건강 시설에서 마음챙김을 가르치는 것에 관심이 생긴다면, 이러한 접근으로 교육시키는 곳을 찾아야 할 것이다. 교육의 전제조건으로 확립된 개인적 마음챙김 수행을 주장하지 않으며, 1년 이내로 지속되는 교육은 참여자들 및 내담자들에게 이러한 접근을 제공하기 위해 필요한 기반을 제공하지 않을 것이다. 이것은 당신이 숙련된 치료자이거나, 혹은 많은 피정들에 참여한 경우에도 그러할 것이다. 전 세계에서 MBCT/MBSR 지도자가 되려는 수천 명의 의료 전문가들을 교육시킨 우리의 경험은 치료나 피정 경험이 도움이 될 수는 있지만, 또한 많은 미묘한 방식들로 방해할 수 있으며, 따라서 어떤 것들도 마음챙김 교육을 할 수 있도록 보장할 수 없다고 말해준다.

영국에서, MBCT에 대한 석사 학위로 이끄는 석사 교육을 옥스포드 대학과 엑서터 대학에서 이용할 수 있으며, 한편 뱅고어 대학은 주요 초점으로서 MBSR과 MBCT에 대한 마음챙김 전문가들을 제공한다. 이러한 모든 영국 기반의 프로그램들은 2-4년에 걸쳐 파트타임 기반으로 전문가들을 가르치며, 증거 기반과 함께 MBCT의 경험적, 교훈적 요인들의 범주를 제공한다. 이러한 요인들의 전체, 혹은 일부분을 제공하는 것을 토대로 하는 다른 교육 센터들이 존재한다. http://mindfulnesstheachersuk.org.uk에서 영국 네트워크를 참고한다.

세갈 외 연구자들(2013)은 영국 외부, 혹은 유럽의 교육자들, 특히 북미에 살고 있는 사람들을 위한 더 가능성 있는 시나리오는 MBCT 임상 워크숍, 치료자들을 위한 고요한 마음챙김 피정에 참석하고, MBCT 수행 교육자로부터 감독을 추구하며, 이후 동료 감독 그룹에 참여하는 것이다. 과정에서 얼마나 많이 와있는지 기록하도록 돕기 위해, 세갈 외 연구자들은 로드맵, 즉, 기분 장애에 대해 MBCT를 가르치는 것에 있어 정상적인 최소한의 요건들이라고 고려하는 것에 대한 목록을 제공한다(U.K Consensus Guidelines for Mindfulness Teachers, pp. 310–31을 기반으로 한 "Training Guidelines for Teaching MBCT" 참고; 이러한 것들에 대한 최신 정보를 얻기 위해서는 http://mindfulnessteachersuk.org.uk / pdf/MBI.TACJune2012/pdf 참고).

추가 정보의 경우, www.bangor.ac.uk/mindfulness와 www.oxfordmindfulness.org를 참고한다. 여기에는 수행을 지원하기 위한 교육 기회들 및 다른 자료들에 대한 많은 링크들이 존재한다. 북미의 경우, 우선 매사추세츠 대학과 샌디에이고, 캘리포니아 대학의 센터들을 가보는 것이 도움이 될 수 있다. 호주의 경우에는 www.mtia.org.au, 홍콩은 www.mindfulness. hk/ en/home을 참고한다. 마지막으로, http://eamba.net에서 접근할 수 있는 교육 센터들의 유럽 네트워크가 존재한다.

지도자들과 참여자들을 지원하는 추가 저서

Segal, Z. V, Williams, J. M. G., & Teasdale, J. D. (2013). Mindfulness-based cognitive therapy for depression (2nd ed.). New York: Guilford Press

이것은 MBCT 매뉴얼로, 정신 건강 문제들로 고통 받는 사람들에게 MBCT를 가르치고 싶어 하는 사람들을 위한 필수 저서이지만, 또한 정서적 문제들에 대한 마음챙김의 현대적 응용들의 기저를 이루고, 동기를 부여하는 심리학 이론을 이해하고 싶어 하는 많은 다른 마음챙김 지도자들에게 유용한 정보를 제공한다.

Teasdale, J., Williams, M., & Segal, Z. (2014). The mindful way workbook. New York: Guilford Press

이 책은 특히 8주간의 MBCT 프로그램을 거치는 참여자들과 동반되도록 쓰였다. 각 회기의 내용을 설명하는 것과 함께, 참여자들은 여러 활동들에 대한 근거와 성장하는 수행을 위한 유용한 힌트들을 얻게 된다. 이것은 인쇄물, 가정 수행 시트, 일정표, 시, CD, 기타 8주 동안 다루어지며, 이 책과 동반되는 필수 자료들인 콘텐츠에 대한 단일 출처로 기능하도록 설계되었다.

Williams, M., Teasdale, J., Segal, Z. & Kabat-Zinne, J.(2007) The mindful way through depression: Freeing yourself from chronic unhappiness. New York; Guilford Press

이 책은 마음챙김 수행이 걱정과 불행처럼, 더 약하지만, 더 보편적인 정신 상태들을 다루도록 어떻게 확대될 수 있는지에 관해 읽는 것에 관심을 가진 사람들에게 매우 유용한 정보를 제공한다. 이것은 Jon Kabat-Zinn에 의해 서술되는 명상들을 다루며, 독자에게 이러한 수행들에 대해 MBCT 수업에서 일반적으로 제공되는 것보다 더 광범위한 배경을 제공한다.

Williams, M., & Penman, D. (2011). Mindfulness: Finding peace in a frantic world. London: Piaktus; New York: Rodale

이것은 전체 MBCT 프로그램을 통해 추가적으로 탐구하고 싶은 것인지 알아보기 위해, 더 짧은 명상 수행을 맛보고 싶어 하는 사람들에게 또 다른 선택을 제공한다. 이는 Mark Williams에 의해 서술되는 명상들을 포함한다(www.oxfordmindfutness.org).

Crane, R. (2009). Mindfulness-based cognitive therapy: Distinctive features. London: Routledge

지도자들과 참여자가 될 가능성이 있는 사람들을 위한 MBCT의 개별 측면들에 대한 매우 유용한 일반적 개요와 소개.

Silverton, S. (2012). The mindfulness breakthrough: The revolutionary approach to dealing with stress, anxiety, and depression. London: Watkins

일반 대중이 쉽게 접근 가능하도록 설계된 마음챙김에 대한 일러스트레이션 소개로, 광범위한 삶의 상황들 내에서, 그리고 우울장애를 포함한 특정 조건들에서 마음챙김을 탐구하는 장들을 제공한다.

무료 팟 캐스트

The New Psychology of Depression은 iTunes-U에서 이용 가능한 것으로, 마크 윌리엄스에 의한 6개의 무료 팟캐스트 시리즈이다. 이것은 일반적으로 우울장애에 대한 배경과 마음챙김이 위험을 감소시키는데 있어 어떤 작용을 하는지에 대한 내용을 제공한다.

https://itunes.apple.com/gb/itunes-ii/new-psychology-depression/id474787597?mt=10

MBCT 교육을 위한 훈련 가이드라인 (Segal, Williams, Teasdale, 2013, p.422)

다음은 기분 장애들을 위해 MBCT를 가르치는데 있어 최소한의 표준 요건들이다.

1. 매일 공식과 비공식 수행을 통해 개인적 마음챙김 수행에 대해 진행되는 전념
2. 정서 장애들에 대한 구조화된, 증거 기반 치료 접근들(예, 인지 행동 치료, 대인관계 심리치료, ACT, 행동 활성화)의 사용을 포함하는 임상 수행과 정신 건강 교육에서의 전문가 자격
3. 그룹 및 개인들에 대한 교육, 치료, 혹은 다른 보살핌 제공의 경험을 포함하여, 마음챙김 기반 접근이 전달되는 인구집단의 지식과 경험
4. 12개월의 최소 지속기간을 가진 깊이 있고, 철저한 마음챙김 기반 지도자 교육 프로그램, 혹은 감독되는 경로의 이수. ("감독되는 경로"는 처음에는 참여자로, 두 번째에는 훈련생으로, 세 번째에는 공동 지도자로 세 번의 8주간 교육과정에 참여하는 것, 그리고 핵심 수행 및 커리큘럼 교육의 이론과 실용적 측면들에 대한 워크숍에 참석하는 것을 포함할 수 있다)
5. 자신의 직업 내에서 서술되는 윤리 규범의 프레임워크에 대해 진행되는 고수
6. 다음을 포함하여, 숙련된 마음챙김 지도자(들)과 함께 진행되는 동료 감독 과정에 참여
7. 비디오 녹화, 교육회기에 동석하는 감독자, 혹은 공동 교육을 통해 숙련된 마음챙김 기반 지도자로부터 교육에 대한 정기적인 피드백 받기, 그리고 피드백 회기들 구축

지속적인 전문적 발전의 목적을 위해 우리는 다음을 권장한다.:

1. 상주 지도자가 이끄는 마음챙김 명상 피정들에 참여.
2. 경험들을 공유하고, 협력적으로 배우기 위한 수단으로 구축되고, 유지되는, 마음챙김 기반 동료들과 진행되는 동료 감독
3. 마음챙김 기반 접근들에 대한 현재 증거 기반의 최신 정보 유지를 포함하여, 마음챙김 기반 접근들을 전달하는 것에 있어 기술과 이해를 발전시키기 위해 추가 훈련에 참여

참고문헌

Appleby, L., Dennehy, J. A., Thomas, C. S., Faragher, E. G., & Lewis, G. (1999). Aftercare and clinical characteristics of people with mental illness who commit suicide: A case-control study. *Lancet, 353*, 1397-4000.

Anderson, R. J., Goddard, L., & Powell, J. H. (2010). Reduced specificity of autobiographical memory as a moderator of the relationship between daily hassles and depression. *Cognition and Emotion, 24*, 702-709.

Baer, R. (2003). Mindfulness training as a clinical intervention: A conceptual and empirical review. *Clinical Psychology: Science and Practice, 10*(2), 125-143.

Barnhofer, T., Duggan, D., Crane, C., Hepburn, S., Fennell, M. J. V., & Williams, J. M. G. (2007). Effects of meditation on frontal alpha-asymmetry in previously suicidal individuals. *NeuroReport, 18*, 709-712.

Bateman, A., & Fonagy, P. (2008). 8-year follow-up of patients treated for borderline personality disorder: Mentalization-based treatment versus treatment as usual. *American Journal of Psychiatry, 165*, 631-639.

Beautrais, A. L., Joyce, P. R., Mulder, R. T., Fergusson, D. M., Deavoil, B. J., & Nightingale, S. K. (1996). Prevalence and comorbidity of mental disorders in persons in serious suicide attempts: A case-control study. *American Journal of Psychiatry, 153*, 1009-1014.

Beck, A. T., Brown, G., Berchick, R. J., Stewart, B. L., & Steer, R. A. (1990). Relationship between hopelessness and ultimate suicide: A replication with psychiatric outpatients. *American Journal of Psychiatry, 147*, 190-195.

Beck, A. T., Rush, A. J., Shaw, B. F., & Emery, G. (1979). *Cognitive therapy for depression*. New York: Guilford Press.

Beck, A. T., Steer, R. A., & Brown, G. K. (1996). *Manual for the BDI-II*. San Antonio, TX: Psychological Corporation.

Beck, A. T., Weissman, A., Lester, D., & Trexler, L. (1974). The measurement of pessimism: The Hopelessness Scale. *Journal of Consulting and Clinical Psychology, 42*, 861-865.

Beiling, P., Hawley, L., Corcoran, K., Bloch, R., Levitan, R., Young, T., et al. (2012). Mediators of treatment efficacy in mindfulness-based cognitive therapy, antidepressant pharmacotherapy or placebo for prevention of depressive relapse. *Journal of Consulting and Clinical Psychology, 80*, 365–372.

Bernstein, D. P., & Fink, L. (1998). *Childhood Trauma Questionnaire: A retrospective self-report manual*. San Antonio, TX: Psychological Corporation.

Bernstein, D. P., Fink, L., Handelsman, L., Foote, J., Lovejoy, M., Wenzel, K., et al. (2003). Development and validation of a brief screening version of the Childhood Trauma Questionnaire. *Child Abuse and Neglect, 27*(2), 169–190.

Bodhi, B. (2011). What does mindfulness really mean?: A canonical perspective. *Contemporary Buddhism, 12*(1), 19–39.

Brewin, C. R., Gregory, J. D., Lipton, M., & Burgess, N. (2010). Intrusive images in psychological disorders: Characteristics, neural mechanisms, and treatment implications. *Psychological Review, 117*(1), 210–232.

Bockting, C. L. H., Schene, A. H., Spinhoven, P., Koeter, H. W. J., Wouters, L. F., Huyser, J., et al. (2005). Preventing relapse/recurrence in recurrent depression with cognitive therapy: A randomized controlled trial. *Journal of Consulting and Clinical Psychology, 73*, 647–657.

Bondolfi, G., Jermann, F., Van der Linden, M. V., Gex-Fabry, M., Bizzini, L., Weber Rouget, B., et al. (2010). Depression relapse prophylaxis with mindfulness-based cognitive therapy: Replication and extension in the Swiss health care system. *Journal of Affective Disorders, 122*, 224–231.

Brodsky, B. S., Oquendo, M., Ellis, S. P., Haas, G. L., Malone, K. M., & Mann, J. J. (2001). The relationship of childhood abuse to impulsivity and suicidal behavior in adults with major depression. *American Journal of Psychiatry, 158*(11), 1871–1877.

Brown, G. K., Have, T. T., Henriques, G. R., Xie, S. X., Hollander, J. E., & Beck, A. T. (2005). Cognitive therapy for the prevention of suicide attempts: A randomized controlled trial. *Journal of the American Medical Association, 294*(5), 563–570.

Burch, V. (2008). *Living well with pain and illness: Using mindfulness to free yourself from suffering*. London: Piatkus.

Carver, C. S., Lawrence, J. W., & Scheier, M. F. (1999). Self-discrepancy and affect: Incorporating the role of feared selves. *Personality and Social Psychology Bulletin, 25*, 783–792.

Collins, P. Y., Patel, V., Joestl, S. S., March, D., Insel, T. R., & Daar, A. S. (2011). Grand challenges in global mental health. *Nature, 475*(7354), 27–30.

Coryell, W., & Young, E. A. (2005). Clinical predictors of suicide in primary major depressive disorder. *Journal of Clinical Psychiatry, 66*(4), 412–417.

Cougle, J. R., Keough, M. E., Riccardi, C. J., & Sachs-Ericsson, N. (2009). Anxiety disorders and suicidality in the National Comorbidity Survey-Replication. *Journal of Psychiatric Research, 43*(9), 825–829.

Crane, C., Barnhofer, T., Duggan, D. S., Eames, C., Hepburn, S., Shah, D., & Williams, J. M. G. (2014). Comfort from suicidal cognition in recurrently depressed patients. *Journal of Affective Disorders, 155*(1), 241–246.

Crane, C., Barnhofer, T., Duggan, D. S., Hepburn, S., Fennell, M. J. V., & Williams, J. M. G. (2008). Mindfulness-based cognitive therapy and self-discrepancy in recovered depressed patients with a history of depression and suicidality. *Cognitive Therapy & Research, 32,* 775–787

Crane, C., Barnhofer, T., Visser, C., Nightingale, H., & Williams, J. M. G. (2007). The effects of analytical and experiential rumination on autobiographical memory specificity in individuals with a history of major depression. *Behaviour Research and Therapy, 45,* 3077–3087.

Crane, C., Shah, D., Barnhofer, T., & Holmes, E. A. (2012). Suicidal imagery in a previously depressed community sample. *Psychology and Psychotherapy, 19*(1), 57–69.

Crane, C., & Williams, J. M. G. (2010). Factors associated with attrition from mindfulness-based cognitive therapy in patients with a history of suicidal depression. *Mindfulness, 1,* 10–20.

Crane, R. S. (2009). *Mindfulness-based cognitive therapy: Distinctive features.* London: Routledge.

Crane, R. S., Eames, C., Kuyken, W., Hastings, R. P. L., Williams, J. M. G., Bartley, T., et al. (2013). Development and validation of the Mindfulness-Based Interventions—Teaching Assessment Criteria (MBI:TAC). *Assessment, 20*(6), 681–688.

Crane, R. S., & Kuyken, W. (2012), The implementation of mindfulness-based cognitive therapy: Learning from the UK Health Service experience. *Mindfulness, 4*(3), 246–254.

Crane, R. S., Soulsby, J. G., Kuyken, W., Williams, J. M. G., & Eames, C. (2012). *The Bangor, Exeter and Oxford Mindfulness-Based Interventions Teaching Assessment Criteria (MBI-TAC) for assessing the competence and adherence of mindfulness-based class-based teaching.* Bangor University. Retrieved January 30, 2014, from *www.bangor.ac.uk/mindfulness/documents/MBI-TACJune2012.pdf.*

Danese, A., & McEwen, B. S. (2012). Adverse childhood experiences, allostasis, allostatic load, and age-related disease. *Physiology and Behavior, 106*(1), 29–39.

Dalgleish, T., Williams, J. M. G., Golden, A.-M. J., Perkins, N., Feldman Barrett, L., Barnard, P. J., et al. (2007). Reduced specificity of autobiographical memory and depression: The role of executive control. *Journal of Experimental Psychology: General, 136,* 23–42.

Debeer, E., Raes, F., Williams, J. M. G., & Hermans, D. (2011). Context dependent activation of reduced autobiographical memory specificity as an avoidant coping style. *Emotion, 11,* 1500–1506.

Dreyfus, H. L., & Dreyfus, S. E. (1986). *Mind over machine: The power of human intuition and experience in the age of computers.* New York: Free Press.

Duggan, D. (2008). *Psychological mechanisms underlying suicidal behavior.* Unpublished D. Phil thesis, University of Oxford.

Ehlers, A., & Clark, D. M. (2000). A cognitive model of posttraumatic stress disorder. *Behaviour Research and Therapy, 38*(4), 319–345.

Evans, A., Crane, R. S., Cooper, L., Mardula, J., Wilks, J., Surawy, C., et al. (2014, March 23). A framework for supervision for mindfulness-based teachers: A space for embodied mutual inquiry. *Mindfulness* [online publication].

Felder, J. N., Dimidjian, S., & Segal, Z. (2012). Collaboration in mindfulness-based cognitive therapy. *Journal of Clinical Psychology: In Session, 68*(2), 179–186.

First, M. B., Spitzer, R. L., Gibbon, M., & Williams, J. B. W. (2002). *Structured Clinical Interview for DSM-IV-TR Axis I Disorders, Research Version, Patient Edition (SCID-I/P)*. New York: Biometrics Research, New York State Psychiatric Institute.

Geschwind, N., Peeters, F., Drukker, M., van Os, J., & Wichers, M. (2011) Mindfulness training increases momentary positive emotions and rewards experience in adults vulnerable to depression: A randomized controlled trial. *Journal of Consulting and Clinical Psychology, 79*, 618–628.

Gibbs, B. R., & Rude, S. S. (2004). Overgeneral autobiographical memory as depression vulnerability. *Cognitive Therapy and Research, 28*, 511–526.

Gilbert, P. (1989). *Human nature and suffering*. Hove, UK: Erlbaum.

Godfrin, K. A., & van Heeringen, C. (2010). The effects of mindfulness-based cognitive therapy on recurrence of depressive episodes, mental health and quality of life: A randomized controlled study. *Behaviour Research and Therapy, 48*, 738–746.

Gordon, K. H., Selby, E. A., Anestis, M. D., Bender, T. W., Witte, T. K., Braithwaite, S., et al. (2010). The reinforcing properties of repeated deliberate self-harm. *Archives of Suicide Research, 14*(4), 329–341.

Gould, M., Marrocco, F. A., Kleinman, M., Thomas, J. G., Mostkoff, K., Cote, J., et al. (2005). Evaluating iatrogenic risk of youth suicide screening programs: A randomized controlled trial. *Journal of the American Medical Association, 293* (13), 1635–1643.

Hargus, E., Hawton, K., & Rodham, K. (2009). Distinguishing between subgroups of adolescents who self-harm. *Suicide and Life-Threatening Behavior, 39*(5), 518–537.

Hawton, K., Casañas, I., Comabella, C., Haw, C., & Saunders, K. (2013). Risk factors for suicide in individuals with depression: A systematic review. *Journal of Affective Disorders, 147*, 17–28.

Hayes, S. C., Strosahl, K., Wilson, K. G., Bissett, R. T., Pistorello, J., Toarmino, D., et al. (2004). Measuring experiential avoidance: A preliminary test of a working model. *Psychological Record, 54*(4), 553–578.

Heeren, A., Van Broeck, N., & Philippot, P. (2009). The effects of mindfulness on executive processes and autobiographical memory specificity. *Behaviour Research and Therapy, 47*, 403–409.

Heim, C. M., Mayberg, H. S., Mletzko, T., Nemeroff, C. B., & Pruessner, J. C. (2013). Decreased cortical representation of genital somatosensory field after childhood sexual abuse. *American Journal of Psychiatry, 170*(6), 626–623.

Hepburn, S. R., Crane, C., Barnhofer, T., Duggan, D. S., Fennell, M. J. V., & Williams, J. M. G. (2009). Mindfulness-based cognitive therapy may reduce thought suppression in previously suicidal participants: Findings from a preliminary study. *British Journal of Clinical Psychology, 48*(2), 209–215.

Hollon, S. D., DeRubeis, R. J., Shelton, R. C., Amsterdam, J. D., Salomon, R. M., O'Reardon, J. P., et al. (2005). Prevention of relapse following cognitive therapy vs. medications in moderate to severe depression. *Archives of General Psychiatry, 62*, 417–422.

Hollon, S. D., & Kendall, P. C. (1980). Cognitive self-statements in depression: Development of an Automatic Thoughts Questionnaire. *Cognitive Therapy and Research, 4*(4), 383–395.

Holmes, E. A., Crane, C., Fennell, M. J. V., & Williams, J. M. G. (2007). Imagery about suicide in depression—"flash-forwards"? *Behaviour Therapy and Experimental Psychiatry, 38 (4)*, 423–434.

Holmes, E. A., & Mathews, A. (2005). Mental imagery and emotion: A special relationship? *Emotion, 5*(4), 489–497.

Ingram, R. E., Miranda, J., & Segal, Z. V. (1998). *Cognitive vulnerability to depression*. New York: Guilford Press.

Inskipp, F., & Proctor, B. (1995). *The art, craft, and tasks of counselling supervision: Part 1. Making the most of supervision*. Twickenham, UK: Cascade.

Joiner, T. E., Rudd, M. D., & Rajab, M. H. (1997). The Modified Scale for Suicidal Ideation: factors of suicidality and their relation to clinical and diagnostic variables. *Journal of Abnormal Psychology, 106*, 260–265.

Kabat-Zinn, J. (2013). *Full catastrophe living* (rev. ed.). New York: Bantam Books.

Kahneman, D. (2012). *Thinking fast and slow*. London: Penguin Books.

Katz, C., Yaseen, Z. S., Mojtabai, R., Cohen, L. J., & Galynker, I. (2011). Panic as an independent risk factor for suicide attempts in depressive illness: Findings from the National Epidemiological Survey on Alcohol and Related Conditions (NESARC). *Journal of Clinical Psychiatry, 72*(12), 1625–1635.

Kendler, K. S., Gardner, C. O., & Prescott, C. A. (1999). Clinical characteristics of major depression that predict risk of depression in relatives. *Archives of General Psychiatry, 56*(4), 322–327.

Kendler, K. S., Thornton, L. M., & Gardner, C. O. (2001). Genetic risk, number of previous episodes, and stressful life events in predicting onset of major depression. *American Journal of Psychiatry, 158*(4), 582–586.

Kidger, J., Heron, J., Lewis, G., Evans, J., & Gunnell, D. (2012). Adolescent self-harm and suicidal thoughts in the ALSPAC cohort: A self-report survey in England. *BMC Psychiatry, 12*, 69.

Krusche, A., Cyhlarova, E., King, S., & Williams, J. M. G. (2012). Mindfulness online: A preliminary evaluation of the feasibility of a web-based mindfulness course and the impact on stress. *BMJ Open, 2*(3), e000803.

Krusche, A., Cyhlarova, E., & Williams, J. M. G. (2013). Mindfulness online: An evaluation of the feasibility of a web-based mindfulness course for stress, anxiety and depression. *BMJ Open, 3*(11), e003498.

Kuyken, W., Weare, K., Ukoumunne, O. C., Vicary, R., Motton, N., Burnett, R., et al. (2003). Effectiveness of the mindfulness in schools programme: Non-randomised controlled feasibility study. *British Journal of Psychiatry, 203*(2), 126–131.

Libby, L. K., Shaeffer, E. M., Eibach, R. P., & Slemmer, J. A. (2007). Picture yourself at the polls: Visual perspectives in mental imagery affects self-perception and behavior. *Psychological Science, 18*(3), 199–203.

Linehan, M. M. (1993). *Cognitive-behavioral treatment of borderline personality disorder*. New York: Guilford Press.

Linehan, M. M., Goodstein, J. L., Nielsen, S. L., & Chiles, J. A. (1983). Reasons for staying alive when you are thinking of killing yourself: The Reasons for Living Inventory. *Journal of Consulting and Clinical Psychology, 51*(2), 276–286.

MacLeod, A. K., Pankhania, B., Lee, M., & Mitchell, D. (1997). Parasuicide, depression, and the anticipation of positive and negative future experiences. *Psychological Medicine, 27*(4), 973–977.

Ma, S. H., & Teasdale, J. D. (2004). Mindfulness-based cognitive therapy for depression: Replication and exploration of differential relapse prevention effects. *Journal of Consulting and Clinical Psychology, 72*(1), 31–40.

MacLeod, A. K., Rose, G., & Williams, J. M. G. (1993). Components of hopelessness about the future in parasuicide. *Cognitive Therapy & Research, 17*, 441–455.

McCown, D., Reibel, D., & Micozzi, M. S. (2010). *Teaching mindfulness: A practical guide for clinicians and educators*. New York: Springer.

Miranda, J., & Persons, J. B. (1988). Dysfunctional attitudes are mood state dependent. *Journal of Abnormal Psychology, 97*, 76–79.

Miller, A. (2007). *The drama of the gifted child: The search for the true self.* New York: Basic Books.

Mondimore, F. M., Zandi, P. P., MacKinnon, D. F., McInnis, M. G., Miller, E. B., Schweizer, B., et al. (2007). A comparison of the familiality of chronic depression in recurrent early-onset depression pedigrees using different definitions of chronicity. *Journal of Affective Disorders, 100*(1–3), 171–177.

National Institute for Health and Care Excellence. (2009a). *Borderline personality disorder* (Clinical Guideline 78). London: Author.

National Institute for Health and Care Excellence. (2009b). *Depression: The treatment and management of depression in adults* (Clinical Guideline 90). London: Author.

National Institute for Health and Care Excellence. (2011). *Self-harm: Longer-term management* (Clinical Guideline CG133). London: Author.

Nolen-Hoeksema, S., Wisco, B. E., & Lyubomirsky, S. (2008). Rethinking rumination. *Perspectives on Psychological Science, 3*, 400–424.

O'Connor, R. C. (2003). Suicidal behaviour as a cry of pain: Test of a psychological model. *Archives of Suicide Research, 7*, 297–308.

O'Connor, R. C. (2011). Towards an integrated motivational-volitional model of suicidal behaviour. In R. C. O'Connor, S. Platt, & J. Gordon (Eds.), *International handbook of suicide prevention: Research, policy and practice* (pp. 181–198). Chichester, UK: Wiley–Blackwell.

O'Connor, R. C., O'Carroll, R. E., Ryan, C., & Smyth, R. (2012). Self-regulation of unattainable goals in suicide attempters: A two year prospective study. *Journal of Affective Disorders, 142*, 248–255.

O'Connor, R. C., O'Connor, D. B., O'Connor, S. M., Smallwood, J. M., & Miles, J. (2004). Hopelessness, stress and perfectionism: The moderating effects of future thinking. *Cognition and Emotion, 18*, 1099–1120.

Oquendo, M. A., Currier, D., & Mann, J. J. (2006). Prospective studies of suicidal behavior in major depressive and bipolar disorder: What is the evidence for predictive risk factors? *Acta Psychiatrica Scandinavica, 114*, 151–158.

Orbach, I., Mikulincer, M., Gilboa-Schechtman, E., & Sirota, P. (2003). Mental pain and its relationship to suicidality and life meaning. *Suicide and Life-Threatening Behavior, 33*(3), 231–241.

Orbach, I., Mikulincer, M., Sirota, P., & Gilboa-Schechtman, E. (2003). Mental pain: A multi-dimensional operationalization and definition. *Suicide and Life-Threatening Behavior, 33*(3), 219–230.

Palmer, P. J. (1997). The heart of a teacher identity and integrity in teaching. *Change: The Magazine of Higher Learning, 29*(6), 14–21.

Parker, G., Roussos, J., Hadzi-Pavlovic, D., Mitchell, P., Wilhelm, K., & Austin, M.-P. (1997). The development of a refined measure of dysfunctional parenting and assessment of its relevance in patients with affective disorders. *Psychological Medicine, 27*(5), 1193–1203.

Parker-Palmer. (1983). *To know as we are known: A spirituality of education*. San Francisco: Harper & Row.

Piet, J., & Hougaard, E. (2011). The effect of mindfulness-based cognitive therapy for prevention of relapse in recurrent major depressive disorder: A systematic review and meta-analysis. *Clinical Psychology Review, 31*, 1032–1040.

Platt, J. J., Spivak, G., & Bloom, W. (Eds.). (1978). *Manual for the Means–End Problem Solving (MEPS) Procedure: A measure of interpersonal problem-solving skill*. Philadelphia: Hahnemann Medical College Hospital.

Pollock, L. R., & Williams, J. M. G. (1998). Problem solving and suicidal behavior. *Suicide and Life-Threatening Behavior, 28*(4), 375–387.

Pollock, L. R., & Williams, J. M. G. (2001). Effective problems solving in suicide attempters depends on specific autobiographical recall. *Suicide and Life-Threatening Behavior, 31*(4), 386–396.

Price, J. S., & Sloman, L. (1987). Depression as yielding behavior: An animal model based on Schjelderup-Ebbe's pecking order. *Ethology and Sociobiology, 8*(Suppl. 10), 855–985.

Raes, F., Griffith, J. W., Van der Gucht, K., & Williams, J. M. G. (2014). School-based prevention and reduction of depression in adolescents: A cluster-randomized controlled trial of a mindfulness group program. *Mindfulness, 5*, 477–486.

Rawal, A., Williams, J. M. G., & Park, R. (2011). Effects of analytical and experiential self-focus on stress-induced cognitive reactivity in eating disorder psychopathology. *Behaviour Research and Therapy, 49*(10), 635–645.

Rawal, A., & Rice, F. (2012). Examining overgeneral autobiographical memory as a risk factor for adolescent depression. *Journal of the American Academy of Child and Adolescent Psychiatry, 51*, 518–527.

Rihmer, Z. (2001). Can better recognition and treatment of depression reduce suicide rates?: A brief review. *European Psychiatry, 16*(7), 406–407.

Rudd, M. D., Joiner, T., & Rajab, M. H. (2001). *Treating suicidal behavior: An effective, time-limited approach*. New York: Guilford Press.

Rycroft-Malone, J., Anderson, R., Crane, R. S., Gibson, A., Gadinger, F., Owen Griffiths, H., et al. (2014). Accessibility and implementation in UK services of an effective depression relapse prevention program—Mindfulness-based cognitive therapy (MBCT): ASPIRE study protocol. *Implementation Science, 9*, 62.

Santorelli, S. (1999). *Heal thy self*. New York: Bell Tower.

Santorelli, S., Goddard, T., Kabat-Zinn, J., Kesper-Grossman, U., & Reibel, D. (2011). *Standards for the formation of MBSR teacher trainers: Experience, qualifications, competency and ongoing development*. Paper presented at the Investigating and Integrating Mindfulness in Medicine, Health Care, and Society 9th Annual International Scientific Conference, Worcester, MA.

Salzberg, S. (1995). *Lovingkindness: The revolutionary art of happiness*. Boston: Shambhala.

Schmidt, N. B., Woolaway-Bickel, K., & Bates, M. (2001). Evaluating panic-specific

factors in the relationship between suicide and panic disorder. *Behaviour Research and Therapy, 39*, 635–649.
Segal, Z. V., Bieling, P., Young, T., MacQueen, G., Cooke, R., Martin, L., et al. (2010). Antidepressant monotherapy vs. sequential pharmacotherapy and mindfulness-based cognitive therapy, or placebo, for relapse prophylaxis in recurrent depression. *Archives of General Psychiatry, 67*(12), 1256–1264.
Segal, Z. V., Gemar, M., & Williams, S. (1999). Differential cognitive response to a mood challenge following successful cognitive therapy or pharmacotherapy for unipolar disorder. *Journal of Abnormal Psychology, 108*(1), 3–10.
Segal, Z. V., Kennedy, S., Gemar, M., Hood, K., Pedersen, R., & Buis, T. (2006). Cognitive reactivity to sad mood provocation and the prediction of depressive relapse. *Archives of General Psychiatry, 63*, 749–755.
Segal, Z. V., Williams, J. M. G., & Teasdale, J. D. (2002). *Mindfulness-based cognitive therapy for depression (1st ed.): A new approach to preventing relapse.* New York: Guilford Press.
Segal, Z. V., Williams, J. M. G., & Teasdale, J. D. (2013). Mindfulness-based cognitive therapy for depression (2nd ed.). New York: Guilford Press.
Segal, Z. V., Williams, J. M. G., Teasdale, J. D., & Gemar, M. C. (1996). A cognitive science perspective on kindling and episode sensitization in recurrent affective disorder. *Psychological Medicine, 26*, 371–380.
Sharpless, B. A., & Barber, J. P. (2009). A conceptual and empirical review of the meaning, measurement, development, and teaching of intervention competence in clinical psychology. *Clinical Psychology Review, 29*, 47–56.
Shea, S. C. (1999). *The practical art of suicide assessment: A guide for mental health professionals and substance abuse counselors*. New York: Wiley.
Shneidman, E. S. (1985). *Definition of suicide*. New York: Wiley.
Sinclair, J., Crane, C. K., Hawton, K., & Williams, J. M. G. (2007). The role of autobiographical memory specificity in deliberate self-harm: Correlates and consequences. *Journal of Affective Disorders, 102*, 11–18.
Stange, J. P., Hamlat, E. J., Hamilton, J. L., Abramson, L. Y., & Alloy, B. L. (2013). Overgeneral autobiographical memory, emotional maltreatment, and depressive symptoms in adolescence: Evidence of a cognitive vulnerability stress interaction. *Journal of Adolescence, 36*, 201–208.
Stengel, E. (1964). *Suicide and attempted suicide* (rev. ed.). Harmondsworth, UK: Penguin Books.
Sumner, J. A., Griffith, J. W., Mineka, S., Newcomb Rekart, K., Zinbarg, R. E., & Craske, M. G. (2011). Overgeneral autobiographical memory and chronic interpersonal stress as predictors of the course of depression in adolescents. *Cognition and Emotion, 25*, 183–192.
Taylor, S., Zvolensky, M. J., Cox, B. J., Deacon, B., Heimberg, R. G., Ledley, D. R., et al. (2007). Robust dimensions of anxiety sensitivity: Development and initial validation of the Anxiety Sensitivity Index-3. *Psychological Assessment, 19*(2), 176–188.
Teasdale, J. D. (1988). Cognitive vulnerability to persistent depression. *Cognition and Emotion, 2*, 247–274.
Teasdale, J. D. (1999). Emotional processing: Three modes of mind and the prevention of relapse in depression. *Behaviour Research and Therapy, 37*(Suppl. 1), S53–S77.

Teasdale, J. D., Moore, R. G., Hayhurst, H., Pope, M., Williams, S., & Segal, Z. V. (2002). Metacognitive awareness and prevention of relapse in depression: Empirical evidence. *Journal of Consulting and Clinical Psychology, 70*, 275-287.

Teasdale, J. D., Segal, Z. V., & Williams, J. M. G. (1995). How does cognitive therapy prevent relapse and why should attentional control (mindfulness) training help? *Behaviour Research and Therapy, 33*, 225-239.

Teasdale, J. D., Segal, Z. V., Williams, J. M. G., Ridgeway, V. A., Soulsby, J. M., & Lau, M. A. (2000). Prevention of relapse/recurrence in major depression by mindfulness-based cognitive therapy. *Journal of Consulting and Clinical Psychology, 68*(4), 615-623.

Teasdale, J. D., Williams, J. M. G., & Segal, Z. V. (2014). *The mindful way workbook: An 8-week program to free yourself from depression and emotional distress.* New York: Guilford Press.

Treynor, W., Gonzalez, R., & Nolen-Hoeksema, S. (2003). Rumination reconsidered: A psychometric analysis. *Cognitive Therapy and Research, 27*(3), 247-259.

UK Network for Mindfulness-Based Teacher Training Organisations. (2011). *Good practice guidance for teaching mindfulness-based courses.* Retrieved January 30, 2014, from *http://mindfulnessteachersuk.org.uk*.

Van der Does, A. J. W. (2002). Cognitive reactivity to sad mood: Structure and validity of a new measure. *Behaviour Research and Therapy, 40*(1), 105-120.

Van der Does, A. J. W., & Williams, J. M. G. (2003). *Leiden Index of Depression Sensitivity-Revised.* Leiden University. Retrieved from *www.dousa.nl/publications_depression.htm?LEIDS*.

Van Orden, K. A., Witte, T. K., Cukrowicz, K. C., Braithwaite, S. R., Selby, E. A., & Joiner, T. E. (2010). The interpersonal theory of suicide. *Psychological Review, 117*, 575-600.

Watkins, E. (2008). Constructive and unconstructive repetitive thought. *Psychological Bulletin, 134*, 163-206.

Watkins, E., & Moulds, M. (2005). Distinct modes of ruminative self-focus: Impact of abstract versus concrete rumination on problem solving in depression. *Emotion, 5*(3), 319-328.

Wegner, D. M. (1994). Ironic processes of mental control. *Psychological Review, 101*, 34-52.

Wegner, D. M., & Zanakos, S. (1994). Chronic thought suppression. *Journal of Personality, 62*(4), 616-640.

Wells, A. (2009) *Metacognitive therapy for anxiety and depression.* New York: Guilford Press.

Williams, J. M. G. (1997). *Cry of pain* (1st ed.): *Understanding suicide and self-harm.* London: Penguin Books.

Williams, J. M. G. (2008). Mindfulness, depression and modes of mind. *Cognitive Therapy and Research, 32*, 721-733.

Williams, J. M. G. (2014). *Cry of pain* (updated and expanded ed.): *Understanding suicide and the suicidal mind.* London: Piatkus.

Williams, J. M. G., Alatiq, Y., Crane, C., Barnhofer, T., Fennell, M. J. V., Duggan, D. S., et al. (2008). Mindfulness-based cognitive therapy (MBCT) in bipolar disorder: Preliminary evaluation of immediate effects on between-episode functioning. *Journal of Affective Disorders, 107*, 275-279.

Williams, J. M. G., Barnhofer, T., Crane, C., & Beck, A. T. (2005). Problem solving deteriorates following mood challenge in formerly depressed patients with a history of suicidal ideation. *Journal of Abnormal Psychology, 114*, 421–431.

Williams, J. M. G., Barnhofer, T., Crane, C., Duggan, D. S., Shah, D., Brennan, K., et al. (2012). Pre-adult onset and patterns of suicidality in patients with a history of recurrent depression. *Journal of Affective Disorders, 138*(1–2), 173–179.

Williams, J. M. G., Barnhofer T., Crane, C., Herrman, D., Raes, F., Watkins, E., et al. (2007). Autobiographical memory specificity and emotional disorder. *Psychological Bulletin, 133*(1), 122–148.

Williams, J. M. G., Crane, C., Barnhofer, T., Brennan, K., Duggan, D. S., Fennell, M. J. V., et al. (2014). Mindfulness-based cognitive therapy for preventing relapse in recurrent depression: A randomized dismantling trial. *Journal of Consulting and Clinical Psychology, 82*, 275–286.

Williams, J. M. G., Crane, C., Barnhofer, T., Van der Does, A. J. W., & Segal, Z. V. (2006). Recurrence of suicidal ideation across depressive episodes. *Journal of Affective Disorders, 91*(2–3), 189–194.

Williams, J. M. G., Duggan, D. S., Crane, C., & Hepburn, S. (2011). Modes of mind and suicidal processes: The potential role of mindfulness in changing minds. In R. C. O'Connor, S. Plath, & J. Gordon (Eds.), *International handbook of suicide prevention: Research, policy, and practice* (pp. 401–418). Chichester, UK: Wiley.

Williams, J. M. G., Teasdale, J. D., Segal, Z. V., & Soulsby, J. (2000). Mindfulness-based cognitive therapy reduces overgeneral autobiographical memory in formerly depressed patients. *Journal of Abnormal Psychology, 109*(1), 150–155.

Williams, J. M. G., Van der Does, A. J. W., Barnhofer, T., Crane, C., & Segal, Z. V. (2008). Cognitive reactivity, suicidal ideation and future fluency: Preliminary investigation of a differential activation theory of hopelessness/suicidality. *Cognitive Therapy and Research, 32*(1), 83–104.

Williams, J. M. G., Watts, F. N., MacLeod, C., & Mathews, A. (1997). *Cognitive psychology and emotional disorders*. Chichester, UK: Wiley.

World Health Organization. (2008). *The global burden of disease: 2004 update*. Geneva, Switzerland: Author.

Zisook, S., Rush, A. J., Lesser, I., Wisniewski, S. R., Trivedi, M., Husain, M. M., et al. (2007). Preadult onset vs. adult onset of major depressive disorder: A replication study. *Acta Psychiatrica Scandinavica, 115*(3), 196–205.

찾아보기

- 한글 -

(ㄱ)

(ㄷ)

(ㅁ)

(ㅂ)

(ㅊ)

(ㅋ)

(ㅌ)

(ㅍ)

(ㅎ)

- 영문 -

〈역자 약력〉

김 도 연(金度延)

- 전북대학교 심리학 석사 (임상심리학 전공)
- 전북대학교 심리학 박사 (임상심리학 전공)

- (現) 사단법인 한국청소년자살예방협회장
- (現) 마인드플니스 심리상담연구소 대표
- (現) 사단법인 한국청소년자살예방협회장
- (現) 한국데이트폭력연구소 소장
- (現) 경희사이버대학교 상담심리학과 교수

그 외

– (現) 한국임상심리학회 논문심사위원
– (現) 서울지방교정청 교정심리위원
– (現) 서울지방경찰청 범죄피해평가전문가 감수위원
– (現) 한국성격 및 사회심리학회 범죄심리전문가 지도교수
– (現) 보건복지부 정신건강 분야 R&D 평가위원

자 격

- 임상심리전문가 1
- 건강심리전문가 1
- 명상치유전문가 1
- 범죄심리전문가
- 부총리 · 교육부 장관상 표창(2014)

자살 위험에 놓인 사람들을 위한
마음챙김에 기반한 인지치료

초판인쇄일 2017년 7월 10일
초판발행일 2017년 7월 20일

지 은 이 마크 윌리엄스 · 멜라니 펜넬 · 토어스텐 반호퍼
레베카 크레인 · 사라 실버튼

옮 긴 이 김도연
펴 낸 이 오무근

펴 낸 곳 도서출판 하나의학사
출판신고 제 25100-2013-000061호(1988. 4. 1)
주 소 서울시 서대문구 거북골로 7-7 (홍은동) 하나빌딩 1층

전화번호 (02)730-2555, 2556
팩 스 (02)730-2557
홈페이지 www.hanampc.co.kr
이 메 일 hanampc1@naver.com

가격 23,000원

ISBN 979-11-85696-43-0 93180